Das Himmelreich zu Erlangen – offen aus Tradition?

Aus 1000 Jahren Bamberger Bistumsgeschichte

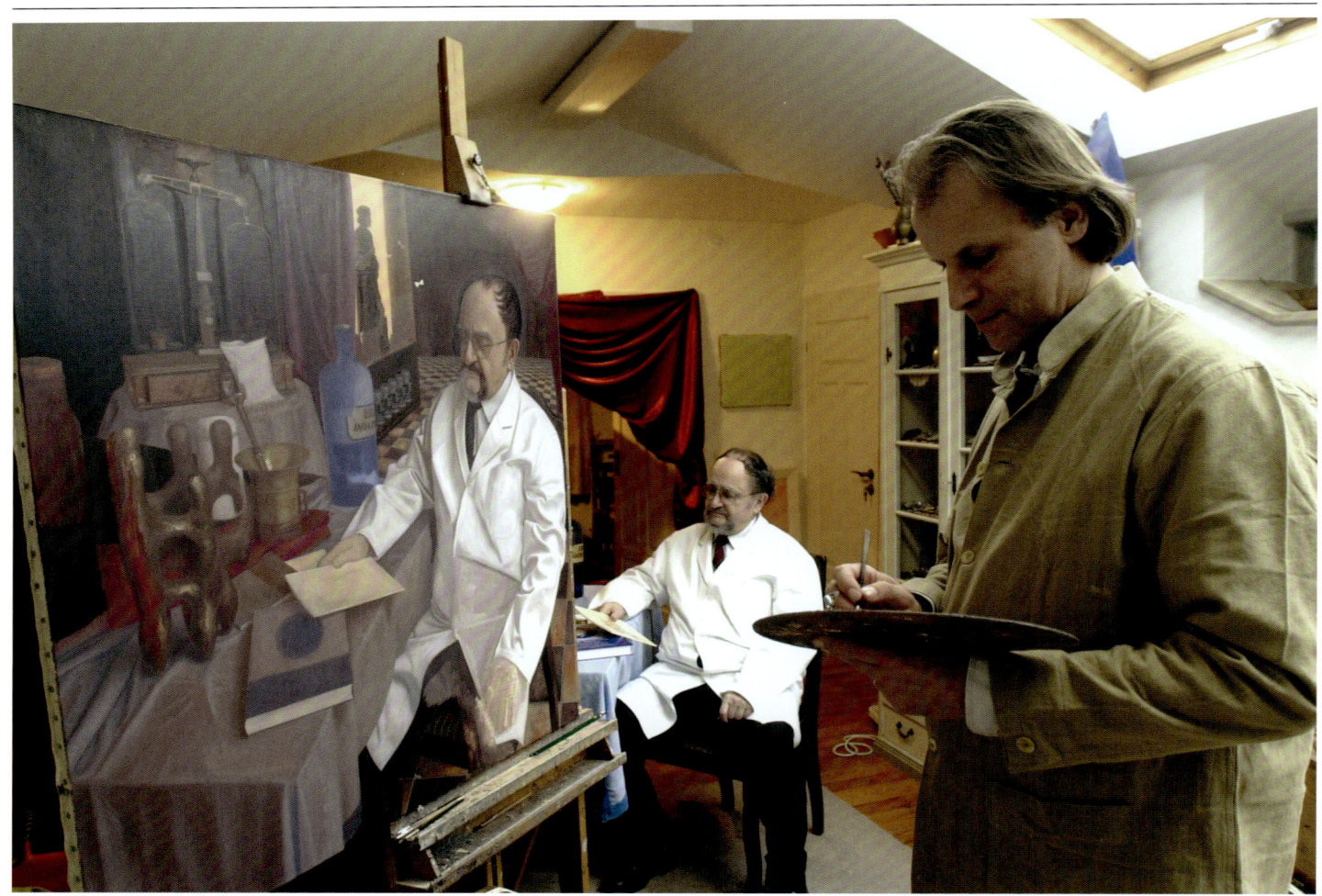

Michael Engelhardt malt Bernd Nürmberger, 2005

Das Buch wurde durch die großzügige Unterstützung von Herrn Bernd Nürmberger (Adlerapotheke) ermöglicht. Stadt und Kirchen danken für dieses außerordentliche Engagement aus Anlass des 1000jährigen Jubiläums des Bistums Bamberg im Jahre 2007.

Das Himmelreich zu Erlangen – offen aus Tradition?

Aus 1000 Jahren Bamberger Bistumsgeschichte

Herausgegeben von
Andreas Jakob, Hans Markus Horst
und Helmut Schmitt

Impressum

Projektkoordination und Gesamtleitung:
Helmut Schmitt

Endredaktion:
Dr. Andreas Jakob

Redaktion:
Dr. Andreas Jakob, Peter Gertenbach,
Dr. Hans Markus Horst,
Claudia Koolman, Helmut Schmitt

Bildredaktion:
Dr. Andreas Jakob

Beratung:
Dekan Josef Dobeneck, Pfarrer Johannes Mann,
Dekan Dr. Gerhard Münderlein

Mitarbeit:
Sibylle Brandt, Kurt Claß, Peter Engel, Barbara Fischer,
Ute Riedel, Renate Wünschmann

Fotoarbeiten und Scans:
Barbara Fischer, Ute Riedel

Karten:
Peter Hörndl

Umschlag und Layout:
Siegfried Biller, Georgensgmünd

© 2007 Stadt Erlangen
Herausgeber:
Andreas Jakob, Hans Markus Horst und Helmut Schmitt
Veröffentlichungen des Stadtarchivs Erlangen, Nr. 5

Gesamtherstellung:
W. Tümmels Buchdruckerei und Verlag GmbH & Co. KG, Nürnberg

Alle Rechte vorbehalten, auch das der fotomechanischen Wiedergabe
Printed in Germany

ISBN 978-3-921590-80-5

Inhalt

Siegfried Balleis	Grußwort	8
Ludwig Schick	Grußwort	9
Johannes Friedrich	Grußwort	10
Joachim Metten	Grußwort	11
Gerhard Münderlein *Johannes Mann* *Josef Dobeneck*	Vorwort	13
Andreas Jakob *Hans Markus Horst* *Helmut Schmitt*	Vorwort	14

Andreas Jakob	**Das Himmelreich zu Erlangen.** **1000 Jahre Erlanger Kirchengeschichte im Überblick**	16

Die Anfänge der Pfarreiorganisation in Erlangen

Andreas Jakob	St. Martin in Erlangen: Fränkische Königskirche, Slawenkirche Karls des Großen oder mittelalterliche Gründung?	38
Andreas Jakob	In exponierter Grenzlage: Siedlungs- und Kirchengeschichte am Schnittpunkt der Bistümer Bamberg, Würzburg und Eichstätt	46
Andreas Jakob	In alle Himmelsrichtungen Die Urpfarrei Büchenbach und die anderen mittelalterlichen Pfarreien im heutigen Stadtgebiet von Erlangen	56
Andreas Jakob	Zum „*heil und nucz*" der Seelen. Die Pfarrei Erlangen im Mittelalter	70
Bernd Nürmberger	Aus den Anfängen der Pfarrei Erlangen-Altstadt	82

Die Entwicklung der Kirchen in der Neuzeit

Andreas Jakob — *"...von wegen dez goz wort, die warheit zu bekennen, es gelt, was es woll, henkens oder prennens".* Zur Geschichte der Täufer im Raum Erlangen 1524–1531 88

Andreas Jakob — *"Er donnerte sonderlich gewaltig gegen das Papsttum los, dessen geschworener Feind er war"* Vom lutherischen Landstädtchen zum protestantischen Schwergewicht 96

Sylvia Ostertag-Henning — *"Schlimmer als Papisten und Türken"?* Die Aufnahme von Hugenotten in Erlangen 110

Martina Bauernfeind — Waldenser, Deutsch-Reformierte, Salzburger Exulanten und Französische Emigranten Erlangen als Fluchtpunkt verfolgter Minderheiten 122

Bernd Nürmberger — Kunsthistorische Verbindungen von Thüringen und Sachsen mit der Architektur Erlanger Kirchen 132

Andreas Jakob — Von der Hugenottenstadt zur Zentrale lutherischer Weltmission Das protestantische Erlangen 140

Martina Bauernfeind — *"Suchet das Himmelreich zu Erlangen..."* Die evangelisch-lutherische Theologische Fakultät der Friedrich-Alexander-Universität 152

Die Rückkehr der Katholiken nach Erlangen

Sylvia Ostertag-Henning — Die Gründung der Pfarrei Herz Jesu – oder der lange Weg der Katholiken zur eigenen Kirche 162

Josef Urban — Die *"Bewegung gegen das Vaticanische Concil"*. Altkatholiken in Erlangen 186

Andreas Jakob — *"Geht doch wieder zurück, wo ihr hergekommen seid!"* Der Anteil von Flüchtlingen und Vertriebenen am Aufbau Erlangens nach 1945 192

Euchar Schuler — *"Aggiornamento – Öffnung der Kirche"*. Der katholische Kirchenbau als Ausdruck kirchlicher Reformen 206

Euchar Schuler — *"Dass doch alle eins sind, wie du Vater in mir und ich in dir. So sollen auch sie eins sein"* Erlangen ökumenisch 214

Auf dem Weg in eine säkulare Welt

Andreas Jakob — „Selbstvervollkommnung und Selbstveredelung in Gesellschaft guter Menschen"
Die Freimaurerloge Libanon zu den 3 Cedern 222

Martin Schieber — „daß er unserem Volk in der Not den Führer ... geschenkt hat".
Die Erlanger Kirchen im Dritten Reich 234

Nichtchristliche Glaubensgemeinschaften

Andreas Jakob/Claudia Koolman — Auch hier gebrochene Beziehungen.
Die Geschichte der Juden in Erlangen 246

Holger Forssman — „Vom Nebeneinander zum Miteinander"
Christen und Muslime in Erlangen 262

Eine Idee für die Zukunft

Hans Markus Horst — Der Erlanger Friedensweg: Ein Aufruf zum Dialog der Religionen 270

Autoren und Herausgeber 280

Bildnachweis, Fotografen, Künstler 282

Grußwort

*Liebe Erlangerinnen,
liebe Erlanger,*

„Das Himmelreich zu Erlangen – offen aus Tradition?", unter diesem ebenso anspruchsvollen wie bewusst mehrdeutigen Titel leistet die Stadt Erlangen einen Beitrag zum 1000jährigen Jubiläum des Bistums Bamberg, dem sie, selbst bereits im Jahr 1002 erstmalig erwähnt, seit 1017 angehört. Die westlich der Regnitz gelegenen Stadtteile kamen sogar erst 1808 dazu. Bereits diese Tatsache, dass im heutigen Stadtgebiet vor 1000 Jahren die drei Bistümer Bamberg, Würzburg und Eichstätt zusammentrafen, deutet eine nicht nur alte, sondern auch spannende Geschichte an. Weitere thematische Höhepunkte sind die (Wieder)Täufer, die um 1526 in Erlangen, Alterlangen und Eltersdorf ein Zentrum hatten, die Hugenotten und Deutsch-Reformierten, die im 17. und 18. Jahrhundert mit Lutheranern und Katholiken in einer für die damalige Zeit ungewöhnlichen Weise friedlich zusammenlebten, die Theologische Fakultät der Friedrich-Alexander-Universität, die im 19. Jahrhundert mit der „Erlanger Theologie" ein internationales Zentrum des Luthertums bildete, sowie die im 19. Jahrhundert von der römischen Kirche abgespaltenen Alt-Katholiken. Nicht weniger interessant ist die Geschichte nach 1945, als Erlangen eine große Anzahl Heimatvertriebener und Flüchtlinge aufnahm und die Anzahl der Katholiken auf über 33 Prozent der Bevölkerung anstieg, und die seither erfolgte Entwicklung auf kirchlichem Gebiet.

Heute ist Erlangen mit über 103.000 Einwohnern, darunter Menschen aus 137 Nationen, eine moderne weltoffene Stadt mit einer alten Geschichte und großen Zukunftsfähigkeit in der Metropolregion Nürnberg. Zu den belebenden Elementen gehört die Vielzahl der Religionen, Konfessionen und Glaubensrichtungen, die hier friedlich ihr „Himmelreich" anstreben können. „Unter dem Sternenmantel" – so das offizielle Motto des Bistumsjubiläums – vereint, bilden sie glänzende Facetten der heutigen Gesellschaft, in denen sich deren gesamtes Spektrum widerspiegelt.

Gerade in einer Zeit, in der in einer vermeintlich säkular gewordenen Welt offenbar religiös motivierte Spannungen, Krisen und Konflikte zunehmen, ist es wichtig, sich die eigene Religions- und Konfessionsgeschichte bewusst zu machen, nicht zuletzt, weil unterschiedliche Kenntnisse und Einschätzungen verheerende Folgen haben können. Auch hier bilden historische Jubiläen, in denen für einen Moment ein größeres öffentliches Interesse an der Thematik und die unabdingbaren Mittel für die Geschichtsarbeit zu erwarten sind, die beste Gelegenheit, ein breiteres Publikum zu erreichen. Ein weiteres Mal zeigt sich, welch geschichtsträchtigen Boden das angeblich so ereignisarme Erlangen besitzt, das glücklicherweise von größeren Katastrophen verschont blieb, wenn man einmal vom verheerenden Altstadtbrand vor 300 Jahren absieht. Dies erkannt und herausgearbeitet zu haben, ist erneut das Verdienst des Stadtarchivs. Wie bei kaum einem anderen Projekt wird deutlich, dass Geschichte kein abgeschlossenes Kapitel ist, sondern sich nahtlos bis in die lebendige Gegenwart fortsetzen und Lehren für die Zukunft bieten kann. Wegweisend ist hier die vorbildliche Mit- und Zusammenarbeit der drei großen christlichen Kirchen und der Katholischen Erwachsenenbildung in Erlangen, die wesentlich zu dem anspruchsvollen Werk beigetragen haben. Allen Beteiligten, und nicht zuletzt Herrn Apotheker Bernd Nürmberger, der die Finanzierung der nachhaltigen Dokumentation in großzügiger Weise sichergestellt hat, danke ich sehr für ihr Engagement und wünsche dem vorliegenden Band viele interessierte Leserinnen und Leser.

Dr. Siegfried Balleis
Oberbürgermeister der Stadt Erlangen

Grußwort

Wie eine Urkunde König Heinrichs II. bezeugt, existierte Erlangen bereits zur Zeit der Gründung des Bistums Bamberg und lag damals im Grenzgebiet der Bistümer Eichstätt und Würzburg. Wenige Jahre nach der Gründung des Bistums Bamberg wurde Erlangen der neuen Diözese eingegliedert. Nach der Aufhebung des Toleranzedikts von Nantes 1685 entwickelte sich der Ort zu einer geradezu multikonfessionellen Stadt, in der auch die Katholiken bald wieder Heimatrecht bekamen. Heute sind zudem auch viele Menschen nichtchristlicher Religionszugehörigkeit oder ohne Religionsbekenntnis in Erlangen zu Hause. Aufgrund der Geschichte zeigte und zeigt sich die Bürgerschaft als tolerante, den Frieden und den Ausgleich fördernde Gesellschaft, in der die unterschiedlichen Religionen zusammenleben und ihren jeweils spezifischen Beitrag leisten. Das vorliegende Werk macht unter anderem das Leben und Wirken der Katholiken in der Stadt Erlangen deutlich.

Es freut mich sehr, dass das Katholische Bildungswerk in Zusammenarbeit mit dem Stadtarchiv und dem Oberbürgermeister der Stadt Erlangen das 1000jährige Bistumsjubiläum der Erzdiözese Bamberg zum Anlass nimmt, dieses Buch über die Besonderheiten der Erlanger Kirchengeschichte herauszubringen. Da dies in Absprache mit den örtlichen Pfarr- und Kirchengemeinden geschehen ist, kann man von einem ökumenischen Projekt sprechen. Bei der Stadt Erlangen darf ich mich für die Idee zu dieser Publikation, für das finanzielle Engagement sowie für die Aufnahme in die Schriftenreihe des Stadtarchivs sehr herzlich bedanken. Ebenso freue ich mich über die Arbeit der Autoren, die viel Zeit und Mühe investiert haben, um manchen Glanzpunkt ins rechte Licht zu rücken, aber auch um die dunklen Flecken entsprechend zu würdigen. Auf diese Art ist ein grundlegendes Werk entstanden. Ich wünsche dem Buch weite Verbreitung und viele interessierte Leserinnen und Leser. Möge den Menschen unserer Zeit nicht nur in Erlangen viel Erfolg bei der Suche nach dem „Himmelreich" beschieden sein.

+ Ludwig Schick

Dr. Ludwig Schick
Erzbischof von Bamberg

Grußwort

Als die Anfrage nach einem Grußwort für diese Stadtkirchengeschichte kam, lautete der Titelvorschlag „*Das Himmelreich zu Erlangen*". Nachdem der bayerische Landesbischof von Amts wegen im Himmelreich wohnt (private Adresse: Himmelreichstraße!), lockt es mich natürlich sehr, darüber nachzudenken, was das Himmelreich mit Erlangen zu tun hat. Ich fand die Doppelbedeutung: „*das Himmelreich zu erlangen*" und „*das Himmelreich zu Erlangen*" immer besonders schön. Und als Kind und Schüler, der ich in Erlangen aufgewachsen bin, habe ich es meist paradiesisch, also wie im Himmelreich empfunden, in Erlangen leben zu dürfen.

Ich freue mich sehr, dass das 1000jährige Jubiläum des Bistums Bamberg der Anlass für eine Stadtkirchengeschichte ist – ist Erlangen selbst doch sogar noch ein wenig älter. Denn bereits im Jahr 2002 konnte Erlangen seinen 1000. Geburtstag feiern. Ich durfte damals predigen und begann meine Rede so: „*Als ich 1967 als Abiturient des Gymnasiums Fridericianum die 600-Jahr-Feier der Stadt Erlangen miterlebte, hätte ich mir nicht träumen lassen, dass es mir vergönnt sein könnte, auch der 1000-Jahr-Feier beizuwohnen. Aber so verlaufen zuweilen die Karrieren: Aus dem Erlanger Abiturienten von damals wurde ein Landesbischof, und das 600jährige Erlangen begeht 35 Jahre später sein Millennium*". Natürlich aber klärt sich der vermeintliche Widerspruch scherzhaft auf, wenn man bedenkt, dass 1967 das Jubiläum der Stadtrechtsverleihung, 2002 aber das der urkundlichen Ersterwähnung begangen wurde.

Noch viel mehr freue ich mich aber darüber, dass die Feier des 1000jährigen Bistumsjubiläums ein ökumenischer Anlass ist. Das Bamberger Erzbistum hatte mich schon vor Jahren darauf hingewiesen, dass ja 500 dieser 1000 Jahre eine gemeinsame Geschichte unserer beider Kirchen sind. Das hat mich sehr gefreut, denn unsere Kirche hat ja nicht erst in der Reformationszeit begonnen, sondern ist ebenfalls 2000 Jahre alt.

Und Erlangen war die meiste Zeit nach 1500 mehr von dem evangelischen Teil der Kirche Jesu Christi bestimmt. Aber es erwies sich immer offen für die Angehörigen verschiedener Glaubensrichtungen. Ob es nun die Hugenotten waren, deren Name auch dem mit der Geschichte wenig Vertrauten heute noch etwas sagt und der in dem für die 1686 gegründete Neustadt gerne gebrauchten Begriff „*Hugenottenstadt*" lebendig geblieben ist oder die Katholiken, die nach dem Zweiten Weltkrieg zuzogen: Ich habe Erlangen und seine Bürgerinnen und Bürger immer als aufgeschlossen und tolerant erlebt. Und so wünsche ich der Stadt auch für die nächsten 1000 Jahre ein aufgeschlossenes Klima für alle Christen und für die Angehörigen anderer Religionen: dass sie alle sagen können, sie erleben das Himmelreich zu Erlangen.

Dr. Johannes Friedrich
Landesbischof der Evangelisch-Lutherischen Kirche in Bayern

Grußwort

Im Mai 1686 kamen die ersten französischen Glaubensflüchtlinge im damaligen Erlang an. Markgraf Christian Ernst von Brandenburg-Bayreuth sicherte ihnen Bleiberecht und Unterstützung zu, so dass im selben Jahr südlich der Altstadt mit dem Aufbau der „*Neustadt Erlang*" begonnen wurde. Nur zwei Monate nach der Ankunft der ersten Réfugiés erfolgte die Grundsteinlegung für die heutige Evangelisch-Reformierte Kirche am Hugenottenplatz.

Ab etwa 1692 kamen vor den Armeen des Sonnenkönigs geflohene Pfälzer nach Erlangen und zu ihnen stießen im Laufe der Zeit zahlreiche Deutsch-Schweizer, Hessen und Rheinländer. Auch sie erfuhren das Entgegenkommen des Markgrafen, der ihnen freie Religionsausübung und die Mitbenutzung der neuen Französisch-Reformierten Kirche zusicherte.

Aus dem kleinen Erlang wurde so eine aufstrebende Stadt mit einem fast internationalen Flair. Dank des Einsatzes der Handwerker und Kaufleute aus den unterschiedlichen Ländern erlebte der Ort eine enorme wirtschaftliche Blüte und entwickelte sich bis zum Ende des 18. Jahrhunderts zur wichtigsten Fabrik- und Handelsstadt der Markgrafschaft Bayreuth. An diese ungewöhnliche Geschichte erinnert heute noch das Stadtbild der einzigen barocken Idealstadt im heutigen Bayern, dass sich mit seinen schnurgeraden Straßen- und Platzfronten und seinen einheitlichen Hausfassaden von allen Städten der Umgebung unterscheidet.

Im geschwisterlichen Miteinander der unterschiedlichen Konfessionen bringt heute die Evangelisch-Reformierte Kirchengemeinde Erlangen, die 1922 aus dem Zusammenschluss der Französisch-Reformierten und der Deutsch-Reformierten Gemeinde hervorgegangen ist, sich offen und einladend ein. Auch die Evangelisch-Reformierte Kirche hat mit ihrer eigenständigen und reichhaltigen Tradition eine erfreuliche Nachricht weiterzusagen, die den Menschen und dem Leben gut tut. Sie erfüllt ihren Auftrag auf ihre Weise und trägt so mit dazu bei, dass das Gotteslob verbreitet wird.

Mit dem Erzbistum Bamberg, auf dessen Gebiet neben der Erlanger Gemeinde die Evangelisch-Reformierten Kirchengemeinden Nürnberg St. Martha und Bayreuth liegen, verbindet uns eine vielfältige ökumenische Zusammenarbeit auf unterschiedlichen Ebenen.

Die Evangelisch-Reformierte Kirche in Bayern gratuliert dem Bistum Bamberg zu seinem 1000jährigen Jubiläum und wünscht für die Feierlichkeiten, für die Zukunft und für das weitere Miteinander Gottes reichen Segen.

Joachim Metten
Präses der Evangelisch-Reformierten Kirche in Bayern

Moderne Kunst in Herz Jesu, 2001

Vorwort

Dass dieses Vorwort von den Vertretern der Evangelisch-Lutherischen, Evangelisch-Reformierten und Römisch-Katholischen Kirche gemeinsam verfasst wurde, sagt viel über die guten, offenen und geschwisterlichen Beziehungen der christlichen Kirchen in Erlangen untereinander aus.

Obwohl es immer wieder Zeiten in der Geschichte Erlangens gab, in denen die konfessionellen Fronten verhärtet schienen, gab es doch zumeist Einzelne, die über die Gräben Hände reichten und Offenheit praktizierten. Aus der jüngeren Vergangenheit wollen wir an das Jahr 1960 erinnern, mit dem die Ökumene der *„Neuzeit"* begann. Der katholische Stadtpfarrer von Herz-Jesu und spätere Dekan Karl Kupfer, der von sich selber sagte, dass ihm die Toleranz im Glauben und Denken bereits in die Wiege gelegt worden sei, traf sich mit den evangelisch-lutherischen Pfarrern, Kirchenrat Berger, Pfarrer Kübel und Pfarrer Henzler sowie mit seinem evangelisch-reformierten Kollegen Haas zum *„Pfarrerskaffee"* mit gemeinsamer Bibellese und anschließendem Gebet. So begann damals die Ökumene in Erlangen noch vor Beginn des Zweiten Vatikanischen Konzils unter dem Wort Gottes und dem gemeinsamen Gebet.

Wir sehen in dem vorliegenden Band den erstmaligen Versuch einer gemeinsamen, ökumenisch geschriebenen Kirchengeschichte der Stadt Erlangen. Dabei werden auch die Irrungen und Wirrungen zwischen den Konfessionen in der Vergangenheit nicht verschwiegen. Unser Buch erzählt aber nicht nur vom kirchlichen Leben an Regnitz und Schwabach, einem Gebiet, das anscheinend schon immer eine kleine Welt für sich gewesen ist und in der Menschen bis in die heutige Zeit hinein Aufnahme und Heimat gefunden haben. Dennoch ist das Leitmotiv unserer Stadt *„Offen aus Tradition"* keineswegs ein Motto, das irgendwann einfach da war.

Für uns ist es ein Arbeitsbegriff und zugleich ein immerwährender Auftrag. Denn nicht zuletzt enthält die Stadtgeschichte auch als traurigen Tiefpunkt den Umgang mit den Juden in der Stadt und in den Kirchen während der Zeit des Nationalsozialismus.

Wenn wir nun gemeinsam aus Anlass des 1000jährigen Bistumsjubiläums zurückschauen, dann tun wir dies in Dankbarkeit gegenüber Gott, dass er unsere Kirchen über Wege, Umwege und manchmal auch Irrwege hinweg immer wieder neu zueinander geführt hat. Stadt und Kirchen leben heute in einem vertrauensvollen Miteinander und sind bestrebt, gute Wege in die Zukunft zu finden. Dass Gott dazu seinen Segen geben möge, ist unser gemeinsamer Wunsch. In die geschichtlich gewachsene Tradition unserer Stadt, Fremde aufzunehmen und sie Heimat bei uns finden zu lassen, mögen auch die Mitglieder der neu gegründeten jüdischen Gemeinde und der muslimischen Gemeinschaften herzlich aufgenommen sein. Mögen sie im Geiste guter Nachbarschaft mit uns leben und mit uns stolz sein auf eine ganz besondere Stadt. Dazu kann der vorliegende Band ganz sicher einen Beitrag leisten.

Erlangen, im März 2007

Dekan Dr. Gerhard Münderlein
Evangelisch-Lutherisches Dekanat

Pfarrer Johannes Mann
Evangelisch-Reformierte Kirche

Dekan Josef Dobeneck
Römisch-Katholisches Dekanat

Vorwort

Eine eigene Festschrift als Beitrag der Stadt Erlangen zum 1000jährigen Jubiläum des Bistums Bamberg – das einzige überwiegend historisch ausgerichtete Buchprojekt zu diesem Anlass außerhalb der Bischofsstadt – muss begründet werden. Zum einen sind die Gotteshäuser in der zwar 1002 erstmals urkundlich erwähnten, aber im Laufe der Zeit mehrfach zerstörten Stadt allesamt vergleichsweise jung und überdies überwiegend protestantisch. Und zum anderen fehlt es nicht an Versuchen zur Aufarbeitung gerade der Kirchengeschichte. *„440 Jahre evang.-luth. Erlangen 1528-1968"* im Jahre 1968, *„Erlangen evangelisch – Porträt eines Dekanatsbezirkes"* 1976, *„450 Jahre Reformation in Erlangen"* 1978, *„Erlangen. Die Geschichte der Stadt in Darstellung und Bilddokumenten"* 1984, *„Vom Nutzen der Toleranz. 300 Jahre Hugenottenstadt Erlangen"* 1986, *„Unterwegs im Dekanat Erlangen. Porträt eines Dekanatsbezirkes"* ²1976, *„Die Geschichte von Herz Jesu, Erlangen"* 1989, das als Nachschlagewerk unübertroffene *„Erlanger Stadtlexikon"* 2002 und schließlich 2004 der Ausstellungskatalog des Stadtmuseums *„Spuren des Glaubens. Kirchenschätze im Erlanger Raum"*, um nur einige Beispiele zu nennen, enthalten Abhandlungen zur Geschichte der Konfessionen, der Pfarreien und Kirchen. Wie diese Titel zeigen, hat Erlangen eine ausgeprägte evangelisch-lutherische und auch eine bedeutende evangelisch-reformierte Vergangenheit. Das erklärt die Grußworte des lutherischen Landesbischofs und des Präses der Reformierten Kirche in Bayern neben dem des katholischen Erzbischofs, die zusammen das Buch schon von anderen unterscheiden. Aber auch dadurch erscheint eine Erlanger Festschrift zum Bistumsjubiläum noch nicht als Desiderat.

Dies ändert sich, wenn man sich auf die Besonderheiten der Geschichte konzentriert, auf das, was in Erlangen anders war als in anderen Städten, darunter vieles, was häufig nicht offen zu Tage liegt, etwa weil keine Gebäude oder andere historische *„Denkmäler"* daran erinnern. Dann geraten die bekannten Fakten in einen anderen Zusammenhang, ergeben sich neue Erkenntnisse und entsteht plötzlich das Bild einer spannenden Religions- und Kirchengeschichte, wie sie im Bistum Bamberg ziemlich einmalig sein dürfte. Angefangen mit einer ungewöhnlichen Lage – im Gebiet der heutigen Großstadt grenzten vor 1000 Jahren zeitweilig die Bistümer Bamberg, Würzburg und Eichstätt aneinander – hat Erlangen vieles zu bieten, was andere Orte nicht haben, und dazu erstaunlich viel von dem, was es an wichtigen kirchlichen Einrichtungen oder Strömungen anderswo auch gab. Nicht zuletzt dank der Eingemeindung zahlreicher geschichtlich einst selbst bedeutender Dörfer im 20. Jahrhundert besitzt Erlangen heute eine Urpfarrei, ein ehemaliges mittelalterliches Frauenkloster und mehrere Wehrkirchen. Zur Zeit der Reformation war hier ein Zentrum des süddeutschen Täufertums. Europäische Geschichte spielte nach Erlangen, als nach der Aufhebung des Toleranzedikts von Nantes 1685 Hugenotten, Deutsch-Reformierte und schließlich auch Lutheraner sich in der 1686 als barocke Planstadt gegründeten Neustadt Erlangen niederließen, oder als um 1732 Tausende Salzburger Exulanten und Ende des 18. Jahrhunderts einige Hundert französische Revolutionsflüchtlinge wenigstens kurzzeitig Aufnahme fanden. Nach 1686 wurden innerhalb von nur hundert Jahren nicht weniger als acht Kirchen gebaut, darunter als letzte das katholische Bethaus, nachdem auch den Altgläubigen die Glaubensfreiheit gewährt worden war. Die Theologischen Fakultät der Friedrich-Alexander-Universität als protestantisches Schwergewicht im überwiegend katholischen Bayern, die zweitälteste bayerische Freimaurerloge, die Erlanger Alt-Katholiken als Stachel im Fleisch des Erzbistums Bamberg, die teilweise problematische Rolle der Kirchen im Dritten Reich, schließlich in den vergangenen Jahren die (Wieder)Entstehung einer jüdischen und zweier islamischer Gemeinden, und der von allen Seiten unterstützte Versuch zum Dialog zwischen den Konfessionen und Glaubensrichtungen – all das trägt zum kirchen- und konfessionsgeschichtlichen Profil der Stadt Erlangen bei, die seit 1977 unter dem anspruchsvollen Motto *„offen aus Tradition"* versucht, ihrer besonderen Geschichte gerecht zu werden.

Dieses Motto verweist nicht nur auf die heutige Weltoffenheit der Stadt, sondern auch darauf, dass diese über einen längeren Zeitraum immer wieder von anderen Menschen auf der Suche nach einer sicheren neuen Heimat gesucht wurde. Ob sich die Erwartungen der Ankömmlinge erfüllten, ob sie hier ihr *„Himmelreich erlangten"*, wie es unter Einbeziehung eines alten Wortspiels heißt, begründet den Haupttitel des Buches *„Das Himmelreich zu Erlangen – offen aus Tradition?"*, der gleichzeitig den hohen Selbstanspruch der Stadt kritisch in Frage stellt.

Das Ergebnis ist nun nicht einfach eine Zusammenstellung bereits bekannter Fakten. Eine Reihe neuer Erkenntnisse verändert und vertieft in einigen Fällen das bisherige Bild der Erlanger Geschichte, so dass die vorliegende Schrift in wesentlichen Punkten etwas Neues bieten kann. So ermöglichen die kirchlichen Strukturen wichtige Aussagen gerade für die Anfänge der Stadt östlich der Regnitz um das Jahr 1000. In der Geschichte der Heimatvertriebenen und Flüchtlinge nach 1945 spiegelt sich die Aufnahme von Hugenotten und anderen mehr als 250 Jahre vorher. Für die ersten Jahrhunderte der Ortsgeschichte sind, wie in anderen Fällen auch, im Zusammenhang mit der Kirche stehende Schriftdokumente die wichtigsten Informationsträger.

In neuerer Zeit treten Kupferstiche und sonstige Graphiken, seit dem 19. Jahrhundert vor allem die Fotografie hinzu. Aus dem unschätzbaren Bildbestand vor allem des Stadtarchivs Erlangen illustrieren die Texte über 550 Abbildungen, davon mehr als die Hälfte Erstveröffentlichungen. Sie transportieren ihrerseits wertvolle Informationen, erzählen gleichsam eine eigene Geschichte und machen die Thematik lebendiger, als Worte dies könnten. In den Beiträgen zur Ökumene und zum Erlanger Friedensweg vermischen sich Geschichte und aktuelle Gegenwart. Der ehrgeizige Versuch, sogar eine Erlanger Perspektive für die Zukunft aufzuzeigen, spiegelt dabei in besonderem Maße das Bemühen der Stadt, der christlichen Kirchen und der anderen Religionsgemeinschaften, der Tradition der Offenheit gerecht zu werden. Ein Ergebnis der Erlanger Verhältnisse ist nicht zuletzt das vorliegende Projekt selbst, das ohne die hervorragende gemeinsame Zusammenarbeit der drei großen christlichen Kirchen in Erlangen, die sich erstmals gemeinsam der Erforschung ihrer ureigenen Geschichte widmeten, so nicht denkbar gewesen wäre. Gleichwohl kann das Ergebnis angesichts der Komplexität der Themen und der Fülle des Materials nicht annähernd Vollständigkeit, sondern letztlich nur Ansätze und Hinweise bieten und ersetzt keine noch zu schreibende fundierte Erlanger Kirchengeschichte.

Die Zielsetzung des Projektes, in Verbindung mit zeitlichen, personellen und finanziellen Engpässen, begründet auch die Punkte, die als Lücken angesehen werden könnten. So wird manche(r) ein eigenes Kapitel vermissen, dass sich speziell den Erlanger Frauen widmet, von denen nicht nur die Markgräfin-Witwe Sophie Caroline, die Stifterin Margarethe Stock, die Niederbronner Schwestern oder die ersten protestantischen Pfarrerinnen, um nur einige zu nennen, ihren Teil zur Erlanger Kirchengeschichte beigetragen haben. Im Bewusstsein, die zahlreichen christlichen und nichtchristlichen Kirchen, Glaubensgemeinschaften und Gruppierungen, die es heute in Erlangen gibt, auch nur annähernd angemessen darstellen zu können, wurde mit Ausnahme der Juden und Muslime darauf verzichtet, sie mit eigenen Abhandlungen in das Buch aufzunehmen. Die teilweise gegensätzliche Sicht der Dinge durch Historiker und Theologen begründet manche Überschneidungen, ja unterschiedliche Darstellung und Bewertung der Sachverhalte, trägt aber zu einem lebendigen Dialog bei.

Wie bei allen größeren Projekten sind viele Personen in unterschiedlichem Maße am Gelingen beteiligt. Der Dank der Herausgeber gilt zuerst den geistlichen Vertretern der Evangelisch-Lutherischen, der Evangelisch-Reformierten und der Katholischen Kirche in Erlangen für ihre große Offenheit und Bereitschaft zur konstruktiven Mitarbeit. Zu Dank verpflichtet fühlen sie sich auch dem Oberbürgermeister der Stadt Erlangen, Dr. Siegfried Balleis, der die erste Konzeptidee begeistert aufgegriffen und gefördert hat, und nicht weniger den Autoren, die ungeachtet ihrer sonstigen Verpflichtungen ihre Beiträge termingerecht abgeliefert haben. Durch Rat und Tat unterstützten das Projekt Hanna Bander, Bernd Böhner, Lorenz Bonhard, Karl Deckart, Rostyslav Freydman, Dr. Dietmar Hahlweg, Bertold Freiherr von Haller, Hartmut Hillmer, Ester Klaus und Harald Tietze. Die redaktionelle Mitarbeit übernahmen Claudia Koolman und Peter Gertenbach. Der Graphiker Peter Hörndl steuerte die Karten bei. Dankbar sind die Herausgeber auch dem Pressefotografenehepaar Hilde und Rudi Stümpel, deren erst im vergangenen Jahr mit Hilfe der Elsner-Stiftung und der Stadtsparkasse an das Stadtarchiv gelangter Fotonachlass auch für die Erlanger Kirchengeschichte eine Fülle von unbekanntem Bildmaterial birgt. Am Entstehen des Buches waren auch wieder die Mitarbeiterinnen und Mitarbeiter des Stadtarchivs beteiligt. Zu danken ist hier Axel Dorsch, Peter Engel, Barbara Fischer, Ute Riedel und Renate Wünschmann. Der Dank gilt nicht weniger der Druckerei Tümmels mit Siegfried Biller, der das Layout besorgte, und ihrem Chef Reiner Niebauer, der auch unter Zeitdruck die rechtzeitige Fertigstellung in der gewohnten Qualität garantierte. Der größte Dank aber gilt dem bedeutendsten privaten Erlanger Kulturmäzen der vergangenen Jahrzehnte, dem Apotheker Bernd Nürmberger, der die stadt- und bistumsgeschichtliche Bedeutung des Projektes erkannte und seine Realisierung durch die Übernahme der gesamten Druckkosten erst ermöglichte.

Dr. Andreas Jakob
Stadtarchivar

Dr. Hans Markus Horst
Leiter der Katholischen Erwachsenenbildung Erlangen

Helmut Schmitt
Leiter des Bürgermeister- und Presseamtes Erlangen

Andreas Jakob

Das Himmelreich zu Erlangen

1000 Jahre Erlanger Kirchengeschichte im Überblick

„*Suchet das Himmelreich zu Erlangen*"[1], so fordert eindeutig zweideutig ein geflügelter Spruch, der möglicherweise im 19. Jahrhundert in studentischen Kreisen entstanden ist. Vielleicht aber geht er auch auf einen Pfarrer der Barockzeit zurück, der um 1700 die „*alte Sage*" begründete, wonach man die Gegend um Erlangen mit der Lage Jerusalems, den Burgberg mit dem Ölberg, Essenbach mit dem Dorf Bethphage, das Tal bei Sieglitzhof mit dem Tal Iosaphat, die Schwabach mit dem Fluss Cedron und den Martinsbühl mit dem Berg Golgatha gleichzusetzen pflegte[2]. Mit den Heimsuchungen der „*himmlischen*" Stadt Jerusalem verglich Pfarrer Caspar Jacob Huth 1756 in seiner Predigt zur Erinnerung an den verheerenden Stadtbrand von 1706 das Schicksal der kleinen Altstadt Erlangen[3].

Fern von dergleichen allegorischem Gedankengut lautet das in einem Bürgerwettbewerb gefundene offizielle Motto der Stadt seit 1977 nüchterner, aber nicht weniger anspruchsvoll: „*Offen aus Tradition*". Hinter dieser Behauptung steht zum einen die historische Tatsache, dass Erlangen in den vergangenen über 320 Jahren immer wieder, und mehr als andere Städte, Fremde aufgenommen und von diesen profitiert hat, zum anderen die Annahme,

„*Happy Birthday to you …*": Erlangen gratuliert dem Bistum Bamberg, 2003

„*Suchet das Heil zu Erlangen*". Sinnbild der Theologischen Fakultät, Entwurf für ein Wandgemälde, 1925

diese Menschen gerne und gut aufgenommen zu haben. Denn als Frucht der Aufklärung und nicht zuletzt Folge der Indoktrination und Intoleranz im Nationalsozialismus des 20. Jahrhundert gehört es heute zu den größten Kulturmängeln, gegenüber Dritten nicht „*offen*", sondern intolerant zu sein. Inwieweit der Erlanger Anspruch berechtigt ist oder nicht, möchte das vorliegende Buch jedenfalls in Stichpunkten überprüfen. Das Motto „*offen aus Tradition*" verweist nicht nur auf die Offenheit der Stadt, sondern auch darauf, dass diese über einen längeren Zeitraum immer wieder von anderen gesucht wurde.

Die im Titel des Buches zusammengespannten Begriffsinhalte sind beide von ihrer Zielsetzung her, obwohl sie in Erlangen eine erstaunliche Geschichte aufweisen können, jedoch überwiegend vorwärts gerichtet. Das Himmelreich ist erst noch zu erlangen, und die Tradition der Offenheit appelliert stets gleichzeitig an das Handeln der Gegenwart und Zukunft. Deswegen wird versucht, das Thema nicht nur bis in die unmittelbare Gegenwart zu führen, sondern auch den Beitrag anzusprechen, den Erlangen künftig zum Dialog der Konfessionen leisten möchte.

Ob die Suchenden in Erlangen ihr „*Himmelreich*" gefunden haben, wird je nach dem, welche moralischen Maßstäbe man heute an das Tun und Lassen früherer Generationen anlegt, unterschiedlich beantwortet werden. Ausserdem gehört zum „*Himmel*" als unverzichtbare zweite Hälfte des Begriffspaares die „*Hölle*". Auch diese wurde hier immer wieder manchem Mitbürger bereitet. Bei der Bewertung der Ereignisse aus heutiger Sicht ist jedoch ganz entscheidend zu berücksichtigen, dass die schriftlichen Quellen, die häufig genug die einzigen Zeugnisse aus früheren Zeiten sind, in der Regel nur einen winzigen Teil des Geschehens überliefern. Wenn die Autoren eines Aufsatzes zur damals gerade einmal ein halbes Jahrhundert zurückliegenden Aufnahme der Heimatvertriebenen und Flüchtlinge nach 1945 in Erlangen 1996 feststellen mussten, dass Geschichte „*nur unzureichend in den Akten der Archive greifbar* [ist]. *Widersprüche und nicht selten große Lücken tun sich auf, die Aussagekraft der Dokumente relativiert sich. Für den, der sich ein Bild von früheren Ereignissen, von den Menschen machen will, ist das unbefriedigend*"[4], gilt das um noch viel mehr für frühere Ereignisse.

Erlangens Platz in der Geschichte des Bistums Bamberg

Erlangen war bis zur Gründung der Neustadt 1686 anlässlich der Ansiedlung von Hugenotten ein Städtchen mit vielleicht 600 Einwohnern, von einer gewissen Bedeutung nur durch seine Lage an einer wichtigen Handelsstraße von bzw. nach Nürnberg. Durch zahlreiche Zerstörungen in früheren Kriegen und zuletzt durch den verheerenden Brand der Altstadt am 14. August 1706 ging das mittelalterliche Stadtbild einschließlich der kleinen Stadtpfarrkirche am Martin-Luther-Platz fast vollständig verloren. Die barokken Kirchen in der Neustadt Erlangen, der „*Hugenottenstadt*", und in der Altstadt Erlangen, die mittelalterlichen Gotteshäuser in den seit Beginn des 20. Jahrhunderts eingemeindeten Vororten, oder die modernen Gotteshäuser, die in den neuen Stadtvierteln errichtet wurden, können auch zusammengenommen nicht mit den sakralen „*Schwergewichten*" des Bistums Bamberg in der Bischofsstadt oder in Nürnberg, in Kloster Banz, Vierzehnheiligen oder anderen Orten konkurrieren. Wenngleich die schönen Barocktürme der drei Hauptkirchen im historischen Kern das Stadtbild wesentlich mitprägen und auch die Türme von St. Peter und Paul in Bruck und St. Matthäus in Frauenaurach weithin im Regnitztal zu sehen sind, wirkt Erlangen nicht als kirchliches Zentrum.

Auch Kennern der Erlanger Stadtgeschichte wird es daher nicht unbedingt als naheliegend erscheinen, dass sich die Stadt mit einem Buch zur eigenen Kirchen- und Religionsgeschichte am 1000jährigen Jubiläum des Bistums Bamberg 2007 beteiligt, das historisch sogar in die Zeit vor dessen Gründung 1007 ausgreift. Doch unzweifelhaft verlief die Geschichte in Erlangen in einigen Punkten anders als in allen Städten der Umgebung, bzw. hat es verschiedene Besonderheiten aufzuweisen, die Erlangen keinen gewöhnlichen Platz in der Bistumsgeschichte sichern dürften.

Der „Wächter im Garten Eden", Skulptur im Burgbergarten, 1974/80

Faltplan Erlangens mit Motto und Logo der Stadt, 1984

Thesen zu einer fränkischen Königskirche oder karolingischen Slawenkirche in Erlangen

Um ein Haar könnte sich Erlangen rühmen, eine der von Karl dem Großen um das Jahr 800 zwischen Main und Regnitz in Auftrag gegebenen 14 *„Slawenkirchen"* zu besitzen, hätten die Historiker des 18. Jahrhunderts recht behalten, die das Martinskirchlein zu diesen berühmten, bis heute jedoch nicht zweifelsfrei lokalisierten vorbambergischen Gotteshäusern rechnen wollten, um deren Standort sich inzwischen 70 Orte bewerben. Unabhängig davon gab das Patrozinium des hl. Martin, des Heiligen (u.a.) der Fränkischen Könige, bis in die Gegenwart noch reichlich Anlass zu Spekulationen über ein weit vor die Gründung des Bistums Bamberg reichendes Alter dieser Kirche und eine damit zusammenhängende große Bedeutung des Ortes als ehemaliger Königshof.

Am Treffpunkt von drei Bistümern

Konkreter sind die Kenntnisse für die Zeit der Ersterwähnung Erlangens im Jahr 1002. Damals wurde die spätere Altstadt Erlangen (im Bereich des Martin-Luther-Platzes) vermutlich von Einwohnern aus dem westlich der Regnitz gelegenen Dörfchen Alterlangen als Rodungssiedlung gegründet. Bemerkenswert ist die damalige Lage in einem Bereich, in dem – in Deutschland ziemlich selten, vielleicht sogar einmalig – drei Gaue (Nordgau,

Stadtsilhouette mit sechs Kirchtürmen, Medaille auf die Regierung Markgraf Alexanders, 1786

Erlangen von Südwesten; der Turm der Neustädter Kirche noch vor Vollendung der Turmhaube, um 1788

Rangau und Radenzgau) und zeitweilig – zwischen 1007 und 1016 – drei Bistümer (Bamberg, Eichstätt und Würzburg) zusammentrafen. Dieses Drei-Bistums-Eck liegt heute mitten im Gebiet der Großstadt Erlangen.

In den folgenden Jahrhunderten entwickelte sich die in dem 1288 erstmals erwähnten Friedhof errichtete Marienkapelle, die erst seit 1655 das Patrozinum Hl. Dreifaltigkeit besitzt, zur 1435 von ihrer Mutterkirche in Forchheim separierten (Altstädter) Pfarrkirche und wurden auch in Erlangen die reichen Formen der spätmittelalterlichen katholischen Frömmigkeit gepflegt.

Weitere mittelalterliche Pfarreien im heutigen Erlangen

Eine ähnliche Geschichte weisen die fünf ins Mittelalter zurückreichenden Pfarreien auf, die nach ihrer im vergangenen Jahrhundert erfolgten Eingemeindung heute zu Erlangen gehören: St. Peter und Paul in Bruck, St. Egidius in Eltersdorf, St. Matthäus (urspr. Maria) in Frauenaurach, St. Maria Magdalena in Tennenlohe und St. Xystus in Büchenbach. Aufgrund der unterschiedlichen Zugehörigkeit und Entwicklung der jeweiligen Herrschaften blieb nach der Reformation nur Büchenbach katholisch. Im öffentlichen Geschichtsbewusstsein der in dieser Hinsicht noch nicht zu einer Einheit zusammengewachsenen Stadt kaum verankert ist die Tatsache, dass als Folge dieser Neuordnung im heutigen Stadtgebiet eine Upfarrei, ein ehemaliges Adelskloster sowie

Die Burgberg (Hl. Grab)Kapelle, 1928

mehrere Wehrkirchen liegen, die alle älter sind als die Kirchen im historischen Erlangen, und abgesehen von reichen Kunstschätzen eine eigene, häufig jedoch noch kaum erforschte Geschichte besitzen. Vom katholischen Leben, das auch das Umland mit einbezog und gestaltete, zeugen vor allem im Sprengel der Pfarrei Büchenbach, aber auch in Bruck und Eltersdorf alte Bildstöcke und Wegkreuze.

Erlangen von Nordwesten als biedermeierliche Idylle, um 1830

Neue Glaubenswege: Täufer und die Einführung der Reformation

Das scheinbar friedliche Bild der Kirche im Mittelalter änderte sich zu Beginn des 16. Jahrhunderts radikal, als Erlangen und seine Umgebung plötzlich zu einem Vorort des vordergründig friedlich gesinnten süddeutschen Täufertums wurde, das jedoch Privatbesitz in Frage stellte und die weltliche Obrigkeit ablehnte und für Pfingsten 1528 den Weltuntergang vorhersah. Auch nachdem die in dieser Frage einmütigen lutherischen und katholischen Obrigkeiten scharf durchgegriffen und den Eltersdorfer Pfarrer sowie mehrere Einwohner Alterlangens und Erlangens hatten hinrichten lassen, hielt sich diese die Unzufriedenheit gerade auch der einfachsten Bevölkerungsschichten mit der seelsorgerischen Betreuung durch die Kirche spiegelnde Bewegung, bis sie um 1530 mit der in Uttenreuth entdeckten „Träumersekte" langsam erlosch.

Mit der gegenüber den Altgläubigen keineswegs gewaltfreien Einführung des lutherischen Bekenntnisses im Markgrafum Bayreuth 1528 verschwanden auch in Erlangen die Formen katholischer Religionsausübung. Zu den Problemen, die sich im Verkehr mit den Nachbarorten durch die unterschiedlichen Herrschaftszugehörigkeiten ergaben, trat der konfessionelle Gegensatz. Dieser drückte sich unter anderem darin aus, dass die Protestanten erst im Jahr 1700 den 1585 von Papst Gregor eingeführten revidierten Kalender übernahmen. Für 115 Jahre gab es in den evangelischen und den katholischen Orten eine um zehn Tage voneinander abweichende Zeitrechnung!

Burgbergkapelle, Altar mit Kruzifix, 1959

Eltersdorf, Egidienstein, 1943

Von einem der dunkelsten Kapitel der christlichen Geschichte, der Hexenverfolgung, der in ganz Franken (einschließlich der von diesem Aberglauben nicht freien protestantischen Gebiete) nach 1580 rund 4500 Frauen und Männer zum Opfer gefallen sein sollen, davon allein im Hochstift Bamberg zwischen 1616 und 1630 etwa 900 Personen, finden sich bisher in Erlangen oder den übrigen Orten im Bereich der heutigen Großstadt keine Spuren.

Keinen Unterschied zwischen protestantischer und katholischer Bevölkerung machten der Bauernkrieg 1524, der zweite Markgrafenkrieg Mitte des 16. Jahrhunderts oder der Dreißigjährige Krieg, in dem Erlangen ebenso wie die umliegenden Dörfer wiederholt heimgesucht, geplündert und fast vollständig zerstört wurde.

Bruck, fünf Steinkreuze, 1941

Die Rote Marter zwischen Kosbach und Untermembach, um 1923

Eltersdorf, Steinkreuz mit Silhouette des Gekreuzigten, um 1941

Die Toleranz des Markgrafen Christian Ernst

Eine völlig neue Gewichtung erhielt die Erlanger Kirchen- und Konfessionsgeschichte 1686, als die Stadt direkt mit den Auswirkungen der *„großen"* europäischen Geschichte konfrontiert wurde. Nachdem der französische *„Sonnenkönig"* Ludwig XIV. im Interesse seiner absolutistischen Staatsraison am 17. Oktober 1685 das Toleranzedikt von Nantes aufgehoben hatte, verließen etwa 200.000 seiner von ihren Gegnern *„Hugenotten"* genannten calvinistischen Untertanen ihre Heimat. Markgraf Christian Ernst von Brandenburg-Bayreuth war der erste lutherische deutsche Fürst, der – gegen enorme interne Widerstände insbesondere seiner Geistlichkeit – die als wirtschaftlich tüchtig geltenden, von ihren geistlichen Gegnern aber als *„schlimmer als Papisten und Türken"* diffamierten calvinistischen Franzosen aufzunehmen bereit war. Die damit verbundenen wirtschaftlichen Erwartungen vermögen die von ihm dadurch geübte Toleranz und seine persönliche Leistung nicht zu schmälern, nicht zuletzt, weil er den Ankömmlingen Glaubensfreiheit gewährte und sie mit weitreichenden Privilegien und erheblichen materiellen Hilfen unterstützte, obwohl viele entgegen seiner Erwartung weitgehend vermögenslos waren. In der Neustadt Erlangen konnten gegenüber den angestammten Untertanen sogar deutlich privilegierte Hugenotten und andere Landesfremde, auch Angehörige anderer Konfessionen, in einer für die Zeit ungewöhnlichen Weise gleichberechtigt zusammenleben.

Kriegenbrunn, Steinkreuz mit Inschrift am Waldrand, 1943

Kosbach, Marter an der Kreuzung Deckertsweiher-Mönaustraße, um 1950

Aufmalung eines Roten Kreuzes auf das Dach des Studentenhauses, 1939

Waldenser, Deutsch-Reformierte, Salzburger Exulanten und Französische Emigranten

Denn es blieb nicht allein bei den Hugenotten. Mit ihnen kamen Waldenser, wenig später auch Deutsch-Reformierte aus der von Ludwig XIV. mit Krieg überzogenen Rheinpfalz, sowie Deutsch-Schweizer, Lutheraner und Katholiken. Nachdem der erste Exulant *„aus dem Ländlein ob der Ens"*, aus dem Österreichischen, als Vorbote der gewaltigen religiös motivierten Vertreibungs- und Flüchtlingswellen des 17. und 18. Jahrhunderts, bereits 1652 in Erlangen bezeugt ist[5], 33 Jahre vor dem Beginn des großen Exodus der Hugenotten nach 1685, zogen noch einmal ein halbes Jahrhundert nach diesem Ereignis 1732 mehrere

Kreuz in Steudach, um 1950

Gefallenenkreuze in einer Grabstätte auf dem Neustädter Friedhof, 1945

Tausend Exulanten durch die Stadt[6]. Ende des 18. Jahrhunderts fanden inmitten der Koalitionskriege des Reiches gegen das revolutionäre Frankreich, die auch immer wieder Franken in Mitleidenschaft zogen, in dem nach dem Frieden von Basel 1795 neutralen Erlangen französische Revolutionsflüchtlinge, zumeist katholische Adelige, Aufnahme.

Aus diesen unterschiedlichen Gruppen zogen die meisten weiter, viele aber blieben und fanden eine neue Heimat. Gerade in den Anfangsjahren des Kolonisationswerkes herrschte ein ständiges Kommen und Gehen. Vom Erfolg des 1686 begonnenen Projektes, auf das sich das Erlanger Stadtmotto „offen aus Tradition" gründet, legt der rasche wirtschaftliche Aufstieg Zeugnis ab. 1791/92, nur 100 Jahre später, beim Übergang der Markgrafschaft Bayreuth an das Königreich Preußen, war Erlangen die wichtigste Handels- und Fabrikstadt des Landes.

Acht Kirchen in 100 Jahren

Die Aufnahme von Angehörigen so vieler protestantischer Gruppierungen und die Gründung einer Ritterakademie 1701, in deren Gebäude dann 1743 die Universität einzog, führte beim Ausbau der Neustadt und beim Wiederaufbau der 1706 fast vollständig abgebrannten Altstadt zu einem ungewöhnlichen Bedarf an evangelischen Gotteshäusern. Während andernorts – so zum Beispiel auch in den im 20. Jahrhundert eingemeindeten Vororten Bruck, Frauenaurach und Tennenlohe – häufig für den protestantischen Gottesdienst adaptierte und nur im Innenraum modernisierte mittelalterliche Kirchen genügten, entstanden – zusammen mit der 1693 geweihten Hugenottenkirche und der 1710 geweihten Konkordienkirche binnen eines Jahrhunderts nicht weniger als acht Barockkirchen: 1701 wurde die heute nur noch im Außenbau erhaltene Sophienkirche geweiht, 1721 die Altstädter, 1737 die Neustädter Kirche, 1734 die Deutsch-Reformierte Kirche am Bohlenplatz und schließlich 1783/87 die Evangelisch-Lutherische Neustädter Friedhofskirche. Mit dem katholischen Bethaus kam 1787/90 die achte Kirche dazu. Die Situation zwischen Reformierten und Lutheranern symbolisieren die schönen Türme der drei Hauptkirchen, da sie zwar formal gegeneinander – einmal nach Osten, zweimal nach Westen – gerichtet sind, wobei derjenige der Neustädter Kirche mit 60 m den nur 52 m hohen Nachbarn der Hugenottenkirche deutlich übertrifft, aber alle drei zusammen das historische Stadtbild wesentlich mitprägen.

Der Aufstieg Erlangens zum Zentralort

Eine Wendung zum Besonderen nahm die protestantische Kirchengeschichte des Landstädtchens Erlangen, als sich in der Neustadt auch Lutheraner niederließen. Bereits 1703, nur 17 Jahre nach ihrer Gründung, kam es hier zur Errichtung einer eigenen

Gedenkstein für den Kampfkommandanten Oberstleutnant Werner Lorleberg an der Thalermühlstraße, 13.4.1965

Enthüllung des Lorleberg-Gedenksteins, 16.4.1955

Passionsmusik des Dresdener Kreuzchors in der Neustädter Kirche

Der Bildhauer Lothar Strauch vor seinem Kruzifix bei Büchenbach, 1955

Gottesdienst in der Neustädter Kirche, um 1955

lutherischen Pfarrei Erlangen-Neustadt. 1724 wurde eine eigene Superintendentur Christian-Erlang geschaffen, der 1744 auch die Gemeinde Erlangen-Altstadt und noch einmal neun Jahre später die Pfarrei Eschenau angegliedert wurden. Mit der Errichtung eines eigenen Evangelisch-Lutherischen Dekanats Erlangen am 7. Dezember 1810, dem einschließlich der französisch- und deutsch-reformierten Gemeinden 15 Pfarreien angehörten, fand dieser schnelle Aufstieg der Pfarrei Erlangen Neustadt – und damit der Gesamtstadt – ein vorläufiges Ende. Erlangen, das bereits 1708 zur 6. Landeshauptstadt erhoben worden war, verlor damit nicht zuletzt seine lokale Abhängigkeit von in Baiersdorf oder in Neustadt an der Aisch ansässigen Mittelbehörden und wurde selbst regionaler Zentralort.

Gottesdienst in der Neustädter Kirche, um 1955

Die erste Christvesper in St. Markus, 27.12.1955

Die Rückkehr der Katholiken

Mit dem Aufstieg der 1686 gegründeten Neustadt Erlangen nach 1700 zur Nebenresidenz und 6. Landeshauptstadt, in der von 1747 bis 1770 und von 1781 bis 1799 der Ritterkanton Steigerwald[7] seine Verwaltung hatte, war die Rückkehr der Katholiken verbunden. *„1723 gab es in der Neustadt 18 katholische Bürger und 28 sogenannte Schutzverwandte. Darunter waren elf rein katholische Familien; 15 katholische Frauen waren mit protestantischen Männern verheiratet. Der Gesamtanteil der 72 Katholiken an der Gesamtbevölkerung von 738 [?] Personen betrug also nicht ganz 10 %. Hinzu kommen allerdings Hofpersonal, Dienstboten und Soldaten in unbekannter, wohl aber größerer Anzahl"*[8]. Nachdem mehrere Anläufe wegen des zähen Widerstandes der lutherischen Geistlichkeit gescheitert waren, gelang es Markgraf Alexander erst 1781, den katholischen Angehörigen der Reichsritterschaft zu gestatten, in ihren Häusern in Erlangen katholische Gottesdienste abzuhalten. Das erste katholische Gotteshaus in Erlangen seit der Reformation 1528 entstand 1787/90 im damals entlegenen Erweiterungsgebiet der Altstadt. Wenn deswegen hier der Bauplatz als Zeichen für die Diskriminierung der Katholiken gilt, ist zu bedenken, dass auch die meisten anderen Kirchen – die Altstädter Kirche, die Neustädter Kirche, die Martinskirche, die Neustädter Friedhofskirche, die Deutsch-Reformierte Kirche – zur ihrer Zeit jeweils am Rand der damaligen Stadt errichtet wurden. Später mehrfach umgebaut und erweitert, ist das Bethaus seit 1813 Sitz einer katholischen Pfarrei, die seit 1896 das Patrozinium zum Heiligsten Herzen Jesu besitzt.

Das lutherische Kompetenzzentrum in Bayern: Die Erlanger Theologie

1812 waren in Erlangen von 1974 Familien mit insgesamt 8579 Personen 93 % Lutheraner, 3 % Katholiken und nur noch 4 % Reformierte[9]. Gut 125 Jahre nach Gründung der Neustadt waren die Hugenottennachfahren weitgehend in der lutherischen Bevölkerung aufgegangen. Da nicht mehr genügend Gemeindemitglieder französisch sprachen, wurde 1822 zum letzten Mal in dieser Sprache gepredigt. Seit 1811 unterstanden die Französisch-Reformierte und die Deutsch-Reformierte Gemeinde dem Evangelisch-Lutherischen Dekanat Erlangen, am 4. November 1921 erfolgte ihre Vereinigung zur Evangelisch-Reformierten Gemeinde[10].

Zu Beginn des 19. Jahrhunderts veränderte sich die Situation Erlangens in mehrfacher Hinsicht vollständig. War die Stadt 1791 das wirtschaftliche Zentrum des Fürstentums Bayreuth und Erlangens Fabriken, wie der „lachende Philosoph" Karl Julius Weber spottete, damals *„bedeutender als die gelehrte Fabrik"*[11], hatte sich die Lage kein Vierteljahrhundert später ins Gegenteil

Ordination von drei Vikaren in der Altstädter Kirche, 25.2.1957

Bundestreffen der Komotauer, 1957

Jesuitenpater Falk, Messe nach slawischem Ritus im Pacellihaus, 13.1.1958

verkehrt. *„Die Schließung der Universität wäre nicht anders, als wenn man die Stadt abbrennen würde".* So charakterisierte der Kronprinz und spätere König Ludwig I. um 1817 die Situation der Stadt, in der binnen weniger Jahre, vor allem infolge der während der napoleonischen Kriege 1806 verhängten und bis 1815 bestehenden Kontinentalsperre, aber auch durch versäumte Modernisierung, die noch Ende des 18. Jahrhunderts so blühenden Gewerbe zusammengebrochen waren. Der lutherischen Theologischen Fakultät, an der allein Pfarrer für die protestantischen Untertanen in den fränkischen und rheinpfälzischen Gebieten Neubayerns ausgebildet werden konnten, war es zu verdanken, dass die Existenz der Friederico-Alexandrina nach langen Jahren der Unsicherheit 1818 in der bayerischen Verfassung gesichert wurde.

Mit dem Übergang an das Königreich Bayern 1810 war die bis 1796 eng von *„ausländischen"* Territorien umschlossene Exklave der Markgrafschaft Bayreuth in einem Flächenstaat aufgegangen und dem neuen Regierungsbezirk Rezatkreis, dem heutigen Mittelfranken, zugeordnet. Bevor Bayern 1870/71 dem Deutschen Reich beitrat, in dem die Protestanten in der Überzahl waren, sahen sich die Erlanger – wie die übrigen Einwohner des ehemaligen Markgraftums Bayreuth – nun plötzlich als Teil eines mehrheitlich katholischen Staates. Einerseits förderte diese Veränderung die Errichtung einer katholischen Pfarrei in Erlangen 1813. Andererseits erhöhte sich die Bedeutung der evangelischen Theologischen Fakultät der Friedrich-Alexander-Universität als geistiger Vorort beträchtlich und wurde vielleicht sogar die Ausbildung einer spezifischen *„Erlanger Theologie"* seit den 1830er Jahren gefördert. Bis in die zweite Hälfte des 19. Jahrhunderts prägte die 1818 bis 1919 dem kgl. Bayerischen Oberkonsistorium in München unterstellte Erlanger Theologische Fakultät[12] mit ihrem überproportionalen Anteil an Studenten[13] nicht nur das Bild von Universität und Stadt, sondern trug nicht zuletzt durch die Aktivitäten der zahlreichen konfessionellen Vereine auch den Ruf Erlangens über ganz Deutschland hinaus in die Welt[14].

Das friedliche Bild der Konfessionsgemeinschaften störten ausgerechnet die Alt-Katholiken, die nach der Verkündung des Unfehlbarkeitsdogmas von Papst Pius IX. 1870 von der Römisch-Katholischen Kirche abgetrennt hatten. Besonders starken Zulauf besaß diese neue Gruppierung in Erlangen. 1886 bekannten sich 158 Personen zu ihnen. *„Unter dem ersten Pfarrer O. Hassler entwickelte sich Erlangen, das bis 1885 auch Amtssitz der Alt-Katholischen Kirchengemeinde war, vorübergehend zu einem Zentrum der Alt-Katholiken im fränkischen Raum"*[15].

Zusammenspiel der Konfessionen

In der Erlanger Geschichte verliefen die Fronten häufig anders, als man sich das heute vielleicht vorstellen möchte. Für nahezu jedes Beispiel von Intoleranz findet sich auch ein gegenteiliges. Auf staatlicher Ebene traten gegenüber den wirtschaftlichen Interessen der Regierungen die konfessionellen Verwandtschaften stets in den Hintergrund. So verfolgte die benachbarte evangelisch-lutherische Reichsstadt Nürnberg die Aufnahme von Hugenotten durch den evangelisch-lutherischen Markgrafen Christian Ernst von Brandenburg-Bayreuth von Anfang an mit äußerstem Misstrauen, speziell die Gründung der Neustadt Erlangen, wegen der daraus womöglich entstehenden wirtschaftlichen Konkurrenz. Dennoch war es der katholischen weltlichen Regierung des Hochstifts Bamberg, die eine Verlagerung der regionalen Viehmärkte in das Markgraftum befürchtete, vorbehalten, die Reichsstadt auf die für den 20. August 1694 in der Neustadt Erlangen geplanten Viehmärkte aufmerksam zu machen, bei denen jüdische Händler aus ganz Franken ihre Tiere anbieten sollten. Mit Schreiben vom 8. August bat sie die Nürnberger Behörden um Auskunft, wie den diese auf die neue Situation reagieren wollten. Daraufhin schickten die Nürnberger einen der französischen Sprache mächtigen Wachtmeister verkleidet nach Erlangen. Er berichtete über den Erfolg des dreitägigen Marktes beruhigend nur das denkbar schlechteste und auch in der erst 1686 gegründeten Stadt, die sich gerade in einer ernsten Krise befand, stellte er bereits Anzeichen des Verfalls fest. Er empfahl deswegen seinen Vorgesetzten, die Sache auf sich beruhen zu lassen. Beruhigt schloss der zuständige Ratsherr die Akte mit dem philosophischen, im Falle Erlangens jedoch grundfalschen Vermerk: *„Quod cito fit, cito perit"* (*„Was schnell geschieht, geht [auch] schnell zu Grunde"*)[16].

Während dieser Jahre war das zwischenmenschliche Verhältnis zwischen Lutheranern, Reformierten und Katholiken überraschend pragmatisch und vielfältig. Am 14. Juli 1736 nutzte

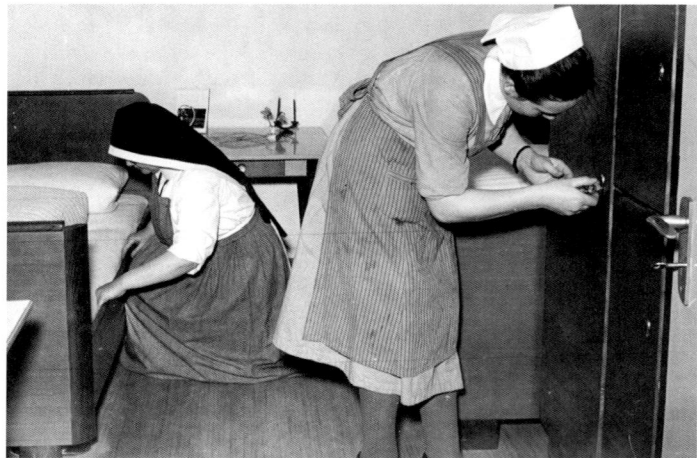

Krankenschwestern beim Einräumen ihrer Zimmer im Waldkrankenhaus, 17.1.1958

die damals bereits 50 Jahre alte Witwe des Markgrafen Georg Wilhelm, Sophie von Weißenfels, die im Erlanger Schloss ihren Witwensitz hatte, die Nähe eines kleinen, eine halbe Meile entfernten bambergischen Dorfes – gemeint ist wohl Büchenbach –, um sich dort – sehr zum Ärger ihrer Verwandtschaft – heimlich von zwei katholischen Priestern mit dem 28jährigen mährischen Grafen Josef Albert Hoditz trauen zu lassen; wenig später trat sie in Wien selbst zum katholischen Glauben über, wurde 1738 in den Sternkreuzorden, einen vornehmen österreichischen Damenorden, der sich der Förderung der Andacht zum heiligen Kreuz, des tugendhaften Lebens und wohltätigen Handlungen widmete, aufgenommen und starb 1752 zu Oedenburg[17]. Unter den strengen Vorschriften für die katholischen Untertanen[18], für deren Einhaltung vor allem die lutherischen Geistlichen mit Amtshilfe der weltlichen Obrigkeit sorgten, hatten vor allem die „kleinen" Leute zu leiden. Die alltägliche Praxis zeigte sich etwa 1725 bei einem Streit, den die Baronin Groß von Trockau als Eigentümerin von Gut Mon Plaisir (Schallershof) mit dem Amtmann von Frauenaurach, Johann Mösch, und anderen um die Bewässerung ihrer Regnitzwiesen führte. Dabei war es „zu derben Schlägerey und Arretierung eines ... [der] Beständner" der Baronin gekommen, der eine katholische Frau hatte, was ihm vom lutherischen Pfarrer von Frauenaurach, dem Magister Frosch, übel vermerkt wurde. Das Ergebnis war, wie die Baronin klagte, dass der „wegen meines Wissens sonst ehrliche, aber eine catholische Fraue habende Taglöhner, der iezt der Religion halber von Mon Plasir vertrieben und darnach catholisch geworden, mithin auch ohn Zweiffel seine Kinder katholisch ziehen wird". Der Amtmann, der sich dem Markgrafen gegenüber rechtfertigen musste, verteidigte die Vertreibung des Pächters mit leicht eingängigen,

Innenraum der Kapelle in Kosbach, 30.1.1964

Gottesdienst in der Kapelle des Waldkrankenhauses St. Marien zur Einweihung, 2.5.1958.

aber schwer nachprüfbaren Vorwürfen und schob im übrigen die Schuld auf den Pfarrer. In Schallershof „werden solche leuthe daselbst recipirt, die an andern Orthen sich nicht mehr aufhalten dörffen, wie wohlen keiner sagen kann, daß das hiesige Ambt ihn fortgeschaffet, sondern die Geistlichkeit alhier beschwehret sich und will die Papisten nicht dulden". Der Pfarrer, entgegnete die Baronin, würde ihren Pächter nicht vertrieben haben, „wenn ihm das Amt nicht mit würcklicher Hülffe zur Hand gegangen wäre". Ausserdem warf sie in dem Schreiben dem Magister Frosch vor, dass er „zu größesten Aergernuß der benachbarten sein Kind [das des Taglöhners] nicht [habe] taufen wollen"[19]. Nachdem die in Erlangen ansässigen Katholiken ihre Kinder evangelisch taufen lassen mussten, konnte erstmals 1783 ein Kind, das des Grafen Ahlefeld, katholisch getauft werden[20].

Mitte des 18. Jahrhunderts wandte sich der Altstädter Pfarrer und Universitätsprofessor Caspar Jacob Huth gegen vermeintlichen katholischen Aberglauben, und ließ die kleine spätmittelalterliche Reiterstatue des Hl. Martin aus dessen Kapelle auf den Dachboden bringen. Huth ist übrigens der in Erlangen immer noch begangene dritte Pfingstfeiertag zu verdanken: nachdem der sog. Vögeleszug, der am Pfingstmontag die 1745 begründete Bergkirchweih eröffnete, seinen Gottesdienst störte, veranlasste er die Verlegung auf den dritten Pfingstfeiertag, der heute noch als „Bergtag" für die Stadtverwaltung und andere dienstfrei ist[21].

Gute Beziehungen unterhielt dagegen die Markgräfin-Witwe Sophie Caroline nach Bamberg zum Fürstbischof, dem wiederum aber die Kontakte einiger seiner hohen Geistlichen nach Erlangen zur hier 1757 gegründeten Freimaurerloge nicht recht waren. Und für eine weitere Facette im Zusammenleben steht Margarethe Stock, eine Lutheranerin, die mit der Begründung, sie habe von Jugend auf unter Katholiken gelebt und bei ihnen ihren Lebensunterhalt verdient, der katholischen Kirche 3000 fl. für ein Geläut sowie für Reparaturen und Verschönerungen vermachte. Ein Zeichen für das inzwischen gute Klima zwischen den Konfessionen waren nicht zuletzt die fünf evangelischen Geistlichen, die zusammen mit 14 katholischen Priestern am 21. Juni 1843 im Leichenzug des beliebten katholischen Pfarrers Johann Michael Rebhan mitgingen[22].

Juden in Erlangen

Die Toleranz der verschiedenen christlichen Konfessionen endete sehr rasch gegenüber den Juden. Nachdem es in Erlangen 1472 sogar einen Rabbiner gegeben hatte, lebten in den folgenden Jahrhunderten im heutigen Stadtgebiet nur in den Dörfern Bruck und Büchenbach einige jüdische Familien durch Vorschriften aller Art eingeschränkt in beengten und bedrängten Verhältnissen. In einem Dekret des Markgrafen von 1711 wurden zwar Katholiken in Erlangen zugelassen, den als wirtschaftliche Konkurrenz gefürchteten Juden auf Betreiben vor allem der Réfugiés jedoch ausdrücklich die Niederlassung verweigert. Gleichzeitig ließ derselbe Landesherr jüdische Gemeinden allerdings in einigen Dörfern der Umgebung sowie in der Stadt Baiersdorf zu und gestattete 1707, wie die weiteren Zuzug von Familien befürchtenden Nürnberger meinten, auf Betreiben des Bayreuther Hofjuden Samson Salomon, in Bruck sogar die Errichtung einer neuen Synagoge; angesichts der dort komplizierten herrschaftlichen Verhältnisse war die Förderung der Ansiedlung von Juden keinesfalls ein Akt der Toleranz und auch nicht nur das Ergebnis wirtschaftlicher Überlegungen – denn selbstverständlich mussten die Juden, zumindest der Bayreuther Hofjude, kräftig für die markgräfliche Unterstützung bezahlen – sondern auch ein Versuch zur Ausweitung der Landesherrschaft[23]. In Erlangen durften Juden immerhin wie andere Hausierer an den Mittwochen tagsüber nach Erlangen kommen. Die Markgräfinwitwe Sophie, die nach dem Tod ihres Gemahls Markgraf Georg Wilhelm ihren Sitz in Erlangen hatte, beschäftigte sogar den Fürther Juden Lazarus Anspacher als Hoflieferanten; zu einem Streit mit dem Erlanger Amtshauptmann von Fischern kam es, als dieser Anspacher beschuldigte, seinen von der Markgräfin ausgestellten Freibrief benutzt zu haben, um in der Stadt einen förmlichen Handel zu treiben[24].

An der 1743 gegründeten Erlanger Universität jedoch konnten

Dekan Ambros Neundörfer bei der Grundsteinlegung der Sebalduskirche, 1965

Russisch-Orthodoxer Gottesdienst in St. Xystus in Büchenbach, um 1968

Juden von Anfang an studieren und promovieren. Seit 1815 mussten die jüdischen Schüler des Gymnasiums nicht mehr jeden Tag auf die Dörfer zurückkehren, sondern durften sich in der Stadt ein Zimmer nehmen. Auch der erste jüdische Professor der Universität, Jakob Herz, der in Erlangen schon Medizin studiert hatte und seither in verschiedenen Funktionen an der Universität tätig gewesen war, wohnte in Erlangen. Wegen seines sozialen Engagements wurde er 1867 Ehrenbürger. Nach seinem Tod errichteten ihm die Erlanger an der in der Stadt noch verfügbaren prominentesten Stelle – parallel zum Markgrafendenkmal auf dem Schlossplatz –, 1875 auf der Ostseite des damals noch Holzmarkt genannten Hugenottenplatzes ein überlebensgroßes Denkmal, das erste überhaupt für einen Juden in Bayern.

Nachdem 1861 allen Juden in Bayern die völlige Niederlassungsfreiheit gewährt worden war, lösten sich ihre vorher schon durch Auswanderung reduzierten Gemeinden in Büchenbach und Bruck binnen weniger Jahre auf und es entstand 1873 eine kleine Gemeinde in Erlangen.

Wachstum der Stadt und konfessionelle Änderungen

In der zweiten Hälfte des 19. Jahrhunderts verzeichnete Erlangen einen starken Anstieg der Bevölkerung von 10.896 Personen im Jahre 1861 auf 17.559 im Jahre 1890. 1910 waren von 24.877 Einwohnern 16.077 evangelisch-lutherisch, 581 reformiert, 7695 römisch-katholisch und 224 Israeliten[25]. Den größten Zuwachs erlebten die Katholiken. Waren 1871 nur 16 % der Bevölkerung katholisch, stieg ihr Anteil bis 1890 auf 22,5 % und 1910 auf 33,5 %. Zu diesem Zeitpunkt betrug der jüdische Bevölkerungsanteil etwa 1 %[26].

Zu Beginn des 20. Jahrhunderts war Erlangen eine von der kleinen Universität und ihren zahlreichen Studentenverbindungen und der 1868 eingerichteten Garnison geprägte Mittelstadt[27]. Bei den Konfessionen dominierten die Lutheraner, die 1917 das 400jährige Jubiläum der Reformation feierten. Aus diesem Anlass wurde der ehemalige Markt der Altstadt in Martin-Luther-Platz umbenannt.

Bis zu einer wirklichen Akzeptanz der Katholiken war noch ein weiter Weg. Als sie sich nach der Fusion der beiden reformierten Gemeinden 1922 zur Evangelisch-Reformierten Gemeinde für die nun leerstehende Deutsch-Reformierte Kirche am Bohlenplatz interessierten, wurde diese jedoch von der lutherischen Gemeinde gekauft und in „Christuskirche" umbenannt. Die wachsende katholische Gemeinde errichtete daher – wiederum am damaligen Stadtrand – mit der St. Bonifatiuskirche einen repräsentativen modernen Neubau. 1937 wurde das katholische Dekanat Erlangen mit 13 Pfarreien errichtet[28].

Die 1873 entstandene jüdische Gemeinde in Erlangen besaß – nacheinander in verschiedenen Häusern einen Betsaal und seit 1891 einen Friedhof am Burgberg. Ungeachtet aller Rivalitäten und Ressentiments die es zwischen den Konfessionen und Religionen gab – darunter ein stets latenter Antisemitismus – zogen alle, Lutheraner, Reformierte, Katholiken und auch Juden voller patriotischem Überschwang 1914 in die nationale Katastrophe des Ersten Weltkrieges.

Im Dritten Reich

In den Not- und Krisenjahren nach dem Ersten Weltkrieg machte sich unter den zahlreichen gewalttätigen Strömungen zwischen Kommunismus und Nationalismus der in Erlangen auch vorher schon immer latent vorhandene Antisemitismus verstärkt bemerkbar. Höhepunkte im negativen Sinne waren Äußerungen

Nikolaustag der griechischen Gastarbeiter in Erlangen, 28.11.1970

von Professoren der Theologischen Fakultät der Friedrich-Alexander-Universität. So verfasste etwa Prof. Werner Elert für den Ansbacher Kreis, *„ein Sammelbecken von Mitgliedern des NS-Pfarrerbundes und der Deutschen Christen"*, den sogenannten Ansbacher Ratschlag vom 11. Juni 1933, in dem die Verpflichtung des Menschen auf bestimmte *„natürliche Ordnungen"* seiner geschichtlichen Gegenwart *„wie Familie, Volk, Rasse (d.h. Blutzusammenhang)"*, vor allem auf die Obrigkeit, besonders auf die *„gesunde"* Ordnung des NS-Staates herausgestellt wurde: *„In dieser Erkenntnis danken wir als glaubende Christen Gott dem Herrn, daß er unserem Volk in seiner Not den Führer als ‚frommen und getreuen Oberherrn' geschenkt hat und in der nationalsozialistischen Staatsordnung ‚gut Regiment', ein Regiment mit ‚Zucht und Ehre' bereiten will. Wir wissen uns daher vor Gott verantwortlich, zu dem Werk des Führers in unserem Beruf und Stand mitzuhelfen"*. Wenige Monate später betonte das mit dem Volksempfinden und dem *„Grundsatz von der völkischen Verbundenheit der Amtsträger mit ihrer Gemeinde"* begründete Arierparagraph-Gutachten vom 25. September 1933, in dem die Professoren Paul Althaus und Werner Elert im Auftrag der Theologischen Fakultät im Sinne der nationalsozialistischen Machthaber erklärten: *„Für die Stellung der Kirche im Volksleben und für die Erfüllung ihrer Aufgabe würde in der jetzigen Lage die Besetzung ihrer Aemter mit Judenstämmigen im allgemeinen eine schwere Belastung und Hemmung bedeuten. Die Kirche muß daher die Zurückhaltung ihrer Judenchristen von den Aemtern fordern"*.

Auch andere Pfarrer der drei Erlanger Konfessionen sympathisierten zumindest in der Anfangszeit mehr oder weniger offen mit dem neuen Regime. So missverstand ein Teil der Kirchen die NS-Ideologie als Bundesgenossen im Kampf gegen Gottlosigkeit, Bolschewismus und Marxismus. Am 30. Juli 1933 weihte der reformierte Pfarrer Jung auf dem Exerzierplatz vor dem Wüchner-Gedenkstein die Fahnen und Standarten von SA und Stahlhelm, und würdigte ihren Kampf um die Macht als gerechte Sache.

Aber auch bei den Protestanten leisteten viele Widerstand, etwa der spätere Theologieprofessor Walter Künneth[29]. Noch

Kundgebung des Bundes der Vertriebenen zum Tag der Heimat im Redoutensaal, 12.9.1971

Die Neuapostolische Kirche an der Schuhstraße, 2002

Die Jesus-life Gemeinde im E-Werk an der Fuchsenwiese, 2006

am meisten Zurückhaltung übten katholische Geistliche, die im Rahmen ihrer Möglichkeiten Kritik übten, wie zum Beispiel Ambrosius Neundörfer, der am 2. April 1933 in Herz Jesu vor der SA über das Psalmwort *„Wenn nicht der Herr das Haus baut, müht sich jeder umsonst, der daran baut"* predigte und 1941 für drei Tage in *„Schutzhaft"* genommen wurde, weil er nach einem nächtlichen Fliegeralarm vor 10 Uhr einen Gottesdienst gehalten hatte; ausserdem entzog man ihm das Amt des Standortpfarrers und erteilte ihm Unterrichtsverbot[30].

Eine subtile Art der Verbreitung der NS-Ideologie, und damit auch eine Form der Gewalt, war die Vereinnahmung der Geschichte anlässlich des 250jährigen Jubiläums der Aufnahme der Réfugiés und Gründung der Neustadt 1936, zu dem der bisherige Luitpoldplatz, auf dem drei Jahre zuvor das Denkmal für den jüdischen Ehrenbürger Jakob Herz zerstört worden war, in Hugenottenplatz umbenannt wurde. Die französischen Glaubensflüchtlinge waren in ihren Augen die Nachkommen der *„tapfersten Germanen"* und Rasse-Elite, ihre Auswanderung Ende des 17. Jahrhunderts die Folge des Kampfes, den das aus *„jüdischem Geist geborene Jesuitentum"* gegen den *„nordisch-germanischen Rassenbestandteil Frankreichs"* geführt habe[31].

Am 11. November 1938 kam es auch in Erlangen zur Reichspogromnacht, die einen ersten Höhepunkt der nationalsozialistischen Judenverfolgung bildete. Die kleine jüdische Gemeinde wurde zerschlagen, manche ihrer Mitglieder konnten fliehen, die meisten wurden in Konzentrations- und Vernichtungslagern ermordet. Auch Mitglieder anderer Glaubensgemeinschaften wurden verfolgt und starben im KZ, wie zum Beispiel Gustav Heyer, ein Angehöriger der im April 1933 verbotenen Zeugen Jehovas, im Januar 1942.

„Nur" verboten und ihr Besitz beschlagnahmt wurden 1933 die Freimaurer, die neben *„Weltjudentum"* und *„Bolschewismus"* zu den drei *„überstaatlichen Mächten"* gehörten, die die Nazis als ihre weltanschaulichen Hauptfeinde ansahen. So wenig *„offen"* wie in diesen Jahren war Erlangen in der jüngeren Vergangenheit nie!

Die Geschichte wiederholt sich: Die zweite Neustadt und die Internationalisierung Erlangens

Kriegen und anderen Katastrophen, von denen Erlangen selbst seit dem verheerenden Brand der Altstadt am 14. August 1706 durch wunderbare Fügung weitgehend verschont blieb, verdankt es paradoxerweise ganz wesentlich seine Entwicklung zur heutigen Großstadt. Die religiöse Intoleranz des französischen Königs Ludwig XIV. gegenüber seinen calvinistischen Untertanen führte letztendlich zur Gründung der Neustadt Erlangen, ohne die es die hiesige Universität nicht geben würde. Die Teilung Deutschlands und der Reichshauptstadt Berlin als Ergebnis des Zweiten Weltkriegs veranlasste den Umzug der Siemens-Schuckertwerke in die unzerstörte Mittelstadt. Ähnlich wie 1686, entstand zunächst südlich der nunmehr historischen Alt- und Neustadt Erlangen, die 1812 verwaltungsmäßig vereinigt worden waren, im Anschluss an das gewaltige, wegen seiner auffälligen Farbgebung *„Himbeerpalast"* genannte Verwaltungsgebäude von Siemens, eine weitere Neustadt. Wie seinerzeit die Hugenotten, brachten die *„Siemen-*

Die ehemalige amerikanische Garnisonskirche, 2006

Lesung mit Wolfgang Vogel MdL vor der Neustädter Kirche, um 2005

sianer" der ersten Stunde aus Berlin ihre eigene Mentalität, Sprache und ein ausgeprägtes Selbstbewusstsein mit nach Franken. Als weitere Folge des Weltkrieges strömten seit 1944/45 Tausende Flüchtlinge aus Nieder- und Oberschlesien, Ostpommern, Westpreußen, Polen, der Tschechoslowakei, Ungarn und aus der Sowjetischen Besatzungszone hierher. Bei einer Gesamteinwohnerzahl von ca. 50.000 Personen zählte Erlangen 1950 rund 8000, d.h. 16,5 Prozent der Bevölkerung, Flüchtlinge und Heimatvertriebene. 1958 stieg der Anteil sogar noch auf 21 Prozent[32]. Nicht nur Siemens hat das Gesicht der Stadt wesentlich verändert und geprägt, auch die Aufbauleistung der Heimatvertriebenen. Ohne diese *„Neubürger"* hätte Erlangen nicht den Sprung zur Großstadt geschafft: um 1970 galt jeder vierte Einwohner als Flüchtling oder Vertriebener[33].

Als eine weitere Folge der Entwicklung veränderte sich die konfessionelle Zusammensetzung weiter. Im Februar 1982 waren von den 102.559 Einwohnern Erlangens 40 % katholisch, 45 % evangelisch und 15 % gehörten anderen Konfessionen an[34]. Wegen der sprunghaft gestiegenen Zahlen kam es sowohl bei den Katholiken als auch bei den Protestanten zur Bildung mehrerer neuer Pfarreien und entsprechend zum Bau von modernen Kirchen mit teilweise schönen Architekturen.

Zu den großen Konfessionen gesellten sich verstärkt zahlreiche kleinere Religionsgemeinschaften. Von der heute in Erlangen herrschenden Vielfalt zeugen unter anderem die Adventgemeinde – Sieben-Tags-Adventisten, die Arche-Gemeinschaft e.V., das Christen Centrum International, die ELIA-Gemeinde e.V., die Evangelisch-Freikirchliche Gemeinde, die Evangelisch-Methodistische Kirche, die Freie Baptisten-Gemeinde, die Freie evangelische Gemeinde, die Gemeinde am Wetterkreuz, die Griechische Gemeinde e.V., die Internationale Jesus Gemeinde, die Jesus life-Gemeinde, die Kirche Jesu Christi der Heiligen der Letzten Tage – Mormonen, die Landeskirchliche Gemeinschaft, die Neuapostolische Kirche, die Russisch-Orthodoxe Kirche, die Christengemeinschaft, die Zeugen Jehovas, die Buddhistische Gruppe SGI-D und die Bahá'í[35]. Entsprechend dieser Entwicklung ging der betont protestantische Charakter der Stadt und der Universität zunehmend verloren[36]. Heute ist Erlangen längst keine *„Hochburg des bayerischen Protestantisms"* mehr.

Neben den christlichen Konfessionen und Kirchen etablierten sich auch andere Religionsgemeinschaften. Verstärkt durch die Öffnung des *„Eisernen Vorhangs"* und infolge entsprechender Vereinbarungen der Bundesregierung kamen seit den 1990er Jahren zahlreiche Kontingentflüchtlinge aus den Staaten der ehemaligen Sowjetunion hierher, die zur Gründung einer neuen jüdischen Gemeinde führten. Unübersehbar ist aber vor allem der Zustrom von Muslimen türkischer oder arabischer Herkunft.

Der Erlanger Friedensweg der Religionen

In einer sich unter dem Stichwort *„Globaslisierung"* rasch und teilweise radikal wandelnden Welt, die in den europäischen Staaten durch eine zunehmende Distanz vieler zu ihren angestammten Kirchen gekennzeichnet ist, spielt neben der Nationalität der Glaube – sowohl der eigene als auch der von anderen – wieder eine zunehmend größere Rolle. Seit Jahren gibt es in Erlangen

Bemühungen der verschiedenen Seiten, miteinander ins Gespräch zu kommen. Nachdem hier bereits vor dem zweiten Vatikanischen Konzil die christlichen Kirchen große Fortschritte in der Ökumene gemacht hatten, werden jetzt verstärkt Anstrengungen unternommen, sich gegenüber nichtchristlichen Religionsgemeinschaften zu öffnen[37]. In dem seit 1996 vom Ausländerbeirat in Zusammenarbeit mit Vereinen, Kirchengemeinden und anderen Gruppen regelmäßig im September/Oktober organisierten Interkulturellen Monat gab es u.a. auch einen *„Tag der offenen Moschee"*. 1999 fand im Rahmen dieser Veranstaltung zum erstenmal ein *„interreligiöser"* Gottesdienst statt, an dem katholische und evangelische Christen, Muslime und Buddhisten teilnahmen[38]. Am 6. Oktober 2002 nahm der Türkisch-Islamische Kulturverein seine neue Moschee in der Michael-Vogel-Str. 24b in Betrieb, nachdem die früheren Räumlichkeiten in der Westlichen Stadtmauerstr. 3 zu klein geworden waren[39]. Im Juli 2003 eröffnete die Islamische Gemeinde in Erlangen e.V. ihre neue Moschee Am Erlanger Weg 2, nachdem die seit 1985 in der Waldstraße 9 eingerichtete Moschee ebenfalls wegen Platzmangels nicht mehr ausreichte[40]. Am 22. September 2006 feierte die Christlich-Islamische Arbeitsgemeinschaft ihr zehnjähriges Jubiläum im Gemeindezentrum und der Kirche der Evangelisch-Reformierten Gemeinde mit einer Vortrags- und Diskussionsveranstaltung zum Thema: *„Der Dialog zwischen Christen und Muslimen – Warum führen wir ihn? Wohin führt er uns?"*[41] Zu Beginn des Schuljahrs 2003/04 wurde zum erstenmal in Bayern in Erlangen in der Grundschule an der Brucker Lache deutschsprachiger islamischer Religionsunterricht gegeben[42]. Bundesweit einmalig war 2005 die Einrichtung einer zunächst auf sechs Jahre finanzierten C 2-Professur für *„Islamische Religionslehre"*, nachdem bereits seit dem Wintersemester 2002/03 Gastprofessuren eingerichtet worden waren, um einen Studiengang zum Islamunterricht zu ermöglichen[43].

Eine andere Folge der Globalisierung sind die Flüchtlingsströme, die diesmal im Rahmen staatlich gelenkter Kontingente seit den 1980er Jahren zunehmend auch Erlangen erreichen. Hier bestand unter anderem von 1990 bis 1996 in der Goethestraße ein Asylantenheim, in dem zuletzt 112 Bewohner untergebracht waren[44]. Am 1. September erhielt, nur als Beispiel für andere, eine Ärztin aus Kriegenbrunn den Ehrenbrief der Stadt Erlangen, die seit 1991 in der Flüchtlings- und Asylantenbetreuung tätig war und mit gesammelten Spenden in Ghana Projekte aufgebaut hatte[45]. Besondere Aufmerksamkeit erregten die *„Kirchenasyle"*, darunter eines der längsten in Bayern, das die Martin-Luther-Gemeinde in Büchenbach für fast vier Jahre einer kurdischen Familie bot, um sie der staatlichen Abschiebung in ihre Heimat zu entziehen[46].

Dem immer wieder auch in Erlangen aufflackernden rechtsradikalen Gedankengut, das sich unter anderem 1980 an dem Mord an Shlomo Lewin und Frieda Poeschke und an wiederholten Schändungen der Herz-Stele in der Universitätsstraße durch Hakenkreuze oder Judensterne zeigte, versucht eine breite Öffentlichkeit Widerstand entgegenzusetzen. Einem Aufmarsch von Neo-Nazis mit etwa 150 Teilnehmern am 2. Oktober 2004 standen ungefähr 1000 Gegendemonstranten und ebenso viele Polizisten gegenüber[47].

Heute leben in Erlangen Angehörige aus 137 Nationen. Von insgesamt 103 394 Einwohnern waren am 31.12.2006 33 576 (32,5 %) römisch-katholisch, 35 551 (34,3 %) evanglisch und 34 267 (33,1 %) sonstige. Obwohl nicht zuletzt wegen der gün-

Der Gute Hirte bei St. Bonifaz, 2007

stigen sozialen Zusammensetzung der überdurchschnittlich gebildeten Bevölkerung in der Universitäts- und Siemensstadt Konflikt- und Brennpunkte fehlen, wie sie in den vergangenen Jahren in vielen anderen deutschen Großstädten entstanden sind, gibt es auch hier Befürchtungen über die künftige friedliche Entwicklung der Konfessionen und Kulturen. Um der Entstehung von Problemen vorzubeugen, aber auch aus der Verpflichtung des Mottos *„offen aus Tradition"* heraus bemühen sich die Stadt und die drei großen christlichen Kirchen mit den Vertretern der neuen Jüdischen Gemeinde, den Muslimen und anderen den Dialog fortzuführen. Ein Erlanger Versuch, an dessen Anfang alle Beteiligten stehen, eine Antwort auf die anstehenden Herausforderungen zu finden, ist der Friedensweg der Religionen.

Anmerkungen

1 Eine verbreitete Variante lautet: „Suchet das Heil zu Erlangen".
2 Johann Martin Girbert, Der erblaßte / Aber aus der Asche wiederum lebendig herfür grünende / Alt-Erlangische Gottes-Tempel, Erlangen 1709, Anmerkungen (StadtAE, 24.B.4, fol. 21–28, hier fol. 26). – Johann Ernst Basilius Wiedeburg, Nachricht von dem Gegenwärtigen Zustande der Akademie Erlangen, Erlangen 1756, S. 17.
3 Caspar Jacob Huth, Thränen der Buse bey der funfzigiährigen Erinnerung der schrecklichen Heimsuchung Gottes durchs Feuer ... zum Gedächtniß der fürchterlichen Feuersbrunst wodurch den 14. August 1706 die ganze Altstadt Erlangen in Rauch aufgegangen, Erlangen 1756.

Türkische Proteste gegen eine Darstellung der griechischen Geschichte in einer Ausstellung im Stadtmuseum über Fremde und Fremdsein, Februar 2007

4 Christoph & Joachim Renzikowski, Die vergessenen Patenkinder: Erlangen und „seine" Heimatvertriebenen, in: Jürgen Sandweg/Gertraud Lehmann, Hinter unzerstörten Fassaden. Erlangen 1945–1955, Erlangen 1996, S. 471–59, hier S. 471.
5 Johannes Bischoff, 440 Jahre evang.-luth. Erlangen 1528–1968 (Ausstellungskatalog Stadtmuseum), Erlangen 1968, S. 14.
6 Vgl. den Beitrag von Martina Bauernfeind, Waldenser, Deutsch-Reformierte, österreichische Exulanten und französische Emigranten. Erlangen als Fluchtpunkt religiös verfolgter Minderheiten.
7 Vgl. Klaus Rupprecht, Art. Ritterkanton Steigerwald, in: Christoph Friederich/Bertold Frhr. von Haller/Andreas Jakob (Hrsg.), Erlanger Stadtlexikon, Nürnberg 2002, S. 590.
8 Walter Brandmüller, Die Anfänge der katholischen Gemeinde, in: Alfred Wendehorst (Hrsg.), Erlangen. Die Geschichte der Stadt in Darstellung und Bilddokumenten, München 1984, S. 153ff.
9 Heinrich Hirschfelder/Sigrid Albrecht, Unter den Wittelsbachern (1810–1918), in: Wendehorst (Hrsg.), Erlangen (wie Anm. 8), S. 104–107, hier S. 104.
10 Gerhard Philipp Wolf, Art. Deutsch-reformierte Gemeinde, in: Erlanger Stadtlexikon (wie Anm. 7), S. 207.
11 Andreas Jakob, „... Erlangen aber ist eine Universität". Die bauliche Entwicklung der Friedrich-Alexander-Universität, in: Henning Kößler (Hrsg.), 250 Jahre Friedrich-Alexander-Universität Erlangen-Nürnberg, Festschrift (Erlanger Forschungen, Sonderreihe, Bd. 4), Erlangen 1993, S. 45–114, hier S. 48.
12 Bischoff, 440 Jahre evang.-luth. Erlangen (wie Anm. 5), S. 3.
13 Vgl. die Statistik im Aufsatz von Martina Bauernfeind, „Suchet das Himmelreich zu Erlangen ...". Die evangelisch-lutherische Theologische Fakultät der Friedrich-Alexander-Universität, hier in diesem Buch.
14 Vgl. dazu Andreas Jakob, Von der Hugenottenstadt zur Zentrale lutherischer Weltmission. Das protestantische Erlangen, hier in diesem Buch.
15 Bernhard Schneider, Art. Alt-Katholische Kirchengemeinde, in: Erlanger Stadtlexikon (wie Anm. 7), S. 117f.
16 StadtAN, B 18 Nr. 667.
17 Ludwig Göhring, Ehetragödien der fränkischen Hohenzollern im 18. Jahrhundert, in: EH 1929, Nr. 1, 2. – Elisabeth Schmidt-Herrling, Josef Albert Graf von Hoditz und Markgräfin Sophie, in: EH 1929, Nr. 20, 21. – Ludwig Göhring, Von Markgrafen-Witwen, in: EH 1931, Nr. 5, 6. Ders., Die „Lustige Witwe" zu Erlang, in: EH 1931, Nr. 27–31.
18 Vgl. Ostertag-Henning, Die Gründung der Pfarrei Herz Jesu – oder der lange Weg der Katholiken zur eigenen Kirche, hier in diesem Buch.
19 Andreas Jakob, Schallershof oder Monplaisir. Zur Geschichte des ehemaligen Frauenauracher Landgutes, in: EB 35 (1987), S. 59–89, hier S. 74.
20 August Bosch, Die katholische Kirche vom Beginn der bayerischen Zeit bis zur Gegenwart, in: Wendehorst (Hrsg.), Erlangen (wie Anm. 8), S. 156–162, hier S. 154.
21 Andreas Jakob, Bierfest, Volksfest, Kultereignis. Die Entwicklung der Bergkirchweih von 1755 bis 2005, in: Ders. (Hrsg.), Die Erlanger Bergkirchweih. Deutschlands ältestes und schönstes Bierfest. Geschichte, Bierkeller, Rummelplatz (Veröffentlichungen des Stadtarchivs Erlangen, Nr. 4), Nürnberg 2005, S. 21–193, hier S. 29.
22 Bosch, Die katholische Kirche (wie Anm. 20), S. 156.
23 Andreas Jakob/Ralf Rossmeissl, Zur Geschichte der jüdischen Gemeinde in Bruck, in: EB 36 (1988), S. 173–196, hier S. 184ff.
24 Göhring, Die „Lustige Witwe" (wie Anm. 17).
25 Ilse Sponsel, „Für das Vaterland starb auf dem Felde der Ehre ...". Der vaterländische Beitrag der Erlanger Juden im Ersten Weltkrieg, in: EB 43/1995, S. 117–144, hier S. 117
26 Manfred Hanisch/Michael Stürmer, Aufstieg und Niedergang des Bismarckstaates in der Provinz: Sozialstruktur, Wahlverhalten und politische Ereignisse in Erlangen 1848/49–1918/19, in: Wendehorst (Hrsg.), Erlangen (wie Anm. 8), S. 107–112, hier S. 110.
27 Martina Bauernfeind, Erlangen als Garnisonsstadt (1868–1994), in: Erlanger Stadtlexikon (wie Anm. 7), S. 78–81.
28 Josef Urban, Art. Dekanat Erlangen, kath., in: Erlanger Stadtlexikon (wie Anm. 7), S. 202.
29 Walter Helmuth Sparn, Art. Künneth, Walter, in: Erlanger Stadtlexikon (wie Anm. 7), S. 443.
30 Josef Urban, Art. Neundörfer, Ambrosius, in: Erlanger Stadtlexikon (wie Anm. 7), S. 517f.
31 Klaus Treuheit, Das Hugenottenbild. Zur Geschichte des Hugenottengedenkens in Erlangen, in: Christoph Friederich (Hrsg.), Vom Nutzen der Toleranz. 300 Jahre Hugenottenstadt Erlangen (Ausstellungskatalog Stadtmuseum Erlangen), Nürnberg 1986, S. 61–65, hier S. 62.
32 Regina Paulus/Gertraud Lehmann, Art. Heimatvertriebene, in: Erlanger Stadtlexikon (wie Anm. 7), S. 352f.
33 Ebenda.
34 Bosch, Die katholische Kirche (wie Anm. 20), S. 162.
35 Vgl. dazu Margrit Vollertsen-Diewerge, Stark im Glauben. Religionsgemeinschaften in Erlangen. Eine Serie der Erlanger Nachrichten, Erlangen 2006.
36 Vgl. Bauernfeind, „Suchet das Himmelreich zu Erlangen ..." (wie Anm. 13).
37 Vgl. Holger Forssman, „Vom Nebeneinander zum Miteinander". Christen und Muslime in Erlangen, hier in diesem Buch.
38 StadtAE, Chronik/Zeitungsartikel.
39 Ebenda.
40 Ebenda.
41 Ebenda.
42 Ebenda.
43 Ebenda.
44 Ebenda.
45 Ebenda.
46 Ebenda.
47 Ebenda.

Andreas Jakob

St. Martin in Erlangen

Fränkische Königskirche, Slawenkirche Karls des Großen oder mittelalterliche Gründung?

Zu den interessantesten Fragen der Geschichtsforschung gehört die nach den Anfängen der Besiedlung eines Ortes oder einer Region. Die Antworten, die Historiker, Archäologen und Ortsnamenforscher, Laien wie Fachleute zu geben versuchen, können je nach Zeithintergrund und Forschungsansatz oder Blickwinkel des Bearbeiters höchst unterschiedlich ausfallen. Als Folge ist das Bild, das eine Generation von der Vergangenheit entwirft, ständigen, mitunter grundlegenden Korrekturen und Veränderungen unterworfen. Dennoch gibt es seit Jahrhunderten Konstanten, und ebenso bleiben, bei allen Fortschritten im Detail, eine Reihe unlösbarer Rätsel. Für die wissenschaftliche Forschung ist die Kenntnis der Entwicklung dieser Geschichtsbilder in der älteren Literatur genauso unabdingbar, wie die Auseinandersetzung mit abweichenden Meinungen.

Die Besiedlung des Raumes Erlangen bis zum Jahr 1000 n. Chr.

Die Besonderheiten der Erlanger Geschichte beginnen – zunächst recht unscheinbar – mit einer höchst ungewöhnlichen geographischen Position des Ortes. Um das Jahr 1000 lag die im Bereich des späteren Martin-Luther-Platzes erst im Entstehen begriffene Siedlung am nördlichen Rand einer von hier nach Süden bis über Nürnberg hinausreichenden Zone, in der – im Unterschied etwa zum Bereich Forchheim-Eggolsheim-Buttenheim – für fast das ganze erste nachchristliche Jahrtausend bisher keine Spuren von kontinuierlichen älteren Ansiedlungen gefunden werden konnten. Dabei gilt für den Raum Erlangen die Anwesenheit von Menschen in vor- und frühgeschichtlicher Zeit als gesichert. Die Anfänge der Besiedelung werden bereits für die jüngere Steinzeit (4000-1800 v. Chr.) angenommen. Besser belegt ist die Bronzezeit (1800-1200 v. Chr.) mit zum Einzugsbereich der böhmisch-nordbayerischen Urnenfelderkultur (Urnenfelderzeit 1200-750 v. Chr.) gehörenden Gräberfunden in Gosberg, Mark-Forst, Honings, Kersbach, Heroldsberg, Erlangen-Stadtwald, Bruck, Buckenhof, Büchenbach und Kriegenbrunn.

Anscheinend erst in der späten Hallstattzeit (750-500 v. Chr.) wurde ein Grabhügelfeld bei Kosbach angelegt, das Einflüsse aus dem *„oberpfälzisch-fränkischen"* Bereich aufzeigt. Die nächste vorgeschichtliche Epoche, die Latènezeit (450-15 v. Chr.) lässt sich mit Kosbacher Funden *„nur noch in ihrer Frühphase [...] belegen. Dann versiegen die archäologischen Quellen im Erlanger Raum für lange Zeit"*. Der Archäologe Martin Nadler fasste diese auffällige Situation im Jahre 2002 zusammen: *„Aus dem letzten vorchristlichen Jahrhundert, dem Ende der keltischen Epoche, stammen einzelne Keramikscherben von der Schwabachterrasse am Meilwald und vermutlich ein einzelnes Gefäß, das vor längerer Zeit am Martinsbühl gefunden wurde. Für das gesamte erste Jahrtausend christlicher Zeitrechnung stellt sich der heutige Ballungsraum Nürnberg-Fürth-Erlangen eigenartig siedlungsleer dar. Die langsam von Norden her einsetzende germanische Besiedlung, die Völkerwanderungszeit und auch die Landnahme und der Landesausbau im frühen Mittelalter sind v.a. im Gebiet nördlich von Forchheim oder im südlichen Mittelfranken zu fassen. Ob dies realen historischen Gegebenheiten entspricht, wird die Zukunft zeigen müssen. Keramikscheiben als Belege geringer Siedlungstätigkeit des 10.-11. Jahrhunderts stammen aus der Nähe von Hüttendorf und von zwei Fundplätzen nahe Dechsendorf"*[1].

„Von den ältesten Einwohnern der hiesigen Gegend"

Seit den Anfängen der Erlanger Geschichtsforschung vor über 200 Jahren haben sich zahlreiche Kenntnisse über die Erschließung des Landes in den ersten nachchristlichen Jahrhunderten verbessert, ohne dass über gewisse bereits vorhandene rudimentäre

Altstädter- und Martinskirche von Westen, um 1910

Grundzüge hinaus grundsätzlich Neues herauszufinden gewesen wäre. So begann Professor Johann Paul Reinhard im historischen Teil seiner um 1778 verfassten Stadtchronik das Kapitel „*Von den ältesten Einwohnern der hiesigen Gegend*": „*Die Gegend in welcher Erlangen liegt, hat in den alleraltesten Zeiten einen Theil des ehemaligen großen Waldes ausgemacht, welchen Ptolomäus und Strabo den gabretischen Wald genannt haben. Derselbe ist wieder ein ansehnlicher Theil des Hercynischen Waldes gewesen, welcher sich durch ganz Teutschland erstreckt hat. ... Die ältesten Einwohner dieser Gegend, deren Andenken aufbehalten worden, sind die Haruden gewesen. Julius Caesar gedenkt ihrer. ... Die Wohnsitze der Haruden sind im östlichen Franckenlande, in einem Theile des Bayreuthischen, des Bambergischen, des Ansbachischen und des Eichstettischen gewesen. ... Die Gegend also, wo Erlangen liegt, gehörte mit zum Lande der Haruden ... Sowohl die Haruden, als die Sedusier, scheinen Theile der Marcomannischen Völkerschaft gewesen zu seyn, weil Veleius Paterculus nur der Marcomannen gedenkt, wenn er vom Zuge des Marbod ins Boiohenum redet, dem sie beygewohnt haben. ... Die Thüringer waren sowohl Nachbarn der Baiern als der Allemannen. Die Gegend also, wo Erlangen liegt, gehörte eine Zeitlang mit zu Thüringen. Wir würden uns zu weit von unserm Vorhaben entfernen, wenn wir hier weitläufig von der Zerstörung des thüringischen Königreichs handeln wollten. Es geschah dieselbe im Jahr Christi 527, nachdem der König Hermenfried den ostfränkischen König Theoderich gereizt hatte, die Waffen gegen ihn zu ergreifen. Hierauf wurden die Grenzen Thüringens gar sehr verringert. ... In dem mittägigen [südlichen] Thüringen aber breiteten sich die Baiern aus, welche sich dem nur gedachten König Theoderich freywillig unterwarfen. Daher es dieser, um die Thüringer desto mehr zu schwächen, geschen ließ, daß sie ein großes Stück von Südthüringen zu ihrem Land zogen, und es Nordgau nannten, weil es nunmehro der nördliche Theil desselben war. Die Gegend wo Erlangen liegt, gehörte also mit zum Nordgau, welche die heutige Oberpfalz, die Fürstenthümer Ansbach und Bayreuth und das meiste von Bamberg begriff. Die Baiern haben in allen Ländern, in denen sie sich niedergelassen, die Waldungen stark ausgereutet und Dörfer angelegt. ... Ich muthmaße, daß unter die von ihnen erbauten Orte auch das heutzutage so genannte Altenerlingen gehöre. ... Dieses ist die wahre Mutter von unsern Erlangen. ...*"[2].

Rund 230 Jahre nach Reinhard skizzierte Erik Soder von Güldenstubbe in der hervorragenden Festschrift zum 1000jährigen Jubiläum des Bistums Bamberg die Entwicklung vom Fränkischen Kolonialland zum Kirchenland nach dem aktuellen Stand der Kenntnisse: „*Im fünften nachchristlichen Jahrhundert scheint das Land am mittleren Main – entsprechend der geringen archäologischen Befunde aus dieser Zeit – relativ dünn besiedelt gewesen zu sein. Um 550 schrieb Jordanes seine Geschichte der Goten, in der er angab, daß die Thüringer nördlich von den Ale-*

Ausgrabung eines Grabhügels im Bubenreuther Wald, April 1923

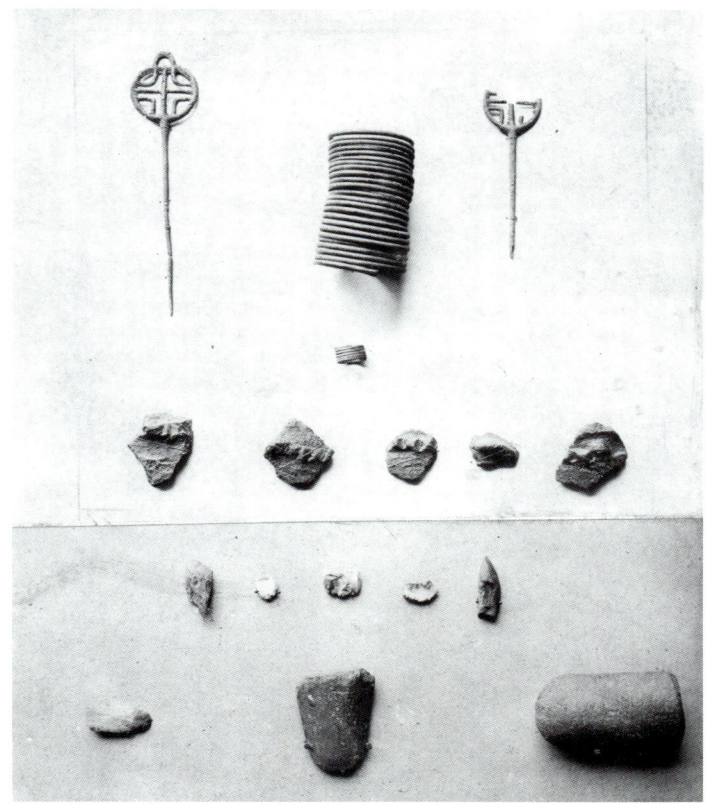

Bronzezeitliche Funde aus dem Grabhügel im Bubenreuther Wald

Bronzezeitliche Fundstücke aus dem Meilwald in der Universitätsbuchhandlung Blaesing, 1935

Vorgeschichtliches „Sippengrab" bei Kriegenbrunn, um 600 v. Chr. mit Gedenkstein des Heimatvereins, 1931

mannen lebten. ... Um 500 drangen die Markomannen oder Bajuwaren – verdrängt durch die Langobarden – aus dem böhmischen Raum ins spätere Bayern, wanderten ins Voralpen- und Donauland ein, wonach Tschechen das böhmische Land besiedelten. Beide Stämme, Alemannen und Bayern, siedelten sich unter den Schutz der Ostgoten, dessen bedeutendster Herrscher Theoderich der Große war. ... Die Franken sicherten die eroberten Gegenden durch die Anlage einer Reihe von Burgen: Gegen Norden zu, wo die noch freien und heidnischen Sachsen lebten, verlief die Burgenreihe von Limburg an der Lahn über Kesterburg, Amöneburg, Büraburg, Hasenburg, bis zur Sachsen- und Monraburg, letzere bei Arnstadt im Thüringischen. Im Süden verlief eine Burgenkette, die die Alemannen eindämmen sollte, von Würzburg zur Stöckenburg bei Schwäbisch Hall über die Gelbe Bürg bei Gunzenhausen und den Hesselberg. Schon gegen Ende des vierten Jahrhunderts entstanden Höhenbefestigungen auf dem Gangolfsberg bei Fladungen in der Vorrhön, auf dem Bullenheimer Berg, auf dem Staffelberg, auf der Ehrenbürg bei Forchheim, auf dem Turmberg bei Kasendorf, auf dem Reißberg bei Schlappenreuth, auf dem Greinberg bei Miltenberg und die Wettenburg bei Kreuzwertheim. Fränkische Soldaten und Kolonisten kamen in den beiden folgenden Jahrhunderten über den Rhein und ließen sich in den Flußtälern von Main, Fulda, Fränkischer Saale, Kocher, Jagst, Neckar und Tauber nieder. ... Östlich und südöstlich des Grabfeldes lebten Slawen an Itz, Obermain und Rednitz (Regnitz), die vermutlich nach dem Untergang des Thüringerreiches zugewandert waren. ... Zahlenmäßig blieben die Kolonisatoren aus dem merowingerzeitlichen Frankenreich im Mainland eine kleine Schicht ... Es gibt viele Historiker, die glauben, Kilian, geschweige Bonifatius haben kaum mehr etwas zu missionieren gehabt, denn das Frankenreich sei eben ab etwa 500 christlich geworden. ... Die Archäologie hat bis heute fast keine sicheren Zeugnisse für ein lebendiges Christentum hierzulande vor der Zeit des hl. Kilian, also den letzten Jahrzehnten des 7. Jahrhunderts gefunden. Erst dann werden die Funde dichter und die Zeugnisse eindeutiger im Sinne des Christenglaubens. ..."[3].

Diese Darstellungen klingen – abgesehen von der zeitbedingt unterschiedlichen Sprache – verschieden und sind doch ähnlich. Wenngleich sich insbesondere aufgrund von archäologischen Grabungen die topographischen Kenntnisse wesentlich konkretisiert haben, sind nach wie vor antike Schriftsteller die wesentlichen Stützen für die Vorstellung von der Siedlungsentwicklung des ersten Jahrtausends nach Christi. Nach wie vor ist auch nicht mehr als ein sehr grobmaschiges Netz für die Darstellung der Ereignisse vorhanden. Je mehr man sich dem Detail nähert, um so größer werden die Widersprüche, Brüche und offenen Fragen. Während sich damals wie heute die Darstellungen in der Skizzierung allgemeiner Entwicklungen und Strukturen erschöpf(t)en, liegen in Franken nur in Ausnahmefällen genauere Kenntnisse

Grabungen der Stadtarchäologen auf dem Hohen Acker, September 1986

Der Kosbacher Altar (Nachbildung), 2002

zur regionalen oder gar lokalen Geschichte dieses Zeitraums vor. Selbst wenn durch die Mittelalterarchäologie das Bild zunehmend strukturierter und damit bunter wird, sind konkrete Aussagen an das Vorhandensein von schriftlichen Quellen gebunden, die, in der Regel aus ihrem damaligen Zusammenhang gerissen und nicht widerspruchsfrei zu interpretieren, nur Momentaufnahmen der Ereignisse ihrer Zeit bieten.

Von der „größten bekannten prähistorischen Nekropole der Welt" und dem „Kosbacher Altar"

Gleichwohl versuchten seit dem 18. Jahrhundert Erlanger Forscher beharrlich, nicht zuletzt auf der Suche nach Spuren heidnischen Brauchtums und den Anfängen der regionalen und lokalen Christianisierung, Licht in das vor- und frühgeschichtliche Dunkel ihrer Stadt zu bringen. Viele davon, beseelt von einer schier unverwüstlichen Entschlossenheit, auch hier eine möglichst bedeutende Vergangenheit nachweisen zu können, kamen häufig, ohne von Selbstzweifeln geplagt zu werden, zu allen gewünschten Ergebnissen, die Erlangen einen Spitzenplatz in der fränkischen und deutschen Geschichte gesichert hätten. Für diesen Teil der Lokalforschung charakteristische Beispiele sind der kgl. bayer. Major Mayrhofer und der Pfarrer Rudolf Herold, die der damaligen Begeisterung für die Ur- und Vorgeschichte entsprechend auch in der Erlanger Umgebung nach entsprechenden Bodendenkmälern Ausschau hielten und 1913 in der Waldung Mönau bei Kosbach gleich die *„größte bekannte prähistorische Nekropole der Welt"* gefunden zu haben glaubten[4]. Bei näherer Untersuchung entpuppten sich die etwa 870 vermeintlichen Grabhügel zum größten Teil jedoch als die Reste von mittelalter-

lichen Kohlenmeilern. Wie immer erwies sich die Wirklichkeit als wesentlich bescheidener: *„Mit vorerst 14 Gräbern fand sich die größte Nekropole im Erlanger Stadtwald am inzwischen aufgelassenen Steinbruch Saubrunnen"*[5]. Herold entdeckte 1913 auch am westlichen Rand eines bis in die Frühlaténezeit (5. Jh. v. Chr.) für Bestattungen genutzten Grabhügels eine etwa 2 x 2 m messende Steinsetzung mit kurzen *„Eckpfeilern"* und einem von ihm als Phallussymbol gedeuteten *„Mittelpfeiler"*, die er in vermeintlicher Analogie zu syrischen Altären als eine *„vorgeschichtliche Kultstätte"* zu erkennen glaubte und mit dem Namen *„Kosbacher Altar"* belegte[6]. Obwohl die genaue Funktion der Fundstätte bis heute nicht befriedigend erklärt wurde, blieb der vermeintlich auf eine heidnische Kultstätte verweisende populäre Name erhalten[7].

St. Martin in Erlangen als Slawenkirche?

Folgenreicher waren die Schlüsse der Historiker, die auf Grund des Patroziniums, und ohne sich vorher mit der mittelalterlichen Vergangenheit des kleinen Gotteshauses genauer beschäftigt zu haben, die Altstädter Pfarrkirche irrtümlich für eine Gründung erst des 14. Jahrhunderts hielten und somit in der hiesigen St. Martinskirche den Schlüssel für eine uralte und bedeutende Geschichte zu besitzen glaubten. Auch hier zeigt sich die Tendenz, dass viele Forscher, wenn sie meinen, das hohe Mittelalter ausschließen zu können, unter Auslassung von fünf, sechs oder noch mehr Jahrhunderten sich sofort in den frühest möglichen frühgeschichtlichen Zeitschichten angekommen wähnten[8]. Im Falle Erlangens legte bereits Ende des 18. Jahrhunderts die Grundlagen Professor Reinhard, indem er in der kleinen Kapelle auf dem Martinsbühl westlich der Altstadt eine der 14 Slawen-

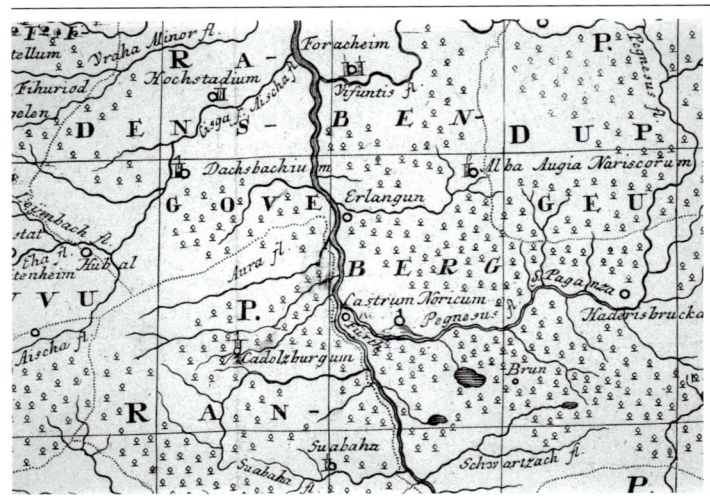

Karte des Nordgaus, Ausschnitt, 1735

Erlanger Veste und Martinsbühl von Norden, um 1732

kirchen vermutete, die auf Befehl Karls des Großen zur Missionierung der Slawischen Bevölkerungsteile an der Regnitz errichtet werden sollten. *„... Es wurden, auf Carls des großen Befehl, vierzehn Kirchen bey ihnen [den Slawen] gestiftet. ... Hierher gehört nur soviel, daß Erlangen einer von den Orten sey, an welchem damal dergleichen gebauet worden. Ich zweifle auch nicht daran, daß Carl der Große selbst einstens hier gewesen sey. Denn im Jahr 793 fuhr er, nachdem die Vereinigung der Retzat und der Altmühl, welche durch einen Kanal geschehen sollte, ... mißlungen war, auf kleinen Fahrzeugen, die von Menschen gezogen worden, durch die Rednitz in den Mayn ... Es ist nicht glaublich, daß der Monarch und seine Begleitung, auf dieser Reise gar nicht ausgestiegen, wenn sie wohlgelegenen Orte an der Rednitz und dem Mayne erreicht. Da er also nahe an Erlangen vorbeygefahren, so ist wahrscheinlich, daß er es ebenfalls in Augenscheine genommen, und daselbst ausgeruhet habe ..."*[9].

Reinhard verband diese romantische, jedoch frei aus der Luft gegriffene Begründung für die Existenz Erlangens bereits um 800 und die vermeintliche Aufgabe der Martinskirche als Missionskirche sehr anschaulich und einprägsam mit allgemeinen Vorstellungen von der Christianisierung heidnischer Heiligtümer: *„...Als sich die Slaven auf dem Nordgau ausbreiteten, so brachten sie ihre Götzen mit, welche ebenfalls in Hainen und auf Höhen, an manchen Orten auch in Tempeln, angebethet wurden. Man weiß, daß sie auch die Flüsse und Quellen göttlich verehrt haben und es hat schwer gehalten, den böhmischen Slaven, noch bey ihrer Bekehrung zur christlichen Religion, das Opfern bey den Brunnen abzugewöhnen. Daher zweifle ich gar nicht, daß die Mayn- und Rednitzwenden die Flüsse an welchen sie gewohnt, ebenfalls für heilig gehalten haben. Aber Spuren eines slavischen Tempels hat man in unserer Gegend zur Zeit noch nicht entdeckt. Vielleicht ist der nachmals sogenannte Martinsbühl eine Höhe gewesen, auf welcher man der nahe dabey liegenden Rednitz geopfert hat. Nachmal hat man eine Kirche dahin gebaut und dieselbe dem heiligen Martin gewidmet, woher dieser Hügel der Martinsbühl genannt wird. Man pflegte insgemein an die Orte, wo zuvor der Götzendienst getrieben worden, christliche Kirchen zu bauen"*.

Als Indiz für die Errichtung des Kirchleins in fränkischer Zeit sah Reinhard – wenngleich nicht mit Bezug auf die Frankenkönige sondern auf das Erzbistum Mainz – das Patrozinium St. Martin an: *„Die meisten Kirchen nämlich, welche man damals unter den Rednitzwenden erbauet, sind dem heil. Martin, dem Patron des Erzstiftes Maynz, unter welchem Würtzburg stehet, gewidmet und von ihm benennet worden"*[10]. Für die übrigen 13 Slawenkirchen hielt er Lonnerstadt, Wachenroth, Mühlhausen, Forchheim, Bruck, Hallstadt, Bamberg, Baunach, Höchstadt, Schlüsselfeld, Haslach, Oberhaid und Geiselwind[11], obwohl im direkten Widerspruch zu seiner Begründung nur in zwei der genannten Orte – Forchheim und Bamberg – Martinskirchen existierten.

Entsprechend begann zwar noch Lammers 1834 seine immer noch hervorragende Stadtgeschichte: *„Die Stadt Erlangen ist nach ihrem Ursprunge einer jener Wohnplätze, welche der Völkerstamm der Slaven in den waldigen Gegenden zwischen dem Main und der Rednitz gegen die letzte Hälfte des achten Jahrhunderts zu begründen begann. ..."*. Jedoch lehnte er Erlangen mit Hinweis auf den unselbständigen Charakter der hiesigen Kirche bis 1435 als Filiale von Forchheim als Standort einer Slawenkirche ab[12].

Reinhard konnte sich mit seiner auf die Chronik des Würzburger Historikers Lorenz Fries gestützten Vermutung letztlich nicht durchsetzen, da Erlangen zu weit von dem mutmaßlichen

Siedlungsgebiet der Slawen an Regnitz und Obermain entfernt lag. Die ganze Problematik der Forschung, die einerseits den Landesausbau in frühgeschichtlicher Zeit lückenlos rekonstruieren möchte, andererseits größte Schwierigkeiten mit den konkreten Aussagen der schriftlichen Quellen hat, ergibt sich aber aus der Tatsache, dass bis heute keine einzige dieser Slawenkirchen mit Sicherheit nachgewiesen ist, nur zwei – Amlingstadt und Seußling – übereinstimmend als solche angenommen werden, und sich für die restlichen zwölf Gotteshäuser bis heute über 70 Orte[13] zwischen Steigerwald und Staffelberg bewerben.

St. Martin in Erlangen als *„königliche Feldpfarreigenkirche"* der Franken?

Während sich die These einer Erlanger Slawenkirche nicht durchsetzen konnte, schien wenigstens das Patrozinium der kleinen Martinskirche auf eine Gründung in fränkischer Zeit zu verweisen. Auch hier überbot sich die Forschung zunächst mit Mutmaßungen über eine vorchristliche Kultstätte und heidnisches Brauchtum. 1920 wurde ein vorgeschichtlicher Kultplatz *„ziemlich sicher"* angenommen und eine merowingische *„Begräbnisstelle"* für wahrscheinlich gehalten[14]. Unausgesprochen ging man also von einer bis in heidnische Zeiten zurückreichenden Siedlungskontinuität auf dem Martinsbühl aus. Charakteristisch für den Kenntnisstand der Ausgräber sind die von dem Studienprofessor Hermann Hornung, einem der wichtigsten Erlanger Experten, als *„vorgeschichtlich"* eingestuften Scherbenfunde, die der bekannte Würzburger Prähistoriker Prof. Hock als Massengut des 14. und 15. Jahrhunderts identifizierte[15].

Auch nachdem 1927/28 vom Heimatverein durchgeführte Grabungen lediglich mittelalterliche Keramikscherben zu Tage brachten, tat das der allgemeinen Überzeugung vom hohen Alter des Kirchleins keinen Abbruch. Sogar einen besonderen Gnadenort sollte es hier gegeben haben, der an der einerseits angeblich typischen, andererseits nur hier in Erlangen vorkommenden konzentrischen Anordnung der Gräber um das Gotteshaus erkennbar war – für die leider nie Belege gefunden wurden[16]. Obwohl bereits die benachbarten Martinskapellen in Fürth im Hochwassergebiet der Pegnitz bzw. in Forchheim überschwemmungssicher auf dem östlichen Hochufer stehen, mithin jede eine völlig andere Topographie besitzt, konstruierte die Forschung *„angeblich"* überall geltende, bei näherer Betrachtung bestenfalls auf den jeweils bearbeiteten Ort zutreffende Kriterien. Und schließlich wurde sogar die Idee eines zur Sicherung der Rezat-Pegnitz-Regnitz-Linie angelegten Systems von durch das Martinspatrozinium ihrer Kirchen charakterisierten fränkischen Königshöfen entwickelt.

Auch in Erlangen nahm man folglich einen sogar bedeutenden Königshof und eine fränkische Martinskirche an. Noch 1984, etwa 200 Jahre nach Reinhard – die These von einem vorchristlichen Heiligtum auf dem Hügel war inzwischen abhanden gekommen – sah die Lokalforschung in der in Wirklichkeit sogar 2 m unter dem Niveau der rund 360 m entfernten Altstädter Pfarrkirche am Martin-Luther-Platz liegenden St. Martinskirche *„eine schon im 10. Jahrhundert bestandene königliche Feldpfarreigenkirche"* in herausragender topographischer Situation und weiteren – mit bei näherer Betrachtung völlig unverbindlichen Merkmalen[17]: *„Als bevorzugtes Patrozinium der fränkischen Könige und ihres Reiches ermittelte die vergleichende Patrozinienforschung, daß die Sankt Martin geweihten Kirchen vorzüglich an Flußübergängen, auf weithin sichtbaren Höhen, in Randlagen gegen den Wald, der nicht selten Grenzwald war, und zu den Siedlungen, als Feldpfarrkirchen mit Beerdigungsrecht errichtet wurden. Da*

Ausgrabungen in der Martinskirche, 1927

1927 auf dem Martinsbühl gefundene Münze

diese Kriterien alle in Erlangen vorhanden sind, dürfte außer jedem Zweifel stehen, daß das Erlanger Martinspatrozinium ein primäres ist, ungeachtet seiner späten urkundlichen Erwähnung, am 6. Oktober 1288"[18].

Nach einer kritischen Untersuchung der schriftlichen Quellen und lokalen Verhältnisse blieb von diesen Überlegungen zur frühen Erlanger Kirchengeschichte und den damit verbundenen Vorstellungen der Siedlungsgeschichte so gut wie nichts übrig[19]. So konnte die Existenz eines Königshofs relativ leicht ausgeschlossen werden. Wie die Urkunde von 1002 mit der Ersterwähnung Erlangens belegt, gehörte der Forst nördlich der Schwabach zum (Königs)Hof Forchheim, der Wald südlich dieses Grenzflusses zum (Königs)Hof (Herzogen)Aurach. Mithin gab es kein Umland für einen östlich der Regnitz gelegenen (Königs)Hof Erlangen. Auch die These der Rezat-Pegnitz-Regnitz-Linie als Militärgrenze hielt der Nachprüfung nicht stand, nicht zuletzt weil die meisten dieser vermeintlichen strategischen Stützpunkte, etwa Eggolsheim, Forchheim, Erlangen und gegebenenfalls Nürnberg – auf der „falschen" Seite, nämlich im Feindesland östlich der Regnitz lagen[20].

Statt dessen ergibt sich ein einfacheres, gleichwohl immer noch recht ungewöhnliches Bild von den Anfängen der Stadt. 1002, bei der Ersterwähnung der „villa erlangon", lag diese im Bereich des heutigen Alterlangen (seit 1920 nach Erlangen eingemeindet) westlich der Regnitz, während in dem Waldgebiet östlich derselben nahe der Schwabachmündung eine „wilde" Rodungssiedlung im Entstehen war. Im Laufe der folgenden Jahrhunderte überflügelte die Tochtersiedlung ihre Mutter, deren Namen sie übernahm, und es entstanden die 1288 durch die Nennung eines Friedhofs indirekt bezeugte Marienkirche und die 1435 erstmals genannte Martinskirche[21]. Die frühesten Bestattungen auf dem Martinsbühl fanden im Dreißigjährigen Krieg statt.

Die Sicht der Ortsnamenforschung

Die Vorstellung von einer bereits vor dem Jahr 1000 vorhandenen Martinskirche wird in den wissenschaftlichen Disziplinen heute nur von der Ortsnamenforschung vertreten. Hier hält es Dorothea Fastnacht für „nicht unwahrscheinlich", dass die Erlanger Martinskirche bereits 976 als Tochterkirche von St. Martin in Forchheim existiert haben könnte[22]. Obwohl sie dem als „Siedlung auf/bei den Erlenwiesen" gedeuteten Namen „erlangon" – bei dem in Hinblick auf die weite Verbreitung von Erlen zu fragen wäre, warum er außerhalb von Erlangen kein zweitesmal als Ortsname vorkommt – nicht entnehmen kann, ob er sich auf die Siedlung westlich oder östlich der Regnitz bezieht[23], mithin hier die Kunst der Ortsnamenforschung versagt, schreibt sie dennoch eine Siedlungsgeschichte, die im wesentlichen auf die Behauptung hinausläuft, die „villa Erlangon" habe 1002 bereits östlich der Regnitz gelegen. Dieser Versuch ist um so problematischer, als die hier offenkundige Tatsache, dass Ortsnamen von den Siedlern über kurze oder – und darauf deuten in Deutschland zahllose identische Ortsnamen – auch weite Entfernungen „mitgenommen" wurden, ihre Ausdeutung nach Beschaffenheit der Topographie, Namen des Grundherrn und Alter fraglich erscheinen lässt. Auch die Erklärung für die Entstehung des „-wang-Namen[s] Erlangen", die sich eigentlich nur auf die Muttersiedlung westlich der Regnitz beziehen kann, im Zusammenhang *„mit dem im 7./8. Jahrhundert einsetzenden intensiven Landesausbau der Main- und Regnitzlande seit der späten Merowingerzeit"*[24] ist ganz offenkundig nicht sprachwissenschaftlich begründet, sondern beruht wohl eher auf den recht vagen Hinweisen auf angeblich karolingerzeitliche Funde westlich der Regnitz auf dem „hohen Acker"[25]. Unbegründet ist jedenfalls die Anspielung auf die benachbarte „Frankenstraße", da dieser Name *„sicher nichts mit der fränkischen Besiedlung zur Zeit der Karolinger zu tun"* hat[26], sondern von dem bis ins 17. Jahrhundert u.a. von Bruck aus mit (Unter-)Franken betriebenen Weinhandel herrührt. Stattdessen sind die Hauptstützen Fastnachts ein Heimatforscher, der sich „sicher [!]" ist, *„daß es im Jahr 1002 auch bereits die Siedlung am rechten Rand der Regnitz gab, unmittelbar über dem fruchtbaren Talgrund"* und zu diesem Zweck den Nordgau und dessen gut überlieferte Grenze von der Schwabach viele Kilometer weit nach Süden nach jenseits des *„dichten Reichswald(s)"* verlegt[27], spekulative Vermutungen über die Kapelle auf dem Martinsbühl als Tochterkirche von St. Martin in Forchheim, ein nie näher konkretisiertes *„Bezugsgeflecht zwischen Erlangen, dem Hochstift bzw. Bistum Bamberg und der Urpfarrei Forchheim"*, ferner falsche Vorstellungen von der Bedeutung des Begriffs *„Kirchengut"*[28] und der Förderung der Tochtersiedlung Erlangens nach 1017 durch den Bischof von Bamberg[29], und schließlich – reichlich unbestimmt – die *„Gesetze der Sprachentwicklung [?], die vorhandenen Namen [?], die Berücksichtigung der frühen historischen Nachrichten [?], der Topographie der Gegend [?], der grundherrschaftlichen Bezüge [?] und das Wissen um ähnlich gelagerte Abläufe beim Landesausbau"*[30].

Im Gegenzug verkennt Fastnacht die Funktion der beiden Flüsse Regnitz und Schwabach als Grenze der hier aneinanderstoßenden weltlichen und geistlichen Territorien und die Bedeutung des darauf Bezug nehmenden Wortlautes der Urkunde von 1002. Denn im Unterschied zu anderen durch die Vorsilben Klein-, Groß-, Alten-, Neuen- etc. aufeinander bezogenen Orten, wie Ochsenfurt/Kleinochsenfurt, Bayreuth/Altstadt usw., wo der Spekulation hinsichtlich Lage der *„Urzelle"* und ihrer Entwicklung Tür und Tor geöffnet ist und sich Behauptungen hinsichtlich Alter und Bedeutung leichter aufstellen als widerlegen lassen, können im Falle Erlangens eine frühmittelalterliche Besiedelung und eine Kirche im Bereich der späteren Altstadt um den Martin-Luther-Platz mit einiger Sicherheit ausgeschlossen werden. Grundlage dafür ist die in den Urkunden der Zeit höchst ungewöhnliche Definition eines Areals von einer doppelten Quadratmeile Umfang östlich der Regnitz mit der Schwabach als Mttelachse.

Anmerkungen

1 Martin Nadler, Vor- und Frühgeschichte im Raum Erlangen, in: Christoph Friederich/Bertold Frhr. von Haller/Andreas Jakob (Hrsg.), Erlanger Stadtlexikon, Nürnberg 2002, S. 22–25, hier S. 25.
2 Johann Paul Reinhard, Chronik der Stadt Erlang. Manuskript um 1774-1778, Abschrift StadtAE, R.41.a.7/30, S. 72ff.
3 Erik Soder von Güldenstubbe, Würzburg, das Mutterbistum von Bamberg, und die Bistumsgründung 1007, in: Josef Urban (Hrsg.), Das Bistum Bamberg um 1007. Festgabe zum Millennium (Studien zur Bamberger Bistumsgeschichte 3), Bamberg 2006, S. 47–86, 47ff.
4 Erlanger Tagblatt vom 21. August 1913, Bericht Rudolf Herold.
5 Konrad Spindler, Vorgeschichtliche Funde im Erlanger Raum, in: Alfred Wendehorst (Hrsg.), Erlangen. Die Geschichte der Stadt in Darstellung und Bilddokumenten, München 1984, S. 16-19, hier S. 18.
6 Rudolf Herold, Beiträge zur Vorgeschichte Erlangens und seiner Umgebung II., in: Sitzungsberichte der Physikalisch-medizinischen Sozietät in Erlangen, Bd. 45, Erlangen 1914, S. 63–92, hier S. 89. – Ernst Pfister, Der „Altar" von Kosbach, in: EH 1921 Nr. 33, S. 201f.
7 Martin Nadler, Art. Kosbacher Altar, in: Erlanger Stadtlexikon (wie Anm. 1), S. 433f.
8 Andreas Jakob, Die Martinskirchen in Franken. Eine Studie zur Vorgeschichte und Gründung des Bistums Bamberg, in: Urban (Hrsg.), Bistum Bamberg (wie Anm. 3), S. 105-143, S. 110ff.
9 Reinhard, Chronik (wie Anm. 2), S. 95f.
10 Ebenda, S. 342.
11 Ebenda, S. 335ff.
12 Ferdinand Lammers, Geschichte der Stadt Erlangen von ihrem Ursprunge unter den fränkischen Königen bis zur Abtretung an die Krone Bayern, Erlangen 1834, S. 1, S. 5.
13 Joachim Andraschke, Die sogenannten 14 Slawenkirchen. Karolingische Missionskirchen im Regnitzgau (793–810), in: Urban (Hrsg.), Bistum Bamberg (wie Anm. 3), S. 99-103, S. 99.
14 Ernst Pfister, Weitere Beiträge zur Vorgeschichte der Erlanger Gegend. 2. Die Besiedelung der Erlanger Gegend nach dem derzeitigen Stand, in: EH 1924 Nr. 31, S. 170f.
15 StadtAE, 31 1.A.2.
16 Andreas Jakob, Die Entwicklung der Altstadt Erlangen. Von der „villa Erlangon" zur Stadt der böhmischen Könige, in: Jahrbuch für Fränkische Landesforschung 50/1990, S. 1-122, S. 112f.
17 Johannes Bischoff, Die Siedlung in den ersten Jahrhunderten, in: Alfred Wendehorst (Hrsg.), Erlangen. Die Geschichte der Stadt in Darstellung und Bilddokumenten, München 1984, S. 19–24, S. 21.
18 Ebenda, S. 22.
19 Vgl. Jakob, Entwicklung der Altstadt (wie Anm. 16).
20 Andreas Jakob, St. Martin und seine Kirchen an Rezat, Rednitz und Regnitz. Eine Gegenskizze, in: JfFL 62 (2002), S. 21–41, S. 27.
21 Vgl. den Beitrag von Andreas Jakob, Zum *„heil und nucz"* der Seelen. Die Pfarrei Erlangen im Mittelalter, hier in diesem Band, S. 70 ff.
22 Dorothea Fastnacht, Der Ortsname Erlangen. Siedlungsgeschichte von Alterlangen und Erlangen aus namenkundlicher Sicht, in: JfFL 62 (2002), S. 1-20, hier S. 4f.
23 Ebenda, S. 7: *„Von der Namenform könnte Erlangon beziehungsweise Erlangun natürlich auch Alterlangen betreffen"*.
24 Ebenda, S. 20.
25 Vgl. Bertold Frhr. von Haller, Art. Hoher Acker, in: Erlanger Stadtlexikon (wie Anm. 1), S. 374.
26 Hans-Diether Dörfler, Art. Frankenstraße, in: Erlanger Stadtlexikon (wie Anm. 1), S. 274.
27 Fastnacht (wie Anm. 22), S. 6.
28 Ebenda, S. 7.
29 Ebenda.
30 Ebenda, S. 8.

Andreas Jakob

In exponierter Grenzlage

Siedlungs- und Kirchengeschichte am Schnittpunkt der Bistümer Bamberg, Würzburg und Eichstätt

Gemischte Grundherrschaften und sich überlappende und daher strittige Rechte aller Art waren in Franken bis zum Ende des Alten Reiches 1806 die Regel, das *„territorium non clausum"*, das nicht durch klare Grenzen abgeschlossene Herrschaftsgebiet sogar ein Markenzeichen seiner Geschichte. Gleichwohl ist die zweite geschichtliche Besonderheit Erlangens seine Grenzlage über Jahrhunderte hinweg. Wohl kaum eine moderne Großstadt – auch nicht das durch die Dreiherrschaft von Reichsstadt Nürnberg, Bischof von Bamberg und Markgraf von Brandenburg-Bayreuth charakterisierte Fürth –, ist durch durchwegs erst im 19. und 20. Jahrhundert erfolgte Gebietsreformen und Eingemeindungen so unübersehbar heterogen zusammengesetzt, wie das heutige Erlangen. Nachdem Kaiser Karl IV. als König von Böhmen den Ort 1361 vom Bischof von Bamberg lediglich mit seiner kleinen Gemarkung erworben hatte, war er als nunmehriges deutsches Lehen der böhmischen Krone auf engstem Raum von *„Ausland"* umgeben. Bis zu seiner Teilung 1565 gehörte der Meilwald nördlich der Schwabach dem Bischof von Bamberg, südlich des Bächleins Röthelheim grenzte das Nürnberger Landgebiet mit dem Sebalder Reichswald, der bis 1427 Reichslehen der Burggrafen gewesen war. Im Gebiet der heutigen Großstadt unterstanden Büchenbach, Alterlangen, Tennenlohe und Eltersdorf mehrheitlich anderen Grundherren, in Bruck konkurrierte die Reichsstadt Nürnberg und nur Frauenaurach gehörte den Markgrafen voll-

Alterlangen, um 1900

Am Alterlanger See, 1943

Bildstock an der Alterlanger Straße in Alterlangen, 1943

ständig. Obwohl Erlangen bereits 1402 an die Burggrafen von Nürnberg und späteren Markgrafen von Brandenburg-Ansbach-Kulmbach-Bayreuth aus der Familie der Hohenzollern gekommen war und damit wieder einem der „großen" regionalen Landesherrn gehörte, änderte sich an dieser Situation bis zur Bildung eines unter Annektion des ganzen nürnberger Knoblauchslandes geschaffenen Justizamtes Erlangen durch die Preußen 1796 bzw. seine Eingliederung in das Königreich Bayern 1810 und den Rezatkreis als im selben Jahr neu geschaffenes Verwaltungsgebiet nichts grundlegendes[1]. Die Entwicklung spiegelt sich in der heute 7684 ha großen Gemarkung, die noch 1810 gerade einmal 956 ha. umfasst hatte.

Noch exponierter war die vielleicht im Zusammenhang mit der im ersten Kapitel erwähnten Siedlungsleere des Regnitztales nach Süden bis Nürnberg bestehende Situation am Ende des ersten Jahrtausends, die in Deutschland selten, vielleicht sogar einmalig gewesen sein dürfte. Um das Jahr 1000 stießen im Gebiet der heutigen Großstadt drei Gaue – der Nordgau, der Rangau und der Radenzgau – sowie zwei bzw. drei Bistümer zusammen: bis 1007 Eichstätt und Würzburg, dann bis 1016 Eichstätt, Würzburg und Bamberg, und schließlich bis 1808 Bamberg und Würzburg, bevor alles an den Bamberger Sprengel kam; eine Einschränkung des flächendeckenden Anspruchs des Bischofs als kirchliches Oberhaupt in seinem Sprengel brachte lediglich die Reformation. Diese Grenzverhältnisse im Bereich von Erlangen erlauben es, die Urkunde mit der Ersterwähnung in Hinblick auf die Entwicklung der Siedlung mit größerer Sicherheit zu interpretieren, als dies in der Regel andernorts möglich ist.

Die teilweise erst im späten Mittelalter greifbaren kirchlichen und grundherrschaftlichen Verhältnisse spiegeln vielleicht die Gründungszeit der späteren Altstadt Erlangen wider. Ungefähr in der Mitte des Jahres 1002 schenkte König Heinrich II. dem bei Würzburg neu errichteten Stift Haug das Kirchengut Forchheim mitsamt den im Radenzgau gelegenen Dörfern („villas") Eggolsheim („Eggolvesheim") und Erlangen („Erlangon"). Mit der Begründung, dass kein „Neider" sich später dagegen widersetzen dürfe und der nicht eindeutigen und deswegen für Interpretationen[2] offenen Überleitung „partim superaddimus pertinentias" – „teilweise" oder „als Teil fügen wir als Zubehör hinzu" – erweiterte er die Schenkung um ein Gebiet von einer doppelten Quadratmeile Umfang, dessen Erstreckung lediglich von der Regnitz als Westrand und der hier von Osten einmündenden Schwabach als Mittelachse definiert wurde. Interessant ist dieser Bereich vor allem dadurch, weil hier die Altstadt Erlangen entstand.

Von Alterlangen nach Erlangen: die Anfänge der Rodungssiedlung

Diese zunächst kompliziert anmutende Situation klärt sich mit einem Blick auf die Topographie. Nicht fern der historischen Altstadt Erlangen östlich der Regnitz liegt westlich derselben das 1920 eingemeindete Dörfchen Alterlangen. Wie in Franken durch viele andere Beispiele belegt[3], wurde um 1002 offenbar von der „villa erlangon" aus, dem heutigen Alterlangen, im Wald jenseits des Flusses eine Siedlung angelegt, die später den Namen der Mutter übernahm. Da dies zum Zeitpunkt der Ausstellung der Urkunde Heinrichs II. anscheinend aber noch nicht der Fall war und auch noch keine Gemarkung bestimmt war, wurde – wie es ebenfalls durch andere Beispiele bezeugt ist[4] – der künftige Siedlungsbereich nur ungefähr durch das doppelte Meilenquadrat umschrieben.

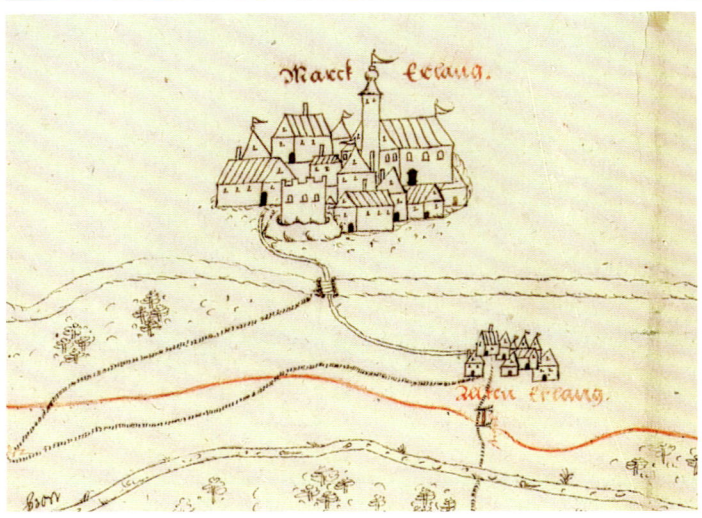

Idealisierte Kartenbilder (Ausschnitt) von Erlangen und Alten Erlang, 1587/88

Wie die Ersterwähnungen von Orten in der Region andeuten, fanden um das Jahr 1000 in den riesigen Waldgebieten östlich der Regnitz Siedlungstätigkeiten statt, die sich dann nach der Gründung des Bistums Bamberg im 11. Jahrhundert enorm verstärkten. Vor diesem Hintergrund stützt sich die Annahme einer 1002 von Alterlangen aus angelegten Rodungssiedlung[5] zunächst auf die Angabe, wonach sich das nördliche Meilenquadrat in den zum Königshof Forchheim, das südliche aber in den zum Königshof (Herzogen-)Aurach gehörenden Forst, also in Waldgebiet erstreckte.

Dreh- und Angelpunkt für die Interpretation der Urkunde sind die damaligen Gaugrenzen, die in der Regel nicht mit wün-schenswerter Deutlichkeit bekannt sind. Bis heute nicht zweifelsfrei geklärt ist deren Verlauf westlich der Regnitz, wo Rangau und Radenzgau zusammenstiessen. Weil man die Seebach früher für die Grenze hielt, wurde das südlich derselben gelegene Alterlangen noch zum Rangau gerechnet, in erster Linie wohl, weil es – allerdings erst im späten Mittelalter nachweisbar – zur Rangau-Pfarrei Büchenbach gehörte. Da der Radenzgau aber, wie das Beispiel Möhrendorf belegt, bis südlich der hier nach Norden abbiegenden Seebach reichte, umfasste er mit einiger Wahrscheinlichkeit auch noch Alterlangen[6]. Dessen Zuordnung zu dem nahe gelegenen Büchenbach erfolgte vermutlich, als dieser schon 996/97 nicht unbedeutende Ort 1008 an das Hochstift Bamberg gekommen war, wo er sich zu einem der wichtigsten Wirtschaftshöfen entwickelte[7]. Gaugrenze könnte dann 1002 die kleine Steinfurt gewesen sein.

Klare Grenzen scheinen im Raum Erlangen nur Regnitz und Schwabach gebildet zu haben. Die Regnitz trennte südlich der Schwabachmündung Nordgau und Rangau und die Bistümer Eichstätt und Würzburg voneinander. Die Schwabach war Gau- und Bistumsgrenze zwischen dem Radenzgau und dem Bistum Würzburg (ab 1007 dem Bistum Bamberg) im Norden und dem Nordgau bzw. dem Bistum Eichstätt im Süden, bevor das Bistum Bamberg 1016 zur Nürnberger Pegnitz ausgedehnt wurde.

Speziell die Schwabach als Grenze ist jahrhundertelang gut belegt. Der Urkunde von 1002 zufolge erstreckten sich die beiden Meilenquadrate von hier aus in die zwei verschiedenen Königshöfen zugeordneten Forsten. Anlässlich der Schenkung des zum Rangaukönigshof (Herzogen)Aurach gehörigen großen Nordgauforstes 1021 an den Bischof von Bamberg wird dieser als *„inter Suabaha et Pagenza fluvios sitam"*, als zwischen Schwabach und Regnitz gelegen und bairischem Gesetz unterworfen beschrieben[8]. Auch in anderen Quellen des 11. Jahrhunderts ist die Schwabach als Grenze genannt[9]. Und noch heute bildet sie östlich von Erlangen zwischen Weiher und Forth die Landkreisgrenze.

Die Grenzfunktion der Regnitz zeigte sich etwa 1529 in dem Vertrag zwischen Alterlangen und der Stadt Erlangen, der die in der Regnitz gelegenen Wöhrde (Inseln) der letztgenannten zusprach[10]. Die Grenzfunktion beider Flüsse lässt sich auch auf zahlreichen Karten des von Nürnberg beanspruchten Landgebietes erkennen. Dessen Klarheit erleidet lediglich bei Erlangen eine Einbuße, das, genau im Zwickel südlich des Zusammenflusses beider Wasserläufe gelegen, als deutliche Fehlstelle wirkt. Ursprung dieser Situation ist die Zugehörigkeit Erlangens 1361 bis 1402 zum Königreich Böhmens. Möglicherweise spiegelt sich darin aber auch noch die Südhälfte der 1002 definierten Meile, in der sich die Stadt später zu einem wesentlichen Teil entwickelte.

„Damit nicht später ein Neider entstehe ..."

Wie die 1002 belegte Zugehörigkeit des Nordgauforstes zum Rangaukönigshof (Herzogen)Aurach und die angenommene Gründung der Altstadt Erlangen im Bereich des Martin-Luther-Platzes, also ebenfalls im Nordgau, von der im Radenzgau gelegenen *„villa erlangon"* aus deutlich macht, bildeten damals Gaugrenzen für Verwaltungsstrukturen oder den Fortgang der Besiedelung keine unüberwindbaren Barrieren. Wie das Beispiel Erlangen aber auch zeigt, durften diese Grenzen für den Ausbau von Siedlungen nicht ohne weiteres überschritten werden. Dass hier offenbar nicht alles korrekt abgelaufen war, zeigt der 1002 erwähnte *„Neider"*, vor dessen Zugriff die Schenkung Heinrichs II. gesichert werden sollte. Als solcher kommt entweder Bischof Megingaud (991–1015) von Eichstätt in Frage, der den Besitzstand seines Bistumsheiligen verteidigen wollte[11] und sich wenige Jahre später erfolgreich der vom König gewünschten Abtretung des nördlichsten Abschnitts seines Bistums zwischen der Erlanger

Schwabach und der Pegnitz bei Nürnberg an das neu gegründete Bistum Bamberg widersetzte – was dann erst 1016, also nach seinem Tod gelang[12] –, oder der Königshof (Herzogen)Aurach, der den bairischem Gesetz unterstellten Forst zwischen Regnitz und Schwabach verwaltete. Wenn die Inschutznahme des Siedlungsgebietes nicht nur eine blosse Formel war, deutet sie auf die Anfänge der Stadt Erlangen auf dem Ostufer als ungenehmigte Rodungskampagne.

Die Aussage der Meilenquadrate

Die in der Urkunde Heinrichs II. beschriebenen Meilenquadrate geben eine Reihe wichtiger Anhaltspunkte für die Besiedelung. Durch ihre Konstellation wurde das Trennende, die Schwabach als Grenze, zum Verbindenden, nämlich zur Mittelachse, die diesen Siedlungsraum erschloss. Dieser erstreckte sich nach Norden, und umfasste damit den klimatisch begünstigten Südhang des Burgbergs, aber eben auch nach Süden, wo die zwischen Schwabach und Regnitz aufgeschüttete Sandterrasse genügend Raum zur Anlage einer Siedlung bot. Selbst wenn Lammers hier die seit 1348 in Essenbach belegte Mühle und die kleine Siedlung, die sich später dabei entwickelte, nicht zu berücksichtigen scheint, trifft seine Beobachtung grundsätzlich zu: „*Erlangen wurde auf der kleinen Anhöhe zwischen der Rednitz und Schwabach angebaut, um vor den Ueberschwemmungen beider Flüsse Sicherheit zu gewinnen. Die ganze Anlage der alten Stadt beweist dies und die Ansiedlung dehnte sich nicht über die Schwabach aus. Jenseits dieses Flusses gegen den Berg zu konnten um so weniger Häuser stehen, als sich bis in die späteren Zeiten am Fuße desselben die Straße nur mühsam hinzog und kein Terrain zum Häuserbau gewonnen werden konnte*"[13].

Alles in allem aber war diese künftige Gemarkung nicht übermäßig großzügig angelegt – was den Gedanken an eine zunächst illegal auf fremdem Boden durchgeführte und erst im nachhinein genehmigte Kampagne bestärkt. Als Maßeinheit die römische Meile von rund 1500 m Länge angenommen[14], umfassten beide Meilenquadrate zusammen rund 450 ha. Damit wären sie zwar größer, als die ca. 336 ha große Gemarkung von Alterlangen, das 1810 aus 18 Anwesen mit 89 Einwohnern bestand, aber wesentlich kleiner, als die 996/97 erwähnte „*marca Buochinebach*"[15], die sich in Nord-Süd-Richtung mindestens 5,5 km und in West-Ost-Richtung 3,5 – 5 km erstreckende und damit ca. 2000 ha große Siedlungsmark[16], oder die Gemarkung des Dorfes Büchenbach selbst, die 1923 bei seiner Eingemeindung 719,67 ha umfasste[17]. Berücksichtigt man die aufgrund des Burgbergsüdhanges und des Schwabachgrundes eingeschränkte, nur teilweise für die Anlage eines Dorfes geeignete Topographie der Meilenquadrate, ergibt sich der Eindruck, das sie mit anderen großzügigeren Ortsgemarkungen nicht zu vergleichen waren[18].

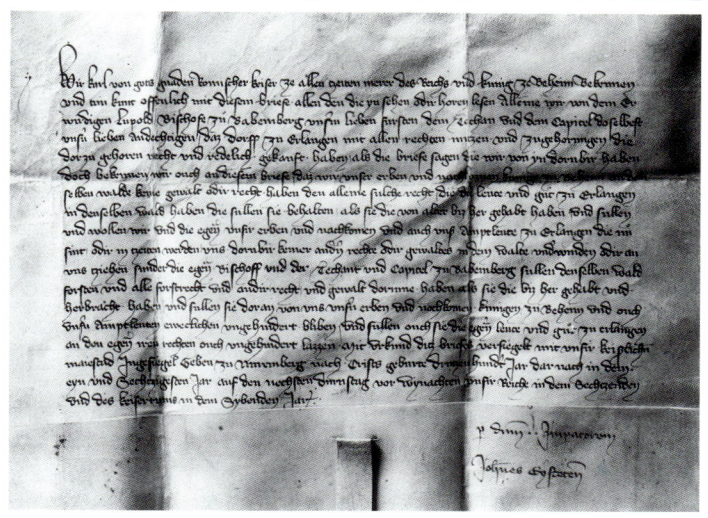

Kaiser Karls IV. erkennt die Herrschaftsrechte von Bischof und Domkapitel im Wald bei Erlangen an, 23.12.1361

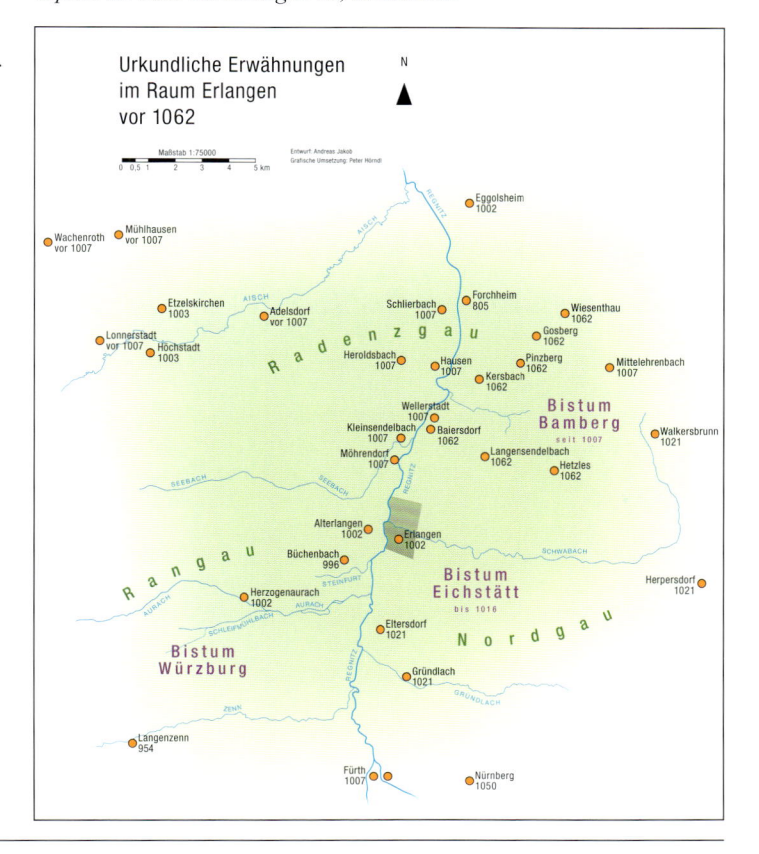

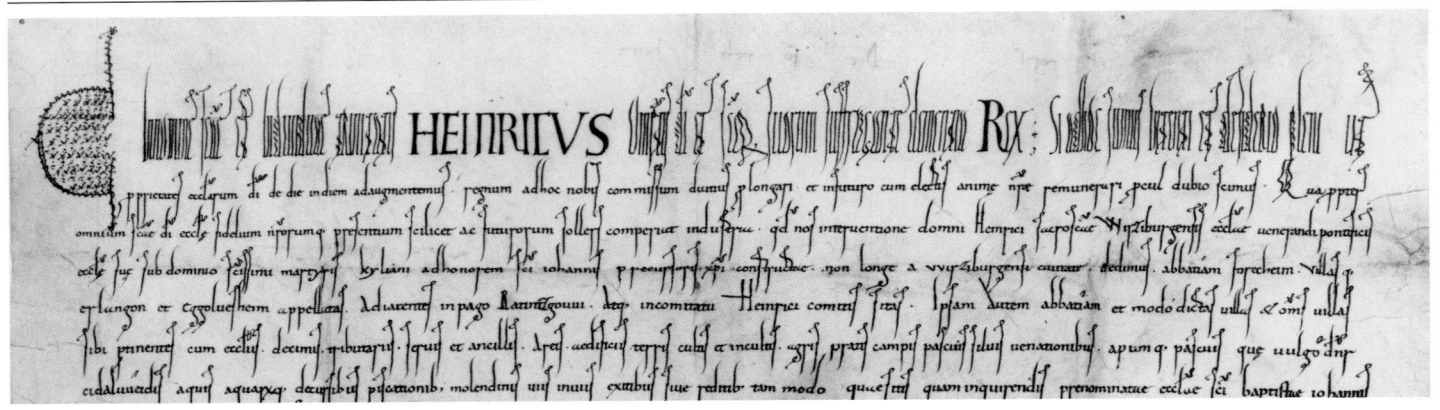

Die urkundliche Ersterwähnung Erlangen, Ausschnitt aus der Urkunde von 1002

Da die Gemarkung Erlangens 1810 aber 956 ha umfasste, müssen sich die 450 ha der beiden Meilenquadrate im Lauf der Jahrhunderte – und obwohl 1565 der Bischof von Bamberg einen großen Teil des Meilwaldes nördlich der Stadt für sich in Anspruch nahm – mehr als verdoppelt haben. Dies würde letztlich auch ihren unregelmäßigen Umriss erklären, in dem die Meilenquadrate nicht mehr eindeutig zu rekonstruieren sind[19].

Sichtweisen der Ortsnamenforschung

In den Urkunden der Zeit wählte man lediglich für noch nicht erschlossene Gebiete, Siedlungsmarken oder große Forste naturräumliche Beschreibungen, wie sie 1002 in den beiden Erlanger Meilenquadraten vorliegen. Ansonsten wurden die Zugehörungen von Gütern nur formelhaft möglichst umfassend aufgezählt, weswegen der tatsächliche Umfang von Rechtsgeschäften und Liegenschaften häufig nur schwer zu rekonstruieren ist. Im Falle Erlangens schenkte König Heinrich II. 1002 dem Würzburger Stift Haug die *„abbatia"* Forchheim und die *„erlangon"* und *„eggoluesheim"* genannten Dörfer im Radenzgau und alle zugehörigen Dörfer mit Kirchen, Zehnten, Hörigen, Knechten, Mägden, Gebieten, Gebäuden, bebauten und unbebauten Ländereien, Äckern, Wiesen, Feldern, Weiden, Wäldern, Jagdrechten, Zeidelweiden, Gewässern, Bachläufen, Fischrechten, Mühlen usw. Angesichts der umfassend aufgezählten Zugehörungen der drei namentlich genannten Orte ist die Frage nach der Bedeutung der im Urkundentext dann anschließenden, in den zeitgenössischen Urkunden seltenen Meilenbeschreibung für die Vorstellung von der damaligen Siedlungsentwicklung Erlangens entscheidend. Die zeitübliche formelhafte Benennung der Zugehörungen, die urkundlich belegte Lokalisierung der *„villa erlangon"* im Radenzgau und die augenscheinliche Funktion von Regnitz und Schwabach im Bereich des heutigen Erlangen als klare

Gaugrenzen schließen aus, dass die *„villa"* im Radenzgau 1002 im Bereich der späteren Altstadt Erlangen zu suchen ist, der noch zum Nordgau gehörte. Auch sind die bewaldeten Meilenquadrate zu klein, um hier noch einen nennenswerten Zuwachs an Grund und Boden oder anderen Nutzungen zu bieten, wenn es hier bereits ein Dorf gab. Angesichts der Aufzählung von Gegebenheiten – Äcker, Wiesen, Felder, Wälder etc. – ist kaum verständlich, womit dessen dann gegen die sonstige Gewohnheit nicht durch die Pertinenzformel umschriebene Gemarkung *„als Teil"* oder *„teilweise"* ergänzt worden sein soll. Nicht Teile der Meile kamen 1002 zum Kirchengut Forchheim hinzu, sondern das ganze noch siedlungsmäßig unerschlossene Waldgebiet.

Eine andere Interpretation versucht aber noch in jüngster Vergangenheit die Ortsnamenforschung mit der ihr eigenen Methodik zu geben, wobei angeblich allgemeingültige Siedlungsentwicklungen eine wesentliche Rolle spielen. Demnach wäre die *„villa Erlangon"* 1002 am östlichen Regnitzufer – das doch qua definitione noch zum Meilenquadrat gehörte – *„am Rand der Meilen [?]"* gelegen[20] und hätte der König diese umständliche Beschreibung des bewaldeten Gebietes gewählt, nur weil er hier *„teilweise [!?]"* (*„partim"*) nicht näher genannte Zugehörungen hinzugeben wollte, über deren Art oder Umfang leider keine Aussage getroffen wird[21]. Diese zunächst etwas unklare Darstellung zeigt bei näherer Betrachtung das ganze Ausmaß des Missverständnisses. Wenn mit *„teilweise besiedelt"* der Bereich um den Martin-Luther-Platz gemeint ist und dieser als am *„Rand der Meilen"* gelegen angesehen wird, müssten diese – ohne dass hierzu jedoch Angaben gemacht würden –, erheblich länger als 1500 m gewesen sein. Denn in Wirklichkeit liegt der Martin-Luther-Platz über 500 m vom Regnitzufer entfernt, und damit nicht am Rand, sondern fast schon in der Mitte einer Quadratmeile dieser Größenordnung.

Der Vorstellung eines 1002 hier bereits vorhandenen Dorfes mit Feldern und Wiesen als ausgebildeter Gemarkung widerspricht eigentlich bereits der von Fastnacht geprägte unhistorische, aber sehr bildhaft die damalige Situation umschreibende Begriff „*Forstmeilen*".

Der Ortsnamensforschung lässt sich jedoch auch noch mit anderen Argumenten begegnen. Wenn die hiesige Martinskirche, wie dort angenommen wird, tatsächlich bereits 976 in der Schenkung Kaiser Ottos II. enthalten war, als dieser die Forchheimer Martinskirche mit Zugehörungen an den Bischof von Würzburg übertrug, müsste es hier auch bereits die „*villa Erlangon*" gegeben haben, möchte man nicht annehmen, dass die Kapelle zunächst einsam am Waldrand erbaut wurde. Bestanden Kirche und Siedlung aber schon um 976, lässt sich noch weniger begründen, warum ihre dann vorauszusetzende Gemarkung 1002 mit den ungewöhnlichen Quadratmeilen bzw. „*Forstmeilen*" definiert, und nicht durch die Aufzählung aller möglichen Zugehörungen umschrieben wurde. Auf jeden Fall aber müsste dann 976 schon die kirchenrechtlich vorgeschriebene Ausstattung zum Unterhalt des Erlanger Kirchleins gewährleistet gewesen sein.

Wenn es 1002 bereits zwei Orte gleichen Namens westlich und östlich der Regnitz gegeben hätte – die ja auch von der Ortsnamenforschung angenommene ursprüngliche Siedlungseinheit[22] spiegelt sich Jahrhunderte später in den urkundlich überlieferten Vorsilben Wenigen-, Klein- und Alterlangen bzw. „*Grozzenerlang*" und Erlangen wider –, wären sie wohl dem Sprachgebrauch der Zeit nach, ähnlich wie Ober- und Mittelehrenbach 1007 als „*Arihinbach item Arihinbach*" oder Ober- und Unterwimmelbach als „*Vvimbilibach item Vuimbilibach*"[23] mit „*villa erlangon, item villa erlangon*" benannt worden. Man hätte nicht die Gemarkung des einen in den Meilenquadraten versteckt, und das andere, auch von der neueren Ortsnamenforschung als älter eingestufte und

Blick von der Regnitz auf Martinsbühl und Altstädter Kirche, um 1923

deswegen zweifellos entwickeltere Dorf gar nicht erwähnt. Denn dass die Siedlungseinheit beider Orte 1002 bereits aufgehoben war, ist wenig wahrscheinlich.

Dies lässt sich aus der Position Alterlangens verdeutlichen. Wenn 1002 nur die spätere Stadt Erlangen, nicht aber die Muttersiedlung Alterlangen verschenkt wurde, hätte diese nicht mehr zum Kirchengut Forchheim gehört. Welchen Grund aber sollte es gegeben haben, diese am äussersten Südrand des Forchheimer Sprengels gelegene kleine Siedlung vor 1002 aus dem Forchheimer Kirchengut herauszunehmen? Wem gehörte Alterlangen nach dieser Teilung dann nur für kurze Zeit, da es sich ja nach Gründung und Organisation des Bistums Bamberg – wie die spätere Stadt Erlangen auch – im Besitz von Bischof und Domkapitel findet? Nicht zuletzt, weil alle Nachrichten über die Ausstattung des Bistums Bamberg nach 1007 und die danach einsetzende verstärkte Siedlungstätigkeit östlich der Regnitz dagegen sprechen, ist eine Auflösung der Siedlungseinheit bereits vor 1002 eher unwahrscheinlich.

Die kirchliche Neuorientierung Alterlangens

Wahrscheinlicher ist es, dass das am Westrand des breiten Regnitztales gelegene Alterlangen – vermutlich im Rahmen der Organisation des Bistums Bamberg, aber ohne dass dies urkundlich überliefert wäre – im Laufe des 11. oder 12. Jahrhunderts ins nahe Büchenbach eingepfarrt wurde, das sich, wie erwähnt, seit 1008 zu einem der wichtigsten Wirtschaftsgüter des Hochstifts Bamberg entwickelte. Nach dem Tausch des Forchheimer Kirchengutes 1017 mit (den beiden) Erlangen an das Bistum Bamberg waren Bischof und Domkapitel in Büchenbach, Alterlangen und Erlangen (hier bis 1361) die wichtigsten oder alleinigen Grundherren und die Inhaber der Kirchenrechte. Der Bischof von Würzburg hatte keinen Grund, sich gegen diesen winzigen Zugewinn an Diözesangebiet zu sperren, für den Bamberger Bischof und sein Domkapitel spielte es keine Rolle, ob sie ihre Abgaben aus (Alt)Erlangen über Forchheim oder Büchenbach erhielten.

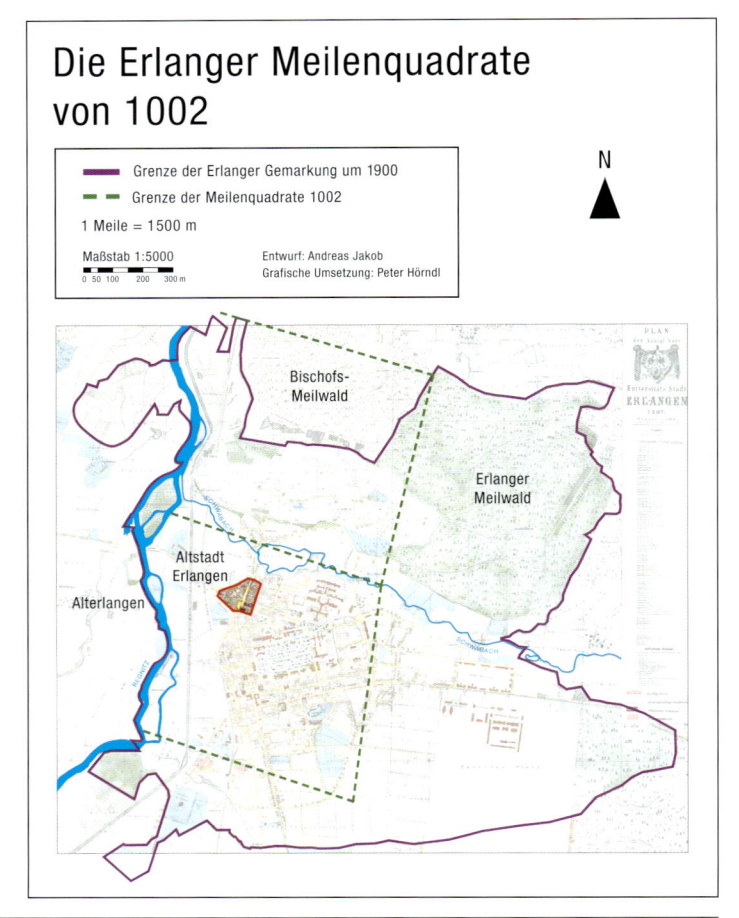

Blick von der Schwabach zur Altstädter Kirche, um 1905

Wie etwa die Gründung des Bistums Bamberg selbst mit seinen Umschichtungen von Würzburger und Eichstätter Diözesangebiet, der Übergang von Büchenbach aus dem Besitz des Bischofs in den des Domkapitels bereits Mitte des 11. Jahrhunderts, dann vor allem die Aufteilung der großen Sprengel von St. Xystus in Büchenbach und von St. Martin in Forchheim im Laufe des Mittelalters und die damit verbundene Umpfarrung von Dörfern in der unmittelbaren Nachbarschaft belegen, kamen immer wieder auch größere Veränderungen kirchlicher Strukturen vor. Sogar große Tochterkirchen, wie Eggolsheim und Neunkirchen am Brand, wurden sehr frühzeitig von Forchheim separiert, ohne dass dies urkundlich belegt wäre. Auch die kirchlichen Ursprünge der Pfarreien Eltersdorf, Frauenaurach, Bruck, Büchenbach und Herzogenaurach liegen im Dunkeln.

Nicht nur die Pfarreizugehörigkeit konnte sich ändern. Im Laufe von Jahrhunderten kam es auch zu einer Differenzierung der verschiedenen Rechte. So übten in Alterlangen neben dem Bamberger Dompropst u.a. seit 1381 das Nürnberger Kartäuserkloster (nach der Reformation das reichsstädtische Landalmosenamt), seit 1386 durch Stiftung des Berthold von Erlangen die Pfarrei Altstadt Erlangen und seit dem 15. Jahrhundert die mit einigen Höfen belehnte Nürnberger Patrizierfamilie Schürstab grundherrliche Rechte aus. Die Fraisch lag seit 1504/20 beim markgräflichen Richteramt Baiersdorf[24], die niedere Gerichtsbarkeit aber in Büchenbach, wohin der Ort – erst 1348 erstmals nachgewiesen – kirchlich gehörte[25]. Auch Kleinsendelbach, Möhrendorf und andere ehemalige Radenzgauorte mussten bis zum Dreißigjährigen Krieg Steuern und Abgaben nach Büchenbach entrichten[26].

So deuten die vermutlichen Gaugrenzen im Raum Erlangen, die Beschreibung der Meilenquadrate und die nachprüfbare Topographie darauf hin, dass die beiden „Forstmeilen" eine komplette, nicht nur teilweise Ergänzung der 1002 von Heinrich II. vorgenommenen Schenkung des Kirchengutes Forchheim mit Eggolsheim und (Alt-)Erlangen waren. Wenige Jahre später hatte sich die damalige ungewöhnliche Situation in einigen Punkten grundlegend geändert. Als Erlangen 1017 mit dem Kirchengut Forchheim auf dem Tauschweg an das Bistum Bamberg kam, besass die nicht eigens genannte Rodungssiedlung östlich der Regnitz an der Schwabach zwar offenbar immer noch keinen Namen, lag jedoch in der ein Jahr zuvor auf Kosten von Eichstätt durchgeführten Erweiterung der neuen Diözese und damit im Zuständigkeitsbereich des Bischofs von Bamberg. Diesem schenkte König Heinrich dann 1021 auch den großen Forst zwischen Regnitz, Pegnitz und Schwabach, wodurch Bistums- und Forstgrenze an der Pegnitz zur Deckung kamen. Damit war auch die Notwendigkeit entfallen, die entstehende Erlanger Gemarkung durch die Meilenquadrate zu umschreiben und sie vor einem „Neider" in Schutz zu nehmen. Wenn der spätere Sebalder Reichswald auch bereits um 1060 von König Heinrich III. dem

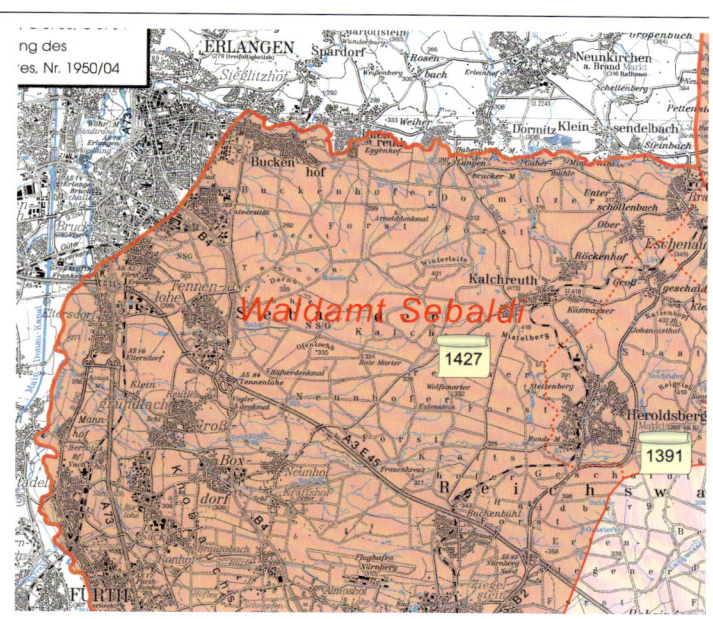

Das Nürnberger Waldamt Sebaldi, Rekonstruktion auf moderner Kartengrundlage, 2005

Bischof von Bamberg wieder entzogen wurde und schließlich 1427 an die Reichsstadt Nürnberg kam[27], blieben Alterlangen und Erlangen stets im Besitz von Bischof und Domkapitel, bis hier – wie anderorts – auch Adelige und andere Grundherren Fuss fassten[28]. Ganz allgemein gingen durch diese Entwicklung dem Hochstift Bamberg große Teile seines Ausstattungsgutes von 1007 verloren[29]. Spätestens seit 1361 nahmen beide Erlangen bis zur Eingemeindung der Mutter- zur Tochtersiedlung 1920 eine getrennte Entwicklung.

Die Anfänge der Erlanger Kirchengeschichte

Die Urkunde von 1002 entzieht nicht nur der Ortsnamenforschung und anderen Spekulationen bezüglich der Gleichsetzung der „villa erlangon" mit der Altstadt Erlangen den Boden. Sie weist auch den Weg für die Anfänge der Erlanger Kirchengeschichte. Wäre hier damals bereits eine Kirche gestanden, hätte sie – fast an dessen Nordgrenze gelegen – zum Bistum Eichstätt gehört. Wenn Nürnberger neuerdings über den Sprengel der Altstädter Kirche schreibt: *„Es fällt auf, dass er außerhalb des Stadtgebiets nördlich der Schwabach lag, die offensichtlich keine Grenze bildete"*[30], stellt er die Verhältnisse auf den Kopf, da er dieses Gotteshaus ja wohl nicht als Eichstätter Gründung ansehen möchte. Sowohl die Anfänge Erlangens als Forchheimer Kirchengut und die Entwicklung seines Pfarrsprengels belegen

Blick von der Schwabach zum Burgberg, um 1910

Blick vom Burgberg nach Süden, um 1910

die jahrhundertelange Ausrichtung nach Norden. Die Schwabach als südliche Grenze des Pfarrsprengels und des Königshofbezirks Forchheim, die nur durch das 1002 beschriebene südliche Meilenquadrat und der innerhalb desselben entstandenen Altstadt Erlangen überschritten wurde, wurde erst in der bayerischen Zeit mit der Errichtung eines eigenen evangelisch-lutherischen Dekanats Erlangen am 7. Dezember 1810, dem einschließlich der französisch- und deutsch-reformierten Gemeinden 15 Pfarreien angehörten[31], überwunden. Nach vergleichbaren Vorgängen bei der Gründung des Bistums Bamberg[32] wäre eine 1002 in der „Meile" auf Eichstätter Gebiet vorhandene Pfarrkirche vom zuständigen Diözesanbischof zurückbehalten oder eingetauscht, keinesfalls aber vom König diesem einfach und ohne Entschädigung entzogen und dem Würzburger Stift Haug übertragen worden. Wenn man berücksichtigt, dass der Bamberger Bischof bei der Gründung seines Bistums 1007 in dem gesamten Sprengel lediglich zwischen 22 und 39 Kirchen übernahm[33], reduziert sich die Wahrscheinlichkeit von einer, geschweige denn von mehreren Kirchen im Raum Erlangen doch deutlich.

Vielmehr entstanden sowohl die Marien- als auch die Martinskirche erst in Bamberger Zeit, d.h. nach 1017, in einem der nachfolgenden Jahrhunderte. Der erste indirekte Hinweis auf eine Kirche ist 1288 die Erwähnung eines Friedhofs bei der späteren Altstädter Kirche, also der Erlanger Hauptkirche. Mutterkirche war St. Martin in Forchheim, zu deren Sprengel Erlangen als südlichster Punkt gehörte. Die weitere Erschließung des einstigen Waldgebietes spiegelt sich 1435 anlässlich der Erhebung der Erlanger Marienkapelle zur Pfarrkirche in dem damals festgelegten Sprengel wider, der ausschließlich nach Norden und Osten ausgerichtet war und das Schloss Atzelsberg, die Dörfer Spardorf, Bubenreuth, Bräuningshof, Sieglitzhof, den Rathsberg genannten Hof und einige bei Schloss Marloffstein gelegene Häusern umfasste. Diese Situation bestätigt noch einmal eindrucksvoll die Interpretation der Urkunde von 1002, denn – entsprechend der südlichen Meilenhälfte – lagen nur die Stadt Erlangen mitsamt der Pfarrkirche südlich, alle anderen Orte aber nördlich der Schwabach!

Der lange Weg der Erlanger Marienkapelle zur Pfarrkirche

Wegen der Bedeutung der Seelsorge für die Bevölkerung von der Geburt bis zum Tode waren die Ortschaften um so mehr bemüht, einen eigenen bzw. besser erreichbaren Geistlichen zu haben, je weiter sie von ihrer Kirche entfernt lagen. Für die Errichtung einer Pfarrei wurde jedoch nicht nur eine ausreichende Kirche benötigt, sondern auch eine wirtschaftliche Ausstattung, die den Gebäudeunterhalt gewährleistete, und eine weitere, die dem Priester ein standesgemäßes Einkommen garantierte. Die enormen Schwierigkeiten für die Bevölkerung werden gemeinhin unterschätzt. Auch in vergleichsweise wohlhabenden Orten wie etwa Forchheim, immerhin zweite Hauptstadt des Hochstifts nach Bamberg, konnte es Jahrzehnte dauern, bis die Finanzierung eines bloßen Messbenefiziums (ohne Seelsorgeverpflichtung) gesichert war, die eine schlechte wirtschaftliche Entwicklung sofort wieder gefährdete[34]. Auch in Erlangen war das nicht anders und so zog sich die Fundation der Pfarrei der 1288 erstmals indirekt erwähnten Kirche über viele Jahrzehne hin.

Anmerkungen

1 Andreas Jakob, „...das volle Glück des Friedens...". Die gefährlichen Zeiten beim Übergang Erlangens von Preußen an Bayern, in: Michael Diefenbacher/Gerhard Rechter (Hrsg.), Vom Adler zum Löwen. Die Region Nürnberg wird bayerisch 1775–1835, Nürnberg 2006, S. 281- 299, S. 283.
2 Vgl. Andreas Jakob, Die Entwicklung der Altstadt Erlangen. Von der „villa Erlangon" zur Stadt der böhmischen Könige, in: Jahrbuch für Fränkische Landesforschung 50/1990, S. 1–122. – Dagegen Dorothea Fastnacht, Der Ortsname Erlangen. Siedlungsgeschichte von Alterlangen und Erlangen aus namenkundlicher Sicht, in: JfFL 62/2002, S. 1–20.
3 Werner Trost, Die gleichnamigen Uferorte beiderseits des Mains, in: Mainfränkisches Jahrbuch für Geschichte und Kunst 21, 1969, S. 1–161.
4 Andreas Jakob, Grundlinien der Erschließung des mittleren Regnitzraumes und die Anfänge von Büchenbach bei Erlangen um 996, in: EB 44/1996, S. 173–230, S. 188ff.
5 Vgl. dazu Jakob, Entwicklung der Altstadt (wie Anm. 2) S. 22f.
6 Ebenda, S. 26ff.
7 Michaela Meyer, Art. Büchenbach, in: Christoph Friederich/Bertold Frhr. von Haller/Andreas Jakob (Hrsg.), Erlanger Stadtlexikon, Nürnberg 2002, S. 180.
8 Monumenta Germaniae Historica (MGH), Bd. III. Die Urkunden Heinrichs des II. und Arduins, 1952² (Diplomata Heinrici, zit. P.H. II), Nr. 458.
9 Jakob, Grundlinien (wie Anm. 4), S. 174 mit Anm. 3.
10 Ferdinand Lammers, Geschichte der Stadt Erlangen von ihrem Ursprunge unter den fränkischen Königen bis zur Abtretung an die Krone Bayern, Erlangen 1834, S. 235ff. Anhang 45.
11 Vgl. dazu Bruno Lengenfelder, Eichstätt und Bamberg 1007/1016, in: Josef Urban (Hrsg.), Das Bistum Bamberg um 1007. Festgabe zum Millennium (Studien zur Bamberger Bistumsgeschichte 3), Bamberg 2006, S. 88-97, hier S. 91.
12 Jakob, Grundlinien (wie Anm. 4), S. 182. – Lengenfelder (wie Anm. 11) S. 91–96.
13 Lammers (wie Anm. 10), S. 6f.
14 Eine gallische Meile von ca. 2200 m oder gar die deutsche Meile von 7,5 km kommen nicht in Frage. Erstere entspräche zwar etwa der um 1810 vorhandenen Gemarkung von knapp 1000 ha, was – völlig ahistorisch – ein über 800 Jahre unverändertes Gebiet voraussetzen würde. Letztere würde nach Süden noch Bruck und Eltersdorf, nach Norden noch Baiersdorf einschließen. Vgl. dazu Jakob, Entwicklung der Altstadt (wie Anm. 2), S. 21.
15 Vgl. dazu den Beitrag von Andreas Jakob, In alle Himmelsrichtungen – Die Urpfarrei Büchenbach und die anderen mittelalterlichen Pfarreien im heutigen Stadtgebiet von Erlangen, hier in diesem Band.
16 Jakob, Grundlinien (wie Anm. 4), S. 207.
17 Ebenda, S. 209.
18 Ebenda, S. 188ff.
19 Andreas Jakob, Art. Meilenquadrate, in: Erlanger Stadtlexikon (wie Anm. 7), S. 493. – Ders., Art. Gemarkung, in: ebenda, 305.
20 Fastnacht (wie Anm. 2) S. 7.
21 Dies., S. 7.
22 Dies., S. 4.
23 Andreas Jakob, Die Martinskirchen in Franken. Eine Studie zur Vorgeschichte und Gründung des Bistums Bamberg, in: Urban (Hrsg.), Bistum Bamberg (wie Anm. 11), S. 105–143, S. 106.
24 Jakob, Entwicklung der Altstadt (wie Anm. 2), S. 34.
25 Andreas Jakob, Art. Alterlangen, in: Erlanger Stadtlexikon (wie Anm. 7), S. 115f. – Ders., Entwicklung der Altstadt (wie Anm. 2), S. 30.
26 Jakob, Entwicklung der Altstadt (wie Anm. 2), S. 33f.
27 Bertold Frhr. von Haller, Art. Herzogenaurach, in: Erlanger Stadtlexikon (wie Anm. 7), S. 364f. – Ders., Art. Reichswald, in: ebenda, S. 581.
28 Bertold Frhr. von Haller, Art. Braunecksche Lehen, in: Erlanger Stadtlexikon (wie Anm. 7), S. 170. – Andreas Jakob, Art. Curia, in: ebenda, S. 198.
29 Georg Knörlein, Die Güterschenkungen Heinrichs II. im Forchheimer Umland 1007, in: Urban (Hrsg.), Bistum Bamberg (wie Anm. 11), S. 145–184, hier S. 180.
30 Vgl. Bernd Nürmberger, Aus den Anfängen der Pfarrei Erlangen-Altstadt, hier in diesem Band.
31 Christoph Jahn, Art. Dekanat Erlangen, ev.-luth., in: Erlanger Stadtlexikon (wie Anm. 7), S. 202.
32 Jakob, Martinskirchen in Franken (wie Anm. 23), S. 108: 1008 hielt der Würzburger Bischof die Pfarreien Lonnerstadt, Wachenroth und Mühlhausen ausdrücklich zurück.
33 Ebenda, S. 109.
34 Andreas Jakob, Das Kollegiatstift bei St. Martin in Forchheim. Grundlagen zur Geschichte von Stift und Pfarrei in der zweiten Hauptstadt des Hochstifts Bamberg 1354–1803 (Historischer Verein Bamberg, Schriftenreihe Bd. 35,1), Forchheim 1998, S. 159ff., S. 314ff.

Andreas Jakob

In alle Himmelsrichtungen

Die Urpfarrei Büchenbach und die anderen mittelalterlichen Pfarreien im heutigen Stadtgebiet von Erlangen

Für die Zeit unmittelbar nach der Gründung am 1. November 1007 vermitteln die zumeist aus dem kirchlichen Bereich überlieferten schriftlichen Quellen den Eindruck einer sehr ungleichgewichtigen Besiedelung des Bistums Bamberg. Während in dem mit riesigen Wäldern bedeckten Ostteil des Sprengels mit Ausnahme des 1003 erstmals erwähnten Creußen urkundlich dokumentierte Ortsnamen fehlen, bildeten an der Regnitzlinie im Westen der Diözese die bereits 741/49 bzw. 805 erwähnten Königshöfe Hallstadt und Forchheim Zentren der Ausstattung durch Kaiser Heinrich II. Die 1007 genannten 14 Zubehörorte Weigelshofen, Trubach, Thuisbrunn, Hetzelsdorf, Ober- und Mittelehrenbach, Wellerstadt, Kleinseebach, ‚Möhrendorf, Hausen, Heroldsbach, Ober- und Unterwimmelbach und Slierbach bei Burk, zu denen bis 1062 weitere 23, *„die in der Zwischenzeit entstanden sind"*[1], dazukamen – darunter Wiesenthau, Gosberg, Pinzberg, Hetzles, Baiersdorf und Langensendelbach – belegen den seither erfolgten Fortgang der Siedlungsentwicklung. 1017 gelangten auf dem Tauschwege das Kirchengut[2] Forchheim mit Erlangen, Kersbach, Eggolsheim und Besitz in Kemmern an Bamberg. Mit der Schenkung von Büchenbach bei Erlangen und Fürth am 19. Mai und 1. November 1007, dann 1021 des 1002 erstmalig erwähnten Königshofs (Herzogen)Aurach und ebenfalls 1021 von Langenzenn kamen südlich und westlich von Erlangen bereits außerhalb der Diözese gelegene weitere Güter hinzu[3]. 1008 lagen etwa ## km nordwestlich von Erlangen die Würzburger Urpfarreien Wachenroth, Lonnerstadt und Mühlhausen[4].

1016 lassen sich in dem östlich der Regnitz gelegenen waldreichen Nordabschnitt des Bistums Eichstätt, das damals bis zur Erlanger Schwabach an Bamberg abgetreten wurde, *„mit Gewißheit nur drei Eichstätter Urpfarreien ausmachen: Hersbruck* [1003] *Kirchrüsselbach* [1011], *und Velden* [889]"[5]. 1021 wurden in diesem Teil des Nordgauforstes, dem späteren Sebalder Reichswald, die Orte Eltersdorf, Gründlach, Walkersbrunn und Herpersdorf erwähnt[6]. In dem damals vom fränkischen Königshof (Herzogen)Aurach aus verwalteten riesigen Waldgebiet, das zum bairischen Rechtsraum gehörte, bildeten sie einen großen Bogen vom östlichen Regnitzufer bis zum südlichen Ufer der Schwabach.

Stand der Forschung

Weitgehend eindeutig sind in der hier durch die Ortsnamen umschriebenen Region allein die Zugehörigkeiten zu den Bistümern[7]. Im Unterschied dazu lassen sich die Pfarreiverhältnisse, die Grundherrschaften und die Grenzen der Hochgerichtsbarkeit in diesem Bereich in der Regel erst seit dem späten Mittelalter genauer erkennen. Nur selten lagen alle Rechte in einer Hand. Da in Franken geschlossene Grundherrschaften – wie z.B. in Büchenbach, Buckenhof und Frauenaurach – die Ausnahme bildeten, gab es meistens eine starke Vermischung von Besitzungen und Rechten verschiedener Herren. Im Erlanger Umland waren dies vor allem der Bischof von Bamberg, der Markgraf von Bayreuth und die Reichsstadt Nürnberg. So gehörte Alterlangen im Spätmittelalter mit Büchenbach, wohin es eingepfarrt war, kirchlich zur Diözese Würzburg, mit der Grundherrschaft zum Hochstift Bamberg, dem weltlichen Herrschaftsbereich des Bischofs. Die niedere Gerichtsbarkeit übte der Dompropst aus, die Fraisch jedoch, wie in Erlangen und Frauenaurach, der Markgraf. Wann diese sich überlappenden und einander durchdringenden Strukturen entstanden, und wie sie sich über Jahrhunderte entwickelten, ist bislang nur in Ansätzen genauer erforscht. Tragfähige neuere Untersuchungen zur Geschichte der Pfarreien, zu den Reichsministerialen von Gründlach[8] oder den Herren von Hohenlohe-Braunecк, denen vor den Hohenzollern hier größere Besitzkomplexe gehörten[9], fehlen. In diesem Sinne sind die folgenden Überlegungen nur als Arbeitshypothesen zu sehen.

Siedlungsaktivitäten im Raum Erlangen

Die seit dem frühen Mittelalter von Süden von Baiern bzw. dem Bistum Eichstätt her, von Westen im Rahmen des Ausbaus des Bistums Würzburg, und nach der Gründung des Bistums Bamberg verstärkt von Norden vordringenden Aktivitäten zur Erschließung des mittleren Regnitzraumes[10] trafen sich um das Jahr 1000 im Gebiet des heutigen Erlangen, wo drei Gaue und von 1007 bis 1016 drei Bistümer aneinandergrenzten. Um das Jahr 1000 bestanden hier bereits vergleichsweise komplizierte Besitzverhältnisse, die zeigen, dass die Region nicht mehr frei zur beliebigen Landnahme verfügbar war. Vielmehr gab es eine Reihe von Strukturen, die nicht innerhalb kürzester Zeit entstanden sein können. Insgesamt zeichnen sich im Raum Erlangen ein älterbesiedelter Bereich westlich und ein jüngerer östlich der Regnitz ab. Beide wurden im weiteren Verlaufe des Mittelalters jeweils weiter differenziert und verdichtet.

Pfarreiorganisation im Raum Erlangen im Mittelalter

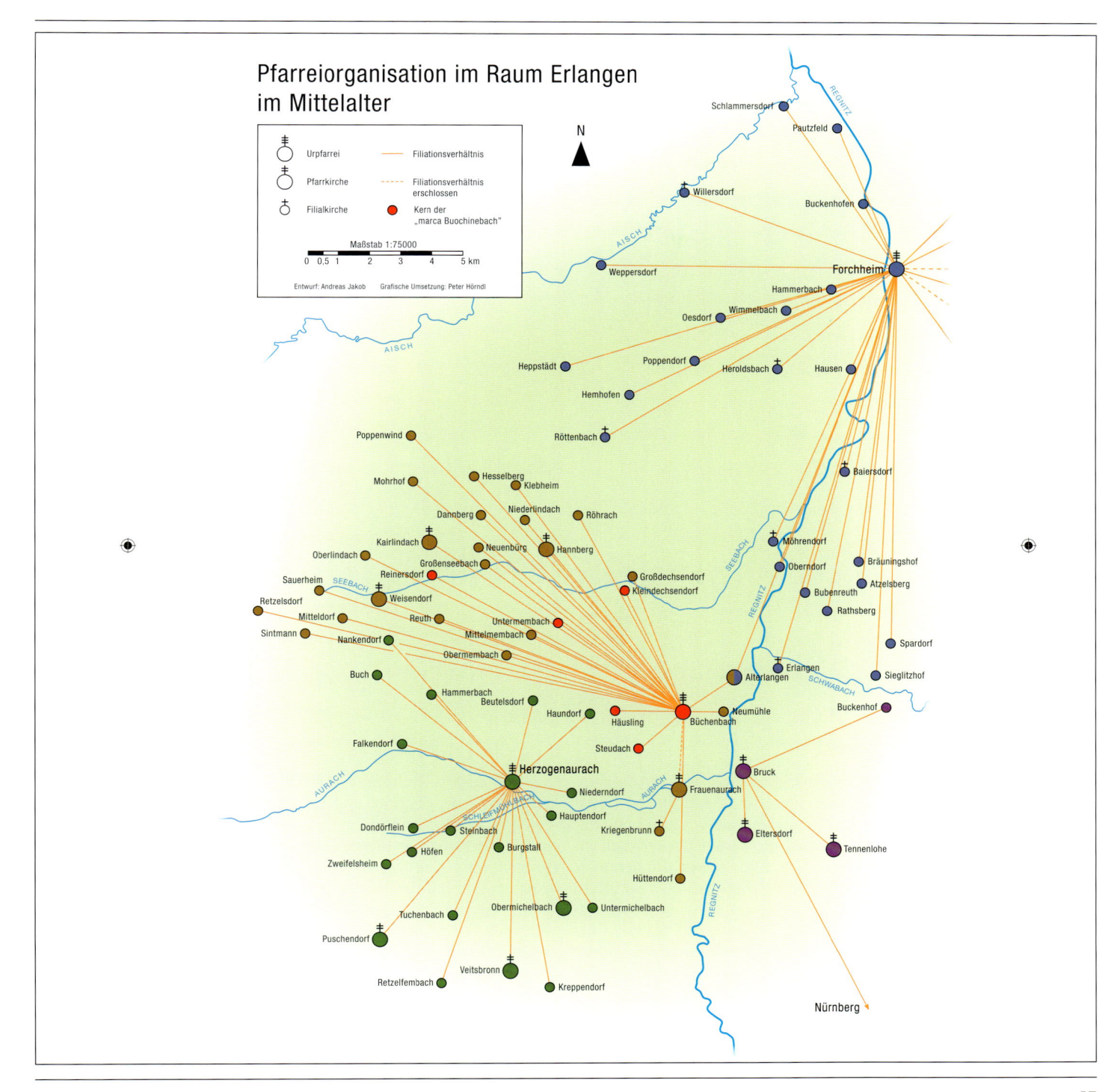

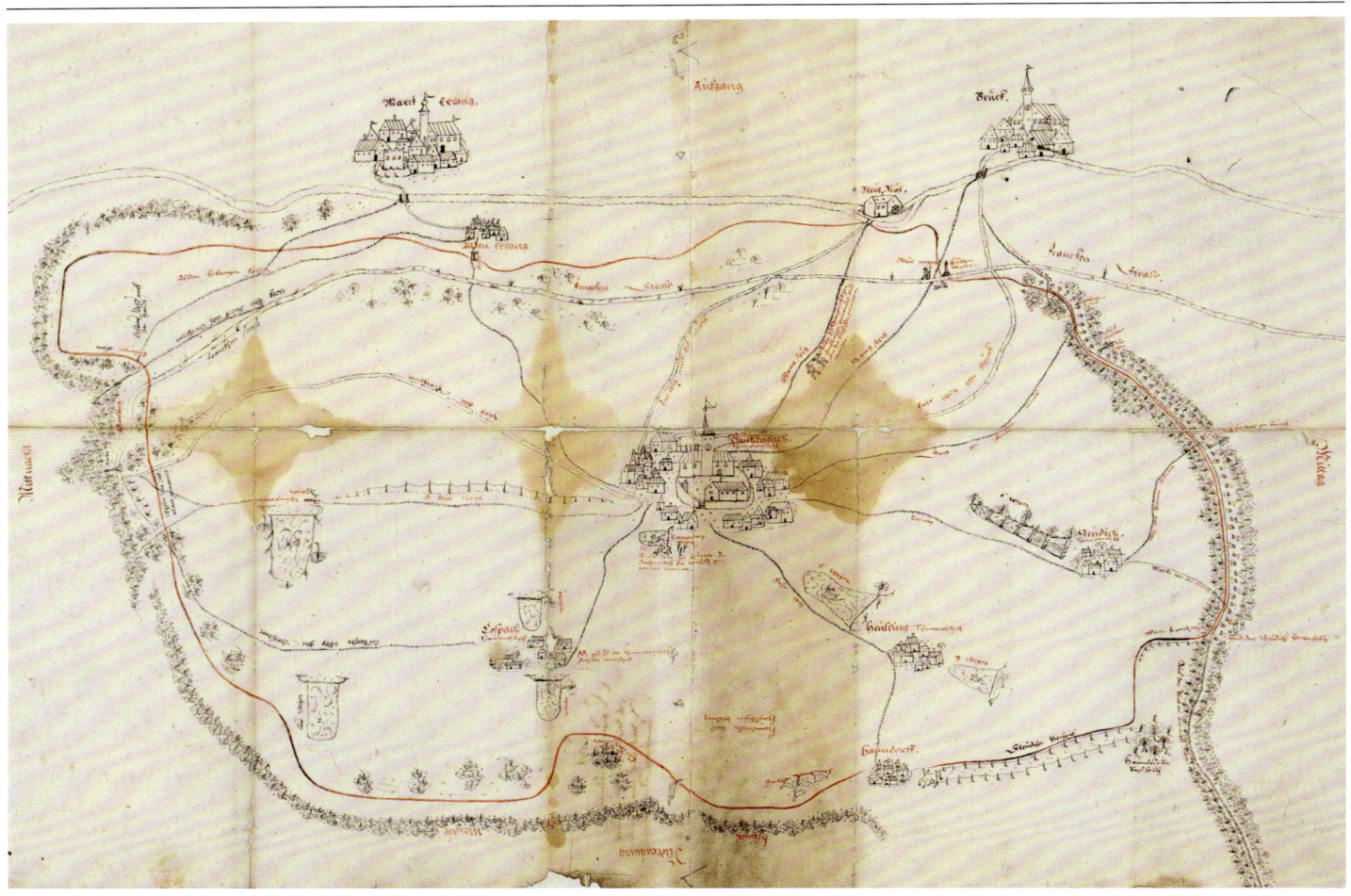

Das zwischen Bamberg und Bayreuth strittige Jagdgebiet um Büchenbach, 1587/88

Vorausgesetzt, die Kirchenorganisation lässt sich als Spiegel der Erschließung des Umlandes deuten und es gab nicht bereits schon im frühen Mittelalter heute unbekannte Verschiebungen, waren Forchheim und Herzogenaurach die ersten Urpfarreien in der Region[11]. Dort konnte sich die Besiedlung, wie die zentrale Lage der Hauptorte – beide ehemalige Königshöfe – inmitten kreisförmig angeordneter Sprengel vermuten lässt, ungehindert in alle Himmelsrichtungen ausdehnen. Im Gegensatz dazu wirkt der Sprengel der extrem an dessen Ostrand gelegenen Urpfarrei Büchenbach wie zwischen dem Forchheimer und dem Herzogenauracher Sprengel eingezwängt. Ist diese These richtig, kann die Pfarrei Büchenbach erst entstanden sein, als die Grenzen seiner beiden Nachbarpfarreien bereits in wesentlichen Punkten festlagen[12].

Die ungewöhnliche Grenzsituation im Raum Erlangen, die Dominanz der Regnitz und Schwabach als Grenzen und die von Norden, Westen und Süden herankommende Kolonisation spiegeln sich in der dann von diesen Orten teils wieder in alle Himmelsrichtungen aus- und zurückstrahlenden Kirchenorganisation wider. Nur im Bereich des Radenzgaus, der sich beiderseits der Regnitz erstreckte, reichte der Sprengel von St. Martin in Forchheim weit über den Fluss hinweg auf die andere Seite. Im Bereich des ehemaligen Rangaus – mit den nahe beieinanderliegenden Königshöfen Büchenbach und Herzogenaurach – griff keine der Pfarreien über die Regnitz nach Osten in den Nordgau aus. Und umgekehrt bildete für die Pfarreien in diesem Teil des Nordgaus, in dem es keine Königshöfe gab, die Regnitz die Grenze nach Westen. Ausnahmen sind lediglich Burgfarrnbach, das – erst für 1314 bezeugt – zu

Büchenbach, Wehrkirche St. Xystus, 1961

Innenraum von St. Xystus, 1961

Fürth gehörte[13], und eben Erlangen, das ursprünglich Bestandteil des Kirchenguts Forchheim war. Dessen Lage in einem anderen Gau erklärt sich durch die 1002 beschriebenen Meilenquadrate.

Die jeweilige Gauzugehörigkeit spiegelt sich in den späteren kirchlichen Strukturen. Während Erlangen bis zur Reformation nach Forchheim und dann bis 1708 zum markgräflichen Oberamt Baiersdorf, d.h. nach Norden orientiert war, ging von dem kirchlich zu Würzburg, grundherrlich aber nach Bamberg gehörenden Büchenbach aus die Besiedelung der einstigen *„marca Buochinebach"* nach Westen[14]. Der Erlangen benachbarte nördlichste Bereich des ehemaligen Nordgaus, in dem Bruck und Tennenlohe lagen, wurde zwar um 1021 von (Herzogen)Aurach verwaltet, wie eine Urkunde belegt[15], gehörte dann aber später kirchlich zu Poppenreuth bzw. Nürnberg.

Die Urpfarreien Forchheim und Herzogenaurach zeigen mit ihren erst im Laufe von Jahrhunderten differenzierten Sprengeln den bei ihrer Gründung noch fast unbegrenzten Ausdehnungsraum dieser Eckpunkte der mittelalterlichen Kirchenorganisation. Die kleineren Pfarreien wie Erlangen oder Bruck spiegeln die im Hoch- und Spätmittelalter über Jahrhunderte erfolgte kleinteiligere Erschließung der Region einschließlich der großen Waldgebiete östlich der Regnitz. Grenzüberschreitende Verlagerungen gab es zur Zeit der Gründung des Bistums Bamberg an den beiden direkt an der Grenze zwischen Radenzgau und Rangau bzw. Nordgau gelegenen Orten: den beiden Erlangen. Während die spätere (Alt)Stadt Erlangen als einziger Ort des Sprengels von St. Martin in Forchheim südlich der Schwabach im Bereich des Nordgaus bzw. Bistums Eichstätt liegt, wurde der südlichste Radenzgauort,

Alterlangen, vermutlich schon im 11. Jahrhundert in den Rangauort Büchenbach gezogen. Dass er dabei von der Diözese Bamberg wieder in die Diözese Würzburg kam, darf angesichts der weitaus größeren Arrondierungen, die damals erfolgten, vor allem der Abtretung des nördlichsten Teils des Bistums Eichstätt an Bamberg, nicht als Problem betrachtet werden[16].

Die zum Teil in Jahrhunderten gewachsene Ausrichtung der Orte zu ihren kirchlichen und weltlichen Herrschaften erlebte durch die Verwaltungsorganisationen nach dem Ende des Alten Reiches seit 1803 und verstärkt nach dem Ersten Weltkrieg eine radikale Veränderung, als das katholische bambergische Büchenbach und die lutherischen nürnbergischen Pfarreien Bruck, Eltersdorf und Tennenlohe nach und nach in das mit Lutheranern, Reformierten und Katholiken *„gemischtkonfessionelle"* markgräfliche Erlangen eingemeindet wurden; ausser in der Altstadt und der Neustadt Erlangen hatten die Markgrafen lediglich in Frauenaurach – wenn auch hier nicht ursprünglich – die Kirchenhoheit besessen. Die Dominanz der in Jahrhunderten historisch gewachsenen Strukturen zeigt sich daran, dass dieser jahrhundertelang so heterogene Bereich bis heute nicht zu einer Einheit zusammengewachsen ist. Dies wiederum drückt sich am deutlichsten in der Tatsache aus, dass den Erlangern die reiche geschichtliche Mitgift dieser Orte noch kaum bewusst ist, die ausser einer Urpfarrei und mehreren Wehrkirchen ein ehemaliges zur Versorgung der Töchter adeliger Familien gedachtes Kloster sowie nicht weniger als sechs historische Kirchengebäude einbrachten, die baugeschichtlich teilweise deutlich älter sind, als die Erlanger Kirchen.

Büchenbach, St. Xystus, Ölberg, um 1940

Büchenbach, St. Xystus, Ölberg, um 1940

Dechsendorf, Maria Schnee Altar, 2002

Die Urpfarrei St. Xystus Büchenbach

Das erstmals 996/997 genannte Büchenbach ist der „älteste" Ort im heutigen Stadtgebiet, und nach Hallstadt (741/749), Forchheim (805), Bamberg (902) und Ebermannstadt (981) der fünftälteste an der Regnitz. Zum Zeitpunkt seiner Ersterwähnung war Büchenbach der Hauptort einer Siedlungsmark, der „marca Buochinebach", die von Kaiser Otto III. dem weit entfernt gelegenen Kloster St. Stephan in Mainz geschenkt wurde. Ähnlich wie in anderen Siedlungsmarken, etwa der Mark des Klosters St. Emmeram an der Schwabacher Schwabach im Sualafeld oder der Mark des Salvatorklosters in Spalt im Rangau[17], wurde hier verstärkt Landesausbau betrieben, der für den Grundherrn wegen der damit verbundenen Steigerung der Einkünfte an Zehnten von Interesse war. Bereits am 18. Mai 1008 tauschte König Heinrich II. – da Kirchenbesitz dem Eigentümer nicht ohne entsprechende Gegenleistung entzogen werden konnte – den ehemaligen Königshof Büchenbach gegen vier Güter für das neue Bistum Bamberg ein. Bis 1147 entwickelte es sich zu einem der wichtigsten Wirtschaftsgüter des Bamberger Domkapitels und bis in das 13. Jahrhundert zum Mittelpunkt des größten und leistungsstärksten Amtes im Hochstift entwickelte[18], bevor eine gewisse Stagnation einsetzte. Im Bauernkrieg verjagten die Aufständischen den Büchenbacher Pfarrer[19]. Von den Zerstörungen im Dreißigjährigen Krieg 1632 und 1638 erholte sich der Ort erst nach Jahren. 1681 genehmigte der Dompropst die Ansiedlung von Juden[20].

Im späten Mittelalter war Büchenbach Sitz einer großen Pfarrei, der einzigen Urpfarrei im Stadtgebiet Erlangen. Ihr Gründungsdatum ist ungewiss. Allerdings deutet der ursprünglich

Spätromanisches Portal der Klosterkirche, um 1950

Frauenaurach, Klosterkirche, Innenraum, 2004

Frauenaurach, Klosterkirche von Norden, um 1950

sehr große Umfang des Sprengels auf eine frühe Entstehung. Die geringe Anzahl der überdies erst spät erwähnten Tochterkirchen – Frauenaurach, Kriegenbrunn, Hannberg, Kairlindach, Weisendorf – bestärkt die Annahme, dass es um 997 in Büchenbach bestenfalls ein Gotteshaus, nicht aber die in der Urkunde in der Mehrzahl genannten „Kirchen" gegeben haben kann[21]. Nach der Abtrennung von (Kloster) Frauenaurach mit Hüttendorf und Kriegenbrunn 1271 umfasste der Sprengel im 14. Jahrhundert noch 30 Orte. Davon bildeten vermutlich Kosbach (1348 erstmals genannt), Steudach (1348), Häusling (1468), Untermembach (1468), Reinersdorf (?) und (Klein)Seebach (1348) den älteren Kern der „marca". Später kamen noch die drei Kirchorte Hannberg (1065), Kairlindach und Weisendorf (1288) sowie die Dörfer Alterlangen, Dannberg (1315), (Klein)Dechsendorf (1315), Großenseebach, Heßdorf (1315), Hesselberg (1315), Klebheim (1315), Mitteldorf (1416), Mittelmembach, Moorhof (1315), Neuenbürg (1165/1200), Neumühle (1337), Niederlindach (1065), Oberlindach, Obermembach (1048), Poppenwind, Reuth (1348), Rezelsdorf, Röhrach (1315), Sauerheim, Sintmann (1348), Sintmannsbuch (1348) hinzu[22].

Nach der Ausgliederung des Klosters Frauenaurach und nach der Erhebung von Weisendorf 1358, Kairlindach 1379 und Hannberg 1505/11 zu Pfarrkirchen, denen die umliegenden Orte zugeordnet wurden – ähnlich wie in Alterlangen ist dieser Vorgang auch hier nicht urkundlich belegt –, reduzierte sich der Sprengel von Büchenbach auf die Neumühle, Alterlangen (ausgepfarrt 1920), Kosbach, Häusling und Steudach.

Seit der Reformation war die Pfarrei Büchenbach auch für die Seelsorge der wenigen Katholiken in den markgräflichen Orten westlich der Regnitz, dann bis 1784 in Erlangen und bis 1964 in der Stadtrandsiedlung zuständig. Die baulich möglicherweise noch ins 14. Jahrhundert zurückreichende Pfarrkirche mit ihrem 42 m hohen Turm, deren Patron St. Xystus (Sixtus) erstmalig 1476 belegt ist, wurde am südlichen Ortsrand errichtet und der umgebende Friedhof als Kirchenburg befestigt. Der Barockisierung im 18. Jahrhundert ist die zweiseitige Doppelempore und die Decke mit Gemälden und einer qualitätsvollen Stuckierung zu verdanken. 1875 erfolgte eine neugotische Umgestaltung, nach dem zweiten Vatikanischen Konzil wurde ein Volksaltar aufgestellt und 1969 ein Tabernakel geschaffen. Heute zählt St. Xystus, die älteste katholische Kirche im heutigen Erlangen, in der u.a. einige Skulpturen aus der Zeit um 1500 erhalten geblieben sind, zu den bedeutendsten Sakralbauten der Stadt[23].

Kirchlich gehörte die Pfarrei Büchenbach zunächst zum würzburgischen Archidiakonat Rangau, nach dessen Teilung 1435 zum Landkapitel Langenzenn und seit 1621 zu Schlüsselfeld. Obwohl auch der Bischof von Bamberg das Patronatsrecht beanspruchte, wurde dieses 1401 seinem Domkapitel zugesprochen, dessen Propst es seit 1525 endgültig innehatte und den Zehnten erhielt. Der Propst, der auch den Amtmann einsetzte und die Grundherrschaft ausübte, verlieh die Pfarrei einem Mitglied des Domkapitels als „Oberpfarrer", der den 1348 erstmals urkundlich genannten Ortsgeistlichen präsentierte, d.h. dem Dompropst verbindlich vorschlug[24]. Damit war de facto die Oberaufsicht des Bischofs von Würzburg auf ein Minimum reduziert, bei dessen Diözese Büchenbach es bis 1808 blieb. Im Rahmen der Neuordnung der Diözesen durch das Königreich Bayern kam Büchenbach 1807 an das Bistum Bamberg, wo es von 1827 bis 1937 zum Dekanat Herzogenaurach gehörte, bevor es – 14 Jahre nach der Eingemeindung des Ortes 1923 mit ca. 1035 Einwohnern – dem Dekanat Erlangen zugeteilt wurde. 1969 entstand die Filialgemeinde Albertus Magnus in Frauenaurach und 1988 Zu den heiligen Aposteln in Büchenbach-Nord, die bereits nach zehn Jahren 1998 separiert und zur Pfarrei erhoben wurde[25].

Maria Schnee-Kapelle Dechsendorf

Mit der Eingemeindung von Dechsendorf zum 1. Juli 1972 mit 2138 Einwohnern kam auch dieser alte Büchenbacher Filialort mitsamt seiner barocken Kapelle und einer gerade im Entstehen begriffene Pfarrei nach Erlangen. Kirchlich hatte Dechsendorf seit 1505/11 zu Hannberg gehört, nachdem dieses von der Mutterpfarrei Büchenbach separiert worden war[26]. 1719

Frauenaurach, Hostiendose von 1690

Kriegenbrunn, zwei Frauen und der Teufel, Wandfresko, 2. Hälfte 15. Jh.

Kriegenbrunn, St. Johannis, Chorraum, 1950

stiftete der damalige Inhaber der Oblei (Besitz eines Domherrn) Dechsendorf, der Bamberger Domherr Freiherr Franz Georg Faust von Stromberg, die kleine Maria Schnee-Kapelle. Diese wurde 1962/63 durch einen großen modernen Neubau mit dem Patrozinium Unsere liebe Frau erweitert und am 1. August 1973 bei gleichzeitiger Loslösung von der Mutterkirche in Hannberg zur selbständigen Pfarrei erhoben[27].

Kloster Frauenaurach und St. Johannis in Kriegenbrunn

Im westlichen Stadtgebiet baulich das älteste Gotteshaus ist die Kirche des ehemaligen, um 1267 von Herdegen von Gründlach gestiftete Dominikanerinnenklosters in dem 1271 urkundlich erstmals erwähnten und bis 1328/54 *„Niederaurach"* genannten Frauenaurach. Das Kloster erhielt 1271 vom Bamberger Dompropst das Patronatsrecht über die vermutlich erst um 1267/71 errichtete Marienkirche, die vielleicht Tochterkirche von St. Xystus in Büchenbach war[28], obwohl sie von ihrer Lage besser zum Herzogenauracher Sprengel passen würde. Da das Kloster in erster Linie der standesgemäßen Versorgung von Töchtern aus fränkischen Adelsfamilien diente, widersetze es sich bereits um 1500 mit Erfolg allen Bemühungen, die strengere Einhaltung der Klausur und andere Reformen durchzusetzen. Im Bauernkrieg mussten sich die Nonnen vorübergehend nach Nürnberg flüchten[29].

Da seit 1390 die Markgrafen die Schutzvogtei über das Kloster Frauenaurach innehatten, wandte sich auch dieser Ort der neuen Lehre Martin Luthers zu. Hier wird der gleitende Wechsel der kirchlichen Verhältnisse deutlich, der eher üblich gewesen sein dürfte, als eine abrupte Einführung zu einem bestimmten Datum. Der letzte katholische Pfarrer, Johann Neunhofer, starb am 28. August 1531[30]. Nach dem Tod der letzten Priorin Kunigunde von Wallenrod 1549 befahl Markgraf Albrecht Alkibiades die Aufhebung des Klosters[31].

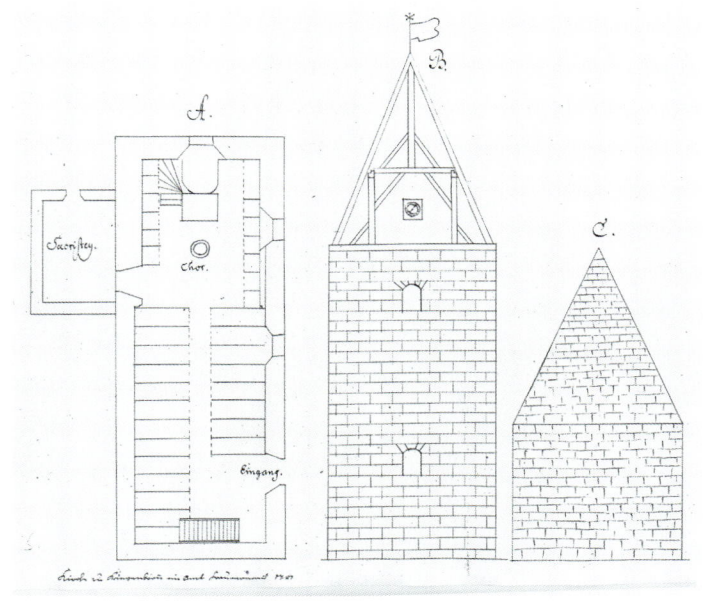

Architekturzeichnung der Kirche in Kriegenbrunn, 1787

Nach der Zerstörung 1553 im Zweiten Markgrafenkrieg sind die Konventsgebäude bis auf spärliche Mauerreste verschwunden. Von der ältesten, erhöht in der Dorfmitte gelegenen und weithin im Umland sichtbaren Kirche sind heute nur noch die Außenmauern mit dem – durch den Einbau einer Lampe stark beschädigten – spätromanischen Portal mit Christus als Weltenrichter im Tympanon und der Treppenturm auf der Nordseite erhalten. 1588 ließ Markgraf Georg Friedrich im Dach sechs Böden für das Zehntgetreide einbauen. Die beiden unteren wurden später wieder entfernt und der Kirchenraum mit einer hölzernen Tonnendecke und Emporen gestaltet; der markante Kirchturm an der Nordwestecke wurde 1709-17 errichtet. Von der früheren Ausstattung haben sich Reste gotischer Bauplastik, eine um 1320 entstandene farbig gefasste Muttergottes und eine Anzahl Grabsteine und Epitaphien erhalten[32].

Auf dem nach den Verwüstungen des Dreißigjährigen Krieges verödeten, bis in das 19. Jahrhundert mit Graben und Mauer geschützten Klosterareal entstand u.a. durch den Zuzug von österreichischen Exulanten bis zum Ende des 17. Jahrhunderts eine dörfliche Siedlung, die 1778 bereits 62 Anwesen umfasste. Die bis 1798 für das Klosteramt Frauenaurach genutzten Klostergebäude wurden 1862 weitgehend abgebrochen[33].

Seit jeher Filiale von Frauenaurach war das Gotteshaus in dem 1132 erstmals durch den Bamberger Ministerialen *„Egino von Chrigenbrunnen"* genannten Kriegenbrunn mit der wohl erst nach 1271 errichteten Wehrkirche St. Johannis der Täufer. An den

Bruck, St. Peter und Paul von Westen, um 1940

Innenraum von St. Peter und Paul mit freigelegten Wandgemälden, 1958

gedrungenen dreigeschossigen Chorturm, der eine Grundfläche von ca. 6,5 x 7 m besitzt, schließt sich in gleicher Breite das nur 10 m lange Schiff an. Blickpunkt des in seiner archaischen Schlichtheit beeindruckenden Innenraumes ist der fast quadratische Chor mit tief herabgezogenem Kreuzrippengewölbe und der Flügelaltar von 1500/10. 1940 im Chor und im Langhaus aufgedeckte Wandgemälde aus dem 14. und zweiten Hälfte des 15. Jahrhunderts (mit Darstellung des Teufels, der zwei während des Gottesdienstes „schwätzende" Frauen bedroht), wurden 1953 teilweise übermalt und 1974/76 restauriert. Reste der ehemals über 5 m hohen und ca. 1,5 m starken Kirchhofbefestigung sind erhalten[34]. Nach den Zerstörungen des Dreißigjährigen Krieges besiedelten den Ort vor allem Exulanten aus Österreich. Zum 1. Juli 1972 wurden Kriegenbrunn und Frauenaurach (einschließlich Schallershof und Neueses) 570 bzw. 3387 Einwohnern nach Erlangen eingemeindet[35].

St. Peter und Paul in Bruck

Das östlich der Regnitz gelegene Bruck, das ursprünglich zum Nürnberger Reichsgut gehörte, entstand neueren Forschungen zufolge vermutlich erst im 11./12. Jahrhundert[36]. Um 1300 konkurrierten hier das für die Verwaltung des Reichsbesitzes um Nürnberg zuständige, seit 1278 durch Verpfändungen geschmälerte Amt Heroldsberg, das 1391 an die Nürnberger Geuder fiel, mit den Burggrafen, die König Rudolf mit dem Dorf belehnt hatte, um die Herrschaftsrechte.

Nachdem der umfangreiche Besitz der Reichsministerialen von Gründlach und ihrer Gefolgsleute im 14. Jahrhunderten an Bürger und geistliche Einrichtungen in Nürnberg sowie an die Burggrafen übergegangen war, die Mitte des 16. Jahrhunderts auch den zum Rittergut Uttenreuth gehörigen Besitz wieder einzogen, hielten sich die nürnbergischen und markgräflichen Grundherrschaften etwa die Waage. Die geteilte bzw. konkurrierende Herrschaft dürfte die Ansiedlung von Juden gefördert haben, die hier seit 1431 nachweisbar sind. Im Ersten Markgrafenkrieg wurde Bruck niedergebrannt, ebenso im Dreißigjährigen Krieg weitgehend zerstört[37].

Die Glocken von St. Peter und Paul, um 2005

Die Hochgerichtsbarkeit übten die Burg- bzw. Markgrafen aus, die 1374 vom Kaiser auch mit Zoll und Geleit belehnt wurden. Nach Lammers versuchte der Erlanger Magistrat um 1444 mehrfach vergeblich, sich den Kirchweihschutz und die Fraisch über die Geuderschen Untertanen in Bruck anzueignen[38].

Die Kirchenhoheit über St. Peter und Paul in Bruck lag beim Propst von St. Sebald, später bei der Reichsstadt Nürnberg. Da diese die Reformation zunächst ab 1524 in ihrem Landgebiet und erst 1525 in der Stadt einführte, wird Bruck heute zu den frühesten evangelisch-lutherischen Kirchengemeinden im heutigen Bayern gerechnet[39]. Dass dies aber auch hier ein längerfristiger Prozess war und die neue Lehre nicht ohne weiteres die alte verdrängte, sondern zunächst noch andere Konkurrenz hatte, zeigen die weiteren Ereignisse. Am 31. Januar 1528 berichtete der immer noch amtierende altgläubige Pfarrer Georg Vogelsang, ein großer Teil des Dorfes halte sich zu den Täufern und komme in Winkeln zusammen[40]. Im September desselben Jahres weigerte sich der „ungehorsame" Frühmesser Friedrich Züll, der Einladung zur Visitation nach Nürnberg zu folgen[41]. Seine Stelle wurde später eingezogen. Erster lutherischer Pfarrer war Martin Kraus[42].

Bruck, St. Peter und Paul, Kreuzigungsgruppe und Evangelistensymbole im Rundfuß des Kelchs, 2. Drittel 14. Jh.

Das im 13. Jahrhundert auf den Grundmauern eines kleineren Vorgängerbaus begonnene, später erweiterte, wiederholt umgebaute und 1726 barockisierte Gotteshaus, dessen mit achtseitigem Spitzhelm und vier Scharwachttürmchen bekrönter 68 m hoher Turm (mit der ältesten Glocke [um 1508] im Erlanger Stadtgebiet) – der höchste im heutigen Stadtgebiet – bis Nürnberg zu sehen ist, zählt „*mit seiner außerordentlich qualitätvollen Architektur zu den bedeutendsten mittelalterlichen Sakralbauten an der Regnitz*"[43]. Eindrucksvoll ist der Kirchenraum, in dem der spätgotische Flügelaltar von 1507/11, die Doppelempore von 1660, die Kanzel von 1680, das Kirchengestühl und die Chorschranken aus der Zeit um 1700, die Stuckierungen und Deckengemälde von 1726/27 zusammen mit zahlreichen weiteren Ausstattungsstücken eine gewachsene Ensemble bilden[44]. Zu ihren Schätzen gehört u.a. ein Abendmahlskelch aus dem 14. Jahrhundert und einige bis 1561 zurückreichende Kirchenbücher. Von der Befestigung des 1446 erweiterten Kirchhofs, in dem noch das mittelalterliche Hl. Grab und Beinhaus existiert, haben sich größere Partien erhalten[45].

Die 1358 anlässlich der Stiftung einer Frühmesse zum erstenmal genannte Pfarrei Bruck umfasste bis zur Reformation 1527 auch Eltersdorf und Tennenlohe, bis 1824 auch Buckenhof[46]. Am 15. September 1924 wurde Bruck mit 2255 Einwohnern nach Erlangen eingemeindet[47].

St. Egidien in Eltersdorf

Ähnlich kompliziert wie in Erlangen lagen die Verhältnisse im frühen Mittelalter in Eltersdorf. Der auch hier im Laufe der Zeit herausgebildete Gegensatz zwischen der Reichsstadt und den Markgrafen wurde erst 1796 mit der Besetzung des Nürnberger Landgebietes durch Preußen[48] gewaltsam aufgelöst. Das östlich der Regnitz im baierischen Nordgau am Rande eines großen Forstes gelegene, 1021 urkundlich zum erstenmal erwähnte „*Altrihesdorf*", das damals vom fränkischen Rangau-Königshof (Herzogen)Aurach westlich des Flusses aus verwaltet und zusammen mit diesem von König Heinrich II. an das Hochstift Bamberg geschenkt wurde, kam spätestens in der ersten Hälfte des 12. Jahrhunderts an das Reich zurück. Der Besitz der Reichsministerialen von Gründlach und ihrer Erben, der Herren von Hohenlohe-Braunteck[49], gelangte nach deren Aussterben ab 1326/90 an die Burggrafen und zum Teil an Nürnberger Bürger, zeitweise auch an Schwabacher Familien. Obwohl Nürnberger Ämter und Patrizier als Grundherren dominierten, blieben Gemeindeherrschaft und Fraisch mit den Markgrafen strittig, so dass der Ort im 17./18. Jahrhundert sich in Streitfällen an deren Amt Baiersdorf wandte. Schwere Zerstörungen erlitt Eltersdorf in den beiden Markgrafenkriegen 1449 und 1552 sowie im Dreißigjährigen Krieg, in dessen Verlauf es ungefähr Dreiviertel seiner Einwohner durch Flucht oder Tod verlor; verschont blieb die Kirche[50].

Eltersdorf, St. Egidien von Norden, 1894

Kirchlich gehörte Eltersdorf ursprünglich zum Brucker Pfarrsprengel und stellte bereits 1417 einen der vier Gotteshauspfleger, die das dortige Kirchenvermögen verwalteten. Als Folge der im Dreißigjährigen Krieg erlittenen Bevölkerungsverluste wurde Tennenlohe 1651 mit Eltersdorf vereinigt, wo der Pfarrer wohnte; diese Verbindung hatte bis 1966 Bestand.

Die vermutlich schon im 14. Jahrhundert errichtete, 1433 zum erstenmal erwähnte und bis zur Reformation der Gottesmutter Maria geweihte Egidienkirche in Eltersdorf[51] wurde bei der Einführung der neuen Lehre von der Mutterkirche abgetrennt. Den ersten evangelischen Geistlichen, Wolfgang Vogel, ließ der Rat der Stadt 1527 als einen der führenden Täufer in Nürnberg hinrichten[52]. Sein Nachfolger war für ein knappes Jahr der später

Eltersdorf, St. Egidien, hl. Kümmernis, 1513

bedeutende Theologe Andreas Althammer, von dem u.a. der erste gedruckte Katechismus Deutschlands stammt[53].

Das Langhaus des 1766/68 barockisierten Gotteshauses musste 1909 einem neugotischen Putzbau mit Sandsteingliederung weichen, erhalten blieben der viergeschossige Turm, die Sakristei, einige Ausstattungsstücke, darunter das Reste eines auf die Zeit um 1400 datierten Freskos über dem Eingang zur Sakristei und Bild der hl. Kümmernis (St. Wilgefortis) von 1513. Die einst hohen Wehrmauer wurde im 19. Jahrhundert abgebrochen[54]. Als Flurdenkmal bemerkenswert ist der vielleicht im 15. Jahrhundert etwa 800 m südöstlich der Ortsmitte aufgestellte Egidienstein[55]. Nachdem Eltersdorf nach 1818 zunächst mit Kleingründlach eine Gemeinde gebildet hatte, das wiederum 1912 zu Großgründlach kam, wurde es 1972 mit 3142 Einwohnern nach Erlangen eingemeindet[56].

St. Maria Magdalena in Tennenlohe

Das mit *„Conradus de Tenninloch"* 1265 erstmals urkundlich erwähnte Tennenlohe blieb mit Ausnahme des um die Kirche St. Maria Magdalena entstandenen Kerns bis in das 19. Jahrhundert eine locker bebaute Streusiedlung. Ab 1326 ging auch hier der Besitz der ausgestorbenen Reichsministerialen von Gründlach an Nürnberger Bürger und Klöster bzw. an die Burggrafen über. Vor 1406 wurde die halbe Forsthube Tennenlohe von Buckenhof (1372 genannt) abgetrennt. Die Grundherrschaft lag wiederum überwiegend in den Händen der Reichsstadt, während die Markgrafen, die hier an der Straße von Nürnberg nach Erlangen seit 1386 eine Geleit- und Zollstation unterhielten, die Hochgerichtsbarkeit beanspruchten. In den beiden Markgrafenkriegen wurde Tennenlohe 1449 und 1552 fast vollständig zerstört, ebenso im Dreißigjährigen Krieg[57].

1421 wurde in der Kirche, deren Patrone 1468 Maria Magdalena, Fabian, Sebastian und Maria, später Sebastian und seit 1973 wieder Maria Magdalena waren, ein Frühmesser erwähnt und 1465 eine neue Frühmesse gestiftet. Den Kirchweihschutz übte 1514 bis 1520 die Reichsstadt Nürnberg aus. Nachdem der letzte Frühmesser, Marcus Hofmann, nach Einführung der Reformation 1527 mit einer Pension von 20 Gulden in den Ruhestand versetzt worden war, entstand eine von Bruck unabhängige eigene evangelisch-lutherische Pfarrei Tennenlohe[58]. Nach den großen Bevölkerungsverlusten im Dreißigjährigen Krieg wurde die Pfarrei mit Eltersdorf vereinigt, wo auch der Pfarrer wohnte, und erst 1966 wieder eigene Pfarrei[59]. Denn der kleine Ort wuchs erst nach 1945 deutlich an, bevor er dann 1972 mit 2520 Einwohnern nach Erlangen eingemeindet wurde[60].

Die nach Zerstörungen 1449/50 wiederaufgebaute und 1766/68 barockisierte Kirche, deren von einem schlanken Spitzhelm bekrönter viergeschossiger Westturm zu den Blickpunkten des Knoblauchslandes gehört, ist heute ein schönes Beispiel für eine spätgotische Kirche des Nürnberger Landgebietes, die im Laufe von Jahrhunderten immer wieder in der Ausstattung ergänzt und geprägt wurde. Das Sakramentshäuschen von 1450/75, der Altar von Anfang des 18. Jahrhunderts, Freskenfragmente aus der zweiten Hälfte des 16. Jahrhunderts, der Taufstein von um 1700, die um 1768 gefertigte Kanzel und der aus derselben Zeit stammende Stuck sowie acht in die 1997/99 geschaffenen modernen Glasfenster integrierten Wappenscheiben Nürnberger Patrizierfamilien aus dem 16./17. Jahrhundert bilden ein stimmungsvolles Ensemble[61]. Das von 1560 bis 1753 geführte Tauf- und Eheregister gehört zu den ältesten Kirchenbüchern der heutigen Großstadt Erlangen[62].

Jüngere evangelisch-lutherische Pfarreien

Durch die erst nach 1945 sprunghaft einsetzenden Entwicklung Erlangens zur Großstadt reichte die bis in das Mittelalter zurückreichende Pfarreiorganisation bis in die Zeit nach dem Zweiten Weltkrieg aus. Die sechs seither neu eingerichteten evangelisch-lutherischen Pfarrämter entstanden vorzugsweise in den Neubaugebieten oder in den vorher katholischen Vierteln nämlich 1958 in Sieglitzhof die Gemeinde St. Markus, 1960 die Gemeinden Johanneskirche in Alterlangen und St. Matthäus im Stadtsüden, 1967 am Brucker Anger die Gemeinde Erlöserkirche, 1969 in der Südstadt die Gemeinde Thomaskirche und schließlich 1982 in Büchenbach die Gemeinde Martin-Luther-Kirche.

Tennenlohe, Chorraum von St. Maria Magdalena

Anmerkungen

1 Georg Knörlein, Die Güterschenkungen Heinrichs II. im Forchheimer Umland 1007 und der Einfluß des Hochstifts in den Stiftungsorten bis zum Ende des Mittelalters, in: Josef Urban (Hrsg.), Das Bistum Bamberg um 1007. Festgabe zum Millenium (Studien zur Bamberger Bistumsgeschichte 3), Bamberg 2006, S. 144–184, hier S. 149.

2 Wie das Beispiel Königshof und Kirchengut Forchheim zeigt, sind in den Orten u.U. schon frühzeitig verschiedene Besitzverhältnisse zu unterscheiden.

3 Andreas Jakob, Die Martinskirchen in Franken. Eine Studie zur Vorgeschichte und Gründung des Bistums Bamberg, in: Urban (wie Anm. 1), S. 105–143, hier S. 107f.

4 Ebenda, S. 108.

5 Lengenfelder, Bruno, Eichstätt und Bamberg 1007/1016, in: Urban (wie Anm. 1), S. 95.

6 Monumenta Germaniae Historica (MGH), Bd. III. Die Urkunden Heinrichs des II. und Arduins, 1957², (=Diplomata Heinrici, zit.: D.H.II.), S. 580 Nr. 458.

7 Die südlich der Pegnitz gelegenen Stadtteile Nürnbergs lagen zwar eigentlich im Bistum Eichstätt, wurden aber in der Praxis stets zum Bistum Bamberg gerechnet; vgl. dazu Bruno Lengenfelder, Eichstätt und Bamberg 1007/1016, in: Urban (wie Anm. 1), S. 96f.

8 Bertold Frhr. von Haller, Art. Gründlach, Reichsministerialen von, in: Christoph Friederich/Bertold Frhr. von Haller/Andreas Jakob (Hrsg.), Erlanger Stadtlexikon, Nürnberg 2002, S. 328.

9 Ders., Art. Braunecksche Lehen, in: ebenda, S. 170.

10 Andreas Jakob, Grundlinien der Erschließung des mittleren Regnitzraumes und die Anfänge von Büchenbach bei Erlangen um 996, in: EB 44/1996, S. 173–230, S. 190f.

11 Hanns Hubert Hofmann, Herzogenaurach. Die Geschichte eines Grenzraumes in Franken (Schriften des Instituts für Fränkische Landesforschung an der Universität Erlangen, Historische Reihe, Bd. 2), Nürnberg 1950, S. 130.

12 Jakob, Grundlinien (wie Anm. 10), S. 214f.

13 Vgl. Erich Frhr. von Guttenberg/Alfred Wendehorst, Alfred (Bearb.), Das Bistum Bamberg 2 (Germania Sacra. 2. Abt., Die Bistümer der Kirchenprovinz Mainz 1,2), Berlin 1966, S. 267 Anm. 23.

14 Ähnliche Strukturen – eine in Flussnähe gelegene Pfarrei, deren Sprengel sich von diesem weg ins Hinterland erstreckt – finden sich etwa in Seußling, Hersbruck, Ottensoos (vgl. Guttenberg/Wendehorst [wie Anm. 13], Kartenanhang).

15 MGH, D.H.II. (wie Anm. 6), 458.

16 Ein ähnlicher Fall liegt vielleicht in Trunstadt vor, dessen Kapelle ursprünglich zur Pfarrei Hallstadt gehörte, „bei Abtretung der Würzburger Eigenkirche Hallstadt an Bamberg" im Bistum Würzburg verblieb (Guttenberg/Wendehorst [wie Anm. 13], S. 86f. und Karte 1).

17 Jakob, Grundlinien (wie Anm. 10), S. 191.

18 Michaela Meyer, Art. Büchenbach, in: Erlanger Stadtlexikon (wie Anm. 8), S. 180.
19 Andreas Jakob, Art. Bauernkrieg, in: Erlanger Stadtlexikon (wie Anm. 8), S. 146f.
20 Meyer, Büchenbach (wie Anm. 18).
21 Jakob, Grundlinien (wie Anm. 10), S. 211ff.
22 Ders., S. 204ff.
23 Agnes Meyer, Art. St. Xystus, in: Erlanger Stadtlexikon (wie Anm. 8), S. 757f.
24 Michaela Meyer, Art. St. Xystus, kath. Gemeinde, in: Erlanger Stadtlexikon (wie Anm. 8), S. 758.
25 Ebenda.
26 Michaela Meyer, Art. Dechsendorf, in: Erlanger Stadtlexikon (wie Anm. 8), S. 199f.
27 Andreas Jakob, Art. Unsere liebe Frau, in: Erlanger Stadtlexikon (wie Anm. 8), S. 717. – Josef Urban, Art. Unsere liebe Frau, kath. Gemeinde, in: ebenda, S. 717.
28 Christoph Jahn/Bertold Frhr. von Haller, Art. Frauenaurach-Kriegenbrunn, ev. Gemeinde, in: Erlanger Stadtlexikon (wie Anm. 8), S. 280.
29 Bertold Frhr. von Haller, Art. Kloster Frauenaurach, in: Erlanger Stadtlexikon (wie Anm. 8), S. 424.
30 Hans-Otto Keunecke, 450 Jahre Reformation in Erlangen (Schriften der Universitätsbibliothek Erlangen-Nürnberg 11), Erlangen 1978, S. 92.
31 von Haller, Kloster Frauenaurach (wie Anm. 29).
32 Bertold Frhr. von Haller, Art. Klosterkirche Frauenaurach, in: Erlanger Stadtlexikon (wie Anm. 8), S. 424f.
33 Bertold Frhr. von Haller, Art. Frauenaurach, in: Erlanger Stadtlexikon (wie Anm. 8), S. 278f. – Rüdiger Scholz, Frauenaurach, Evang.-Luth. Pfarrkirche (ehem. Klosterkirche St. Maria), in: Helmut Braun/Rüdiger Scholz (Hrsg.), Spuren des Glaubens. Kirchenschätze im Erlanger Raum (Ausstellungskatalog des Stadtmuseums Erlangen), Nürnberg 2004, S. 90f.
34 Anke Schlecht/Andreas Jakob, Art. St. Johannes der Täufer, in: Erlanger Stadtlexikon (wie Anm. 8), S. 393f.
35 Haller, Frauenaurach (wie Anm. 33).
36 Vgl. dazu Rudolf Memmert, Materialien zu einer Ortsgeschichte von Erlangen-Bruck, in: EB 50/2004, S. 351–384, bes. S. 361ff.
37 Bertold Frhr. von Haller, Art. Bruck, in: Erlanger Stadtlexikon (wie Anm. 8), S. 171.
38 Ferdinand Lammers, Geschichte der Stadt Erlangen von ihrem Ursprunge unter den fränkischen Königen bis zur Abtretung an die Krone Bayern, Erlangen 1834, S. 38f.
39 Rüdiger Scholz, Bruck, Evang.-Luth. Pfarrkirche St. Peter und Paul, in: Spuren des Glaubens (wie Anm. 33), S. 67.
40 Günther Bauer, Anfänge täuferischer Gemeindebildungen in Franken (Einzelarbeiten aus der Kirchengeschichte Bayerns, Bd. XLIII), Nürnberg 1966, S. 50f.
41 Keunecke, 450 Jahre Reformation in Erlangen (wie Anm. 30), S. 43.
42 Ders., S. 92.
43 Bertold Frhr. von Haller/Sigrid Zilm, Art. St. Peter und Paul (ev.), in: Erlanger Stadtlexikon (wie Anm. 8), S. 549f.
44 Dies.
45 Dies.
46 Christoph Jahn, Art. Bruck, ev. Gemeinde, in: Erlanger Stadtlexikon, S. 172.
47 von Haller, Bruck (wie Anm. 37).
48 Andreas Jakob, „...das volle Glück des Friedens...". Die gefährlichen Zeiten beim Übergang Erlangens von Preußen an Bayern, in: Diefenbacher, Michael/Rechter, Gerhard (Hrsg.), Vom Adler zum Löwen. Die Region Nürnberg wird bayerisch 1775–1835, Nürnberg 2006, S. 281–299, hier S. 283.
49 Bertold Frhr. von Haller, Art. Braunecksche Lehen, in: Erlanger Stadtlexikon (wie Anm. 8), S. 170.
50 Bertold Frhr. von Haller, Art. Eltersdorf, in: Erlanger Stadtlexikon (wie Anm. 8), S. 226f.
51 Rüdiger Scholz, Eltersdorf, Pfarrkirche St. Egidien, in: Spuren des Glaubens (wie Anm. 33), S. 71f.
52 Christoph Jahn/Bertold Frhr. von Haller, Art. Eltersdorf, ev. Gemeinde, in: Erlanger Stadtlexikon (wie Anm. 8), S. 227.
53 Keunecke, 450 Jahre Reformation in Erlangen (wie Anm. 30), S. 57.
54 Bertold Frhr. von Haller, Art. St. Egidienkirche, in: Erlanger Stadtlexikon (wie Anm. 8), S. 216.
55 Sabine Meßmann, Art. Egidienstein, in: Erlanger Stadtlexikon (wie Anm. 8), S. 216f.
56 von Haller, Eltersdorf (wie Anm. 50).
57 Bertold Frhr. von Haller, Art. Tennenlohe, in: Erlanger Stadtlexikon (wie Anm. 8), S. 695f.
58 Keunecke, 450 Jahre Reformation in Erlangen (wie Anm. 30), S. 95.
59 Christoph Jahn/Bertold Frhr. von Haller, Art. Tennenlohe, ev. Gemeinde, in: Erlanger Stadtlexikon (wie Anm. 8), S. 696.
60 Bertold Frhr. von Haller, Tennenlohe, in: Erlanger Stadtlexikon (wie Anm. 8), S. 695.
61 Andreas Jakob, Art. St. Maria Magdalena, in: Erlanger Stadtlexikon (wie Anm. 8), S. 476f. – Rüdiger Scholz, Tennenlohe, Evang.-Luth. Pfarrkirche St. Maria Magdalena, in: Spuren des Glaubens (wie Anm. 33), S. 114ff.
62 Keunecke, 450 Jahre Reformation in Erlangen (wie Anm. 30), S. 68.

Andreas Jakob

Zum *"heil und nucz"* der Seelen

Die Pfarrei Erlangen im Mittelalter

Die ersten Spuren kirchlichen Lebens datieren in Erlangen vom 6. Oktober 1288, als die Übereignung eines Hofes in Rekkenberg bei Hersbruck an den Arzt Magister Albert auf dem hiesigen Friedhof am Südostrand des heutigen Martin-Luther-Platzes stattfand. Friedhöfe waren als besonders rechtsgeschützte Bereiche häufiger Schauplätze von Rechtsgeschäften. Die Anzahl der glanzvollen Namen der Anwesenden, Ulrich IV. und Gottfried I. von Schlüsselberg, Burggraf Conrad der Jüngere von Nürnberg, Luipold von Schönberg, Heinrich und Hiltebold von Maiental, Ludwig von Seckendorf, Ritter Luipold von Erlangen, Hermann Strobel, Herrmann Schenk (Cellarius) von Marloffstein und *„anderen mehr"*, lässt den Schluss zu, dass an diesem Tag auch noch andere Punkte auf der Tagesordnung standen. Sie zeigen, dass Erlangen, das vielleicht wegen seiner günstigen Lage zwischen den Gütern der Schlüsselberger bei Neideck und der Reichsstadt Nürnberg zum Tagungsort gewählt worden war, damals bereits eine gewisse Bedeutung erreicht haben musste und möglicherweise schon dem *„Grozzenerlang"* von 1348 entsprach.

Auf eine gewisse zentralörtliche Funktion weisen bereits der Friedhof und die wohl damals schon anzunehmende Kirche hin. Für die Bevölkerung aus Erlangen und den nördlich und östlich gelegenen Orten, die zum Einzugsbereich gehörten, war dieser Gottesacker wichtig, weil sie ihre Toten nicht bei der Mutterkirche im weit entfernten Forchheim bestatten brauchten. Statt dessen kam ein Geistlicher zu Begräbnissen und zu den Gottesdiensten in der Erlanger Marienkapelle.

Über die Frage, warum es in Erlangen damals überhaupt schon einen Friedhof gab, lassen sich nur Vermutungen anstellen. Wahrscheinlich spielten für die Bedeutung des Ortes mehrere Faktoren eine Rolle, nämlich die günstige Lage an einer wichtigen Straße von und nach der aufstrebenden Reichsstadt Nürnberg, die beherrschende Lage am Ausgang des Schwabachtales, seine Geschichte als ehemaliges Kirchengut und schließlich die Position als südlichster Punkt im Sprengel der Forchheimer Martinskirche. Auch andere ihrer Filialorte in ähnlicher Randlage, etwa Röttenbach, Willersdorf und Eggolsheim, besaßen frühzeitig Kirchen und Friedhöfe.

Frömmigkeit und kirchliches Leben in Erlangen im späten Mittelalter

Ein hervorstechendes Merkmal des Mittelalters ist die ausgeprägte, alle Bereiche des Lebens erfassende Volksfrömmigkeit, die sich heute noch in zahllosen Kirchen, Altären, Gemälden, Skulpturen, Büchern und sonstigen Sakralkunstwerken spiegelt. Kirche und Religion waren wichtige, strukturgebende Bestandteile des Alltags. Für heutige Menschen kaum nachvollziehbar ist die Bedeutung der zahlreichen Gottesdienste und Gebetstunden (Tagzeiten), die in großen Kirchen auch während der Woche mehrfach am Tag stattfanden, und die Sorge um und für das Seelenheil, für das Vermögende große Summen an die Kirche zu spenden bereit waren.

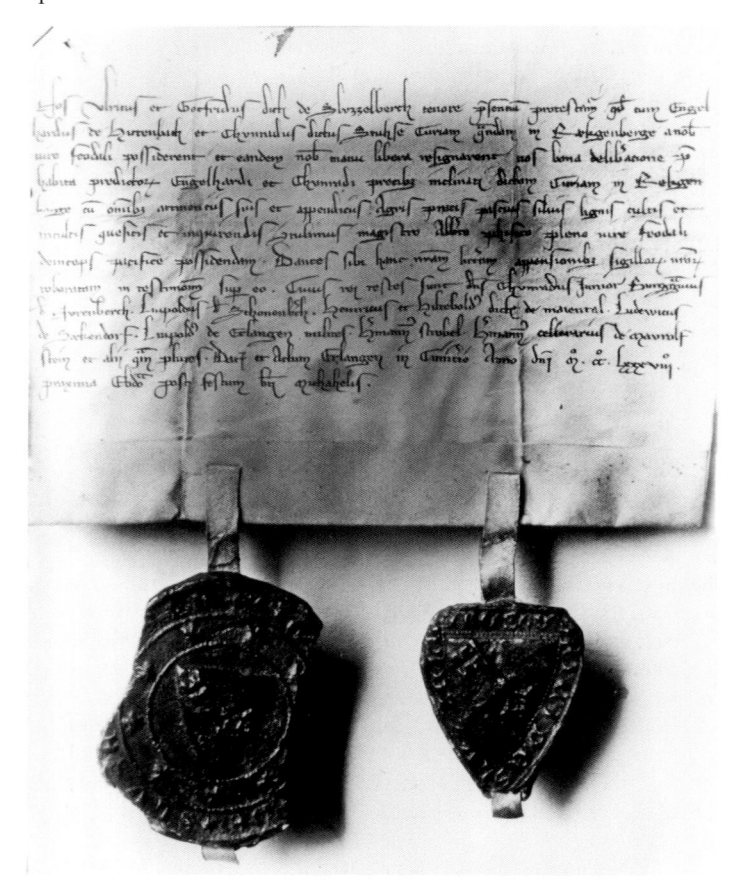

1288 auf dem Friedhof zu Erlangen ausgestellte Urkunde

Erstmalig wurde ein *„Pfarrer"* – nach dem Sprachgebrauch der Zeit nicht unbedingt der Inhaber einer Pfarrei, sondern auch ein Vikar, Inhaber eines Messbenefiziums oder sonstiger Geistlicher – im November 1374 in einer Urkunde des Erfurter Propstes Herbord erwähnt[1]. Damals war Erlangen infolge des Verkaufs an Kaiser Karl IV. am 23. Dezember 1361 deutsches Lehen der Böhmischen Könige, die den seither eng von *„Ausland"* umgebenen Ort, zu dem nur einige hundert Hektar Wiesen, Felder und Wald gehörten, durch Erteilung von Marktrechten, Freiheiten und schließlich 1398 auch des Stadtrechts stärkten. In diese Zeit fallen auch verstärkte Bemühungen zur Bereicherung des kirchlichen Lebens. Hauptträger waren aber nicht der Bischof von Bamberg oder der König von Böhmen als Landes- bzw. Stadtherren, sondern überwiegend Mitglieder der in Erlangen und Umgebung begüterten Adelsfamilie Erlanger bzw. von Erlangen und Türriegel sowie zahlreiche Bürger, die im Sinne der ausgeprägten Volksfrömmigkeit *„ihre"* Kirche förderten.

Gerade bei diesem Themenumfeld wird deutlich, dass durch den Verkauf an den fremden Landesherrn Erlangen 1361 keineswegs aus der wirtschaftlichen und religiösen Verbundenheit mit seinem Umland herausgelöst worden war. Am 25. Januar 1386 stiftete Bertholt Erlanger *„zcu Erlangen gesezzen"* dem hiesigen Pfarrer seine Eigenäcker in Bubenreuth, das Lehengütlein zu Spardorf[2], eine Wiese und einen Acker bei *„alten erlangen in dem peul"* sowie eine Wiese *„bei der swabach am steinfurt"* (vielleicht die später so genannte *„Pfaffenwiese"*) zu einem ewigen *„Seelgerät"* (Stiftung zur Erlangung des Seelenheils). In einer für das späte Mittelalter charakteristischen Werkfrömmigkeit wurden dabei Zuwendungen an die Kirche, etwa zur Verbesserung des Gottesdienstes oder zum Bau oder zur Ausstattung des Gotteshauses, mit auf unbegrenzte Zeit zu erbringenden Verpflichtungen verbunden, nämlich der Seelen des Stifters, seiner Familie und aller Gläubigen zu gedenken, die sich womöglich noch im Fegefeuer befanden. Im Unterschied zur Hölle konnte die Seele mit Hilfe von frommen Stiftungen oder Gebeten der Gläubigen aus dieser Zwangslage, die sich die Zeitgenossen ziemlich drastisch vorstellten, gerettet werden. Zum *„heil und nucz"* seiner Seele, dann der seiner Verwandten, Vorfahren und schließlich überhaupt aller Gläubigen sollte der *„Pfarrer"* an der Erlanger Marien- oder Frauenkapelle wöchentlich Montags eine Seelenmesse, Mittwochs und Freitags eine Messe lesen. Fielen die Tage auf einen Feiertag, musste nur die Seelmesse am Dienstag nachgeholt werden, in den anderen Fällen sollte es bei den Messen bleiben, die *„dezselben tags vollbracht werden"*. Ferner wurde der Geistliche verpflichtet, jeden Sonntag von der Kanzel vier oder fünf namentlich genannter Mitglieder der Familie Erlanger zu gedenken sowie der Seelen aller Gläubigen[3].

Am 31. Januar 1392 stiftete Berthold Erlanger verschiedene Einkünfte von Äckern zu Bräuningshof mit der Auflage, zum

Schädelfund im ehemaligen Friedhof bei der Altstädter Kirche, 2003

Gedächtnis an den Stifter, seinen Vater, seine Frau, seine beiden Söhne und andere Mitglieder der Familie jeden Sonntag nach Ostern in der Marienkapelle in der Nacht eine gesungene Vigil und am darauffolgenden Montag morgen eine gesungene Seelmesse mit einer gesprochenen Messe abzuhalten[4].

Am 1. April 1424 vermachte Hans Türriegel zum Heil und Nutzen seiner Seele der damit erstmals mit ihrem Patrozinium genannten *„Frawenkirchen"* zu Erlangen verschiedene Einkünfte *„an den paw"*, also zum Bauunterhalt, sowie zur Errichtung oder Aufbesserung der Frühmesse[5].

Die drei Urkunden belegen in Erlangen ein bereits ausgeprägtes kirchliches Leben. Gottesdienste fanden zumindest jeden Sonntag und an den zahlreichen Feiertagen statt, dazu kamen wöchentlich mindestens drei, vielleicht noch weitere Stiftungsmessen. Dieser ausgedehnte Betrieb, der keinesfalls von den Chorherren oder

Siegel der Altstadt Erlangen mit dem Böhmischen Löwen, 15./16. Jh.

Überschwemmung der Regnitz, im Hintergrund Martinsbühl und Altstädter Kirche, 1974

Vikaren der Mutterkirche in Forchheim aufrechterhalten worden sein kann, lässt sich nicht ohne einen vor Ort wohnhaften Geistlichen – vermutlich einen Vikar – vorstellen.

Die Erhebung der Marienkapelle zur Pfarrkirche

Voraussetzung für die Erhebung einer Kapelle zur Pfarrkirche und die Einrichtung eines Seelsorgebenefiziums war die ausreichende Ausstattung, nicht zuletzt die Gewährleistung eines standesgemäßen Einkommens für den Geistlichen. In Erlangen wurde dessen Einkünfte 1430 mit 40 Gulden veranschlagt[6]. Wie andernorts erstreckte sich die aus vielen kleinen, unübersichtlichen Zustiftungen bestehende und trotzdem letztlich nur knapp zureichende Fundation über mehrere Jahrzehnte. Die Errichtung einer Pfarrei oder auch nur einer Messe war an eine Reihe formaler Voraussetzungen gebunden, vor allem an die Bestätigung durch den Bischof.

Am 8. Juni 1435, knapp 50 Jahre nach der Seelgerätstiftung des Berthold Erlanger, entsprachen der Dekan Johann Koburger und das Kapitel des Kollegiatstifts St. Martin in Forchheim dem Wunsch der Gottehauspfleger Hans Luft und Bertold Hofman, *„beyde bürger und heiligen gemeiner der Stadt Erlang"*, die im Auftrag des Vogts Franz Pfinzing und des Rats der Stadt um Abtrennung der Tochterkirche in Erlangen von ihrer Mutterkirche baten. Daraufhin erhob Bischof Anton von Rotenhan die Marienkapelle am 14. Juli 1435 zur Pfarrei mit Seelsorgebenefizium. Als Begründung führte er, wie in ähnlichen Fällen üblich, die weite Entfernung nach Forchheim in Kriegszeiten, bei Regenfällen, Überschwemmungen und Unwettern an, die es den Menschen schwer machte, dort den Gottesdienst zu besuchen und von da für Lebende und Sterbende die Sakramente herbeibringen zu lassen. Ein weiterer Grund für die Bitte der Erlanger mochte die größere Selbständigkeit eines Pfarrers sein, der nach dem Kirchenrecht im Gegensatz zu einem Vikar nicht ohne weiteres seines Amtes enthoben werden konnte, und die damit verbundene größere Unabhängigkeit von der Mutterkirche in Forchheim.

In beiden Urkunden finden sich Rechte, Pflichten und Einkommen des Pfarrers der Marienkirche geregelt, dem nunmehr auch Taufe und Begräbnis aus eigenem Recht zustanden. Einmal im Jahr musste er ein Sendgericht abhalten. Seine Hauptaufgabe war die Seelsorge in der Stadt Erlangen und der Martinskapelle vor ihren Mauern, im Schloss Atzelsberg, in den Dörfern Spardorf, Bubenreuth, Bräuningshof, Sieglitzhof, dem Rathsberg genannten Hof und einigen bei Schloss Marloffstein gelegenen Häusern mitsamt den jeweiligen Gemarkungen. Wichtig ist in der Urkunde des Bischofs nicht zuletzt der Hinweis, dass die Einwohner der nunmehr nach Erlangen eingepfarrten Dörfer „*ab antiquo*" – von alters her – die Marienkapelle zu besuchen und in und aus dieser („*ac in ea et ex eadem*") seelsorgerisch betreut und mit den Sakramenten versehen zu werden pflegten, da dies die Vermutung bestätigt, in Erlangen habe es schon vorher einen Vikar gegeben.

Die Mutterkirche trat zwar die pfarrlichen Rechte, ferner ihren Anspruch auf die Opfergelder und die Einkünfte aus den Seelgeräten ab, behielt sich aber als wesentliches Recht das Präsentationsrecht, also die Auswahl eines geeigneten Geistlichen für die Pfarrei vor. Ausserdem musste der Erlanger Pfarrer – ebenfalls wie seit alters – zum Zeichen der ehemaligen Abhängigkeit am Montag in der Kreuzwoche (d.i. nach dem 5. Sonntag nach Ostern) mit seiner ganzen Gemeinde mit der Fahne des Heiligen Kreuzes in das 15 Kilometer entfernte Forchheim ziehen und in der Mutterkirche am Gottesdienst teilnehmen. Den selben Zweck, die ursprüngliche Zugehörigkeit anzuerkennen, erfüllte der rheinische Gulden, der der Erlanger Pfarrer an Walpurgis (1. Mai) und Michaelis (29. September) dem Stiftskapitel zu zahlen hatte.

Dafür leistete die Mutterkirche wiederum zur wirtschaftlichen Ausstattung der Pfarrei Erlangen einen Beitrag, in dem sie den Zehnten, den sie in Erlangen besessen hatte, sowie etliche Zehntkäse und -hühner „*genseit der steg*", d.h. im heutigen Essenbach, und das sog. Wydemtlehen[7] abtrat, das jährlich zu Walpurgis und Michaelis 26 Denare zinste und zwei Schock Eier zu Ostern, acht Herbsthühner sowie acht Fastnachthennen lieferte. Darüber hinaus umfasste die Ausstattung die beiden Stiftungen des Berthold Erlanger von 1386 und 1392, ein Haus mit Stadel und Zugehörungen, das der Vogt, die Gotteshauspfleger und der Rat mit der Auflage, dafür „*dez Sloßers nach außweysung dezselben brifs*" (also des Vorbesitzers) zu gedenken, dazu gegeben hatten, und schließlich das Haus des Kirchners, von dem der Pfarrer jährlich 36 Pfennige erhielt, wofür er „*dez friczen Mülners und seiner vovordern*" gedenken sollte[8]. Nicht aufgeführt sind die Einkünfte, die Hans Türriegel 1424 gestiftet hatte, vermutlich weil sie zur Frühmesse gehörten. Die Liegenschaften und Einkünfte des Pfarrers wurden von allen weltlichen Pflichten – v.a. Wache, Hand- und Spanndienste – und Steuern befreit. Auch sollte er Anteil am Gemeindeholz haben und für seine Tiere Zugang zur Gemeindeweide.

Altstädter Kirche, Kelch der Barbara Erber, 1444

Wie vielleicht vor 500 Jahren: Büchenbacher Flurprozession, 1953

Armut und weitere Ausstattungen der Pfarrei Erlangen

So verständlich der Wunsch der Erlanger nach einer eigenen Kirche war, als so unzureichend – wie in vielen vergleichbaren Fällen auch – erwies sich die wirtschaftliche Ausstattung. Im Laufe der Zeit gab es immer wieder Zustiftungen, die aber charakteristischerweise jeweils mit weiteren Bedingungen bzw. Aufgaben verknüpft waren. Bereits 1438, nur drei Jahre nach der Errichtung der Pfarrei schenkte der Landes- und Stadtherr, Markgraf Friedrich, mit der Begründung, auf Wunsch des Pfarrers Friedrich Pocker, und mit Erlaubnis des Bischofs von Bamberg, von dem der Markgraf den Reutzehnt zu und um Erlangen zu Lehen trug, diesen – mit Ausnahme eines großen Weingartens – zu einem Drittel an den Pfarrer. Seine Begründung, *„wann wir angesehen und erkant haben, sulch armut und notdurft, so dann die wydemt und pfarrkirchen in Erlang hat, und sich ein pfarrer darauf on Hilfe nicht wol erneren mage"*, verweist auf das in Erlangen fast nicht lösbare Problem, einen Pfarrer mit eigenen Mitteln zu unterhalten. Zum Ausgleich erhielt der Markgraf vom Stadtpfarrer ein wichtiges Recht übertragen, nämlich das Präsentationsrecht für die Frühmesse *„und auch der andern messe, die der munczmeister in der pfarkirchen zu Erlangen gestiftet hat"*[9]. Diese also keineswegs uneigennützig gewährte Zustiftung ist der erste bekannte Fall, dass der Landesherr zur Ausstattung einer Erlanger Kirche beitrug.

Wiederum drei Jahre später, 1441, schenkte Markgraf Johann, genannt der Alchimist, dem Pfarrer zwei Morgen Weingarten und drei *„waltmorgen Rewtfelts am perge zcu Erlangen gelegen"*,

St. Martin zum Anstaunen ..., 11.11.1974

... und zum Anfassen, 2003

wofür dieser jeden Sonntag von der Kanzel des Stifters und seiner Vorfahren „*seligen sele*" öffentlich gedenken und für diese beten sollte[10].

Am 5. November 1456 besserten die drei Gotteshauspfleger Heinz Smid, Hanns Zigler und Hermann Weber das Einkommen des Pfarrers Friedrich Pocker um jährlich 60 Pfennig für eine ewige Jahrtagstiftung auf. Dafür musste dieser an allen Quattember-Goldenensonntagen – d.h. viermal im Jahr – abends eine gesungene Vigil und am darauffolgenden Montagmorgen eine Seelenmesse halten[11] und dabei 21 Personen namentlich gedenken, nämlich des Priesters Dietrich Gerharts, der Jungfrau Sigawn, des Friedrich Müntzmeister und seiner Frau Margarethe, des Heinrich Schultheiß und seiner Frau Adelheid, des Hans vom Slag, der Jewt (Gewten) Rebnerin, der Jewt Wirtin, des Hermann Peck und seiner Frau Krista, des Hans Sauerheim, seiner Frau Adelheid und ihres Sohnes Johannes, des Heinz Herbst, des Heinz Zelter, des Contz Knor und seiner Frau Adelheid, der Kunigunde Humlin, der Else Humlin sowie des alten Jorlein[12].

Am 2. Dezember 1460 verpachtete der Stadtpfarrer Martin Lang, der auch eine Vikarie in Forchheim innehatte, einen Reutmorgen Weingarten „*gelegen auff der purckleyten*" am Westhang des Burgbergs für jährlich ein Fastnachthuhn und ein Drittel aller Früchte, sei es Wein, Äpfel, Birnen, Weichseln, Amerellen oder was auch immer dort wuchs. Gegen die Bezahlung von einem Drittel des Kelterlohnes konnte er auf Wunsch auch den entsprechenden Anteil vom Wein aus diesem Garten bekommen[13].

Ende des 15. Jahrhunderts war die Pfarrei Erlangen immerhin so attraktiv, dass sie sich der Forchheimer Chorherr Johann

Blick vom Turm der Altstädter Kirche nach Westen mit St. Martin und Altstädter Friedhof, 1960

Erb am 22. November 1475 durch Papst Sixtus IV. verleihen ließ[14]. Durch dieses vom Kirchenoberhaupt beanspruchte und gegen entsprechende Gebühren erteilte Recht wurde das Recht seines Dekans, dem die Vergabe eigentlich zustand, ausser Kraft gesetzt. Gleichzeitig belegt dieser Sachverhalt den in der Vorreformationszeit besonders ausgeprägten Pfründenhandel mit Rom. Der Tausch der Bamberger Domvikarie St. Nikolaus gegen die Pfarrei Erlangen 1516, den der Forchheimer Stiftsvikar Heinrich Finster mit dem bisherigen Inhaber Pankraz Hoffmann tätigte[15], deutet daraufhin, dass beide Benefizien – Pfarrei und Domvikarie – damals ungefähr gleichwertig gewesen sein müssen.

Einkünfte von Gotteshaus und Pfarrer

Für den Bauunterhalt des Gotteshauses und die Anschaffung der für die Gottesdienste notwendigen Materialien, vor allem die Kerzen, war die von dem Pfarrer sowie den drei Kirchenpflegern geleitete Kirchenfabrik (*„fabrica"*) zuständig. Die Kirchenpfleger gehörten dem Rat der Stadt an, vor dem auch die Kirchenrechnungen abgehört wurden[16]. Nach dem Urbar von 1528 setzte sich das Einkommen des Gotteshauses zusammen aus 52 fl 2 Ort 9 Pfennigen Bargeld, 4 Pfund Wachs, 2 1/2 Simra Korn und 1 Simra Haber jeweils Nürnberger Maß, 6 Käsen zu 5 und 3 Käsen zu 7 Pfennigen, 15 Pfennigen *„für ein Weckh"*, 2 Herbsthühnern und 1 Fastnachthenne[17]. Von dem Einkommen des Gotteshauses gehörte ein Teil zur Ausstattung der Früh- und der Mittelmesse. Die Kleinteiligkeit der Abgaben, darunter überwiegend landwirtschaftliche Produkte, die die Geistlichen zumeist auf eigene Kosten einsammeln und ggf. auf dem Markt verkaufen lassen mussten, spiegelt das Wirtschaftssystem der Zeit und zeigt die Ärmlichkeit und Mühsal der Verhältnisse.

Noch schlechter als das des Gotteshauses war das Einkommen des Pfarrers. Dieser bezog – ohne die Accidentien, d.h. Stolgebühren und sonstige *„zufällige"*, d.h. unregelmäßige Einnahmen – lediglich 31 fl 6 Pfund 11 Pfennige, wovon er jeweils Walburgis und Michaelis 3 Pfund 16 Pfennige, außerdem 2 1/2 Metzen Korn an die Herrschaft abgeben musste[18].

Zusätzliche Meßstiftungen

Ein Kennzeichen der katholischen Kirchen waren die zahlreichen Messen, die es zusätzlich zu den regulären Gottesdiensten gab, die der Pfarrer an Sonn- und Feiertagen abzuhalten verpflichtet war. Sie benötigten jeweils ihre eigene Fundation, von der ein Benefiziat bezahlt werden konnte. Dieser besaß zwar keine Seelsorgeverpflichtung, musste aber den Pfarrer bei Gottesdiensten oder anderen geistlichen Verrichtungen unterstützen. Auch in Erlangen gab es trotz der Armut der Verhältnisse neben dem Pfarrer noch zwei Vikare für die Früh- und die Mittelmesse, deren Stiftungsurkunden nicht erhalten sind. Der aus der Zeit des Kurfürsten Albrecht Achilles von Brandenburg (1414-1486) erhaltene Amtseid des Johann Crausolt als Frühmesser zu Erlangen[19] bzw. der des Konrad Kofer, der 1525 Nachfolger des verstorbenen Caspar Slahinhauffen (vielleicht ein Verwandter des 1529 als Kastner von Baiersdorf erwähnten Sigmundt Schlaginhauffen?) als Mittelmesser wurde[20], zeigen, dass beide Messen einzeln vergeben wurden. Bevor 1438 der Markgraf sich diese Rechte übertragen ließ, übte sie der Stadtpfarrer aus. Obwohl mit den Einkünften der Benefizien auch die Residenzpflicht bzw. die Verpflichtung zur Erfüllung der Aufgaben verbunden war, konnten sich ihre Inhaber offenbar auch längeren Urlaub erwirken, so etwa Jodok Beheim, der sich zu Ostern 1503 als Inhaber der Frühmesse in Erlangen an der Universität Erfurt einschreiben ließ[21].

Die Frühmesse

Die wichtigste Stiftungsmesse war, wie andernorts, die bereits 1424 in dem Testament Hans Türriegels genannte Frühmesse, die vermutlich wie in Forchheim um 6 Uhr früh begann[22]. 1448 verkaufte Hanns von Streitberg der Ältere, der Sohn Hilpolts von Streitbergs, zur Ausstattung der Frühmesse in Erlangen den Grißacker und die Grißwiese bei Unterleinleiter am gemeinen Weg gelegen, die jährlich drei Böhmische Groschen und drei Käse, oder für jeden Käse einen Groschen, zinste[23]. Möglicherweise im Zusammenhang mit der Stiftung oder Verbesserung der Ausstattung dieser Messe steht der Kauf von 28 rheinischen Gulden jährlicher Zins zu einer *„ewigen messe zu Erlangen"*, die Bürgermeister und Rat am 15. Juni dieses Jahres von der Stadt Haßfurt tätigten[24].

Altstädter Kirche und Martinsbühl von Norden, Ausschnitt, um 1732

Dem Urbar von 1528 zufolge erhielt die Frühmesse 18 fl vom Gotteshaus, 10 Pfund „*von salve*", 2 1/2 fl aus Bruck anstatt von 2 ½ Simra Korn und 1 fl, 1 Fastnachthenne oder dafür 12 Pfennige sowie 2 Herbsthühner oder für eines sechs Pfennige von einem Hof in Hausen[25]. Dem Urbar von 1641 zufolge bezog der Frühmesser von dort außerdem noch 6 Käse oder für einen 6 Pfennige, 60 Eier und 2 Simra Korn Nürnberger Maß zu Michaelis. Ein anderer Hof in Hausen lieferte 1 Fastnachthenne, 3 Herbsthühner, 9 Käse, 45 Eier, 34 Heller und 1 Simra 4 Metzen Korn Nürnberger Maß. Ein Gut in Pretzfeld (Bredtfeld) zinste zu Michaelis 3 fl weniger 1 Ort, ein Gärtlein „*im Thal gelegen*", das zur Ausstattung der Frühmesse gehörte, gab 15 Pfennige, und 28 Pfennige an den Inhaber des Pülmüllers Erb[26].

Die Mittelmesse

Bei dem Stifter der 1458 bestätigten sog. Mittelmesse, deren Verwaltung in den Händen von Bürgermeister, Rat und Gotteshauspflegern lag, handelte es sich um den 1456 und 1458 erwähnten Friedrich Hunt genannt Münzmeister von Aurach[27]. Zu ihrer Ausstattung gehörte ein Haus beim oberen Tor in Erlangen mit seinen Zugehörungen, ein Gütlein zu Obernreuth, das jährlich 3 Pfund Haller und 6 Käse zu Weihnachten, 6 Käse zu Pfingsten, zwei Herbst- und zwei Fastnachtshühner zinste, dazu 12 dort (in Obernreuth) gelegene 12 Tagwerk Wiesen mit allen Zugehörungen, von einem Hof in Neuses 13 Sümer Korn Nürnberger Maß. Dem Urbar von 1641 zufolge hatte die Mittelmesse 10 fl von einer Wiese in Obernreuth, 16 Pfund von einem Haus ebenda, 10 fl von zwei Höfen in Kriegenbrunn, 4 ½ fl vom Gotteshaus, 42 Pfennige Walburgis und Michaelis, 10 Pfund „*vom salve*" vom Gotteshaus, 10 Pfund von der „*alt Megerin*" (wohl ein Personenname), von denen der Mittelmesser 1 1/2 Pfund jährliche Steuer entrichtete, sowie ebenfalls von dieser 1 Simra Korn Nürnberger Maß; 1 Simra Korn Nürnberger Maß kam aus Bubenreuth, ein weiteres Simra aus Spardorf[28]. Ohne das Haus betrugen diese Einkünfte zusammen jährlich 34 Gulden.

Dafür musste der Inhaber der Pfründe wöchentlich drei Messen lesen, die erste, sofern dieser nicht Feiertag war, am Montag für alle Verstorbenen der Familie Münzmeister, die beiden anderen an beliebigen anderen Wochentagen. Außerdem war dieser Geistliche dem Stadtpfarrer, dem er bei geistlichen Ämtern „*zu hochczeitlichen Zeyten*" – gemeint sind nicht Hochzeiten, sondern die kirchlichen Hochfeste – assistieren sollte, zu Gehorsam verpflichtet[29].

Die Engelmesse

Neben der Früh- und der Mittelmesse ist auch noch eine Engelmeßstiftung bezeugt[30]. Am 16. Februar 1510 vermachte Margarethe, die Witwe Heinz Croners der Engelmesse „*daselbst*", d.h. in der Pfarrkirche, ihre zwischen Martinsbühl und Regnitz gelegene Wiese, die Zinslehen des Markgrafen war und an der einen Seite an „*Sant Mertins Gassen*", auf der anderen Seite an den Weg zur Regnitzbrücke grenzte[31]. Aufgaben und Namen der Benefiziaten sind nicht bekannt. Ob die Engelmesse mit der Mittelmesse identisch war[32], ist nicht zuletzt auf Grund der unterschiedlichen Struktur der Fundation keineswegs sicher. Zur Zeit der Reformation hatte sie 23 fl 4 Ort 29 ½ Pfennige jährlicher Zins und 12 fl Abzins von 232 fl 2 Ort Hauptsumme (d.i. einem auf 5 % Zinsen angelegten Kapitalstock), zusammen 36 fl weniger 2 Pfennige

St. Martin, Scheunenviertel der Altstadt und Veste von Süden, um 1770

Dachsbach, ehemalige Burgkapelle St. Maria und Schloss, 1950

Einkünfte[33]. Möglicherweise handelte es sich bei der Engelmesse – analog zu einer 1445 bestätigten Stiftung in Forchheim, wo es sogar eine Engelmessbruderschaft gab – um einen jeden Donnerstag gegen halb 7 Uhr früh gefeierten Gottesdienst – eventuell verbunden mit einem Ablass –, bei dem das heilige Sakrament zunächst in einer eucharistischen Prozession mitgeführt und anschließend eine feierliche Messe „*de corpore Christi*" gelesen wurde[34]. Nach der Reformation durften die Gotteshauspfleger die Hälfte der Einkünfte für das Gotteshaus und zur Aufbesserung des Schulmeistergehaltes verwenden[35].

Die Martinskapelle in der Pfarrei Erlangen

Die größten Rätsel in der frühen Erlanger Kirchengeschichte gibt noch die Martinskirche auf. Wenngleich sie keine fränkische Königskirche gewesen sein oder überhaupt vor 1002/1017 bestanden haben kann, ist die Existenz einer zweiten Kirche in einem so kleinen Ort wie Erlangen nicht selbstverständlich. Ungeklärt sind insbesondere ihre Anfänge.

Nachdem bereits die Erlanger Marienkapelle Tochter von St. Martin in Forchheim war, kann es nicht auch die Erlanger Martinskapelle gewesen sein, wie Fastnacht annimmt[36]. Bei ihrer Ersterwähnung 1435 anläßlich der Lostrennung der Erlanger Marienkapelle von ihrer Mutterkirche in Forchheim und Erhebung zur Pfarrkirche deutet nichts auf hohes Alter, große Bedeutung oder eine andere Besonderheit der Kapelle auf dem Martinsbühl hin. In seiner lateinisch abgefassten Urkunde unterstellte der Bischof von Bamberg als zuständiger Ordinarius die Martinskirche der neugeschaffenen Erlanger Pfarrei[37] und verpflichtete deren Pfarrer wöchentlich eine Messe zu lesen, an den vier Goldfasten Vigilien und Totenmesse nach der dortigen Gewohnheit, d.h. nach den Vorgaben der Stifter, abzuhalten, Messen zu feiern, zu predigen, die Sakramente zu spenden, und andere kirchliche Aufgaben auszuführen, wie es andere Rektoren von Pfarrkirchen bei der ihnen anvertrauten Gemeinde tun[38].

Zum selben Sachverhalt äußerte sich der Dekan des Kollegiatstifts St. Martin in Forchheim in seiner deutschsprachigen Urkunde: „*Item auch will der vogt der Rat vnd dy gancz gemein das dy pfarrkirch vnser liben ffrawen vnd Sant Merteins kirch pey irm rechten bleiben es sey im Stock oder mit ander gab oder auf der taffeln als dan von alter herkumen ist on geuerd. Auch sol ein yder pfarrer al wochen ein meß halten zu Sankt Mertein vnd sol daz auch sust halten alsdan einem pfarrer czu gehort vnd dy vier Goldfasten singen vigil vnd selmeß alz dan vor alter herkumen ist*"[39].

Beide Urkunden regelten also auch das künftige Verhältnis von Marien- und Martinskirche. Der Pfarrer sollte, was die im Opferstock oder auf der während der Messe herumgereichten Tafel gesammelten Opfergelder anging, beide Kirchen bei ihren Rechten lassen und nicht etwa die Einnahmen der Martinskapelle an sich ziehen, ohne die damit zusammenhängenden Pflichten zu erfüllen. Diese bestanden vornehmlich in der Erfüllung der an der Martinskirche „*seit alters*" bestehenden Meßstiftung. Im Unterschied etwa zu den zeitweise zehn Meßbenefizien bei St. Martin in Forchheim, wo die Geistlichen, die von der Fundation trotzdem nur eher bescheiden leben konnten, beinahe täglich eine Messe halten und sich überdies an den Gottesdiensten und Tagzeiten der Chorherren beteiligen mussten[40], sollte in der Erlanger Martinskirche lediglich eine Messe pro Woche und an den vier Goldfasten Vigilen und Seelmesse stattfinden. Für ein Messbenefizium, geschweige denn ein Seelsorgebenefizium, d.h. eine Stelle für einen Priester, der davon ein standesgemäßes Einkommen erhielt, reichte diese Dotation bei weitem nicht aus.

Wer die Messen vor 1435 gelesen hatte, wer diese Stiftung verwaltete und von wem sie stammte, geht aus den Quellen nicht hervor. Fest steht bislang nur, dass sie nicht von den Mitgliedern des ortsansässigen Adelsgeschlechts der Erlanger herrührte, da dieses seine Stiftungen der Marienkapelle zugewendet hatte. Bislang unbekannt ist auch das Dotationsvermögen für den Unterhalt des Gotteshauses und wielange diese Stiftung erfüllt wurde. Erst nach der Reformation entstand der Brauch, in der von den Erlanger Gotteshauspflegern mitverwalteten Kapelle an Martini einen Gottesdienst mit Predigt und Kollekte abzuhalten[41].

Insgesamt bleiben für die Klärung der Anfänge der Martinskapelle in Erlangen in Ermangelung aussagekräftiger Quellen nur Spekulationen. So ist zweifellos die für eine Gemeinde ungünstige Lage des Martinsbühls im Hochwassergebiet der Regnitz zu berücksichtigen. Günstig lag das Kirchlein nur zur benachbarten Burg, deren Kapelle es vielleicht ursprünglich war. Ähnliche Konstellationen finden sich in Großgründlach, Dachsbach oder auch in Forchheim, wo nahe beim Schloss die dort deswegen auch als „Schloßkapelle" bezeichnete Marienkapelle steht. Da der Bischof für die Eingliederung der Kapelle in den Sprengel der Pfarrkirche offenbar nicht die Einwilligung eines Eigentümers benötigte und die ortsansässigen Adelsfamilien Erlanger und Türriegel ausscheiden, bleiben als Gründer der Erlanger Martinskirche als Eigenkirche der Bischof von Bamberg oder einer der Amtsleute, die in der vermutlich nach 1361 errichteten Veste saßen.

Exkurs: Martinslehen

An der Martinskirche gab es auch einige „Martinslehen". Das waren „walzende", also zu pachtende Grundstücke in Alterlangen, deren Inhaber seine Reichnisse (v.a. Wachs und Geld) alljährlich zu Martini (11. November) – bei Verlust seines Lehens – vor Sonnenaufgang abliefern musste. Wohl aufgrund dieser Tatsache und wegen der ungewöhnlichen Leiheform sah die Lokalforschung die Martinslehen als Beleg für die frühmittelalterliche Entstehung der Martinskirche. Jedoch finden sich derartige Lehen, deren Name sich folglich nicht vom Kirchenpatron sondern vom Termin der Abgabenlieferung ableitet, auch bei Besitz des Dompropsteiamtes Büchenbach oder des Klosters Münchaurach. Auffälligerweise liegen im Raum Erlangen alle Martinslehen westlich der Regnitz, abgesehen von Alterlangen in Büchenbach, Dechsendorf, Hausen, Weipersdorf und Dachsbach[42]. Die Ablieferung der Abgaben noch vor Sonnenaufgang auf dem Martinsbühl durch die Alterlanger Leheninhaber ist zweifellos die Grundlage für die Legende, wonach die Katholiken „aus der ganzen Umgebung" auch nach der Reformation „Wallfahrten [!]" zum Martinsbühl veranstaltet hätten, und dort „Schmalz und Wachs auf dem Altar opferte[n]"[43]. Nach Aussage von Reinhard um 1770 „pflegten aber ehedessen nicht nur die Lehenleute dieser Kirche am Martinitage Wachs

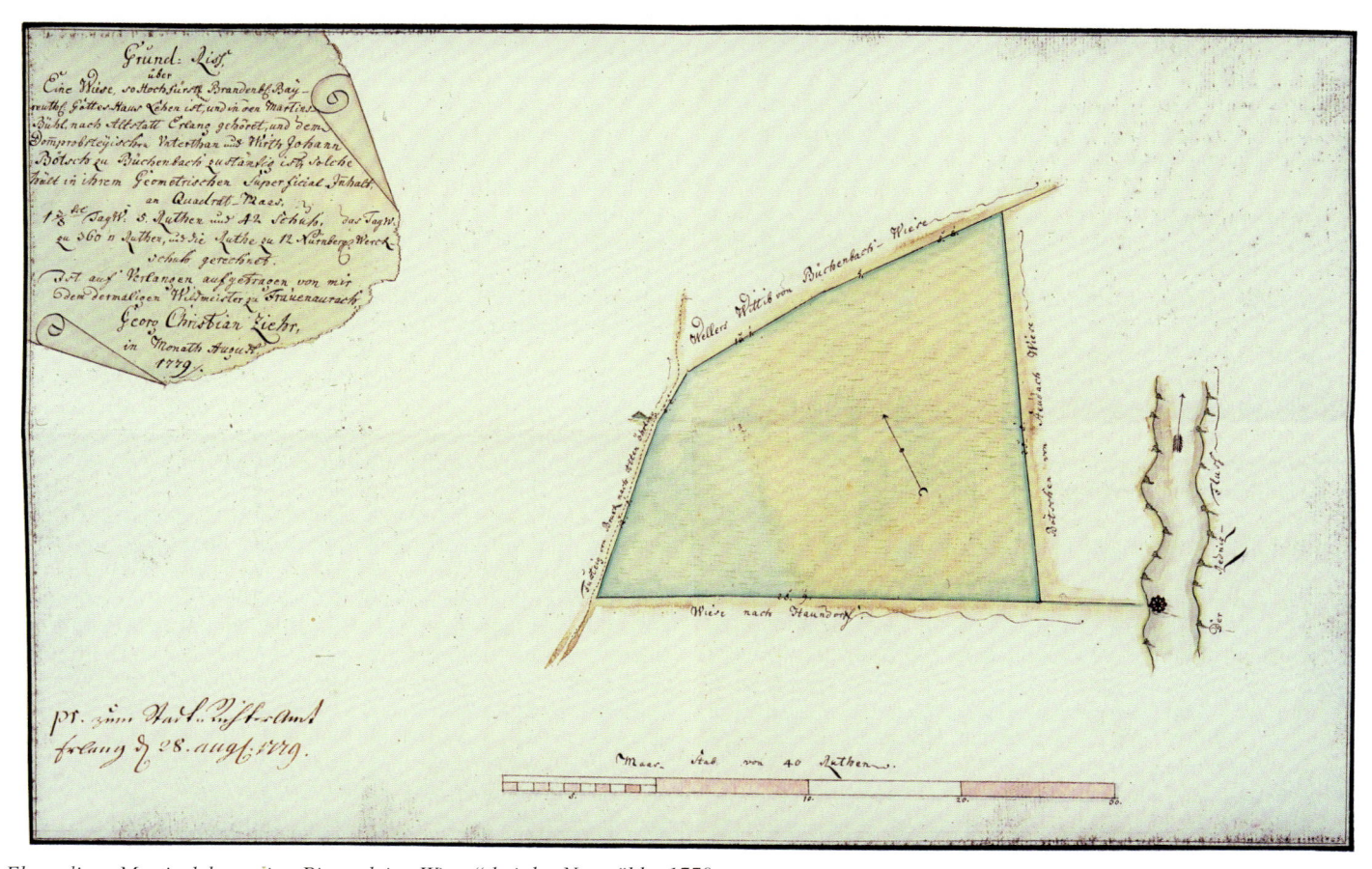

Ehemaliges Martinslehen: die „Pimperleins-Wiese" bei der Neumühle, 1779

Die spätmittelalterlichen Heiligenfiguren in der Altstädter Kirche mit farblicher Fassung, um 1930

und Schmaltz zu bringen, sondern auch andere, selbst unter den Protestanten (versteht sich gemeinen Leuten) meynten, es werde ihnen für allerhand Krankheiten helfen, wenn sie etwas auf dem Martinsbühle opferten. Zahnschmerzen, Flüße u.d.g. würden alsdenn gewiß außen bleiben. Aber seit zwanzig bis dreißig Jahren ist dieser Aberglaube verschwunden"[44].

Das kirchliche Leben am Ende des Mittelalters

Am Ende des Mittelalters zeigt sich das kirchliche Leben in Erlangen, der Zeit vollkommen entsprechend, als ausgeprägt und vielfältig. Neben dem Pfarrer gab es an der Marienkirche zwei weitere Vikare, die 1528 jedenfalls teilweise Konkubinen hatten[45]. Die Ausstattung mit Altargerät und Messgewändern war nicht schlechter, als in anderen Orten. Einem 1529 angefertigten Verzeichnis zufolge gab es – aus Marien- und Martinskirche stammend – in Erlangen damals 2 Monstranzen, 5 Kelche, *„1 silbernes Kreuzlein samt einem silbernen Schüsselein, 1 silbernes Büchslein, darin das Sakrament gelegen ist"*, 4 Patenen, ferner 12 Messgewänder in den vorgeschriebenen liturgischen Farben rot, grün, weiss, schwarz, 2 Diakonenröcke und 2 Chormäntel[46]. Ob die finanziell sehr schlecht ausgestatteten Messbenefizien immer besetzt waren, ist nicht bekannt. Neben den Gottesdiensten mit Predigt an Sonn- und Feiertagen wurden jeweils dreimal die Woche eine Frühmesse bzw. die Mittelmesse gefeiert, danach wohl der Hauptgottesdienst, dazu noch mehrere gestiftete Messen, vielleicht darunter donnerstags eine Engelmesse. Mehrfach dotiert war das *„Salve Regina"*, eine Marianische Antiphon, die möglicherweise wie in Forchheim jeden Tag nach der Komplet gebetet oder gesungen wurde[47]. Nach Reinhard mussten der Pfarrer und der Schulmeister in der Adventszeit *„die vier Wuchen im Advent alle Nacht ein Salve singen"*; ein bestimmtes Bürgerhaus lieferte nicht nur dem Armenhaus unentgeltlich das benötigte Salz, sondern auch jeden Sonntag das zum Weihen benötigte Salz[48]. Jeden Sonntag verkündete der Pfarrer von der Kanzel die Namen verschiedener Stifter, für die er dann mit der Gemeinde betete. In der Martinskirche fand wöchentlich eine weitere Messe statt. In mehreren Seelgeräten wurden des Abends Vigilien abgehalten und am darauffolgenden Morgen bei der Seelenmesse der Stifter – der Familien Erlanger, Türriegel, und zahlreicher Bürger gedacht. Die erste Kirchweih feierte man dem Urbar von 1528 zufolge am zweiten (*„andern"*) Sonntag nach Michaelis (29. September), die jüngere sog. *„Klößleins Kirchwey"* am Sonntag nach Jacobi (25. Juni)[49]. Einmal im Jahr lud der Pfarrer seine Gemeinde vor das Sendgericht, wo die Ehe und das kirchliche Leben bzw. die Einhaltung der kirchlichen Vorschriften angehende Fragen behandelt wurden. Die Jahrhunderte währende geistliche Ausrichtung Erlangens nach Norden zeigte sich noch einmal im Jahr bei der Filialprozession, als der Pfarrer mit seiner ganzen Gemeinde nach Forchheim zog, um dort die ehemalige Mutterkirche zu besuchen, wo auch mehrere Erlanger Geistliche Vikare waren. 1525 war der Erlanger Pfarrer auch Mitglied einer Bruderschaft[50]. Während das 1632/34 zerstörte und 1655 wieder eingeweihte mittelalterliche Gotteshaus im Stadtbrand von 1706 mitsamt seinen Kunstwerken verloren ging, haben sich aus der katholischen Zeit Erlangens vor der Reformation außer der 1745/46 renovierten Martinskirche und der dortigen Reiterstatue des Hl. Martin lediglich ein 1444 von Barbara Erber gestifteter Kelch[51] – der vielleicht erst später, vielleicht erst nach dem Dreißigjährigen Krieg, nach Erlangen angekauft worden war – sowie fünf um 1500 geschaffene kleinformatige Holzfiguren der Gottesmutter Maria, der Heiligen Stephan, Markus, Elisabeth und Johannes von Capistrano (?) von durchschnittlicher Qualität erhalten, von denen drei vermutlich im Schrein des Hauptaltares standen[52].

Die katholische Zeit Erlangens endete mit der Einführung der Reformation durch den Landesherrn, Markgraf Georg den Frommen, im Jahre 1528. Abgesehen von den Wandlungen im Gottesdienst und in den äußeren Formen der Frömmigkeit bestand die größte Veränderung in Ablösung der alten kirchlichen Hierarchien zugunsten der Markgrafen, die nunmehr auch die Leitung der Kirche für sich beanspruchten. Nachdem noch am 23. März 1525 Markgraf Kasimir den Erlanger Mittelmesser Konrad Kofer ganz traditionell dem Bischof von Bamberg präsentiert hatte[53] – auf die der Geistliche aber verzichten musste, weil er nicht zur neuen Lehre übertreten wollte –, leistete 1534 der neue Erlanger Stadtpfarrer und Frühmesser Melchior Colmann von Thuisbrunn den Markgrafen seinen auf das Evagelium geschworenen Eid[54].

Anmerkungen

1 Johannes Bischoff, Die Stützpunktstadt – Entstehung und Entwicklung (1361–1402), in: Alfred Wendehorst (Hrsg.), Erlangen. Die Geschichte der Stadt in Darstellung und Bilddoukenten, München 1982, S. 24–31, hier S. 27.

2 Dem Lehenbuch Bischof Albrechts von Wertheim 1398–1421 zufolge ging das Getreide an die Marienkapelle (freundlicher Hinweis von Andreas Lüneburg).

3 Ferdinand Lammers, Geschichte der Stadt Erlangen von ihrem Ursprunge unter den fränkischen Königen bis zur Abtretung an die Krone Bayern, Erlangen 1834, Anhang 10.

4 Ders., Anhang 11.

5 Ders., Anhang 15; vgl. auch Anhang 16.

6 Erich Frhr. von Guttenberg/Alfred Wendehorst (Bearb.), Das Bistum Bamberg 2 (Germania Sacra. 2. Abt., Die Bistümer der Kirchenprovinz Mainz 1,2), Berlin 1966, S. 112.

7 Bernd Nürmberger, Erlangen um 1530. Eine Lagebestimmung der Häuser und Straßen, in: EB 49 (2003), S. 199-314, hier S. 281–284.

8 Lammers (wie Anm. 3), Anlagen 24, 25.

9 Ders., Anhang 27–29.

10 Ders., Anhang 30.

11 Eine entsprechende Messverpflichtung gab es auch für die Martinskapelle; vgl. unten S. 78

12 Lammers (wie Anm. 3), Anhang 35.

13 Ders., Anhang 37.

14 Andreas Jakob, Das Kollegiatstift bei St. Martin in Forchheim. Grundlagen zur Geschichte von Stift und Pfarrei in der zweiten Hauptstadt des Hochstifts Bamberg 1354–1803, Bd. 2, Die Personallisten, ungedrucktes Manuskript.

15 Ders., S. 871f., 874f.

16 Lammers (wie Anm. 3), S. 56f.

17 StadtAE, 1.B.8, pag. 190.

18 Ebenda, pag. 191..

19 Lammers (wie Anm. 3), Anhang 39.

20 Lammers (wie Anm. 3), Anhang 42f.

21 Jakob, Forchheim (wie Anm. 14), S. 881.

22 Andreas Jakob, Das Kollegiatstift bei St. Martin in Forchheim. Grundlagen zur Geschichte von Stift und Pfarrei in der zweiten Hauptstadt des Hochstifts Bamberg 1354–1803 (Historischer Verein Bamberg, Schriftenreihe Bd. 35,1), Forchheim 1998, S. 461.

23 Lammers (wie Anm. 3), Anhang 31.

24 StAWürzburg, libri diversarum formarum 10 fol. 59v–60r (freundlicher Hinweis von Christina Grimm, Würzburg).

25 StadtAE. 1.B.8, pag. 192.

26 StadtAE, 1.B.9, pag. 112'ff.

27 Andreas Jakob, Art. Pfandschaften, in: Christoph Friederich/Bertold Frhr. von Haller/Andreas Jakob (Hrsg.), Erlanger Stadtlexikon, Nürnberg 2002, S. 551f.

28 StadtAE, 1.B.9, pag. 114f.

29 Lammers (wie Anm. 3), Anhang 36.

30 Ders., S. 50. – Vgl. Johann Paul Reinhard, Chronik der Stadt Erlangen, S. 355f.

31 Lammers (wie Anm. 3), Anhang 38.

32 Guttenberg/Wendehorst (wie Anm. 6), S. 113

33 Ernst Dorn, Die Reformation im ehemaligen Landstädtchen Erlangen, Erlangen 1929, S. 52.

34 Jakob, Kollegiatstift St. Martin (wie Anm. 22), S. 341f., S. 438ff.

35 Dorn (wie Anm. 33), S. 52

36 Dorothea Fastnacht, Der Ortsname Erlangen. Siedlungsgeschichte von Alterlangen und Erlangen aus namenkundlicher Sicht, in: JfFL 62/2002, S. 1–20, S. 5.

37 *„Capella sancti Martini extra muros dicti Opidi Erlangen sita sibi annexa"*, später *„dictam Capellam sancti Martini ipsi nouelle parrochiali ecclesie in Erlangen annectimus et vnimus harum nostrarum patrocinio literarum ..."*

38 *„dictus rector seu plebanus in dicta Capella sancti Martini singulis septimanis una vice missam celebrare alias singulis Angarys vigilias et missam defunctorum iuxta hactenus obseruatam consuetudinem peragere, missas celebrare, predicare sacramenta et sacramentalia ecclesiastica porrigere et ministrare et alios actus ecclesiasticos prout ceteri parrochialium ecclesiarum rectores apud plebem sibi commissam exercere"* Lammers (wie Anm. 3), S. 206ff.

39 Lammers (wie Anm. 3), S. 204f.

40 Jakob, Kollegiatstift St. Martin (wie Anm. 22), S. 308ff.

41 Andreas Jakob, Art. Martinsbühler Kirche, in: Erlanger Stadtlexikon (wie Anm. 27), S. 483f.

42 Jakob, Andreas, Art. Martinslehen, in: ebenda, S. 484f.

43 Dorn (wie Anm. 33), S. 16.

44 Reinhard, Chronik (wie Anm. 30), S. 402.

45 Rudolf Endres, Die spätmittelalterliche Stadt unter den fränkischen Zollern (1402–1527), in: Wendehorst (Hrsg.), Erlangen (wie Anm. 1), S. 31–34, S. 35f.

46 Dorn (wie Anm. 33), S. 17f.

47 Vgl. Jakob, Kollegiatstift St. Martin (wie Anm. 22), S. 427.

48 Reinhard, Chronik (wie Anm. 30), S. 360f.

49 StadtAE, 1.B.8, fol. 161. – StadtAE, 1.B.9, pag. 86'.

50 Lammers (wie Anm. 3), Anhang 43.

51 Rüdiger Scholz, Abendmahlskelch, in: Helmut Braun/Rüdiger Scholz, Rüdiger (Hrsg.), Spuren des Glaubens. Kirchenschätze im Erlanger Raum (Ausstellungskatalog des Stadtmuseums Erlangen), Nürnberg 2004, S. 158f.

52 Ders., Heiligenfiguren Stephanus und Markus, in: ebenda, S. 141f.

53 Lammers (wie Anm. 3), Anhang 42.

54 Ders., Anhang 44. – Original StadtAE. – Hans-Otto Keunecke, 450 Jahre Reformation in Erlangen (Schriften der Universitätsbibliothek Erlangen-Nürnberg 11), Erlangen 1978, S. 45.

Bernd Nürmberger

Aus den Anfängen der Pfarrei Erlangen-Altstadt

Siegel des Bertholt von Erlangen

Markgraf Friedrich gab 1438 Juli 2 die Einnahmen aus dem dritten Teil des Reutzehnts zu Erlangen, den er vom Bischof von Bamberg und seinem Stift zu Lehen hatte, auf Bitten des Pfarrers Friedrich Pocker[1] an die Pfarrei. Er begründete dies mit den Worten[2]: *„Wann wir angesehen und erkant haben, sulch armut und notdurft, So dann die wydemt und pfarrkirchen in Erlang hat, vnd sich ein pfarrer darauf on Hilffe nicht wol erneren mage ...".* Als Gegenleistung konnte er in Zukunft die Frühmesse und die andere Messe, die Engelmesse, verleihen, ein Recht, das bisher dem Pfarrer zustand. Offenbar reichte das Einkommen des Pfarrers für eine angemessene Lebensführung nicht aus. Es soll deshalb näher darauf eingegangen werden.

Die Einnahmen des Pfarrers

Drei Jahre vor dieser Stiftung, 1435 Juni 8, hatten sich der Dechant Johannes Koburger und das Kapitel des Stiftes Sankt Martin in Forchheim damit einverstanden erklärt, dass auf Bitten des Vogtes Franz Pfinzing und des Rates der Stadt Erlangen, vertreten durch die Gotteshauspfleger Hans Luft und Bertold Hofmann, die Marienkapelle zu Erlangen, bisher eine Filiale des Martinsstiftes, eine eigene Pfarrei wurde[3]. 1435 Juli 14 erhob sie Bischof Antonius von Bamberg zur Pfarrkirche mit Tauf- und Beerdigungsrecht sowie besonderem Priester und eigenem Pfarrer[4]. Der Dechant und und das Kapitel behielten sich die Lehenschaft über die Pfarrei vor. Deshalb sollte auch in Zukunft der Pfarrer mit seiner Gemeinde jedes Jahr am Montag in der Kreuzwochen nach altem Herkommen zum Stift Sankt Martin in Forchheim ziehen.

In den beiden Urkunden ist die Ausstattung der Pfarrkirche erwähnt. Der Vogt, die Gotteshauspfleger und der Rat der Stadt Erlangen gaben das künftige Pfarrhaus[5] und die Pfarrscheune dazu, weshalb der Pfarrer des Sloßers, wohl des Stifters, gedenken sollte. Für seinen Lebensunterhalt erhielt der Pfarrer fünf Simra Korn von einem Gütlein in Spardorf[6] und von den Eigenäckern in Bubenreuth und Bräuningshof, die von der Familie von Erlangen 1386 Januar 25 und 1392 Januar 31 zur Pfarrei gestiftet worden waren[7]. Außerdem bekam der Pfarrer noch 36 Pfennige aus dem Haus des Kirchners, wofür er des Fritzen Mülners, wohl des Stifters, gedenken sollte.

Das Martinsstift in Forchheim gab seinen Teil des Feld- und Heuzehnts in Erlangen dazu, der dem Landbuch aus dem Jahre 1530 zu entnehmen ist[8], sowie den Zehnt aus den Häusern heute Essenbacher Straße 1, 3, 5, 7 und 11[9]. Das Kapitel übergab auch noch das ihm bereits im Jahre 1348 gehörende *„Wydemptlehn"*

Altstädter Kirche und Burgberg von Süden, 2005

Öffnung der Gruft in der Altstädter Kirche, 2006

mit einer jährlichen Gült von 26 Pfennigen jeweils Michaelis und Walburgis, 2 Schock Eiern zu Ostern sowie 8 Herbsthühnern und 8 Fastnachthennen[10].

1441 April 21 bestätigte Pfarrer Pocker, dass Markgraf Johann zwei Morgen Weingarten und drei Waldmorgen Reutfeld am Burgberg gestiftet hatte, und 1460 Dezember 2 sagte Heinz Kugelein und seine Frau Margret die jährliche Abgabe eines Fastnachtshuhns und den dritten Teil aller Früchte von einem Reutmorgen Weingarten auf der „Purckleyten", also wohl am Burgberg, zu[11]. 1456 November 5 versprachen die Gotteshauspfleger Heinz Smid, Hanns Zigler und Herman Weber dem Pfarrer Pocker die jährliche Gabe von 60 Pfennigen, die Dyetrich Gerhartz, ein Priester, Jungfrau Sigawn, Friedrich Müntzmeister und seine Frau Margarethe, Heinrich Schultheiß und seine Frau Alheit, Hans vom Slag, Gewten Rebnerin, Gewten Wirtin, Herman Peck und seine Frau Kristein, Heinz Sawrheym, seine Frau Alheit und ihr Sohn Johannes, Heinz Herbst, Heinz Zelter, Contz Knor und seine Frau Alheit, Cunigunde und Else Humlin sowie der alte Jorlein gespendet hatten, wofür der Pfarrer ihrer bei Seelmessen gedenken sollte[12].

Die Engel- oder Mittelmesse

1458 Januar 1 bestätigte Markgraf Johann die Stiftung von Fritz Müntzmeister zugunsten der Mittelmesse an der Altstädter Kirche[13]. Dazu gehörte das Haus bei dem Obern Tor in Erlangen[14], sowie das Gütlein zu obern Rewte (Obernreut), von dem 3 Pfund Haller und 6 Käse zu Weihnachten, 6 Käse zu Pfingsten sowie 2 Herbsthühner und 2 Fastnachthennen gegeben werden mussten, außerdem 12 Tagwerk Wiesen in diesem Ort sowie aus dem Hof zu Neuses, der vom Kloster Münchaurach zu Lehen ging, die Abgabe von 13 Simra Korn Nürnberger Maß, die vom Kloster gekauft worden war. Die Pfründe für den Mittelmesser aus dieser Dotation belief sich auf 34 Gulden, ohne die Einnahmen vom Haus in Erlangen. Ursprünglich verlieh sie der Pfarrer. Durch die Stiftung des dritten Teils des Reutzehnts am Burgberg eignete sich Markgraf Friedrich das Patronat über die Mittel- und die Frühmesse an[15]. 1438 Juli 4 stimmten Pfarrer Pocker und Dechant Johannes Coburger und das Kapitel in Forchheim als Lehenherren der Pfarrei dem zu[16]. Weil nun die Mittelmesse von Markgraf Albrecht zu Lehen ging, entschieden seine Räte 1477 März 10 in Ansbach im Streit zwischen dem Abt von Münchaurach und Bürgermeister und Rat zu Erlangen, dass die vom Kloster geschuldeten 20 Simra Korn Nürnberger Maß aus dem Hof zu Neuses je zur Hälfte am St. Michaelstag 1477 und 1478 an den Mittelmesser geliefert werden sollten[17]. Wenn der Abt und der Convent des Klosters die Gült am St. Michaelstag 1479 ablösen wollten, sollten sie dies dem Rat und dem Mittelmesser

Das Epitaph des Georg Bertlein d. Ä. († 1565), Altstädter Kirche, 1996

Blick in die Gruft der Altstädter Kirche, 2006

in Erlangen ein Jahr vorher mitteilen. Zugunsten der Engel- (= Mittel-) Messe stiftete 1510 Februar 16 Margaretha, Witwe von Heinz Croner, ihre vom Markgrafen zu Lehen gehende Wiese, die bei der Martinskirche zwischen der St. Martinsgassen und dem Weg zur Regnitzbrücke an der Regnitz lag[18].

Der letzte Mittelmesser Conrad Koser schwor 1525 März 23 auf die Markgrafen Casimir und Georg, die ihn als Nachfolger von Caspar Slahinhauffen präsentiert hatten[19]. Im Jahre 1536, also nach der Reformation, war die Mittelmesse mit einer Dotation von 28 Gulden 1 Ort 4 Pfennigen unbesetzt[20]. Dies war weniger als die ursprüngliche Stiftung von Fritz Müntzmeister. Weil niemand den Mittelmesser in der Kirche vertrat, fragten *„die von Erlang"*, wie es damit gehalten werden sollte. Sie baten für ein Jahr um die Nutzung der erledigten Pfründe, weil die Dächer am Chor und Kirchturm Mängel aufwiesen, offenbar, um sie ausbessern zu können. Von der Frühmesse, die ebenfalls markgräfliches Lehen und mit 28 Gulden dotiert war, heißt es, sie sei zur Pfarr geschlagen, weil sich der Pfarrer daran nicht erhalten könne. Für ihn ist ein Einkommen von 31 Gulden angegeben. Dies war nicht viel, hatte doch der Pfarrer in Baiersdorf 60 Gulden, die an und für sich 70 Gulden sein sollten. Die restlichen 10 Gulden wurden dem Kloster Münchaurach als Lehensherr gereicht[21]. Die dortige markgräfliche Früh- und Engelmesse war zu einer Pfründe zusammengefasst und mit 34 Gulden dotiert, die Frühmesse in Uttenreuth, ebenfalls markgräfliches Lehen, mit 27 Gulden.

Die Einnahmen des Pfarrers nach der Reformation

Im Baiersdorfer Landbuch von 1530[22] sind die jährlichen Einnahmen des Gotteshauses und der Pfarrei in Erlangen verzeichnet. Das Gotteshaus hatte 52 Gulden 2 Ort 9 Pfennige, 4 Pfund Wachs, 2 ½ Simra Korn und 1 Simra Haber, jeweils Nürnberger Maß, zur Verfügung, dazu 9 Käse, 6 im Wert zu 6 und 3 zu 7 Pfennigen, 15 Pfennige für einen Wecken, 2 Herbsthühner und 1 Fastnachthenne.

Die Frühmesse wurde vom Markgrafen verliehen. Ihr Inhaber bekam 18 Gulden vom Gotteshaus, 5 jeweils Walburgis und Michaelis sowie je 2 zu den 4 Quatembern (mit dem Vermerk: Gattergeld), außerdem 10 Pfund vom Salve, halb Walburgis und Michaelis. Hanns Kelsch zu Bruck musste 2 ½ Gulden bezahlen, als Ersatz für 2 ½ Simra Korn, die der *„Altt Hanns zu Pruckh"* abgelöst hatte und Gattergeld waren, also abgeholt werden mussten. Fritz Gutmann zu Hausen gab zu Michaelis 1 Gulden, 1 Fastnachthenne oder dafür 12 Pfennige sowie 2 Herbsthühner oder für eines 6 Pfennige, 6 Käse oder für einen 6 Pfennige sowie 60 Eier. Von Erhart Mirsperger zu Hausen bekam der Frühmesser zu Michaelis 1 Fastnachthenne, 3 Herbsthühner, 9 Käse, 45 Eier, 34 Heller und 1 Simra 4 Metzen Korn Nürnberger Maß. Conntz Pawer zu Pretzfeld zahlte zu Michaelis 3 Gulden weniger 1 Ort.

Zur Frühmesse gehörte auch ein Gärtlein im Thal, heute das Gebiet um die Jahnstraße, das 15 Pfennige jährlich versteuerte und 28 Pfennige ins Puelmullers Erb geben musste.

Die Mittelmesse wurde ebenfalls vom Markgrafen verliehen. Ihr Inhaber bekam 10 Gulden von einer Wiese zu Obernreut, 16 Pfund von einem Haus mit Zugehörung von Enndres Fistheyl zu Obernreut, 10 Gulden von Lorenntz Kelsch von 2 Höfen zu Kriegenbrunn als Gattergeld, dazu vom Gotteshaus 3 ½ Gulden sowie 42 Pfennige Walburgis und Michaelis als Gattergeld und 10 Pfund vom Salve, 10 Pfund von der *„Allt Megerin"*, wohl einem Grundstück, wovon der Mittelmesser jährlich 1 ½ Pfund Steuer zahlte, sowie von ihr 1 Simra Korn, von Heintz Neythartt zu Bubenreuth 1 Simra und von Fritz Neythartt zu Spardorf 1 Simra Korn, alles Nürnberger Maß und Gattergeld.

Der Pfarrer, der vor dem Bauernkrieg vom Kapitel in Forchheim eingesetzt worden war, erhielt 31 Gulden 6 Pfund und 11 Pfennige, von denen er 3 Pfund 15 ½ Pfennige jeweils Walburgis und Michaelis sowie 2 ½ Metz Korn an die Herrschaft abgeben musste. Von letzterer Abgabe schreibt Pfarrer Heilig in seinem Giltbuch[23]: *„Ist alles caßirt und aufgehoben"*.

Heilig, von 1594 bis 1632 Pfarrer in Erlangen, vermerkt im Giltbuch unter der Rubrik *„Register des Einkommens und Außgebens der Pfarr zu Statt Erlangen"* und *„Neu Register alles Einkommens und Außgebens der Pfarr zu Statt Erlang 1625.26.27.28.29."* seine Einnahmen als Pfarrer[24]. Vom Gotteshaus bekam er 26 Gulden 2 Ort, je Quartal 6 ½ Gulden ½ Ort. Dazu 21 Gulden als Addition seit 1564 vom (aufgehobenen) Kloster Frauenaurach, offensichtlich deswegen, weil seine Einnahmen zu gering waren. Von einem Haus vor dem Oberen Tor (Hauptstraße 86) bekam er 2 Pfund[25]. Dies könnte das bei der Stiftung von Fritz Müntzmeister genannte Haus gewesen sein. Außerdem nahm er

Blick über Atzelsberg, 1797

3 Pfund 15 Pfennige vom Haus Hauptstraße 116 ein[26], dazu den dritten Teil des von Markgraf Friedrich im Jahre 1438 gestifteten Reutzehnts am Burgberg. Der vom Kapitel in Forchheim im Jahre 1435 dazu gegebene Heu- und Feldzehnt wurde von sieben Erb geleistet, sowie der Hauszehnt von den bereits erwähnten Häusern in Essenbach und der Zehnt von Gärten hinter sechs Häusern in Essenbach[27]. Er erhielt auch die Abgaben der zwei oben bei der Frühmesse erwähnten Lehenhöfe in Hausen sowie, wohl aus der Mittelmesse übernommen, von je einem in Bubenreuth und Spardorf, dazu 2 ½ Simra Korn von Grundstücken bei Spardorf, deren Lage Bischoff nachgewiesen hat[28]. Letzteres könnte auf die Spende eines Gütleins in Spardorf von Mitgliedern der Familie von Erlangen im Jahre 1386 zurückgehen. Außerdem hatte Heilig Einnahmen von Grundstücken in der Altstädter Flur und 2 Gulden 3 Ort von einer Wiese und einem Acker in Pretzfeld, die wohl früher der Frühmesse gehörten. Von den genannten Höfen und Grundstücken bekam er auch Fastnachthennen und Herbsthühner. Aus Alterlangen erhielt er 2 Gulden und vom Frühmesshaus den Hauszins, wofür er es instand halten musste.

Die Addition von 21 Gulden aus dem ehemaligen Kloster Frauenaurach zeigt, dass die Einnahmen des Pfarrers in Erlangen zu gering für eine angemessene Lebensführung waren. Deshalb hatte Markgraf Friedrich im Jahre 1438 den dritten Teil des Reutzehnts am Burgberg dazugegeben. Heilig behauptet dagegen in seinem Giltbuch, Markgraf Georg habe ihn im Jahre 1528 wegen des großen Abgangs der Pfarrei dazu gewidmet. Es ist möglich, dass der Pfarrer durch die Reformation finanzielle Einbußen erlitt. Ein Nachweis ist schwierig, weil die Einnahmen aus Grundstücken über Jahrhunderte nicht immer gleich blieben. Wie der Streit über die Engelmesse im Jahre 1477 zeigt, konnten Gülten abgelöst werden. Festzuhalten ist, dass der größte Teil der Stiftun-

Bubenreuth, Haus Nr. 10/11 an der Dorfstraße, 1953

gen vor der Reformation vom Ortsadel und Bürgerlichen stammte. Deshalb kann man annehmen, dass die Kirche von ihnen erbaut wurde. Der Pfarrer hatte nicht nur geringe Einnahmen, sondern musste diese als Gattergülten auch noch teilweise mühselig einsammeln und abholen.

Der Pfarrsprengel

Die Familie von Erlangen dürfte beim Entstehen der Kirche eine wesentliche Rolle gespielt haben. Ein Hinweis gibt der Umfang des Pfarrsprengels. Heilig schreibt dazu[29]: „*Statt Erlang eingepfarte: 1. Bubenreuth. 2. Preunleshoff. 3. Atzelsberg. 4. Ratsberg. 5. Siglitzhoff. 6. Spardorff. 7. Marolffstein 12 Häuser*

Das Regnitztal nach Norden. Vorne rechts: Bubenreuth-West, 1942

Marloffstein und Schwabachtal von Nordwesten, 1954

unter dem Berg, sonst Bambergische Obrigkeit. 8. Wunderburg, sambt dem Präuhauß unten am Berg, den Herrn Welsern und Schmidmayern zu Nürnberg gehörig (itzo Juncker Scheuerlein)". In Bubenreuth, Bräuningshof, Rathsberg und Spardorf besaßen Mitglieder der Familie von Erlangen nachweislich Besitz. Vom Pfarrlehen in Spardorf vermutet Bischoff, dass es ein Burggut der Erlanger für Marloffstein gewesen sei, womit eine Verbingung mit diesem Ort möglich wäre[30]. Die nach Erlangen eingepfarrten Häuser in Marloffstein waren markgräflich, während der Rest dem Bischof von Bamberg gehörte[31]. Auffällig ist, dass Alterlangen nicht Teil des Pfarrspengels war. Bertholt Erlanger stiftete zwar 1386 in der bereits erwähnten Urkunde eine Wiese und einen Acker *"bei alten erlangen in dem peul"*[32]. Es fehlt aber der Zusatz wie bei Spardorf und Bubenreuth, dass sie *"der Erlanger gewesen sein"*. Sie stammten wohl nicht aus altem Besitz. Alterlangen gehörte wahrscheinlich schon zur Pfarrei Büchenbach, als der Erlanger Pfarrsprengel festgelegt wurde. Es fällt auf, dass er außerhalb des Stadtgebiets nördlich der Schwabach lag, die offensichtlich keine Grenze bildete. Übertragen wir die Mitteilung von Harrer[33], dass das Gebiet der Pfarrei Altenbanz einen alten Fronhofverband bezeichnete, auf Erlangen, so dürfen wir den hiesigen Ortsadel als wesentliches Element bei der Pfarreigründung ansehen. Bei der Dotation ist auch die Familie Türriegel zu erwähnen. 1424 April 1 stiftete Hans Türriegel in seinem Testament den Frauenkirchen in Dormitz und Erlangen seinen besten Gürtel und Tasche, für jede die Hälfte. Außerdem vermachte er für eine Frühmesse die Hälfte der Einnahmen aus seinen Eigengütern zu Falkendorf sowie einen Gulden Zins von seinem großen Wöhr in der Regnitz an die Altstädter Kirche[34]. 1424 März 31 hatte er versprochen, den Zehnt seines Hofes für die Frühmessse zu stiften, ein Versprechen, das er nicht einhielt, denn der größte Hof von Erlangen blieb weiterhin frei von Zehntabgaben, was für die Geschichte Erlangens von Wichtigkeit ist[35].

Zu bedenken ist, ob die Herren von Gründlach oder ihre Vorgänger Stifter der Pfarrei gewesen waren. Denn bei der ersten Erwähnung der Kirche zu Anfang Oktober 1288 gaben Ulrich und Gottfried von Schlüsselberg an den Arzt *"magister Alberoni"* einen Hof zu Lehen. Wahrscheinlich hatte er ihren Vater Ulrich behandelt, der mit Hedwig, einer Tochter Herdegens von Gründlach verheiratet war[36]. Dagegen spricht, dass die Pfründe in Uttenreuth, das ebenfalls zum Einflussbereich der Gründlacher gehörte, von den mit der Familie von Erlangen verwandten Strobel gestiftet wurde[37]. Zu erwähnen ist auch das sogenannte Stifterbild an der Altstädter Kirche, das dazu führte, dass einige Autoren Ulrich von Wolfsberg als Gründer der Kirche im Jahre 1383 ansahen. Dies wurde bereits 1990 widerlegt[38]. Aufgrund der geringen Einnahmen darf man eine Gründung der Altstädter Kirche durch den Hochadel in Frage stellen. Fraglich ist auch, ob sie bereits im Jahre 1002 bei der Schenkung Erlangens an das Stift Haug bestanden hat[39] und ob einer der drei in der Urkunde erwähnten Eigenpriester König Heinrichs II. in Erlangen amtierte. Sollte dies der Fall gewesen sein, dann wohl nicht an der Altstädter Kirche. Sie lag zwar innerhalb der Stadtmauer, aber abseits und südöstlich vom mittelalterlichen Ortskern, also anders als die Martinskirche in einer topografisch ungünstigen Situation. Die Untersuchung der stadteigenen Grundstücke ergab, dass diese nördlich, westlich und südlich der Stadt lagen[40]. Östlich der Kirche war wahrscheinlich unfruchtbares Land, möglicherweise in der Frühzeit Wald. Sie ist zu einer bisher nicht festzulegenden Zeit vor 1288 errichtet worden. Selbstverständlich wurde das Patronat an das Stift Sankt Martin in Forchheim übertragen, war es doch die nächstliegende Kirche des Stadtherrn vor 1361, des Bischofs von Bamberg.

Schloß Rathsberg mit Ökonomiegebäuden, 1950

Sieglitzhof, 1797

Anmerkungen

1 Zu Friederich Pocker und den Pfarrern dieser Zeit siehe Bernd Nürmberger, Stadtpfarrer und andere Geistliche an der Altstädter Kirche, in: Gisela Lang (Hrsg.), Die Dreifaltigkeitskirche Erlangen-Altstadt 1721 – 1996, Erlangen 1996, S. 87. – Zur Pfarrei siehe Erich Frhr. von Guttenberg/Alfred Wendehorst (Bearb.), Das Bistum Bamberg 2 (Germania Sacra. 2. Abt., Die Bistümer der Kirchenprovinz Mainz 1,2), Berlin 1966, S.112f.

2 StAB, Rep. A 170 L. 618, Nr. 298. Die Urkunde ist abgedruckt bei Ferdinand Lammers, Geschichte der Stadt Erlangen, Erlangen 1834, Beilage 27. Ausgenommen war der Zehnt von einem Weingarten des Franz Pfinzing. Der Reutzins ist aufgeführt im Landbuch für das Amt Baiersdorf aus dem Jahre 1530, abgedruckt bei Bernd Nürmberger, Erlangen um 1530. Eine Lagebestimmung der Häuser und Straßen, in: EB 49 (2003), S. 199–314, hier S. 236–239.

3 StAB, Rep. A 170 L. 618, Nr. 296. Die Urkunde ist abgedruckt bei Lammers (wie Anm. 2), Beilage 24. Siehe auch Bernd Nürmberger, Der Friedhof an der Altstädter Kirche, in: EB 39 (1991), S. 289–331, hier S. 299–303.

4 StAB, Rep. A 170 L. 618, Nr. 297. Siehe auch Lammers (wie Anm. 2), Beilage 25.

5 Das Pfarrhaus lag an der Stelle von heute Schulstraße 8 und der Pfarrstadel Schulstraße 10 (Nürmberger, Erlangen um 1530 [wie Anm. 2], S. 285 und 312 Anm. 571). Siehe auch Bernd Nürmberger, Die ratslehenbaren Zinsgüter und Grundstücke der Altstadt Erlangen in der ersten Hälfte des 18. Jahrhunderts. Zugleich ein Beitrag zur Geschichte der Erlanger Mühlen, in: EB 51 (2006), S. 49–160, hier S. 129 Anm. 57 und 58.

6 Das Gut zu Spardorf ging vom Bischof von Bamberg zu Lehen. Von ihm mussten zwei Simra Korn an die „Capella sanctae Marie in Erlangen" gegeben werden. 1401 September 28 war Georius Gozman damit belehnt. Es wurde von Conradus dictus Neydhart bewirtschaftet (StadtAE, Urkunden 1401 28 IX).

7 Lammers (wie Anm. 2), Beilage 10 und 11.

8 Zu dem Teil des Zehnts siehe Nürmberger, Erlangen um 1530 (wie Anm. 2), S. 209–232.

9 Siehe Nürmberger, Erlangen um 1530 (wie Anm. 2), S. 222f. u. S. 247.

10 Nürmberger, Friedhof (wie Anm. 3), S. 302f. Zum „Wydemptlehn" Nürmberger, Erlangen um 1530 (wie Anm. 2), S. 281–284.

11 Lammers (wie Anm. 2), Beilagen 30 und 37.

12 Ebenda, Beilage 35.

13 Ebenda, Beilage 36.

14 Siehe dazu Anm. 25.

15 Siehe Anm. 2.

16 Lammers (wie Anm. 2), Beilage 28 und 29.

17 StAB, C 3 Nr. 1240: „Theidigung zwischen dem Abte zu Münchaurach und Bürgermeister und Rath zu Erlang, die Mittelmeß zu Erlang betr. 1477".

18 Lammers (wie Anm. 2), Beilage 38.

19 Ebenda, Beilage 42 und 43.

20 StAB, C 3 Nr. 1230, fol. 9r. Dies entspricht StAB, C3 Nr. 1229, Nr. 1 fol. 13r, Nr. 2 fol. 9r. Hier ist als Patronatsherr der Pfarrei noch der Bischof von Bamberg angegeben, in Nr. 1230 nur der Markgraf.

21 StAB, C 3 Nr. 1230, fol. 10v.

22 StAN, Rep. 122, Ansbacher Salbücher Nr. 14 (jetzt: StAB neu verzeichnet 16002), fol. 476r – 480v.

23 Stadtarchiv Erlangen, fol. 12v.

24 Giltbuch (wie Anm. 23), fol. 4r f. und fol. 115r f. Zu den Einnahmen des Pfarrers siehe auch Sigmund von Raumer, Erlangen unter Christian und Christian Ernst, Erlangen 1910, S. 22–25.

25 Nürmberger, Erlangen um 1530 (wie Anm. 2), S.269. Siehe Anm. 14.

26 Ebenda, S. 311 Anm. 552.

27 Ebenda, S. 247, und Johannes Bischoff, Essenbach, junger Weiler oder Urzelle Erlangens?, in: Erlanger Heimatchronik, 1. Folge, Erlangen 1950, S. 2–18, hier S. 5–8.

28 Johannes Bischoff, Das Erlanger Pfarrlehen zu Spardorf, ein Marloffsteiner Burgmannengut der Ritter zu Erlangen, in: EB 3 (1956), S. 52–57.

29 Giltbuch (wie Anm. 23), fol. 12v.

30 Bischoff, Erlanger Pfarrlehen (wie Anm. 28).

31 Rudolf Endres, Aus der Geschichte von Marloffstein, in: EB 36 (1988), S. 5–42, hier S. 22.

32 Lammers (wie Anm. 2), Beilage 10. Siehe Anm. 7.

33 Rudolf Harrer, Der kirchliche Zehnt im Gebiet des Hochstifts Würzburg im späten Mittelalter. Forschungen zur fränkischen Kirchen- und Theologiegeschichte, Bd. 15. hrsg. von Klaus Wittstadt/Elmar Klinger, Würzburg 1992, S. 100f.

34 StAB, Rep. A 170 L. 618, Nr. 295. Siehe auch Lammers (wie Anm. 2), Beilage 15.

35 Lammers (wie Anm. 2), Beilage 16.

36 Monumenta Zollerana, Urkunden – Buch zur Geschichte des Hauses Hohenzollern, hrsg. von Rudolph von Stillfried und Traugott Maercker. 2: Urkunden der fränkischen Linie 1235–1332, Berlin 1856, S. 182 Nr. 326. Siehe auch Bernd Nürmberger, Die Altstädter Dreifaltigkeitskirche, in: Lang (wie Anm. 1), S. 21–44, hier S. 22.

37 Erich und Regina Paulus, Uttenreuth, hrsg. von der Gemeinde Uttenreuth, Uttenreuth 2001, S. 18f. Siehe auch die Zustiftung zu der Frühmesse 1381 November 19 durch Ulrich Strobel (Lammers, wie Anm. 2, Beilage 6).

38 Andreas Jakob, Die Entwicklung der Altstadt Erlangen. Von der „villa Erlangon" zur Stadt der böhmischen Könige, in: Jahrbuch für Fränkische Landesforschung 50/1990, S. 1–122. – Vgl. auch Nürmberger, Friedhof (wie Anm. 3), S. 289–299.

39 Siehe dazu Enno Bünz, Stift Haug in Würzburg. Studien zur Germania Sacra 20, Göttingen 1998, Bd. 1, S. 80–86 (besonders Anm. 34) und 101ff. sowie Bd. 2, S. 932.

40 Nürmberger, Zinsgüter (wie Anm. 5), S. 111f.

Andreas Jakob

„... von wegen dez goz wort, die warheit zu bekennen, es gelt, was es woll, henkens oder prennens".

Zur Geschichte der Täufer im Raum Erlangen 1524–1531[1]

In Ermangelung einer ausreichenden schriftlichen Überlieferung lassen sich heute die Menschen des Mittelalters und der frühen Neuzeit, insbesondere die Angehörigen der unteren Schichten, die selbst des Lesens und Schreibens kaum kundig waren, nur in Ausnahmefällen als Individuen wahrnehmen. Ungewöhnlich lebensnahe Einblicke in das Leben und Denken der Bauern und Ackerbürger der religiös aufgewühlten Reformationszeit ermöglichen die Gerichtsakten zur Untersuchung des damals in Süddeutschland weitverbreiteten Täuferwesens, das in Bruck,

Epitaph für den Amtsverweser Peter Jäger († 1546) in der Altstädter Kirche

Eltersdorf, Erlangen und vor allem Alterlangen ein ausgesprochenes Zentrum besaß. Das Auftreten und Schicksal der Täufer an der Regnitz erschließt sich nur aus den Akten verschiedener Obrigkeiten in Nürnberg, Ansbach, Kulmbach und Bamberg, die umfassende Untersuchungen anstellten, sich gegenseitig – ungeachtet der unterschiedlichen Konfession und sonstigen Gegensätze – über den Sachstand unterrichteten, theologische Gutachten in Auftrag gaben und die dingfest gemachten Verdächtigen ihrer Justiz überantworteten. Im Vordergrund stand hierbei die Sorge vor einem radikalen Umsturz der sozialen Verhältnisse, wie er sich erstmals im Verlauf des Bauernkrieges angedeutet hatte und dann im fernen Münster Wirklichkeit wurde.

Entstehung und Untergang der Täufer im Reich

Am 15. Mai 1525 hatten die Bauern in der Schlacht von Frankenhausen in Thüringen, bei der sie 5000 Tote, das siegreiche Fürstenheer nur sechs Tote zurückließ, ihre entscheidende Niederlage erlitten. Zehn Jahre später, am 24./25. Juni 1535, *„endete der letzte Versuch eines radikalen und kollektiven Ausbruchs aus der gegebenen Weltordnung, der in Deutschland im 16. Jahrhundert stattfand, die Herrschaft der Täufer in der Stadt Münster"*, die zu einem Schreckensregiment ausgeartet war[2].

Die hier angedeutete Verbindung von Bauernkrieg und Täufertum sahen bereits die zeitgenössischen Obrigkeiten – katholische wie evangelische gleichermaßen –, was ihre von Anfang an ungewöhnlich harten Reaktionen zum Teil erklären mag. Denn in den Jahren nach 1525 breiteten sich die Täufer in auffallendem Maß in den Einzugsgebieten des Bauernkrieges aus. Sie gelten als die wichtigste Nebenströmung der im Zuge der Reformation erfolgenden Differenzierung der lutherischen, reformiert-calvinistischen und katholischen Glaubensrichtungen. Im einzelnen hatte ihre Bewegung viele Wurzeln und unterschiedliche Formen. Die Ansicht, dass eine neue Kirche und sogar irdische Ordnungen streng nach der biblischen Weisung zu gestalten seien, wurde ebenso vertreten wie der Rückzug der Gläubigen aus der *„Welt"* in die Gemeinschaft der Vollkommenen, in die *„Sekte"*, oder auch der religiöse Individualismus. Entsprechend gab es unterschiedliche Antworten auf die Frage, wie weit man sich an staatlichen Aufgaben mit sittlichem und religiösen Bezug, etwa dem militärischen Dienst oder dem Gerichtswesen, beteiligen oder obrigkeitliche Ämter übernehmen dürfe. Grundprobleme der christlichen Existenz wurden ebenso wie viele in der älteren Kirchengeschichte erprobte Lebensformen diskutiert und andere, wie die Vielehe, erwogen. Charakteristisch für die Bewegung wurde die Ablehnung der Säuglingstaufe zugunsten der Erwachsenentaufe. Nachdem schon Thomas Müntzer die Gültigkeit der Kindertaufe bezweifelt hatte, ohne dass dies zu einer neuartigen Lehre geführt hätte, fand die erste bewusste Zweittaufe in konsequenter Durchführung früherer Vorstellungen Zwinglis im Januar 1525 in Zürich statt. Doch verdeckte dieser nur zweitrangige Sachverhalt, durch den sie sich gemeinschaftlich von den großen Kirchen unterschieden, die erheblichen Unterschiede zwischen den einzelnen Täufergruppen. Durch ihre Haltung gegenüber dem Staat war das Täufertum eine potentiell sozialrevolutionäre Bewegung, die die tradierte Gesellschaft aus den Angeln zu heben drohte. Es entstand im Zuge der Reformation als einer ihrer radikalen Ausläufer, doch enthielt es auch Elemente katholischer Theologie und Frömmigkeit. Insgesamt kann man das Täufertum als „*weder katholisch noch protestantisch*", sondern als „*eine Alternative zu beiden großen Kirchen bezeichnen*"[3].

Die Täufer fanden vor allem bei Handwerkern und Bauern Zulauf. Wenn auch der Adel, das städtische Patriziat und die Intellektuellen ihrer Bewegung zumeist ablehnend gegenüberstanden, rekrutierten sie sich nicht oder nicht nur aus den sozialen Randgruppen, sondern sprachen viele wohlhabende Kreise der Bevölkerung an. Es gelang ihnen jedoch nicht, größere Schichten der Gesellschaft zu erfassen und eine täuferische Schultheologie auszubilden, d.h. sie entwickelten sich nicht zu einer eigenen Konfession. Im Reich blieben sie immer eine Minderheit. 1525 gab es etwa 43 Täufergemeinden, 1529 lassen sich Gemeinden in 500 Städten und Dörfern nachweisen. Die geschätzte Mitgliederzahl von 10.000–12.000 Personen besitzt zweifelhaften Wert unter dem Aspekt, dass die Täufer ihr Bekenntnis vor der Obrigkeit verbergen und ihre Zusammenkünfte heimlich abhalten mussten. Immerhin besagen diese Zahlen, dass die Täufer nie eine Massenbewegung waren[4].

Gerade die erste Hälfte des 16. Jahrhunderts mit ihren politischen und religiösen Auseinandersetzungen war nicht die Zeit für Toleranz gegenüber abweichenden Meinungen in theologischen Fragen. Die an Totalverweigerung grenzende Haltung vieler Täufer, vor allem aber die Furcht der einzelnen „*staatstreuen*" Konfessionen, die damals nur ihre Lehre für „*allein seligmachend*" halten konnten und sich in heute nicht mehr denkbarem Maße mit ihrer Obrigkeit identifizierten, führte dazu, dass die Abweichler sofort Opfer der Reaktion sowohl in den katholischen wie auch den evangelischen Gebieten wurden, da sie eine Wiederkehr des Aufruhrs befürchten ließen. Das Reichsregiment unterstellte 1528 der „*irrigen sect des widertaufs, all ober- und erberkeit auch gemain ruhig wesen, ordnungen und polizei abzutun, underzutrucken und zu verwüsten*", und Luther urteilte in seinen Tischreden „*die widderteuffer nur gekopfft; den sie sind aufrurisch*"[5]. So wurden die Täufer überall ausgewiesen, gefangengesetzt und zum Abschwören genötigt, widrigenfalls als Gesetzesbrecher, Aufrührer und nicht zuletzt als Ketzer hingerichtet. Allein zwischen 1527 und 1533 fanden mindestens 679 Täuferexekutionen statt, die meisten in Territorien mit entschieden katholischen Regierungen wie Tirol und Bayern; jedoch gab es eine nicht unbedeutende Anzahl im

Orte mit Täufergemeinden im Raum Erlangen 1526–1529

Maßstab 1:75000
0 0,5 1 2 3 4 5 km

Kartengrundlage: Johannes E. Bischoff 1968
Entwurf: Andreas Jakob
Grafische Umsetzung: Peter Hörndl

Orte: Alterlangen, Uttenreuth, Rosenbach, Neumühle, Erlangen, Buckenhof, Weiher, Eggenhof, Bruck, Eltersdorf, Tennenlohe, Wolfsfelden, Großgründlach

Gewässer: Kreuzbach, Seebach, Regnitz, Schwabach, Aurach, Schleifmühlbach, Zenn, Gründlach

reformatorisch gesinnten Kursachsen oder unter schweizerischen Stadtregierungen. Um 1535 war das Täufertum in vielen Gegenden bereits verschwunden, unterdrückt oder ausgerottet. Nur in Mähren und in den Niederlanden und deren Nachbargebieten gab es noch größere, ja zum Teil wachsende Zahlen[6].

Der Bauernkrieg in der Region Erlangen

Im Frühjahr des Jahres 1524 begann sich die in weiten Teilen der Bevölkerung verbreitete Unzufriedenheit mit der Kirche in der Region Bamberg-Forchheim-Nürnberg zu entladen, wo in den territorial völlig zersplitterten und gemischten Gebieten v.a. der Bischof von Bamberg, die Markgrafen von Ansbach und Kulmbach sowie die Reichsstadt Nürnberg die Herrschaftsrechte innehatten. Anlass für die dann an verschiedenen Orten gewaltsam ausbrechende Empörung war in der Regel die Belastung der Bauern durch Steuern und Abgaben sowie eine verbreitete, nicht nur von reformatorischen Predigern geübte Kritik an den Privilegien v.a. der Geistlichkeit und der Klöster, die man nicht durch die Bibel gerechtfertigt sah. Charakteristischerweise wandten sich die ersten Proteste im Mai 1524 im Nürnberger Landgebiet und im Hochstift Bamberg gegen die Zehntpflicht. Während Versammlungen der Bauern in Großgründlach, Poppenreuth, Kraftshof und Heroldsberg friedlich verliefen, brach in Forchheim am 26. Mai 1524 ein offener Aufruhr aus, der aber schon nach einer Woche unterdrückt war. Auch in Herzogenaurach kam es im Sommer zu Unruhen. Im Nürnberger Gebiet setzte sich der meist passive Widerstand bis zum Herbst fort, an einigen Orten verbrannten die Bauern das Zehntgetreide. Im Mai 1525 fielen im Bamberger Territorium u.a. die Burgen Kunreuth, Schellenberg und Regensberg der Zerstörung zum Opfer. Im Unterland des Markgraftums Kulmbach waren v.a. Neustadt/Aisch und der Aischgrund ein Zentrum der Empörer. Die Nonnen des Klosters Frauenaurach flohen vor den plündernden Bauern, die in Büchenbach schon den Pfarrer verjagt hatten, nach Nürnberg. Erlangen selbst war am Bauernkrieg offenbar nicht beteiligt und blieb von den harten Strafmaßnahmen des Markgrafen Kasimir gegen die Aufrührer verschont[7].

Hand in Hand mit der politischen ging die religiöse Verunsicherung einher. In der Bischofsstadt Bamberg predigte der Kustos von St. Gangolf, Johannes Schwanhausen, im Winter 1522/23 offen im evangelischen Sinn, viele Domherren sympathisierten unverhohlen mit den Ansichten Martin Luthers. In Nürnberg dagegen wehrten sich der Karmelitenprior Andreas Stoß und die Äbtissin des Klaraklosters, Caritas Pirckheimer, gegen die neue Lehre, während der lutherische Rat, der seit 1522 schrittweise die Reformation einführte, gegen Schwärmer und Freigeister vorging, damit *„Bürgerlicher Friede und einhellige Predigt herrsche"*.

Hans Hut, „ein warer prophet von got gesant"[8]

In dieser Zeit allgemeiner Verunsicherung und Unruhe traten an der Regnitz die Täufer auf. Ihr geistiger Vater war nicht irgend ein Wanderprediger, sondern der Müntzerschüler Hans Hut (ca. 1490–1527), zunächst von Beruf fahrender Buchhändler zwischen Wittenberg und Nürnberg. Er prägte eine der drei großen, v.a. in Süddeutschland verbreiteten Richtungen des Täufertums, die sich theologisch an Thomas Müntzer und Andreas Karlstadt orientierte. Mit Müntzer teilten Hut und seine Anhänger die apokalyptische Erwartung, die durch das Blutbad von Frankenhausen noch verstärkt wurde. Hut selbst sah sich als Bote Gottes mit dem Auftrag, die Frommen zu *„zeichnen"*, sie durch die Taufe zu *„versiegeln"*, um sie von den Gottlosen, über die das Strafgericht Gottes hereinbrechen würde, abzusondern. Diese Trennung wurde von seinen Anhängern verinnerlicht und hatte keine gemeindebildende Kraft. Die Konkretisierung der apokalyptischen Erwartungen bedeutete eine enorme Gefährdung der Hutschen Täufer. Hans Hut hatte, rückgreifend auf die Apokalypse im Johannes-Evangelium, das Gericht Gottes auf Pfingsten 1528 datiert[9]. *„Dann sollte das Gericht an den Gottlosen von den Türken mit Unterstützung der Frommen vollzogen werden"*[10]. Als es ausblieb, verlor auch diese Richtung des Täufertums viel an Faszination, wie sich auch im Raum Erlangen zeigen lässt, wenn sie auch nicht ganz zugrunde ging. Hans Hut wurde 1529 in Augsburg inhaftiert. Er starb am 6. Dezember 1527 an einer Rauchvergiftung, nachdem in seiner Zelle ein Feuer ausgebrochen war.

Die Täufer im Raum Erlangen

Wann die ersten Anzeichen für das Täufertum an der Regnitz auftauchten bzw. wann die Obrigkeiten aufmerksam wurden, lässt sich schwer feststellen. Schon am 12. Dezember 1524 hatte der markgräfliche Kastner in Cadolzburg, Peter Jäger (Bronzeepitaph in Altstädter Kirche), über seinen Auftrag berichtet, in Erlangen nach Anhängern Müntzers zu forschen. Dabei konnte er aber nur herausfinden, dass vor einigen Wochen ein Unbekannter auf dem Markt und in den Winkeln gepredigt hätte[11]. Diese dann auch für die Täufer charakteristische Heimlichkeit – ihre nächtlichen Versammlungen, die Predigt in irgendwelchen Winkeln, oder ihre Treffen bevorzugt in ausserhalb der Städte und Dörfer gelegenen Mühlen –, die ihnen von Anfang an den Anschein einer Sekte gibt, zeigt sie als sowohl gegen den alten, wie auch den neuen Glauben gerichtete, im Wortsinne ausserkirchliche Volksbewegung.

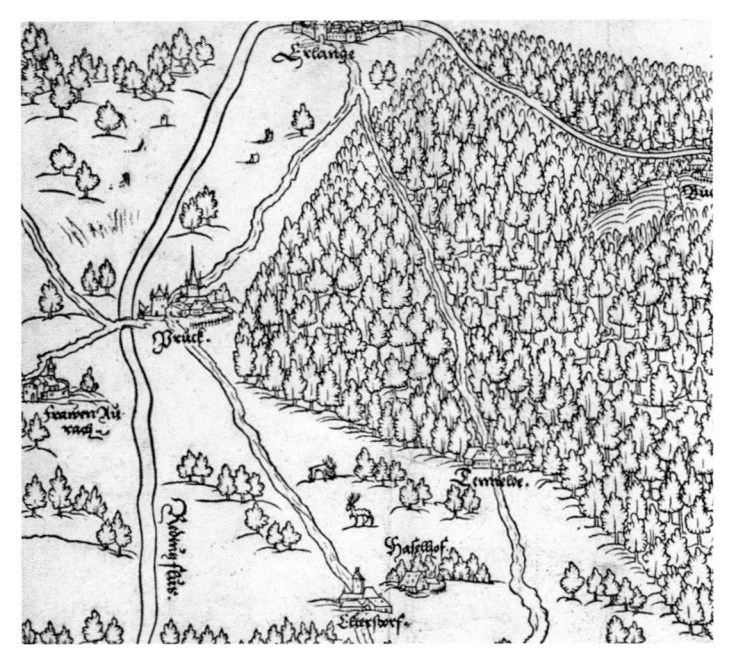

Karte der Nürnberger Wälder, Ausschnitt, 1559

Nachdem Hans Hut 1526 in Elterdorf und Gründlach Erwachsenentaufen vorgenommen und auch in Erlangen und Alterlangen persönlich Anhänger geworben hatte, bildeten sich in Bruck, Baiersdorf, Erlangen, Uttenreuth, Tennenlohe und vielen anderen Dörfern der ganzen Region „porsch" (bursa, Bund) genannte kleine Gruppen von Anhängern. Während im Gebiet der heutigen Großstadt Erlangen Alterlangen sogar zu einem Zentrum der Bewegung wurde, und Täufer bzw. Träumer in Bruck, Eltersdorf, Erlangen, Sieglitzhof, Tennenlohe und auf der dem Bamberger Dompropst unterstehenden Neumühle[12] nachweisbar sind, fehlen sie in den heutigen Ortsteilen Büchenbach, Frauenaurach, Dechsendorf, Häusling, Kosbach und Steudach.

Exemplarisch für die Tätigkeit der Täuferapostel und ihre im ganzen Reich weit verbreiteten Kontakte und Beziehungen ist der Bericht, wonach Anfang März 1527 bis zu 30 Personen im Stadel eines Wirtes in Gründlach zusammen gekommen waren, wo ein mit goldenem Kragen bekleideter Prediger aus der Gegend von Jülich mehrere Personen taufte[13].

Täuferische Mission und Glaubensvermittlung

Trotz des amtlichen Charakters der Unterlagen scheinen Bräuche, Artikel und Glaubenswahrheiten der Täufer sowie bruchstückhaft die persönlichen Überzeugungen und Schicksale einzelner Individuen oder ihrer Familienangehörigen in anrührender Weise auf. Deutlich wird auch das rege vorzugsweise nächtliche Treiben der Täufer, ihre Bibelarbeit und ihre schlichte, tiefe Glaubensüberzeugung ebenso wie ihre phantasievollen Versuche zur Missionierung Dritter. So berichtete ein Ulle Nadler über seine Einladung bei Hans Ritter (wegen seines Berufes auch Hans Nadler genannt), einem führenden Erlanger Täufer: Damals sei die Meierin von Altenerlangen mit einem Buch – ob Bibel oder Evangelium wisse er nicht – und einem kleinen Jungen gekommen. Dieser habe dann aus dem Buch vorgelesen und nach jedem Kapitel hätten Nadler und die Meierin die Köpfe zusammengesteckt und den Text ausgelegt. Der Junge sei fremd gewesen, und er und sein Vater, der auch in der Gesellschaft der Täufer sei, würden in der Neumühle oder in Alterlangen in der Meierin Haus wohnen[14].

Wenn einer der Lehrer oder Apostel in ein Dorf kam, erkundigte er sich zuerst im Wirtshaus nach „dem prediger desselbigen orts, ob er das euangelium predig oder nit, frag, auch was das euangelium sei; item halt auch demselbigen menschen für, wie er Christum erkenne, ob er auch ein rechter crist sei oder nit ..."; über die Treffen informierten sich die Täufer gegenseitig durch als Boten geschickte Jungen oder Mädchen[15]. Untereinander erkannten sie sich an dem Gruß: „gruß dich got, du christlicher bruder" und der Antwort: „dank dir got, du christlicher bruder"[16]. Die Glaubensinhalte wurden in den Gemeinden um Alterlangen,

Die Nürnberger Wälder, 1595

Erlangen, Bruck, Buckenhof und Gründlach besonders durch die „allegorisierende Methode" verbreitet, d.h. die Lehrer trugen den versammelten Bauern und Handwerkern ihre Botschaften in Form von Gleichnisse vor, die aus deren Berufs- und Arbeitswelt stammten[17]. *„In summa ist unser ler nichts anders, den das wir allen menschen den willen gottes durch die creatur lauter als durch sichparliche ding die unsichparliche ding zuerkennen geben, darumb si got den dem menschen fur augen gestelt hat. Also haben auch seine apostel gelernt, den die ganz geschicht ist nichts anders den ein creatur"* (Ambrosius Spitelmeier, 1527)[18].

Die Gedankenwelt und schlichte Frömmigkeit der Täufer, ihre Sehnsucht nach den Botschaften der Bibel, wird in der Aussage der Frau des Erlanger Nadlers Hans Ritter Nadler deutlich, die nach seiner Flucht aussagte: *„Mein man ist des nachtens von mir aufgestanden gegen den dage und zu mir gesagt: frau, ich will darvon, ich kann und mag nit pleiben, habe ich zu im gesagt: liber man, ich pit dich um goz willen, tue nit so ubel an mir, was wiltu mich und meine kleine kinder zeihen? Hat er mir wider geantbort, ich kan und mag nit pleiben, gesegen dich got und laß dir deine kinder befolen sein, ich will gen und will den alten und neuen glauben erfaren, welcher der recht und pest ist; und halt dich redlich und frumbtlich"*[19]. Hans Nadler (Ritter) selbst bekannte am 17. Januar 1529 bei seinem Verhör: *„Ich kann kein* *schrift lesen. Es steht noch vil in der geschrift, do ich nit von weis, ich kann auch nit disputiren aber studiren konnen; si (die Artikel) sind mir zu hoch gelert, die ir mir zugeschickt habt. Dan ich bin ein armer handwerksman. Ob ich nit volkumen bin, das befil ich got, der das volkumen ist. Seine libe jüngern waren auch drei jar bei im und waren auch nit volkumen. Ich danke got der gaben, die er mir geben hat; will er mich vulkumen haben, er wird mirs wol genen, daran ich kein gezweifel hab"[20]*. Gefährlich erschienen den Obrigkeiten die kommunistischen Lehren, die die Täufer aus der heiligen Schrift zogen, etwa dass ein Christ keinen zeitlichen Besitz haben solle[21].

Wie der Vater des Erlanger Nadlers Hans Ritter 1527 aussagte, ließen sich die Kandidaten im Bewusstsein des damit verbundenen persönlichen Risikos taufen: *"Wie sie einander getauft haben, sind sie zu einem flissenden wasser gangen, und hat einer ein hut vol wasser geschopft und die andern mit begossen und also geteuft, und sich domit got verpunden, zu leiden und zu geduldten, als das in zu leiden zustet, und sein creuz auf sich zu nemen und zu dragen und dem herren nachzuvolgen pis in dot"[22]*.

Während einige der von der katholischen ebenso wie von der neuen lutherischen Kirche offenbar religiös unterversorgten Menschen sich der Bewegung bereitwillig anschlossen, widerstanden andere Erlanger der auch optisch geschickt inszenierten Werbung und wollten, wie aus ihren Berichten hervorgeht, etwa den weiss gekleideten Personen, die 11 Uhr nachts vor ihr Haus kamen und sie zum Mitkommen aufforderten, nicht folgen[23]. Die damalige Nähe von Glaube und Aberglaube zeigt das Beispiel einer Bettlerin, die sich in dem einen Fall erbot, den wegen seiner Zugehörigkeit zu den Täufern entflohenen Ehemann einer Erlangerin durch Zauberbann wieder herbeizuschaffen[24].

Täufer in Erlangen und Alterlangen

Täufer in Erlangen und Alterlangen lassen sich erst namhaft machen, als die Obrigkeit verstärkt gegen sie vorging und sich im Frühjahr 1527 die Erlanger Bürger Hans Peer Vater und Sohn, der Nadler Hans Ritter und Caspar Schmidt durch Flucht entzogen, obwohl ihre Frauen sie mit Hinweis auf ihre kleinen Kinder zum Bleiben zu überreden suchten. So sagte die Frau des Nadlers Hans Ritter aus, *"ir man hab zu ir gesagt, frau, ich will hinweck ziehen und will dem wort gottes nachziehen, will auch ferner den willen gottes erfaren, laß dir die kinder befolen sein"[25]*. Dass dabei nicht nur die Angst vor der Reaktion der Obrigkeit eine Rolle spielte, sondern auch die Glaubensüberzeugung der Täufer, bei der es um eine radikale Veränderung der gesamten Lebensverhältnisse ging, zeigt die Frage eines „Werbers" an einen Erlanger Nadler, *"Wolt ir euer lebtage mit der arbet neren? ... Het ir kein lust zu dem hinlaufen, wie die gesellen tun, das sie hinlaufen und verlassen weib und kinder, haus und hoef, alle ire guter?"[26]*. Auch in Kleinigkeiten, die wiederum die ganze Armseligkeit der damaligen bäuerlichen Existenzen deutlich machen, kommt der neue Zug zum Ausdruck: Als Caspar Schmid nach Bruck auf die Schleifmühle zur Predigt ging und sich bei seiner Frau für nachher *„kraut und fleisch"* – was es offenbar sonst nur zu besonderen Gelegenheiten gab – zum essen bestellte und diese, wie sie bei ihrem Verhör – vermutlich nach Ostern – aussagte, antwortete, *„nein, ich will dir keins kochen, du hast kom eins zu essen zu ostern [21. April 1527]"*, kehrte er nicht mehr nach Hause zurück[27].

Aus den kargen Angaben lässt sich immerhin ersehen, das die Erlanger Täufer nicht zu den ärmsten Schichten gehörten, denn mehrere besaßen das Erlanger Bürgerrecht, d.h. sie waren hier mit Haus und Hof begütert, und manche konnten beträchtliche Geldbeträge mit auf die Flucht nehmen. Außerdem scheinen viele recht jung gewesen zu sein, den sie ließen Kinder im Alter zwischen einem halben und sieben Jahren zurück, einer sogar seine schwangere Frau.

Das Täuferkonzil in Alterlangen

In Erlangen und Alterlangen, wo vermutlich seit Mitte 1526 eine größere Gemeinde bestand, gab es zahlreiche Anhänger der Täuferbewegung. Möglicherweise spielte auch die günstige Lage dieser Orte an wichtigen Handelsstraßen, jedoch fern von Nürnberg und Bamberg eine Rolle. *„Im Alterlanger Täuferkreis waren die Ortschaften Alterlangen, Erlangen und Bruck nicht nur sehr früh zu einem Zentrum täuferischer Aktivität für die nähere Umgebung geworden, sondern auch bald zu einem Treffpunkt für einen geographisch weitausgreifenden Kreis"[28]*. Jedenfalls versammelten sich, nachdem Hans Hut für Mitte Januar 1527 das allgemeine Konzil der fränkischen Täuferapostel und -lehrer nach Alterlangen berufen hatte, dort fast alle fränkischen Täuferführer aus Ostheim, Eltersdorf, Alterlangen, Erlangen, Coburg, Altenstein und Großwalbur. Als bekannt wurde, dass verschiedene Obrigkeiten gewaltsam gegen die Täufer vorgingen, vertagte sich die Konferenz. Ein Großteil der Betroffenen entschloss sich zur Flucht. Ihr Vermögen wurde von den Behörden beschlagnahmt und inventarisiert, ihre Frauen und sonstigen Verwandten verhört. Zur für Februar geplanten Fortsetzung des Konzils in Erlangen kam es dann nicht mehr.

Marx Maier, ein Täuferapostel aus Alterlangen

Eine besondere Rolle unter den Erlanger Täufern spielte Marx Maier aus Alterlangen, der von Hans Hut persönlich getauft und zum Lehrer eingesetzt worden war. Vermutlich Anfang 1527 erhielt er die Erlaubnis, selber zu taufen, im September des Jahres wurde er zum Apostel erwählt. 1527 nahm er auch am Täuferkonzil in Augsburg teil[29]. Nach der Aufdeckung der Erlanger und

Alterlanger Täufer durch die Obrigkeit floh er. Um Weihnachten 1528 taufte er die Kandidaten von Ansbach, Schalkhausen und Elpersdorf[30]. Nach dem Tod Hans Huts ging die Führung der fränkischen Täufer zeitweilig ganz auf Marx Maier über[31]. Angeblich hatte er sogar Kontakt zu den mährischen Brüdern[32]. In der Folgezeit lag der Schwerpunkt seiner Tätigkeit vor allem im Taubergrund. Anders als Hut überzeugte er bei der ersten Begegnung nicht durch sein Charisma, sondern leistete seine Überzeugungsarbeit in mehreren Schritten[33]. Im Frühjahr 1530 wurde er in Creglingen verhaftet und nach Ansbach gebracht[34]. Nach einer Intervention des Ansbacher Magistrats zu seinen Gunsten und einer ausführlichen Begutachtung durch markgräfliche Theologen entschloss sich Maier zum Widerruf und wurde im Herbst 1530 aus der Haft entlassen[35]. Er setzte sich mit seinem Bruder und der sich inzwischen in Uttenreuth gegründeten Träumersekte in Verbindung, wo er eine „*Träumerehe*" mit Apollonia Kern schloss[36]. Nachdem die Träumer entdeckt und die Mitglieder auch mittels der Folter befragt worden waren, wurde Marx Maier am 10. Juli 1531 zusammen mit anderen mit dem Schwert hingerichtet[37].

Verfolgung der Täufer durch die Obrigkeit

Das erste Opfer der Obrigkeit im nürnbergischen Gebiet aber war der Prediger Wolfgang Vogel, der 1524 nach Eltersdorf berufen worden war, wo er die evangelische Lehre einführte. Nach seiner Inhaftierung durch den Nürnberger Rat 1527 ergaben die Untersuchungen, dass er Mitglied und Prediger der evangelischen Brüdergemeinden war, die seit 1525 die Taufe auf den Glauben eingeführt hatten. Am 26. März 1527 wurde Vogel auf Veranlassung des Inneren Rats, der nach dem Bauernkrieg neue Aufstände fürchtete, als Ketzer mit dem Schwert hingerichtet[38]. Es war die erste Todesstrafe für einen Täufer auf Reichsboden. Im Oktober 1527 wurden in Bamberg zehn Täufer mit Feuer, Wasser und Schwert zum Tode gebracht[39].

Das Schicksal Vogels und Maiers teilte auch Ambrosius Spitelmeier aus Linz in Oberösterreich, den Hut selbst im Spätsommer 1527 als Täufermissionar gezielt nach Erlangen geschickt hatte. Dort wurde er jedoch schnell entdeckt, verhaftet, und weil er trotz Folter nicht widerrufen wollte (er sagte: „*er sei do von wegen dez goz wort, die warheit zu bekennen, es gelt, was es woll, henkens oder prennens*"[40]), am 1. Februar 1528 als „*unchristlicher Rottierer*" zum Tod mit dem Schwert verurteilt[41]. Entsprechend den Vorstellungen Huts erwartete Spitelmeier das sich durch den Einfall der Heiden, Krieg, Selbstaufgabe der Verteidigungsbereitschaft, Teuerung und eine Naturkatastrophe ankündigende Jüngste Gericht als gewaltiges Blutbad der Gerechten an den Gottlosen. Seine Aussagen vom 25. Oktober 1527 veranschaulichen die Radikalität der zeitgenössischen Vorstellungen: „*... 28) Sölchs wirt geschehen, wen das end der welt schier gar ein end haben wirt; alsdan wern die gerechten aus allen end der welt in ainen augenplik, die noch überpleiben wern, zusamen komen und alle gottlosen, die noch leben, derschlachen, ainer wirt tausent,*

Das Nürnberger Territorium, Ausschnitt, um 1595

Die Reichswälder um Nürnberg, 1594

zwen zechentausent derschlachen; solcher anschlag wirt durch got gegeben den seinigen (I Cor. 15, die zwo epistl zu den Teßaloniensern). 29) Got wird jetzunt palt ein volk erwöken, die wir die haiden und feint des creuz Christi haißen, das wern die türken wern, die wern das recht creuz nit pringen, aber man wirt wenig lust darzue haben, den so wirt alles volk betriebt und geengstigt wern und aller menschen herzen zerzagt wern und von allen iren waffen laufen; da wirt komen auf ein haufen pestilenz, teurung und krieg und alles ungwitter von dem firmament, da wern die reichen dieser welt ir reichtumb, guet und gelt fur unrain halten und auf die gassen werfen und härene klaider anlegen und pues tai, aber es wirt nit helfen wern, diese pues wirt got nit gefallen (Ezech. 7, Dan. 7, Luce 21)"[42]. Während er die ihm von der Obrigkeit unterstellten Umsturzpläne leugnete – die weder ihm noch anderen Täufern nachgewiesen werden konnten –, gab Spitelmeier doch den aufrührerischen Bauern recht.

Im Unterschied zu den Hexenprozessen hundert Jahre später schienen die mit der Verfolgung der Täufer betrauten Behörden jedoch froh zu sein, wenn die Betroffenen widerriefen und Todesurteile vermieden werden konnten. Vorerst aber überwog bei der Obrigkeit die Angst. Während Johann von Schwarzenberg am 1. Februar 1528 in einem Schreiben an die Statthalter zu Ansbach skeptisch erklärte: *„Wie vil man dan mit henker und feuer, schwefel und pech guter cristen gemacht hat oder noch macht, gibt di offentlich erfarung"* und damit im Prinzip bereits den Weg für eine differenzierte Sicht wies[43], erwog der Schwäbische Bund im März 1528, alle Wiedertäufer auf der Stelle, wo man sie gefangen nehmen würde, ohne jegliches Verhör erstechen zu lassen[44]. Auch Philipp Melanchthon trat dafür ein, die Täufer als Verächter des öffentlichen Gottesdienstes grundsätzlich mit dem Tod zu bestrafen[45].

Nach der Flucht der Erlanger Täufer scheint die Obrigkeit das Problem in der gesamten Region immer mehr in den Griff bekommen zu haben. Was die zum Teil unter der Folter abgepressten Aussagen Wert sind, lässt sich häufig nachträglich kaum beurteilen, etwa der Bericht des markgräflichen Statthalters in Ansbach vom 3. Februar 1529, der Nürnberger Rat *„habe von etlichen verhafteten Wiedertäufern in Erfahrung gebracht, daß in der Stadt etliche 100 derselben seien und das ganze Knoblauchsland von ihnen voll sei"*[46]. Immerhin zeigt die Tatsache, dass der lutherische Erlanger Pfarrer Andreas Eck 1529 zusammen mit seinem Baiersdorfer Kollegen bei der Befragung und Unterrichtung von Täufern eingesetzt wurde, und letzterer noch 1531 zusammen mit Hiob Gast aus Cadolzburg diese Aufgabe fortsetzen musste, dass das Täufertum noch lange Nachwirkungen hatte. Am 10. Februar 1529 etwa wurde Veit Schott, Schuster in Erlangen, verhaftet und erst nach dem zweiten Verhör zum Widerruf überredet. Hans Nadler, der freiwillig zurückgekommen war, nannte zur selben Zeit in Baiersdorf unter der Folter weitere Täufer in Alterlangen, blieb aber gegenüber den Überredungsversuchen der Geistlichkeit standhaft bei seiner Überzeugung. Auf die Frage, warum er als Anführer der Bewegung sich getraut habe, zurückzukehren, sagte er am 17. Januar 1529 aus: *„darumb sei er so lang außen bliben, von wegen seiner schwaghait seins fleischs, das er die marter gefurgt habe. Uber solchs hab ich gehort, das mein gn. Herr markgraf, der mein herr ist uber das fleisch und gut, do hab gehort, das man in seinem land das euangelium und wort gottes gepredigt hat, do hab ich zu got gebetet, sei es sein will, er sol mir sterk und kraft geben, das ich wider mug bei dem tag nein gen on alle forcht, wie ich am tag bin raus gangen, zu meinem weib und kindern. Das hat mir der herr geben die sterk, der herr sei gelobt"*[47]. Auch unter der Folter wich er nicht von der Gewaltlosigkeit seines Glaubens ab. Am 13. Februar 1529 notierte das Protokoll: *„Hans nadler ist entlich darauf bestanden, das das ime Hut oder der pfarr zu Eltersdorf noch sonst kain bruder von kainer aufrur noch dergleichen fellen gesagt oder zu erkennen geben haben, sonder allein cristenliche lieb und treu sollten sie gegen meniglich halten, niemants belaidigen, jederman guts tun. Aber sie, die widertaufer, sollen und mussen verfolgung leiden umb cristi des herrn willen"*[48]. Wer widerrief, kam mit einer öffentlichen Kirchenbuße davon und musste die Gerichtskosten bezahlen. Rückfalltäter konnten im Gesicht gebrandmarkt werden. Täufer, die nicht abschwören wollten und Rädelsführer der Bewegung wurden hingerichtet.

Die Träumersekte in Uttenreuth

Noch einmal scheint die Bewegung um 1531 aufgeflackert zu sein, als in Uttenreuth, Alterlangen und andernorts eine *„Träumersekte"* aufgedeckt wurde, die ihre Träume auslegte, ihre Ehepartner wechselte und sich bewusst von ihrer ursprünglichen Täufertradition losgesagt hatte. Die juristische Aufarbeitung des Täuferwesens beschäftigte noch 1531 die Behörden. Das sich nach 1530 anschließende, mehr irenisch gesinnte Täufertum schweizerisch-mährischer Prägung konnte sich an der Regnitz ebensowenig entfalten und stellte zu keiner Zeit eine ernsthafte Bedrohung dar. Obwohl sich noch 1544 in Eltersdorf *„wieder eine starke Täufergemeinde bemerkbar machte, der Pfarrer von den Nürnbergern gesucht wurde"*[49] gab es seit der Mitte des 16. Jahrhunderts in der Region keine Täufer mehr.

Die Tradition der Erwachsenentaufe setzen heute die Baptisten fort, deren Gemeinde in Erlangen eit 1942 entstand[50].

Anmerkungen

1 Der Aufsatz geht im Kern auf den Beitrag des Verfassers: Hans Hut, Marx Maier, Hans Nadler und andere. Zur Geschichte der Täufer in Erlangen 1524–1531, in: Festschrift Baptisten in Erlangen. 50 Jahre Ev.-Freikirchliche Gemeinde Erlangen, Erlangen 2001, S. 11–17, zurück. Die wegweisende Arbeit von Gottfried Seebaß (s. Anm. 11) ist mir bisher leider entgangen.
2 Bernd Moeller, Deutschland im Zeitalter der Reformation (Deutsche Geschichte, Bd. 4), 3. Auflage 1988, S. 102.
3 Harm Klueting, Das konfessionelle Zeitalter 1525–1648, Stuttgart 1989, S. 181ff.
4 Peter Blickle, Die Reformation im Reich, 2. Auflage, Stuttgart 1992, S. 132.
5 Ebenda.
6 Moeller, Zeitalter der Reformation (wie Anm. 2), S. 103ff.
7 Andreas Jakob, Art. Bauernkrieg, in: Christoph Friederich/Bertold Frhr. von Haller/Andreas Jakob, Erlanger Stadtlexikon, Nürnberg 2002, S. 146f.
8 Karl Schornbaum, Quellen zur Geschichte der Wiedertäufer, 2. Bd. Markgraftum Brandenburg (Quellen und Forschungen zur Reformationsgeschichte, Bd. XVI), Leipzig 1934, S. 50
9 Blickle, Reformation (wie Anm. 4), S. 130ff.
10 Gerhard Simon, Besprechung von Seebaß, Gottfried: Müntzers Erbe, Werk, Leben und Theologie des Hans Hut (= Quellen und Forschungen zur Reformationsgeschichte Band 73), Gütersloh 2002, in: Zeitschrift für Bayerische Kirchengeschichte 75/2006, S. 305–309.
11 Schornbaum (wie Anm. 8), S. 2.
12 Michaela Meyer, Zur Geschichte der Neumühle bei Erlangen-Büchenbach, in: EB 47 (1999), S. 195–230, S. 207f.
13 Schornbaum (wie Anm. 8), S. 10f.
14 Ders., S. 17f.
15 Ders., S. 36.
16 Ders., S. 27.
17 Günther Bauer, Anfänge täuferischer Gemeindebildungen in Franken (Einzelarbeiten aus der Kirchengeschichte Bayerns, Bd. XLIII), Nürnberg 1966, S. 46f.
18 Schornbaum (wie Anm. 8), S. 48.
19 Ders., S. 15.
20 Ders., S. 158. – Bauer (wie Anm. 17), S. 50.
21 Schornbaum (wie Anm. 8), S. 110f.
22 Ders., S. 16f. – Bauer (wie Anm. 17), S. 48.
23 Schornbaum (wie Anm. 8), S. 12.
24 Ders., S. 12f., S. 18
25 Ders., S. 14.
26 Ders., S. 18.
27 Ders., S. 15f. – Das Verhör ist bei Schornbaum auf März 1527 datiert.
28 Bauer (wie Anm. 17), S. 57.
29 Ders., S. 55.
30 Ders., S. 67.
31 Ders., S. 53.
32 Ders., S. 54.
33 Ders., S. 90f.
34 Ders., S. 79.
35 Ders., S 86ff.
36 Ders., S. 168f.
37 Ders., S. 175.
38 Ders., S. 130ff.
39 Josef Urban, Das Bistum Bamberg in Geschichte und Gegenwart, Teil 2: Pfarreien, Klöster und Stifte – Religiöses Leben im Mittelalter (ca. 1250–1520), Straßburg 1994, S. 53.
40 Schornbaum (wie Anm. 8), S. 24.
41 Ders., S. 111.
42 Ders., S. 55.
43 Ders., S. 107.
44 Ders., S. 119.
45 Klueting, Das Konfessionelle Zeitalter (wie Anm. 3), S. 124.
46 Schornbaum (wie Anm. 8), S. 149.
47 Ders., S. 131f.
48 Ders., S. 153.
49 Hans-Otto Keunecke, 450 Jahre Reformation in Erlangen (Schriften der Universitätsbibliothek Erlangen-Nürnberg 11), Erlangen 1978, S. 36.
50 Margrit Vollertsen-Diewerge, Religionsgemeinschaften in Erlangen. Eine Serie der Erlanger NachrichtenErlangen 2006, S. 24 (Evangelisch-Freikirchliche Gemeinde).

Andreas Jakob

„Er donnerte sonderlich gewaltig gegen das Papsttum los, dessen geschworener Feind er war"

Vom lutherischen Landstädtchen zum protestantischen Schwergewicht

Als die durch Martin Luthers 1520 verfasste Hauptschriften ausgelöste Reformation nach Franken kam, fiel sein Gedankengut bereits ab 1522 in der Reichsstadt Nürnberg auf fruchtbaren Boden, die sich dann im Unterschied zu anderen Städten in Süddeutschland, die eher der Abendmahlslehre des Schweizer Reformators Ulrich Zwingli zuneigten, 1525 offen der neuen Bewegung anschloss. Sogar in der Bischofsstadt Bamberg gab es anfänglich im Domkapitel deutliche Sympathien für seine Lehre. Erst Ende des 16. Jahrhunderts begann sich hier und in den noch 123 von ursprünglich 242 Pfarreien, die dem Bistum verblieben waren, die Gegenreformation durchzusetzen[1]. Auch in den anderen Territorien, Städten und Dörfern hing die Entscheidung nicht von der persönlichen Einstellung der Untertanen, sondern von der jeweiligen Herrschaft ab. Infolgedessen lebten seither in einigen Orten Protestanten und Katholiken nebeneinander. Wiederum spiegeln die Ereignisse im heutigen Gebiet der Großstadt Erlangen fast das ganze Spektrum der Möglichkeiten.

Altstädter Kirche, Gemälde Martin Luthers, um 1721

Die Anfänge der Reformation

Bereits 1524 hatte der Rat der Reichsstadt Nürnberg in Eltersdorf mit Wolfgang Vogel einen protestantischen Geistlichen eingesetzt, der sich dann allerdings als (Wieder-)Täufer entpuppte und hingerichtet wurde. Sein Beispiel zeigt, wie überhaupt die in der Bevölkerung verbreiteten Sympathien für die Täufer, dass die Unzufriedenheit mit den Mißständen der katholischen Kirche nicht notwendigerweise zu einer Hinwendung zum Luthertum führte. In Tennenlohe installierte der Nürnberger Rat 1528 den später als Theologe bedeutenden Andreas Althammer. In beiden Orten führte die Einsetzung von evangelischen Geistlichen zur Entstehung von eigenen Kirchengemeinden. In Bruck, wo Nürnberg und der Kulmbacher Markgraf um die Dorfherrschaft konkurrierten, berief der reichsstädtische Rat am 25. Juni 1527 Martin Kraus zum evangelischen Prediger, obwohl gleichzeitig noch sein altgläubiger Kollege Georg Vogelsang amtierte. Erlangen, das zum Unterland der Markgrafschaft Brandenburg-Kulmbach gehörte, fiel erst mit der Entscheidung des seit 1528 regierenden Markgrafen Georg des – deswegen so genannten – Frommen für die neue Lehre an die Reformation, nachdem vorher Teile des Klerus dafür eingetreten waren, bei der alten Lehre zu bleiben[2]. Noch am 18. Oktober desselben Jahres löste in der kleinen Stadt, die damals einschließlich der beiden Vorstädte 83 Hausbesitzer und maximal 500 Einwohner hatte[3], der erste lutherische Pfarrer, Andreas Eck, den letzten altgläubigen Geistlichen, Andreas

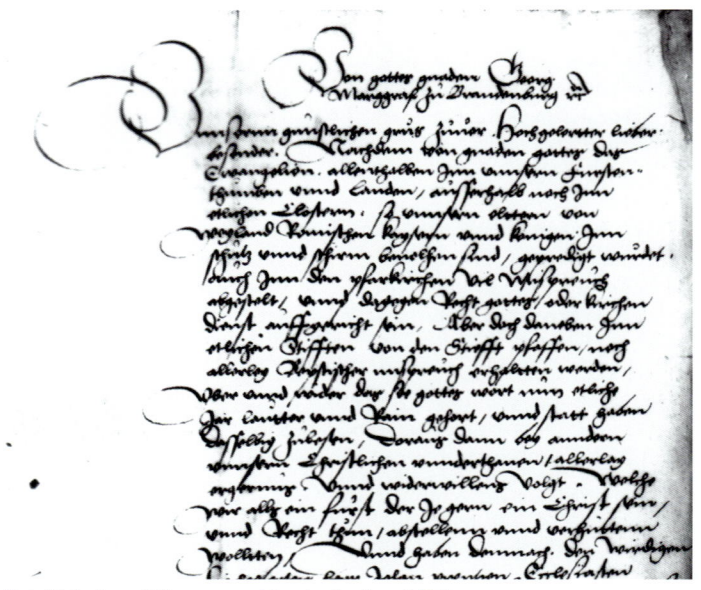

Brief Markgraf Georgs an Martin Luther, 1529

Mendler, ab[4]. Auch Frauenaurach erhielt 1531, als das Kloster noch bestand, mit Melchior Kohlmann einen evangelischen Prediger, der 1534 nach Erlangen wechselte.

Lediglich in Büchenbach, wo der Bamberger Dompropst seit 1525 die Pfarrei an einen Domherrn vergab, der einen Stellvertreter bestimmte, und in den dorthin eingepfarrten Dörfern blieb trotz der reformatorischen Bemühungen Nürnbergs die alte Lehre bestehen. 1536 erhielt der aus Bruck vertriebene Georg Vogelsang die Pfarrei übertragen, die er bereits seit 1531 versehen hatte[5].

Wie anderswo auch, erfolgte der Übergang vom katholischen zum evangelischen Glauben nicht immer konfliktfrei und freiwillig. So verordnete in Frauenaurach Markgraf Albrecht Alcibiades nach dem Tod der letzten Priorin Kunigunde von Wallenrod 1549 die Aufhebung des Klosters[6]. Ihre vom Konvent gewählte Nachfolgerin erhielt keine Bestätigung mehr. Statt dessen wurde es mit seinen Besitzungen zum Klosterverwalteramt Frauenaurach umgewandelt[7].

Zum Erfolg der Reformation trug maßgeblich das abgestimmte Vorgehen Markgraf Georgs und der Reichsstadt Nürnberg bei der ersten protestantischen Kirchenvisitation 1528 und beim Erlass der nürnberg-brandenburgischen Kirchenordnung bei, durch das sowohl die evangelischen Geistlichen als auch die Pfründestiftungen dem Einfluss des Bischofs von Bamberg entzogen wurden[8]. Als dieser sich 1530 beim Reichstag in Augsburg gegen den Eingriff des Markgrafen in seine lehenherrlichen Rechte beschwerte, antwortete Georg, *„daß er nicht schuldig sey, diese Pfarrei zu Erlangen mit gottlosen und unchristlichen und des göttlichen Wortes ganz unberichteten und ungeschickten Pfaffen zur Verderbung der armen Unterthanen Seele und Leibs und Güter besetzen zu lassen"*[9]. Wie sehr aber auch hier wirtschaftliche Überlegungen eine Rolle spielten, zeigt das Beispiel ebenfalls des Markgrafen, der 1529/30 zum Abbau der riesigen Staatsverschuldung einen Großteil des Kirchensilbers – darunter vielleicht auch die beiden am 31. Mai 1529 gemeldeten Monstranzen und einige der fünf Kelche aus Erlangen[10] – einschmelzen ließ; allein im Fürstentum Kulmbach erlöste er damit über 24.000 fl. Dessen ungeachtet identifizierte sich die Mehrheit der Bevölkerung in den protestantischen Staaten, zumal nach dem Ende des Täufertums, rasch mit der neuen Lehre, wie der entschiedene Widerstand gegen die Rekatholisierungsversuche des vom eigenen Landesherrn, Markgraf Albrecht Alcibiades, unterstützten Interregnums 1548/49 beweist. Zu dem am 20. November 1548 in Kulmbach zur Begutachtung der neuen Kirchenordnung abgehaltenen Landtag entsandte Erlangen vier Abgeordnete[11].

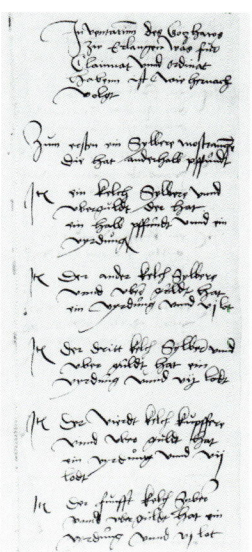

Inventar der Kirchengeräte und Paramente der Altstädter Kirche, 1529

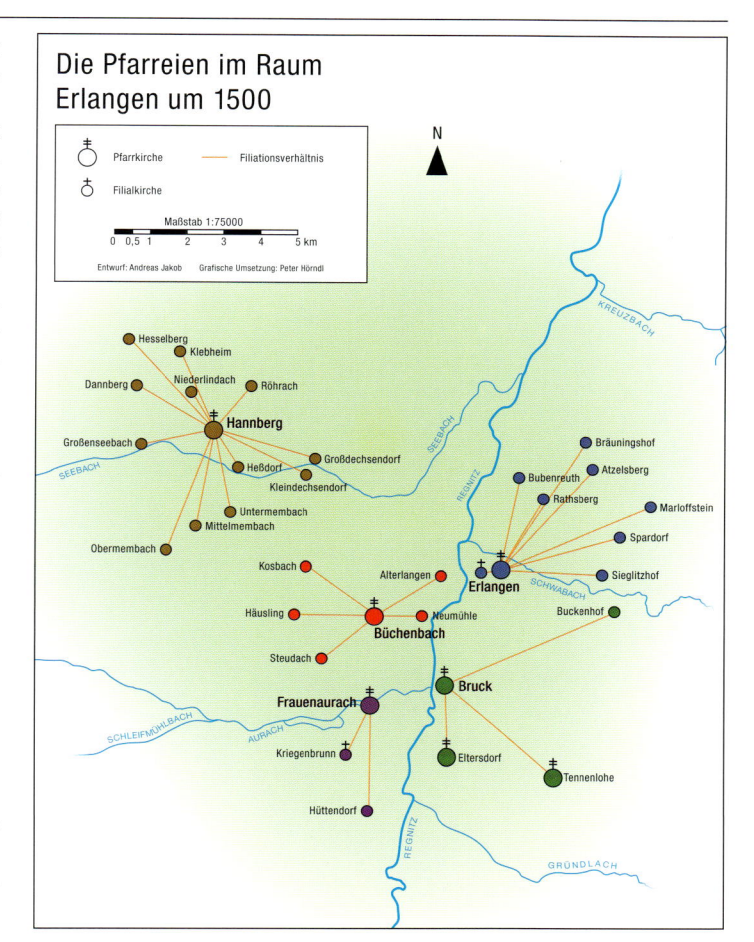

Die Neuordnung der kirchlichen Strukturen

Am 25. September 1555 wurde die Reformation im Augsburger Religionsfrieden endgültig anerkannt, und damit der Gedanke der Religionseinheit im Reich aufgegeben[12]. Das Recht zur Bestimmung der Konfession besaß künftig der Landesherr, der in den protestantischen Gebieten auch die geistliche Jurisdiktion erhielt.

Für Erlangen ergab sich durch die Reformation ab 1528 zunächst ein anderer Gottesdienst. Er erfolgte nun vollständig in deutscher Sprache. Das Altarsakrament wurde in beiderlei Gestalt

Pfarrertafel mit Namen von Geistlichen der Altstädter Kirche von 1398 bis 1727, Anfang 18. Jh.

Innenraum der Martinskirche mit Taufstein von 1630, um 1935

(Brot und Wein) ausgeteilt. Seelenmessen und Prozessionen entfielen. Eine der wichtigsten Veränderungen war die endgültige Ablösung der Mutterkirche St. Martin in Forchheim und des Bischofs von Bamberg als vorgesetzte kirchliche Stellen durch den Markgrafen, und der Wegfall der traditionellen Abgaben und Verpflichtungen[13]. Der weltliche Landesherr nahm nun für sich den Titel eines „summus episcopus", eines „obersten Bischofs", und damit auch nicht zuletzt die Neuordnung der kirchlichen Strukturen für sich in Anspruch. Nachdem Erlangen seit der 1556 unter Markgraf Albrecht Alcibiades durchgeführten Verwaltungsorganisation des „Unterlandes" mit Osternohe, Hohenstadt, Uttenreuth, Kalchreuth, Brand, Spardorf und der Klosterverwaltung in Frauenaurach dem wiederum dem Hauptmann in Neustadt a.d. Aisch unterstellten Amtmann in Baiersdorf untergeordnet

war[14], gehörte es seit 1558 auch kirchlich zur Superintendentur Baiersdorf[15], d.h. die traditionelle Ausrichtung nach Norden blieb einstweilen bestehen. Ein Diakon aus Baiersdorf musste den Erlanger Pfarrer im Krankheitsfalle vertreten, bevor um 1745 ein ständiger Vikar angestellt wurde[16]. Wie bereits beim Kulmbacher Landtag 1548 finden sich hiesige Geistliche – allerdings nicht mitbestimmend – bei wichtigen Ereignissen der Zeit, etwa der Auseinandersetzung um die Annahme der Konkordienformel von 1577, die auch vom damaligen Erlanger Pfarrer Andreas Köhler unterschrieben wurde[17].

Wie in der katholischen Zeit umfasste der Erlanger Pfarrsprengel Sieglitzhof, Spardorf, Atzelsberg, Rathsberg, Bubenreuth sowie die evangelischen Einwohner in den bambergischen Dörfern Marloffstein (1709 „Marloffstein unter dem Berg") und

Der Altstädter Friedhof auf dem Martinsbühl, Juli 1859

Bräuningshof. 1709 gehörten auch noch die bei Marloffstein gelegene Wunderburg samt dem Bräuhaus unten am Berg, die Mahl-, Kochet- und Schneidmühle auf dem Sandwöhr (Wöhrmühle), die Mühle bei der Wasserkunst (Sophienmühle), Essenbach, das sog. Heilige Grab beim Armenhaus sowie die Papier-, Walk-, Mahl- und Hammermühle (Werker) dazu[18]. Bei Reparaturen der Altstädter Kirche oder beim Wiederaufbau nach den verschiedenen Zerstörungen des Gotteshauses mussten die lutherischen Einwohner dieser Pfarrdörfer Fronfuhren leisten. Die Wunderburg wurde später der Pfarrei Erlangen wieder entzogen, nachdem der Ort in den Besitz katholischer Besitzer kam, die *„nach und nach die evangelischen Einwohner absterben"* ließen[19].

Von den Veränderungen der Reformation unberührt blieben die teilweise für die Ausstattung der Früh- und der Mittelmesse gestifteten Einkünfte, die die Pfarrei noch mindestens bis 1676 in den katholisch gebliebenen Orten Hausen, Pretzfeld, Kirchehrenbach und Alterlangen hatte[20] bzw. umgekehrt die wirtschaftlichen Beziehungen des katholischen Umlandes nach Erlangen[21]. Diese Tatsache entzieht übrigens dem Vorwurf der Protestanten – der übrigens umgekehrt genauso von den Katholiken erhoben wurde –, die Gegenseite habe die Reformation genutzt, um angestammte Einkünfte zu entziehen[22], die Grundlage.

Obwohl nach der Reformation in Erlangen nicht mehr drei Geistliche, sondern nur noch ein Pfarrer – allerdings mit Familie – zu unterhalten waren, mußte der Rat bereits bei der Anstellung des ersten lutherischen Pfarrers 1528 Markgraf Georg um Aufbesserung bitten, da dieser sonst nur *„ein ganz geringes aufheben und enthalt hat"*. Am 18. Oktober versprach dieser, entsprechen-

Markgräfliches Sammelpatent zugunsten der abgebrannten Altstadt Erlangen, 20.8.1706

des zu veranlassen[23]. Zuvor mußte allerdings erst das liturgische Gerät bis auf zwei Kelche nach Ansbach zum Einschmelzen abgegeben werden[24]; 1632 besaß die Altstädter Kirche noch drei Kelche[25]. Der Pfarrer aber bezog 1536 31 fl aus der Pfarrei und 24 fl aus der damit vereinigten Frühmesse. Die Mittelmesse, die 38 fl 1 Ort 4 Pfennige ertrug, blieb unbesetzt[26]. Diese Einnahmen wurden vermutlich dem Gotteshaus und dem Kantor- und Schulmeister zugeteilt[27].

Die Zwei-Kalender-Zeit

Stärker als die wirtschaftlichen Verbindungen wurde durch die Reformation das Verhältnis zum katholischen Umland durch die dort 1585 eingeführte Gregorianische Kalenderreform beeinflusst. Bis sich die protestantischen Länder, die bis dahin beim Julianischen Kalender blieben, im Jahre 1700 anschlossen, gab es zwischen den Gebieten je nach konfessioneller Zugehörigkeit einen Unterschied von zehn Tagen, d.h. zum Beispiel Weihnachten oder Ostern feierten die Katholiken zehn Tage vor den Protestanten, und der Termin für eine Handelsmesse lag entsprechend früher oder später, je nachdem, ob diese in einem katholischen oder evangelischen Ort stattfand. Abgesehen vom Kalender zeigte das Selbstbewußtsein der Lutheraner in einer anderen Zeitrechnung. 1617 wurde in Erlangen zum erstenmal das Jubiläum der Reformation gefeiert; Pfarrer Johannes Heilig hielt damals die Festpredigt[28].

In den Kriegen des 16. und 17. Jahrhunderts

Keine Rolle spielte die konfessionelle Zugehörigkeit im Zweiten Markgrafenkrieg, als am 24. Mai 1552 Nürnberger Truppen Erlangen stürmten, mehrere Häuser in Brand steckten, die Kirche plünderten und eine unbezahlbar hohe Brandschatzung forderten. Am 23. Juni 1552 mussten die Bürger ihren Eid auf die Reichsstadt ablegen, wodurch Erlangen – bis zum erneuten Wechsel

Pfarrei Erlangen Altstadt, von der Markgräfin Sophie (geb. von Sachsen-Weißenfels) 1724 gestifteter Kelch

Die Vasa Sacra der Altstädter Kirche, um 1900

Messingplatte aus dem Grundstein der Sophienkirche, 1700

Caspar Jakob Huth    *Johannes Rudolph Kiesling*    *Johann Georg Rosenmüller*    *Johann Wilhelm Rau*

der politischen Verhältnisse Anfang 1557 – zu einer Nürnberger Landstadt wurde[29]. Erstmals in der Geschichte orientierte sich die politische Zugehörigkeit nach Süden.

Ohne Rücksicht auf die konfessionelle Zugehörigkeit drangsalierten auch im Dreißigjährigen Krieg die durchziehenden kaiserlichen Soldaten das Umland. Bereits 1621 wurden Eltersdorf und die zum Klosteramt Frauenaurach gehörenden Dörfer Kriegenbrunn, Neuses und Hüttendorf ausgeraubt und in Brand gesteckt, sowie Bruck überfallen. Auch in Alterlangen, Erlangen und anderen Orten der Umgebung ereigneten sich Gewalttaten. Noch schlimmer kam es zehn Jahre später, als die in der bambergischen Festung Forchheim stationierten kaiserlichen Soldaten die umliegenden Dörfer, gleichgültig ob sie markgräflich oder bambergisch waren, heimsuchten[30]. Bei zwei Überfällen 1632 und 1634 wurde Erlangen weitgehend zerstört. Die seit 1636 zurückkehrende Bevölkerung erhielt geistlichen Beistand durch den Baiersdorfer, dann den Uttenreuther Pfarrer[31]. Denn nach dem Tod von Pfarrer Johannes Heilig, der 1632 durch einen Stich tödlich verwundet worden war, blieb seine Stelle 19 Jahre vakant, bevor 1651 Andreas Behm berufen wurde, der bis 1654 auch die Pfarrei Uttenreuth mitbetreute[32]. Die Drangsale der durch Mord, Hunger und Krankheiten in einigen Orten um mehr als 50 Prozent dezimierten Bevölkerung spiegeln sich in der bereits 1636 begonnenen ersten Pfarrmatrikel. Dort ist etwa festzustellen, dass

Blasmusik der Kapelle Scherzer, Turm der Altstädter Kirche, um 1919

Der Kanzelaltar der Altstädter Kirche von der Empore aus, 1950

zunächst vor allem Witwer und Witwen aus der Umgebung einander heirateten[33]. In den folgenden Jahrzehnten spielte Erlangen kirchengeschichtlich nur eine untergeordnete Rolle.

In Rekordzeit zum Sitz eines Dekanats

Eine Wendung zum Besonderen nahm die protestantische Kirchengeschichte des Landstädtchens Erlangen erst wieder nach 1686 durch die Gründung der Neustadt, als sich dort nicht nur Französisch- und Deutsch-Reformierte, sondern schon – dank des Privilegs vom 6. Dezember 1686 – auch Lutheraner niederlassen durften[34]. Im Zusammenhang mit der Errichtung einer Ritterakademie kam es, im wesentlichen zunächst auf Betreiben des Barons Groß von Trockau – nach mancherlei Problemen mit der Superintendentur in Baiersdorf und dem Konsistorium in Bayreuth[35] – bereits auf der Basis eines markgräflichen Dekrets vom 22. Januar 1703, nach nur 17 Jahren, zur Gründung einer eigenen lutherischen Pfarrei Erlangen-Neustadt. Die zweifellos noch sehr geringe Zahl der Lutheraner – 1698 lebten einschließlich der Deutsch-Reformierten gerade einmal 317 Deutsche in der Neustadt – zeigt den enormen konfessionellen Druck bzw. den Ehrgeiz des Barons von Trockau, der nicht zuließ, dass die Gläubigen weiterhin den Gottesdienst in der nur wenige hundert Meter entfernten Altstädter Kirche besuchten. 1724, nach weiteren 21 Jahren, wurde eine eigene Superintendentur Christian-Erlang geschaffen, der 1744 auch die Gemeinde Erlangen-Altstadt und noch einmal neun Jahre später auch die Pfarrei Eschenau angegliedert wurden[36].

Die wichtigste Änderung war damals bereits erfolgt. Nach der Gründung der Universität Erlangen am 4. November 1743 war die erste Professur der Theologischen Fakultät mit der Stelle des Superintendenten und ersten Pfarrers der Neustadt verbunden, die zweite mit der Pfarrstelle der Altstädter Kirche. Gleichzeitig entstand eine eigene, erst 1814 mit dem Ende der Universitätsgerichtsbar-

Innenraum der Altstädter Kirche nach Westen, 1950

Kanzelengel und Altarkreuz der Altstädter Kirche, 1996

Luftaufnahme der Altstadt von Südwesten, 2005

keit aufgelöste und der Pfarrei Erlangen-Neustadt eingegliederte Universitätspfarrei, die der dritte Theologieprofessor als Universitätsprediger betreute[37]. Die Verbindung von Lehrstühlen der Theologischen Fakultät mit Pfarrstellen blieb bis 1823 bestehen[38]. Damit besaß die Erlanger Bevölkerung in Bayern auf Jahrzehnte wohl die mit Abstand am besten akademisch ausgebildeten und sogar mit einer Universität verbundenen protestantischen Geistlichen[39]! Mit der Errichtung eines eigenen evangelisch-lutherischen Dekanats Erlangen am 7. Dezember 1810, dem einschließlich der französisch- und deutsch-reformierten Gemeinden 15 Pfarreien angehörten[40], fand dieser atemberaubende Aufstieg der Pfarrei Erlangen Neustadt – und damit der Gesamtstadt – ein vorläufiges Ende. Nicht Baiersdorf, nicht Bruck oder die Altstadt oder eine anderen der alten evangelisch-lutherischen Pfarreien, sondern die mit Abstand jüngste Gründung hatte das prestigeträchtige Rennen gemacht. Und was sich schon 1708, nur 22 Jahre nach Gründung der Neustadt, mit der Erhebung Erlangens zur 6. Landeshauptstadt angedeutet und 1744 mit der Unterstellung der Pfarrei Altstadt unter die 1724 errichtete Superintendentur Erlangen Neustadt verstärkt hatte: Erlangen verlor seine lokale Abhängigkeit von in anderen Orten ansässigen Mittelbehörden und wurde selbst regionaler Zentralort, der nunmehr lediglich wirtschaftlich nach Süden in Richtung Nürnberg ausgerichtet war!

Multiprotestantische Vielfalt

Mit der Gründung der Neustadt und der von Markgraf Christian Ernst bereits am 6. Dezember 1686 auch auf Lutheraner und 1693 auf Deutsch-Reformierte ausgedehnten Erlaubnis zur Niederlassung und freien Religionsausübung verlegte sich nicht nur der Schwerpunkt der Ereignisse von der Altstadt nach hierher. Erlangen wurde in einer Weise zum Brennpunkt eines – überwiegend friedlich verlaufenden – multikonfessionellen Zusammenlebens, wie dies in dem auch konfessionell zersplitterten Franken ziemlich einmalig war. Bemerkenswert erscheint in diesem Zusammenhang die Tatsache, dass sich nicht nur die Reformierten in Deutsche und Franzosen unterteilten, sondern dass sich auch die Lutheraner in Orthodoxe und Pietisten unterschieden. Durch eine Laune des Schicksals entwickelte sich der vermutlich für das Gedeihen der Stadt entscheidende Pietismus in der Neustadt[41], während die exponiertesten Vertreter der lutherischen Orthodoxie – Elisäus Girbert und Caspar Jakob Huth – die Pfarrei Altstadt Erlangen innehatten, die an Bedeutung und Zukunftschancen längst von der jüngeren Schwester in den Schatten gestellt worden war und nur noch die zweite Rolle spielte.

Der „fränkische Lutherus"

Um 1750 gab in der Altstadt Prof. Caspar Jakob Huth als Pfarrer den Ton an, der *„nicht ohne Grund der fränkische Lutherus redivious des 18. Jahrhundert genannt"* wurde und heute zu den bekanntesten Erlanger Geistlichen dieser Zeit zählt. Wie der Reformator hatte er eine *„entsprungene Nonne"* geheiratet. Über seine Predigten, die selten unter zwei Stunden dauerten, wurde berichtet: *„Er donnerte sonderlich gewaltig gegen das Papsttum los, dessen geschworener Feind er war. Predigen konnte er gut, nur war seine Predigt zu lang für seine Zuhörer und für seine eigene Gesundheit"*[42]. Zu seinen Verdiensten gehört die Einführung der feierlichen Konfirmation 1749 und um 1750 die Verlegung des Vogelschießens vom zweiten auf den – in Erlangen seither einmaligen – dritten Pfingstfeiertag[43]. Auf seine Veranlassung kam das kleine Reiterstandbild des Kirchenpatrons in der St. Martinskapelle aus seinem Schrein hinauf auf den Dachboden, was zur Legende führte, er habe sich in der Altstädter Kirche begraben lassen (was sein Recht als Pfarrer war) und nicht auf dem Martinsbühl, weil ihn die über die Verbannung ihres Heiligen immer noch erbosten Katholiken dort sonst wieder ausgegraben hätten[44]. Doch auch in dieser Zeit war die Wirklichkeit vielfältiger, als sich aus späterer Sicht noch erkennen lässt. Wenige Wochen vor dem Tod Huths am 14. September 1760 wurde am 22. Juni des Jahres eine Katholikin auf dem Neustädter Friedhof beigesetzt: Jacobina Leinberger, die 88jährig hochbetagt verstorbene Frau des Erlanger Hofhafners Georg Leinberger[45]. Was aber zunächst als Großzügigkeit gegenüber der altkirchlichen Konfession erscheint, war in Wirklichkeit nur die Folge der Verordnung, wonach auch für die in der Stadt lebenden Katholiken die Kasualien – Taufen, Hochzeiten, Begräbnisse – in die Zuständigkeit der lutherischen Geistlichkeit gehörten[46]. Und trotzdem ist hier eine gewisse Normalisierung der Verhältnisse zwischen den Konfessionen zu erkennen.

Der Beginn des Dialogs mit den Katholiken

Mit dem kämpferischen Caspar Jacob Huth erreichte die mit der Reformation Erlangens 1528 begonnene evangelische Entwicklung der Stadt eine gewisse Zäsur. Nach ihm verbreiteten die Professoren der Theologischen Fakultät nicht nur gegenüber den Studenten, sondern auch in ihren evangelisch-lutherischen Gemeinden vor allem das Gedankengut der Aufklärung. Dabei wurden gemäßigt supernaturalistische, aber auch rationalistische und teilweise sogar naturalistische Positionen eingenommen. Um 1794 kam es in der Neustädter Gemeinde zur Einführung der öffentlichen Konfirmationsfeier, die Huth in der Altstadt bereits Mitte des Jahrhunderts durchgeführt hatte[47]. Um diese Zeit bezeugt vor allem die Markgräfin-Witwe Sophie Caroline, die 1784 zusammen mit den hiesigen Katholiken den Bischof bat, den Forchheimer Kaplan Adam Wolf die Gottesdienste in Erlangen lesen zu lassen[48], eine geistige Öffnung und den beginnenden Dialog zwischen den Konfessionen. Ebenfalls zu den Launen des Schicksals gehört, dass den Katholiken – nur 24 Jahre nach Huth – die freie Religionsausübung wenn auch nicht in der Neustadt, die davor geschützt werden sollte, so doch ausgerechnet in der zweitrangigen Altstadt Erlangen erlaubt wurde, auf deren Boden dann 1787, fast 260 Jahre nach Einführung der Reformation, mit dem Bau des katholischen Bethauses begonnen wurde. Erst zu Beginn der 1950er Jahre *„verschwand das zumindest auf evangelischer Seite latente Mißtrauen allmählich"* und fanden gemeinsame Veranstaltungen mit den Katholiken statt[49].

Matthäus-Passion in der Altstädter Kirche, 2006

Die Entwicklung der Pfarrei Erlangen-Altstadt

Während die Pfarrei der Altstadt Erlangen 1744 der in der Neustadt ansässigen Superintendentur unterstellt wurde und damit an Bedeutung verlor, blieb sie nach der Vereinigung beider Städte 1812 bestehen, und ist heute die einzige bis in das Mittelalter zurückreichende Institution, die mit ihrem Namen noch an die alte Geschichte und einstige Selbständigkeit des Städtchens gegenüber der groß gewordenen Schwester erinnert. Vermutlich aus historischen Gründen benannte man den alten Marktplatz der Altstadt anläßlich des 400jährigen Jubiläums der Reformation in Erlangen in *„Martin-Luther-Platz"* um. 1874 war die Grenze zwischen den Pfarreien Altstadt und Neustadt – übrigens nicht der historischen Grenze zwischen Alt- und Neustadt entsprechend, sondern weiter südlich in der Neustadt – von der Kuttlerstraße über den Theaterplatz zur Schillerstraße festgelegt worden. Nach der Eingemeindung von Alterlangen und Büchenbach 1920 und 1923 wuchs die Pfarrei Erlangen-Altstadt nach Westen, bevor dort 1955 die Pfarrei Erlangen-Johanneskirche entstand. Nach der Abtrennung von Bräuningshof (jetzt zu Baiersdorf), Sieglitzhof (seit 1957 St. Markus), Marloffstein (jetzt Uttenreuth) und schließlich Bubenreuth (seit 1999 Lukaskirche) reduzierte sich der Sprengel auf Atzelsberg, Spardorf und Rathsberg. Abgesehen von der Kirche und dem Gemeindehaus bildet das Wohnstift Rathsberg ein Zentrum der Gemeinde[50]. Die lutherische Tradition in Erlangen führten und führen insbesondere Pfarrer der Altstadt fort, etwa Ernst Dorn, Johannes Kressel und Hartmut Hillmer, die ihrerseits die Geschichte ihrer Pfarrei erforschten oder Forschungen unterstützten.

Von der Erweckungsbewegung zum konfessionellen Luthertum

Wesentlich spektakulärer verlief die Geschichte in der Neustadt, die auch nach der 1823 erfolgten Trennung von Pfarrstellen und theologischen Professuren vor allem von der Theologischen Fakultät bzw. den Universitätspredigern profitierte. Bis 1945 hielten vorrangig Theologieprofessoren, und erst dann der 1. und 2. Pfarrer, die Gottesdienste in einem bestimmten Turnus[51]. Seit den 1820er Jahren fasste in Erlangen die vom Pfarrer der Deutsch-Reformierten Gemeinde und außerordentlichem Theologieprofessor Johann Christian Gottlob Ludwig Krafft, dem Professor für Naturwissenschaft Gottfried Heinrich Schubert, dem Professor für Mineralogie und Naturgeschichte Karl von Raumer, dem Orientalisten Johann Arnold Kanne und anderen bedeutenden Laien getragene Erweckungsbewegung Fuß. Schwerpunkte ihrer Tätigkeit lagen auf missionarischem und karitativem Gebiet, etwa in dem Hilfsverein für die Mission, dem u.a. von dem Philosophen Friedrich Wilhelm Schelling mitbegründeten Bibelverein, einer *„Armentöchteranstalt"*, oder des ersten *„Evangelischen Handwerker- und Arbeitervereins"* in Deutschland[52]. Im Unterschied zu anderen auf akademische Zirkel beschränkten geistigen Strömungen erfasste der Pietismus in Erlangen um 1829 das Klima der ganzen Stadt, so dass das Münchner Blatt *„Flora"* am 2. März 1829 spottete: *„In Erlangen nehmen viele Frauenzimmer gar keinen Teil mehr an den Freuden der Welt und ihres Geschlechtes: an Putz und Tanz, und soweit ist es gediehen, daß sie nicht einmal mehr in den Spiegel sehen wollen und diesen Hausrat der Eitelkeit aus dem Zimmer schaffen lassen. Wenn dieser Hang zum Überirdischen zunimmt, so droht der Fürther Spiegelfabrik der*

Die Lukaskirche in Bubenreuth, 2002

Innenraum der Lukaskirche, 2002

*Untergang"*⁵³. Besonderen Anteil an dieser Entwicklung hatten die emotionalen Vorträge Kraffts, von dem Wilhelm Löhe berichtete, der Professor sei davon selbst so ergriffen worden, dass er schließlich vor Schluchzen nicht mehr weitersprechen konnte⁵⁴.

Nachdem 1837 der Universitätsgottesdienst und der Hauptgottesdienst der Neustädter Gemeinde zusammengelegt worden waren, vollzog sich nicht zuletzt unter dem Einfluss der Theologischen Fakultät, die gerade in dieser Zeit mit dem Aufkommen der *„Erlanger Theologie"* ihre erste Blütezeit erlebte⁵⁵, bei vielen Anhängern der Erweckungsbewegung auch hier der Übergang zum konfessionellen Luthertum. *„Das erstarkende konfessionelle Luthertum, das hier bemerkenswerterweise gegenüber Kräften der Erweckungsbewegung offen war, äußerte sich auch durch neues kirchliches Leben"*⁵⁶. Ende 1848 wurde der *„Verein für Armenpflege"* gegründet, in dem Theologen und Laien, Akademiker und Nichtakademiker, Bürgerliche und Adelige, Anhänger der Erweckungsbewegung und des konfessionellen Luthertums zusammenarbeiteten. 1850 eröffnete das bald nach Buckenhof verlegte und mit der Armentöchteranstalt vereinigte Rettungshaus für Knaben, dem eine *„Bildungsanstalt für Handwerker zum Dienst der Inneren Mission"*, die älteste Diakonenanstalt Bayerns, angegliedert wurde. 1850 wurden in der Alt- und der Neustädter Gemeinde einer der ersten Kindergottesdienste in Bayern überhaupt eingeführt⁵⁷.

Nicht zuletzt nach der 1854 erfolgten Gründung des Instituts für Kirchenmusik an der Universität, das dem kirchlichen Leben wesentliche Impulse gab, besaßen die Gottesdienste in den Erlanger lutherischen Pfarreien eine Qualität, die weit über dem Landesdurchschnitt lag. Dank der fruchtbaren Zusammenarbeit zwischen Prof. Paul Althaus und dem Universitätskirchenmusikdirektor Georg Kempff gab es in der Neustädter Kirche nach 1945 für einige Zeit Universitätsgottesdienste, um die man Erlangen *„damals in ganz Deutschland beneiden konnte"*⁵⁸.

Ausblick

In den 1920er Jahren vergrößerte sich die lutherische Gemeinde der Alt- und der Neustadt durch die Eingemeindung von Alterlangen, Büchenbach und Bruck mit der Kirche St. Peter und Paul vor allem nach Westen und Südwesten. Ein ungleich stärkeres Wachstum erfolgte nach 1945, als die Anzahl der evangelischlutherischen Einwohner von 25.000 bis 1957 auf 57.000 anstieg. Weil in der Kernstadt nach wie vor nur die Altstädter und die Neustädter Kirche vorhanden waren, setzte mit dem Neubau der Johanneskirche 1952, der Markuskirche 1955, der Lukaskirche 1957, der Matthäuskirche 1960, der Erlöserkirche 1965 und der Thomaskirche und der entsprechenden Bildung neuer Gemeinden ein umfassender Strukturwandel ein, der ergänzt und abgeschlossen wurde, als nach der bayerischen Gebietsreform 1972 noch die

Die St. Markuskirche in Sieglitzhof, 2002

Innenraum der St. Markuskirche nach Nordosten, 2002

Die Thomaskirche in der Sebaldussiedlung, 2002

Innenraum der Thomaskirche, 2002

bis in die Reformationszeit zurückreichenden evangelisch-lutherischen Kirchengemeinden Tennenlohe, Eltersdorf und Frauenaurach nach Erlangen kamen[59]. 2002 zählten die Kirchengemeinden Erlangen-Altstadt noch ca. 3700 und Erlangen-Neustadt, die Sitz des Dekanat mit heute 16 Pfarrämtern – davon vier außerhalb der Stadt – blieb, etwa 2800 Seelen[60].

Anmerkungen

1 Josef Urban, Das Bistum Bamberg in Geschichte und Gegenwart, Teil 2: Pfarreien, Klöster und Stifte – Religiöses Leben im Mittelalter (ca. 1250–1520), Straßburg 1994, S. 3.

2 Gerhard Müller, Einführung der Reformation und die evangelische Gemeinde (1528–1686), in: Alfred Wendehorst (Hrsg.), Erlangen. Die Geschichte der Stadt in Darstellung und Bilddokumenten, München 1984, S. 35–38, S. 35.

3 Andreas Jakob, Die Altstadt Erlangen (1361–1812), in: Christoph Friederich/Bertold Frhr. von Haller/Andreas Jakob (Hrsg.), Erlanger Stadtlexikon, Nürnberg 2002, S. 30–33, S. 31.

4 Bertold Frhr. von Haller, Art. Reformation, in: Erlanger Stadtlexikon, S. 578. – Andreas Jakob, Art. Eck, Andreas, in: ebenda, S. 215f.

5 Haller, Reformation (wie Anm. 4).

6 Bertold Frhr. von Haller, Art. Kloster Frauenaurach, in: Erlanger Stadtlexikon, S. 424.

7 Bertold Frhr. von Haller, Art. Wallenrod, Kunigunde von, in: Erlanger Stadtlexikon, S. 734f.

8 Haller, Reformation (wie Anm. 4).

9 Lammers, Ferdinand, Geschichte der Stadt Erlangen von ihrem Ursprunge unter den fränkischen Königen bis zur Abtretung an die Krone Bayern, Erlangen 1834, S. 60.

10 Hans-Otto Keunecke, 450 Jahre Reformation in Erlangen (Schriften der Universitätsbibliothek Erlangen-Nürnberg 11), Erlangen 1978, S. 44 (StAB, C 3 Nr. 1557).

11 Johann Paul Reinhard, Chronik der Stadt Erlang, S. 169.
12 Haller, Reformation (wie Anm. 4).
13 Vgl. den Beitrag von Andreas Jakob, Zum „heil und nucz" der Seelen. Die Pfarrei Erlangen im Mittelalter, hier in diesem Band, S. 73.
14 Rudolf Endres, Bevölkerung und Wirtschaft vom Markgräfler- bis zum dreißigjährigen Krieg, in: Wendehorst (wie Anm. 2), S. 39–43, S. 41.
15 Reinhard (wie Anm. 11), S. 170. – Dietrich Blaufuß/Gerhard Philipp Wolf, Art. Protestantismus in Erlangen, in: Erlanger Stadtlexikon, S. 566f.
16 Reinhard (wie Anm. 11), S. 184.
17 Müller, Einführung der Reformation (wie Anm. 2), S. 38.
18 Ernst Dorn, Ein originelles Dokument kirchlich-rednerischer Geschmacksrichtung in der markgräflichen Barockzeit, in: Erlanger Heimatbuch, Bd. 3, 1925, S. 44–53, S. 47.
19 Reinhard (wie Anm. 11), S. 181f.
20 Andreas Jakob, Art. Altstadt, ev. Gemeinde, in: Erlanger Stadtlexikon, S. 118.
21 Andreas Jakob, Art. Martinslehen, in: Erlanger Stadtlexikon, S. 484f.
22 Lammers (wie Anm. 9), S. 60.
23 Müller, Einführung der Reformation (wie Anm. 2), S. 36. – Dorn, Reformation (wie Anm. 23), S. 5f.
24 Dorn, Reformation (wie Anm. 23), S. 17.
25 Lammers (wie Anm. 9), Anhang 51.
26 Dorn, Reformation (wie Anm. 23), S. 36.
27 Ernst Dorn, Die Reformation im ehemaligen Landstädtchen Erlangen, Erlangen 1929, S. 36.
28 Reinhard (wie Anm. 11), S. 171
29 Endres, Bevölkerung (wie Anm. 14), S. 39f.
30 Endres, Bevölkerung (wie Anm. 14), S. 42f.
31 Ders., S. 43.
32 Müller, Einführung der Reformation (wie Anm. 2), S. 38.
33 Ernst Dorn, Erlangens älteste Pfarrmatrikel 1636–1655, Erlangen 1936.
34 Gertraud Lehmann, Refugium – Flüchtlingskolonie – Einwanderungsstadt. Gründung und Integration der Französischen Kolonie in Erlangen, in: Christoph Friederich (Hrsg.), Vom Nutzen der Toleranz. 300 Jahre Hugenottenstadt Erlangen (Ausstellungskatalog Stadtmuseum Erlangen), Nürnberg 1986, S. 123–127, S. 125.
35 Friedrich Nägelsbach, Die ersten 50 Jahre der Pfarrei Erlangen-Neustadt. Nach neuen Forschungen, Erlangen 1912, S. 8ff.
36 Horst Weigelt, Die evangelische Gemeinde seit Ausgang des 17. Jahrhunderts, in: Wendehorst (Hrsg.), Erlangen, S. 149–153, S. 150.
37 Christoph Friederich/Hartmut Bobzin, Art. Neustadt, ev. Gemeinde, in: Erlanger Stadtlexikon, S. 519f.
38 Johannes Bischoff, 440 Jahre evang.-luth. Erlangen 1528–1968 (Ausstellungskatalog Stadtmuseum), Erlangen 1968, S. 18.
39 Vgl. den Aufsatz von Bauernfeind Martin, „Suchet das Himmelreich zu Erlangen", hier in diesem Band S. 152f.
40 Christoph Jahn, Art. Dekanat Erlangen, ev.-luth., in: Erlanger Stadtlexikon, S. 202.
41 S. dazu den Beitrag von Andreas Jakob, Von der Hugenottenstadt zur Zentrale lutherischer Weltmission. Das protestantische Erlangen, hier in diesem Band S. 148f.
42 Hans Joachim Schoeps, Das war Christian-Erlang, Erlangen 1950, S. 12f.
43 Bischoff, 440 Jahre (wie Anm. 38), S. 18.
44 Johannes Kreßel, Der Martinsbühl und seine Kirche, in: Erlanger Heimatbuch 1921, S. 43–51, hier: S. 47f.
45 Elfi Jemiller, Die Künstlerfamilie Leinberger (Leimberger). Biographische Skizzen, in: Thomas Engelhardt (Hrsg.), Christian Leinberger (1706–1770). Maler, Zeichner, Geometer (Veröffentlichungen des Stadtmuseums Erlangen, Nr. 56), Nürnberg 2006, S. 61–75, S. 64.
46 S. den Beitrag von Sylvia Ostertag-Henning, Die Gründung der Pfarrei Herz Jesu – oder der lange Weg der Katholiken zur eigenen Kirche, hier in diesem Band S. 163f.
47 Weigelt, Evangelische Gemeinde (wie Anm. 36), S. 151.
48 Andreas Jakob, Das Kollegiatstift bei St. Martin in Forchheim. Grundlagen zur Geschichte von Stift und Pfarrei in der zweiten Hauptstadt des Hochstifts Bamberg 1354–1803, Bd. 2, Die Personallisten, ungedrucktes Manuskript, S. 934f.
49 Sabine Haaß, Kein Blick zurück im Zorn? Die Evangelische Kirche in der Nachkriegszeit, in: Jürgen Sandweg (Hrsg.): Hinter unzerstörten Fassaden. Erlangen 1945–1955, Erlangen 1996, S. 620–695, S. 666.
50 Rudolf Henzler, Dreifaltigkeitsgemeinde Erlangen-Altstadt, in: Peter Smolka (Hrsg.), Erlangen – evangelisch. Porträt eines Dekanatsbezirkes, Erlangen 1976, S. 19–23. – Andreas Jakob, Art. Altstadt, ev. Gemeinde, in: Erlanger Stadtlexikon, S. 118. – Haaß, Blick zurück (wie Anm. 49), S. 648–663.
51 Dies., S. 655.
52 Weigelt, Evangelische Gemeinde (wie Anm. 36), S. 151.
53 Theodor Kolde, Die Universität Erlangen unter dem Haus Wittelsbach 1810 bis 1910, Erlangen 1910, Nachdruck 1991, S. 323.
54 Ders., S. 321.
55 Vgl. dazu den Beitrag von Martina Bauernfeind, „Suchet das Himmelreich zu Erlangen ...". Die evangelisch-lutherische Theologische Fakultät der Friedrich-Alexander-Universität, hier in diesem Band S. 155f.
56 Weigelt, Evangelische Gemeinde (wie Anm. 36), S. 151.
57 Ders., S. 151f.
58 Haaß, Blick zurück (wie Anm. 49), S. 662.
59 Weigelt, Evangelische Gemeinde (wie Anm. 36), S. 152.
60 Henzler, Dreifaltigkeitsgemeinde (wie Anm. 50), S. 19–23. – Jakob, Altstadt, ev. Gemeinde (wie Anm. 20). – Friederich/Bobzin, Neustadt (wie Anm. 37).

Sylvia Ostertag-Henning

„Schlimmer als Papisten und Türken"?

Die Aufnahme von Hugenotten in Erlangen

Das Erlanger Stadtmotto „*Offen aus Tradition*" bezieht sich auf ein Ereignis, das vor über dreihundert Jahren Land und Leute herausforderte. Vor den Toren der Altstadt, die kaum mehr als fünfhundert Einwohner zählte, entstand 1686 eine Kolonie für etwa tausend französische Protestanten, in der Leben, Arbeit und freie Glaubensausübung möglich wurden. Hugenottenstadt nennen wir sie heute, Christian Erlang hieß sie von 1701 bis 1810. Für die Altstädter ist sie die Neustadt – die jüngere Schwester. Als unzerstörte barocke Idealstadt spielt sie eine bedeutende Rolle in der deutschen Architekturgeschichte.

Markgraf Christian Ernst von Brandenburg-Bayreuth war der erste lutherische Fürst im Reich, der nach den Beschlüssen des Westfälischen Friedens von 1648 die territoriale Glaubensgeschlossenheit mit einem großangelegten Aufnahmeprojekt durchbrach, und bereit war, Reformierte aufzunehmen[1]. Bereits 1681 hatte er sein Konsistorium – Theologen und Juristen – um Stellungnahme ersucht. Drastisch formulierte dieses, dass die „*Glückseligkeit*" des Landes nur garantiert sei, wenn es „*mit seinem Landeshaubt eine waare Religion hat*", dass der „*Reformierten Gemüth*" „*bekannd*" sei, „*dass sie mit der Zeit, wann sie sich eingenistet, gemeiniglich die alten Ingeseßene aus ihren Land und Güttern zu vertreiben pflegen*" und „*durch sie andere treue Untertanen mehr beschweret als erfreuet*"[2] würden. Wenn Christian Ernst wenige Jahre später diesen Rat in den Wind schlug und die Differenzen mit seinen lutherischen Geistlichen und Beamten nicht scheute, hatte er gewichtige Gründe. Die Folgen des Dreißigjährigen Krieges zeichneten noch das Land, der Verlust an Menschen war noch nicht ausgeglichen, Flächen und Ortschaften lagen brach, aus eigener Kraft konnte das Land nicht so schnell aufkommen. Die Flüchtlinge, die um Aufnahme baten, waren als gut ausgebildete Arbeitskräfte bekannt. Hohes Arbeitsethos zeichnete sie aus, Wunschimmigranten also? Von Seiten des Landesherrn gewiss, anders sah es die Geistlichkeit, und die Bevölkerung schürte ihre eigenen Ängste. Noch galten die nach Calvin reformierten Protestanten nicht als der „*waaren Religion*" angehörend, nicht nur das Abendmahlsverständnis schied Lutheraner und Reformierte. Ein Württembergischer Geistlicher erklärte sogar: „*Die Calvinisten seien schlimmer als Türken und Papisten*", d.h. als die anderen großen Glaubensfeinde der damaligen Zeit. In seiner Überspitztheit macht dieses Zitat die im eigenen Land zu erwartenden Probleme deutlich, die Markgraf Christian Ernst in Kauf zu nehmen bereit war, wenn er die Hugenotten nicht nur in größerer Zahl aufnahm, sondern ihnen auch freie Glaubensausübung zusicherte.

Wer waren die Hugenotten, weshalb verließen sie Frankreich?

Die Hugenotten waren französische Anhänger der Lehre Jean Calvins. Obwohl König Franz I. 1533 die Ausrottung der „*verdammten lutherischen Sekte*" befohlen hatte, entstanden in

Markgraf Christian Ernst von Brandenburg-Bayreuth, nach 1690

In dem zweisprachigen Dekret vom 16.6.1686 bestätigt Markgraf Christian Ernst die Privilegien für ansiedlungswillige Hugenotten und droht Maßnahmen gegen Missbrauch an

Südfrankreich bald zahlreiche reformierte Gemeinden. Das Glaubensverständnis der sog. *„Lutheriéns"* beruhte auf dem zentralen Stellenwert der Offenbarung durch das Wort. Predigt, Gebet und Psalmengesang bestimmten die schlichte Liturgie, aus Kirchenräumen wurde alles Bildliche verbannt. Der erst nach 1560 entstandene Name *„Hugenotten"* wird zwei Quellen zugeordnet: Den *„Eidgenossen"* in Genf, als frühe Anhänger der Reformation und der Sage des in der Stadt Tours um das Jahr 1000 nächtlich herumgeisternden Königs Hugues Capet, wodurch die Reformierten wohl als heimlich und im Dunklen agierend beschrieben

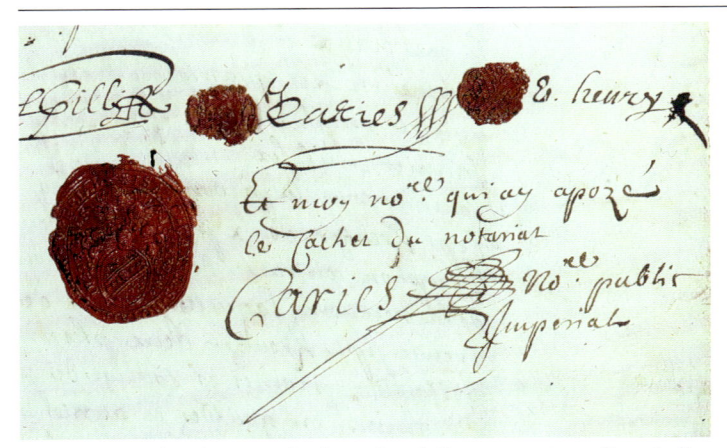

Notariatssiegel und Unterschrift von Isaak Caries in seinem Protokollbuch, 1691

werden sollten. Die Hugenotten bezeichneten sich selbst nie so, sondern verstanden sich als Protestanten oder Reformierte. Als einflussreiche Adelige in Frankreich zum Protestantismus übertraten, entwickelte sich der religiöse zum politischen Kampf. Zwischen 1562 und 1593 tobten acht Hugenottenkriege im Land. Unter König Heinrich IV., dem ehemals protestantischen Bourbonenfürst, kam es zum Toleranzedikt von Nantes 1598, das den Hugenotten Sicherheitsplätze im Land bestimmte. Durch ihre streng organisierten Gemeinwesen, ihre gute Bildung (eigene Schulen), ihr hohes Arbeitsethos und den daraus resultierenden wirtschaftlichen Erfolg wuchs ihnen unerwünscht viel Macht zu. Verschiedene Edikte verschoben die Rechte der Reformierten zugunsten der katholischen Parteiungen im Lande. Unter Ludwig XIV. wurden Zwangsmaßnahmen zur Rekatholisierung der Reformierten angeordnet. Brutale Einquartierungen von Dragonern in deren Häuser, Vertreibung der Pfarrer, Schließung der Schulen, Zerstörung der Kirchen führten seit 1670 dazu, dass

Sog. „Eingericht" (Stubenzeichen) der Strumpfwirker, 1719

Der hugenottische Großkaufmann und Stifter Abraham Marchand, um 1745

drei Viertel konvertierten. 1685 erklärte der König im Edikt von Fontainebleau die katholische Religion als die einzig existierende im Lande. Etwa 200.000 Menschen verließen trotz hoher Strafandrohung ihre Heimat, obwohl bei misslungener Flucht die Galeerenstrafe drohte. Die Niederlande, England und das Kurfürstentum Brandenburg waren die Hauptaufnahmeländer. Diejenigen Reformierten, die um „refuge" in deutschen Landen nachsuchten, fanden zunächst in den evangelischen Kantonen der Schweiz Unterkunft.

Die Aufnahme

Protestantische deutsche Fürsten, die Interesse an der Ansiedlung von Hugenotten hatten, verfassten Aufnahme-Edikte, die weitreichende Rechte in der neuen Heimat versprachen. Diplomaten reisten mit diesen Privilegien in die Schweiz und traten in Konkurrenz zueinander: Nur die reichsten, bestausgebildeten Flüchtlinge sollten dem jeweiligen Landesherrn zugeführt werden. Für Markgraf Christian Ernst übernahm der versierte Diplomat Joseph Auguste Du Cros Vermittlerdienste. In schillernden Farben hatte er ausgemalt, welche Chancen sich dem Fürstentum mit der Aufnahme der französischen Protestanten eröffnen würden. Am 19. November 1685 hatte er dem Markgrafen einen Entwurf zur Privilegien-Vergabe vorgelegt, der sich am Potsdamer Edikt des Kurfürsten von Brandenburg vom 29. Oktober 1685 orientierte. Christian Ernst befragte erneut Konsistorium und Räte, setzte sich jedoch über alle weiterhin bestehenden Bedenken hinweg. Am 7. Dezember 1685 erließ er das offizielle Toleranzedikt und schickte Du Cros mit einer beträchtlichen Summe Geldes und den Ansiedlungsprivilegien in die Schweiz. Sein Angebot beinhaltete freie Religionsausübung an den für die Französisch-Reformierten vorgesehenen Orten, Gleichstellung mit den natürlichen Untertanen, Recht auf eigene Schulen, Geldvorschüsse, kostenlose Bauplätze und Materialien für Häuserbauer, Landerwerb, finanzielle Unterstützung zur Einrichtung von Manufakturen, Befreiung von

Die Ostfassade der Hugenottenkirche vor dem Bau des Turms, 1721

Schützenscheibe zum „100jährigen" der Neustadt Erlangen, 1786

Nichtausgeführter Entwurf für den Turm der Hugenottenkirche, 1732

113

Innenraum der Französisch-Reformierten Kirche vor der Renovierung, um 1985

Lasten und Steuern bei Investitionsengagement etc. Du Cros meldete Erfolge: Kaufleute kämen, deren Vermögen er auf mehrere hunderttausend Gulden schätze.

Am 17. Mai 1686 trafen die ersten Flüchtlingsfamilien in Erlangen ein, das damit unmittelbaren Anteil an diesem wichtigen Kapitel europäischer Geschichte nahm. In kleineren Gruppen wurden sie meist durch ihre Pastoren hierher geführt. Vorwiegend entstammten sie den Regionen der Cevennen, des Dauphiné und des Languedoc. Zunächst wurden sie in der Altstadt Erlangen und in den umliegenden Ortschaften Baiersdorf, Münchaurach und Frauenaurach untergebracht. Beamte setzten die Einquartierungen durch. Für Franzosen und Einheimische war die Situation brisant. Sprachschwierigkeiten, Enge, Krankheiten prägten den Alltag. Viele Flüchtlinge starben noch im Ankunftsjahr. Neben Mitleid stellten sich auch Neid und Misstrauen bei der heimischen Bevölkerung ein. Von etwa 1.500 Franzosen, die 1686 bis 1687 eintrafen, verließ ein Drittel das Gebiet wieder, um nach Magdeburg, Halberstadt oder Berlin zu gehen. Oft wurden dabei die finanziellen Vorschüsse des Markgrafen mitgenommen, weshalb dieser ein Dekret erließ, solcherart Handelnde als Deserteure zu verfolgen.

Eine eigene Stadt für die Franzosen

Etwa zeitgleich mit der Ankunft der ersten Franzosen entschied Markgraf Christian Ernst, eine eigene Stadt für die Refugiés zu errichten. Südlich der Altstadt Erlangen wurde der Bauplatz abgesteckt. Die Fernhandelsstraße und die Nähe der beiden Flüsse Regnitz und Schwabach boten gute Voraussetzungen für eine Gewerbestadt. Oberbaumeister Johann Moritz Richter fertigte den Plan einer barocken Idealstadt, in dem sich die Intention eines überschaubaren, sozialen Gebildes spiegelte. Die Architektur war geprägt durch „*Symmetrie*" und „*Regularität*". Doch nicht nur Funktionalität war der ausschlaggebende Grund für diesen Entwurf, auch die Repräsentanz des Fürsten in Form einer Stadtgründung spielte im Zeitalter des Absolutismus eine Rolle. Die Hoffnung auf eine zügige Fertigstellung der Idealstadt wurde jedoch bald enttäuscht. „*Kapitalisten*", die Du Cros avisiert hatte, blieben rar, meist waren es Handwerker, mit guten Fertigkeiten, aber ohne nennenswertes Kapital, die in Erlangen eintrafen. Christian Ernst und manche seiner Beamten mussten zunächst als Bauherren auftreten und immer wieder Geld einfließen lassen, dabei auch weiterhin die Einquartierungskosten bestreiten, was

Teilansicht der von Abraham Marchand gestifteten Glocke, 1958

den Markgrafen unter anderem im Oktober 1686 zwang, seine Jagdrechte im Bamberger Gebiet zu verpfänden, wofür er 20.000 Gulden leihen konnte. Für den Bau der Häuser war der Markgraf auf seine einheimischen Bauleute angewiesen, da die Franzosen auf diesem Sektor keine Fachleute hatten. Trotz großer Geldopfer stockte alles, dazu summierten sich soziale Spannungen im Alltag, die sich in verschiedenster Weise entluden: Altstädter führten Klagen, dass die Franzosen unvorsichtig mit dem Feuer umgingen, die Brunnen verdürben, ihre Gärten verwüsteten, ungefragt Steinbrüche auf ihren Feldern einrichteten und sich oft arrogant und unbeherrscht zeigten. Außerdem arbeiteten sie auch an lutherischen Feiertagen! Revanche gaben sie den Franzosen, als der Schlüssel für den Rathaussaal, in dem die Reformierten vorläufig ihren Gottesdienst feiern durften, nicht auffindbar war, oder sie

Das Evangelisch-Reformierte Pfarrhaus am Bahnhofsplatz, um 1870

mit ihren Ochsenkarren zu nah an den Marktständen der Franzosen vorbeifuhren und deren Produkte einstaubten. Als Neid aus Kurbrandenburg auf die in Erlangen angekommenen Franzosen laut wurde, erwiderte der Markgraf in einem Brief an den Großen Kurfürsten am 9. August 1686: *„er sei bereit, ihm alle seine Reformirten wieder abzutreten, wenn er ihm seine bisherigen Auslagen ersetze"*3. Das Unternehmen „Neustadt Erlangen" stand auf des Messers Schneide. Da sich auch leitende Beamte am Bayreuther Hof dem Unternehmen entgegenstellten, hatte Markgraf Christian Ernst mit seinem Toleranz- und Wirtschaftsprojekt an vielen Fronten zu kämpfen. Es entsprach seinem Charakter jedoch nicht, voreilig aufzugeben. Schon als Knabe soll er bei schwierigen Dingen große Ausdauer bewiesen haben. Im Dezember 1686 setzte er in einem deutlich ermahnenden Erlass allen Beteiligten nochmals *„die Bedeutung des Unternehmens auseinander und suchte zu beweisen, wie er damit nur das Wohl des Landes anstrebe"*4. Gleichzeitig dehnte er die Privilegien zur Ansiedlung in der Neustadt auf Glaubensgenossen der Augsburger Konfession aus. Neben den französischen Handwerkern waren weitere Investoren zum Aufbau der Gewerbe und der Stadt dringend erforderlich.

Die Französischen Gewerbe nehmen ihren Anfang

Im Jahr 1687 lebten in der Neustadt bereits sechs- bis achthundert Franzosen, dazu Beamte und Bauleute, obwohl erst 40 Häuser errichtet waren. Enge und Alltagsnot lassen sich anhand dieser Zahlen vorstellen. Viele Franzosen betrachteten den *„Refuge"* als Übergang, hofften, wieder in ihre Heimat zurückkehren zu können. Trotz dieser schwierigen Ausgangslage entwickelte sich

Tafel mit den Zehn Geboten der Französisch-Reformierten Kirche, 1717

115

wirtschaftliches Leben in der Kolonie. Am Zusammenfluss von Regnitz und Schwabach hatte der Markgraf ein Stauwehr errichten lassen, das ab 1688 Wasserkraft auf Mühlen und Hämmer übertrug (die Werker). Er unterstützte die *„manufacturiers"* mit großzügigen Vorschüssen, um die Gewerbe anzukurbeln, und vorausschauend forderte er die Franzosen auf, die neuen Techniken auch den Einheimischen zu vermitteln. Die *„faiseurs des bas"* (Strumpfwirker) hatten den in England erfundenen Wirkstuhl eingeführt und fertigten Strümpfe für Verleger, die ihnen die Rohwolle lieferten und den Vertrieb übernahmen. Da viele Einheimische im 18. Jahrhundert Arbeit in diesem Gewerbe fanden, galt Erlangen als *„Strumpferstadt"*. Auch die Filzhutproduktion entwickelte sich zu einem bedeutenden Zweig im Manufakturwesen, das mit seiner arbeitsteiligen Produktionsweise fortschrittliches Know How nach Franken brachte. Die *„gantiers"* (Handschuhmacher) arbeiteten zwar rein handarbeitlich, stellten aber durch die speziell gegerbten Ziegenleder ein Luxusprodukt her, das bald Eingang auf den großen Handelsmessen fand. Handschuhe aus Erlangen wurden ein international bekanntes Produkt, jedoch erhielten die Einheimischen erst in der zweiten Hälfte des 18. Jahrhunderts Zugang zu diesem Gewerbe, bis dahin blieb es in französischer Hand, weshalb sich über dieses Metier auch die wenigen noch in Erlangen geläufigen französischen Wörter tradiert haben.

Für die immer noch mächtige Reichsstadt Nürnberg, deren Handwerker strenger Zunftpolitik unterstanden, wurden die Produkte der Hugenottenstadt mit ihrer liberalen Wirtschaftsordnung zu unliebsamer Konkurrenz. Dagegen nutzten Nürnberger Kapitalisten die Erlanger Gewerbefreiheit, um hier zu investieren. Herausragend unter ihnen Isaac Buirette von Oehlefeld, der sich in der schwierigen Gründungsphase der Kolonie finanziell engagierte, später jedoch als Konkurrent auftrat, indem er auf dem von ihm erworbenen Gut Wilhelmsdorf eine eigene Strumpfwirker-Kolonie ansiedelte und viele der Erlanger Strumpfwirker dorthin abzog.

Die Ankunft der Hugenotten in Erlangen, Glasfenster aus dem Rathaus, 1893

Beteiligt am Erlanger Hugenottenbild: Johann Heinrich Ebrard, um 1850

Die Verwaltungshoheit der Kolonie oblag zwar der markgräflichen Regierung in Bayreuth, doch wurden in Erlangen kollegiale Einrichtungen zur Regelung der Justiz-, Polizei- und Kommerzienangelegenheiten geschaffen, die zunächst vorwiegend durch Franzosen besetzt wurden. Auch das Stadtdirektorium wurde in den ersten Jahren durch Franzosen bekleidet. Als Ende des 17. Jahrhunderts viele Deutsche in die Neustadt kamen, verschoben sich die Gewichte im Direktorium zu deren Gunsten, doch Bürgermeisteramt und Ratsstellen wurden noch lange paritätisch besetzt.

Kirchliches Leben

Bereits am 14. Juli 1686 ließ Christian Ernst den Grundstein zum Gotteshaus der Reformierten legen. Aufgrund der überall gleichzeitig benötigten Gelder zog sich der Bau jedoch über sieben Jahre hin. War die Gemeinde räumlich noch auf Provisorien angewiesen, so hatte sie bereits im Oktober durch den Markgrafen Auftrag und Erlaubnis erhalten, ein *„consistoire"* (später Presbyterium) zu bilden. Stolz wurde das Kirchensiegel (Arche und Taube) als Zeichen der Eigenständigkeit geführt. 1687 konnte die Gemeinde ihren eigenen Friedhof einrichten (heute überbaut durch die neue Universitätsbibliothek). Markgraf Christian Ernst genehmigte auch ein Kollegium zur Ausbildung der Französischen Geistlichen und eigene Schullehrer zur Erziehung der Jugend. Den Mittelpunkt der reformierten Gläubigen bildete das Konsistorium, das über Verwaltung, Kirchenzucht und Lebenswandel wachte. *„Diacres"* (Diakone) kümmerten sich nach den Weisungen der Ältesten um Arme und Kranke, unterstützten Familien, deren Einkommen durch Krankheit ausfiel, für eine bestimmte Zeit auch finanziell. Die *„Pasteurs"* verkündigten das Evangelium, gewählt wurden sie durch die Gemeindeversammlung. Der starke soziale Zusammenhalt gewährte den Franzosen Identität und Verhaltensnorm im fremden Erlangen. Aufregung und Tumulte entstanden in der Kolonie, als Mitglieder der Gemeinde ihre drei Pfarrer Papon,

Trauergottesdienst für Kirchenrat Jung in der Reformierten Kirche, 23.6.1954

Hugenottenfestspiele vor der Orangerie anlässlich der 250-Jahrfeier der Neustadt Erlangen, Mai 1936

Tholozan und Bonnet als Verräter der Religion bezeichneten. Erstaunlicherweise hatten diese nämlich im August 1686 einen markgräflichen Revers unterzeichnet, in dem sie sich zur weitmöglichen Angleichung an die lutherische Religion verpflichteten. Fast zwei Jahre dauerten die Auseinandersetzungen, die auch innerhalb der Kolonie weiter angefacht wurden und zu großer Verunsicherung in religiöser und sozialer Hinsicht führten. Viele Franzosen verließen Erlangen deshalb. Im Dezember 1687 zog der Markgraf den umstrittenen Revers zurück. Bereits im August hatte er den Glaubensflüchtlingen neue Privilegien eingeräumt und ihnen die entstehende Kirche „*en pour don*" zum Geschenk gemacht. Mit dem Zugeständnis, eine eigene Synode abhalten zu dürfen, endeten 1688 die Verwirrungen, die das Fortbestehen der Kolonie ernsthaft gefährdet hatten.

Unmittelbar nach Fertigstellung der Kirche mussten sie die Franzosen mit anderen teilen. Deutsche Reformierte, die seit den Einfällen Ludwigs XIV. in die Kurpfalz von dort geflohen waren, kamen in die Kolonie. Der Aufbau bedurfte weiterer Einwanderer, Christian Ernst hatte deshalb die Aufnahmeprivilegien 1693 auf Pfälzer Reformierte ausgedehnt und genehmigte ihnen die Mitbenützung des französischen Tempels. Als Zwinglianer (reformiert durch Huldrych Zwingli) brachten diese ihre eigenen Pfarrer mit. Jahrelange Differenzen zwischen der Französisch- und der Deutsch-Reformierten Gemeinde waren die Folge. Streit entzündete sich oft an banalen Fragen wie Gottesdienstzeiten oder an welchem Ort die Opferstöcke aufzustellen seien, aber auch daran, ob die Deutschen an den französischen Synoden teilnehmen sollten. Pfarrer Tholozan von der Französischen Gemeinde wird von Sigmund von Raumer[5] als treibender Faktor in den Auseinandersetzungen beschrieben. Im Februar 1697 gab Christian Ernst Aufforderung an den Direktor der Neustadt, Groß von Trockau, *„er solle den streitbaren Geistlichen ernstlich verwarnen"*. Nach Tholozans Tod (1700) äußerte sich der Markgraf gegenüber Groß von Trockau, dass wieder Ruhe und Ordnung in der Kolonie herrsche.

Mitwirkende an den Hugenottenfestspielen 1936

Das deutsche Element

Lebten 1698 neben 1000 Refugies nur 317 Deutsche, begann sich schon Anfang des 18. Jahrhunderts der französische Charakter der Kolonie zu verändern. Deutsche Reformierte, Lutheraner, auch einige Katholiken waren eingeladen worden, um den Fortgang des Kolonisationsprojekts zu fördern. Nach anfänglichen gegenseitigen Animositäten arrangierten sich die verschiedenen Konfessionen in Erlangen rasch miteinander. Der von den lutherischen Pfarrern im Vorfeld gezeichnete konfessionelle Gegensatz spielte in der Praxis kaum eine Rolle. Bei aller Wahrung der eigenen Interessen scheint es nach Überwindung der Anfangsschwierigkeiten nicht zu religiös oder national motivierten Übergriffen oder zu einer Ghettobildung für bestimmte Gruppen gekommen zu sein. Trotz oder wegen der konfessionellen Vielfalt blühten Handel und Gewerbe rasch auf und Erlangen entwickelte sich bis zum Ende des 18. Jahrhunderts zur wichtigsten Industriestadt des Fürstentums.

Die Integration der Franzosen erfolgte im 18. Jahrhundert offenbar sehr rasch, beschleunigt durch den ausbleibenden Nachzug von weiteren Hugenotten, den starken Zuzug von deutschen Zuwanderern, die gemeinsamen Arbeitsfelder, die wegen ihres Frauenmangels schon frühzeitig geschlossenen Mischehen und schließlich den Wegfall der Privilegien in der kommunalen Verwaltung. 1723 lebten neben 1.028 Franzosen bereits 2.154 Deutsche in der Neustadt. Bis 1752 verdreifachte sich die Einwohnerzahl auf 6.000, der Anteil der Franzosen fiel immer weiter zurück, 1750 wurde Deutsch zur ausschließlichen Amtssprache. Obwohl französische Schulen noch bis 1817 bestanden, beherrschten Anfang des 19. Jahrhunderts viele Nachkommen der Franzosen ihre Muttersprache nicht mehr. 1822 wurde in der Hugenottenkirche letztmalig französisch gepredigt. Bereits 1811 unterstellten sich die Deutsch-Reformierte und die Französisch-Reformierte Gemeinde der protestantischen Gesamtgemeinde Bayerns. 1922 wurden beide Gemeinden vereinigt, zu diesem Zeitpunkt zählte die französische Gemeinde noch 251, die deutsche 340 Mitglieder. Heute leben in Erlangen nur noch zwei Familien – Mengin und Vache – die sich im Mannesstamm auf die hugenottischen Einwanderer der Gründungszeit zurückführen.

Mythos Hugenotten

Dass „*Hugenottenstadt*" die gebräuchliche Bezeichnung für die Erlanger Neustadt geworden ist, geht nicht zuletzt auf den Ende des 18. Jahrhunderts in Preußen entstandenen Hugenottenmythos zurück. 20.000 Französisch-Reformierte waren dort eingewandert. Die beiden hugenottisch-stämmigen Berliner Pfarrer Erman und Réclam prägten ein Geschichtsbild, das jene als Elitegruppe eines hochzivilisierten Herkunftslandes definierte, die, einmal eingewandert zum Zugpferd des Aufnahmelandes wurden. Hinter diesem Verständnis der Hugenotten verschwand die Chance, „*[...] dass man die leidvolle Geschichte der französischen Calvinisten als eines von vielen möglichen Beispielen anführen könnte, um die unsäglich gewalttätige, grausame und menschenverachtende Funktionsweise eines Herrschaftssystems zu dokumentieren, das sich herausgefordert sieht [...]*"[6]. Durch die beispielhaft, ja als Elite assimilierten Hugenotten wurde der Verfolgte und Gläubige verdeckt, der Hugenotte zur staatlich instrumentalisierten Idealfigur überhöht.

Für Erlangen setzte sich die Bezeichnung Hugenottenstadt erst im Nationalsozialismus anlässlich der 250 Jahrfeier der Gründung der Neustadt 1936 durch. Seitdem heißt der ursprüngliche „*Place devant le temple*" (Platz vor dem Tempel), der unter dem Königreich Bayern zum „*Luitpoldplatz*" wurde, Hugenottenplatz.

Sichtachse auf den Turm der Hugenottenkirche, 2006

Was hat Deutschland gewonnen? Veranstaltungsplakat 1959

Anlässlich der 100 Jahr-Feier der Neustadtgründung 1786 standen die Vorgänge um Flucht und Aufnahme und die Entwicklung der Toleranz im 18. Jahrhundert im Mittelpunkt des Gedenkens. Die 200 Jahr-Feier 1886 wurde öffentlich kaum zur Kenntnis genommen, jedoch trug die publizistische Tätigkeit des Französisch-Reformierten Pfarrers und Professors in Erlangen, Johann Heinrich August Ebrard (1818–1888), zu einem sich verstärkenden hugenottischen Geschichtsbewusstsein bei. Ende des 19. Jahrhunderts wandelte sich der Springbrunnen im Erlanger Schlossgarten zum Hugenottenbrunnen. Im Rathaussaal (Palais Stutterheim) wurde 1893 ein Glasfenster gestaltet, das die Aufnahme der Emigranten in Erlangen idealistisch verklärte, und Eingang in viele Druckwerke der Hugenottenliteratur fand. Allerdings protestierten Mitglieder der Reformierten Gemeinde Erlangens 1936 erfolgreich gegen die Umbenennung ihrer Kirche in Hugenottenkirche.

1986 setzte das Stadtmuseum Erlangen mit der Ausstellung *„300 Jahre Hugenottenstadt Erlangen"* dem Gedenken neue Schwerpunkte: Unter dem Motto *„Vom Nutzen der Toleranz"* wurden in Ausstellung und Katalog die vielschichtigen Ebenen des Ansiedlungsprojektes Markgraf Christian Ernsts von Brandenburg-Bayreuth dargestellt und eröffneten differenzierte Sichtweisen auf das Geschehen von einst. Toleranz stellte sich so als Prinzip dar, das durch viele Beteiligte aktiv und mühsam errungen werden muss, wobei der Nutzen seine Anrüchigkeit verliert.

Als Christian Ernst 1712 im Erlanger Schloss verstarb, konnte er sich des Erfolges seines Toleranzprojektes noch nicht sicher sein. Verschiedene Einflüsse, wie die Erhebung zur 6. Landeshauptstadt 1708, der Status als Nebenresidenz und die Gründung der Universität 1743 trugen noch wesentlich zur Entwicklung der Neustadt bei. Doch ohne seinen Mut zur Durchsetzung eines umstrittenen Projekts und die Zähigkeit, in kritischen Momenten nachzufassen, würde das Stadtmotto Erlangens wohl heute anders lauten.

Anmerkungen

1 Einen Sonderfall stellte Brandenburg in diesem Zusammenhang dar: Der Kurfürst selbst war aus dynastisch-territorialpolitischen Gründen vom lutherischen zum reformierten Glauben gewechselt, gestand seinen Untertanen aber weiter den lutherischen Glauben zu. Er nahm etwa 20.000 Hugenotten auf.

2 Gutachten des lutherischen Konsistoriums über die Aufnahme der Franzosen, Bayreuth, den 25. November 1681, abgedruckt bei Georg Schanz, Zur Colonisation und Industrie in Franken, Erlangen 1884, Beil2, S. 2.

3 Ebenda, S. 24.

4 Ebenda.

5 Sigmund von Raumer, Erlangen unter Christian und Christian Ernst, Erlangen 1910, S. 127.

6 Klaus Treuheit, Das Hugenottenbild, in: Christoph Friederich (Hrsg.), Vom Nutzen der Toleranz. 300 Jahre Hugenottenstadt Erlangen (Ausstellungskatalog Stadtmuseum Erlangen), Nürnberg 1986, S. 61–65.

Martina Bauernfeind

Waldenser, Deutsch-Reformierte, Salzburger Exulanten und französische Emigranten

Erlangen als Fluchtpunkt verfolgter Minderheiten

Aufgrund der religiösen Intoleranz der Landesherren und wirtschaftlicher Schwierigkeiten zogen seit dem 16. Jahrhundert hunderttausende Flüchtlinge unterschiedlicher Glaubensrichtungen – darunter reformierte Wallonen, niederländische und Schweizer Mennoniten, Böhmen, Orangeois, Sozinianer, Schwenkfeldianer und Mährische Brüder – gezwungenermaßen oder freiwillig durch ganz Europa[1].

Waldenser und Deutsch-Reformierte

Offenbar angelockt durch die markgräfliche Werbung kamen neben Angehörigen der größten und prominentesten Gruppe, den Hugenotten, gleichzeitig auch Waldenser und Deutsch-Reformierte nach Erlangen. Die vor allem aus dem Val Cluson oder Pragelatal, dem *„evangelischsten Gebiet von ganz Frankreich"*, stammenden Mitglieder der vorreformatorischen Waldenserbewegung[2] hatten sich 1532 der Genfer Reformation angeschlossen. Als Bergbauern, Maultiertreiber und Gemsenjäger unterschieden sie sich von den Hugenotten weniger durch den Glauben als durch ihre soziale Stellung. Deswegen wurden die meisten der 1686/87 im Markgraftum Brandenburg-Bayreuth angekommenen etwa 460 Pragelaner auf entlegene Ämter verteilt, lediglich etwa 40 ließen sich in der gerade erst gegründeten Neustadt nieder. Bedeutendstes Mitglied der Erlanger Waldensergemeinde war der Pfarrer Jaques Papon, dessen Vater im April 1686 bei Markgraf Christian Ernst die Ausweitung des Aufnahmepatents auf diese Glaubensgruppe erreicht hatte. Am 14. Juli 1686 nahm er – und nicht einer der hugenottischen Geistlichen – die Grundsteinlegung für die Hugenottenkirche vor. Von September 1686 bis Mitte 1688

Liste der bauwilligen Franzosen, 1687

war er der erste Pfarrer der Französisch-Reformierten Gemeinde, bevor er Erlangen wieder verließ. Denn aufgrund des ungewohnt rauhen Klimas und der Unterbringung in Massenquartieren brachen Epidemien aus, denen etwa ein Fünftel der Waldenser zum Opfer fielen. Ein weiterer Grund war der bis 1688 andauernde sogenannte Reversstreit[3], nachdem den Reformierten – erfolglos – das Ansinnen gestellt worden war, das Augsburger Bekenntnis anzuerkennen. Etwa 360 Waldenser verließen Erlangen und zogen nach Hanau und Hessen-Darmstadt[4].

Während die Waldenser ihren Weg über Erlangen teuer bezahlen mussten und in ihrem Fall das Kolonisationsprojekt an äußeren Umständen kläglich scheiterte, hatte eine andere Gruppe größeres Glück. Ab 1692 kamen neben zahlreichen Reformierten aus der deutschsprachigen Schweiz, dem Elsaß, aus Hessen und dem Rheinland auch Reformierte (Zwinglianer) aus der von den Truppen Ludwigs XIV. verheerten Pfalz[5] nach Erlangen. Hier gründeten sie auf der Basis eines 1693 erteilten markgräflichen Privilegs zur freien Religionsausübung mit ihrem ersten Pfarrer Jakob Daniel Humbert eine Deutsch-Reformierte Gemeinde, die 1708 bereits etwa 100 Mitglieder umfasste und im 19. Jahrhundert die Französisch-Reformierte Gemeinde zahlenmäßig überholte. 1693 erhielt die Gemeinde das Mitbenutzungsrecht an der gerade fertiggestellten Französisch-Reformierten Kirche. 1728 erfolgten Grundsteinlegung und 1734 Weihe der Deutsch-Reformierten Kirche am damaligen südöstlichen Stadtrand (Bohlenplatz, heute Gemeindehaus der evangelisch-lutherischen Gemeinde der Neustadt)[6], was den erfolgreichen Abschluss der Gemeindegründung belegt.

Anklänge von Babylon in Erlangen

Neben den Glaubensflüchtlingen kamen auch Zuwanderer von nah und fern, um vom liberalen Wirtschaftsklima der neuen Erlanger Kolonie zu profitieren. Sie kamen aus Uttenreuth, Gründlach, aus dem Raum Hersbruck, aus Nürnberg, Augsburg, Ansbach, Gunzenhausen, Schnabelwaid, Schönbrunn bei Wunsiedel, Heppenheim, Weidenberg, Bayreuth, Sonneberg, Weikersheim im Hohenlohischen, aus der Fränkischen Schweiz wie Gräfenberg und Hirschbach, Kleinlangheim bei Kitzingen, aus Straßburg und Münster im Elsaß, aus Kassel, Hanau und Rumrodt in Hessen, aus Großebern in Sachsen und sogar aus Österreich[7], so dass sich um 1700 zusammen mit der französischen Sprache sowie den verschiedenen deutschen und fränkischen Dialekten ein farbiges Feld unterschiedlicher Mundarten entfaltete und in Erlangen vorübergehend ein nachgerade babylonisch anmutender Sprachpluralismus herrschte.

Viel mehr noch als die Sprache fielen als trennendes Element die konfessionellen Unterschiede ins Gewicht, wie etwa der spezielle Messritus, der Heidelberger Katechismus und die kurpfälzische Kleiderordnung als kirchliche Grundlage der Deutsch-Reformierten. Zwangsläufig waren sämtliche Unierungsversuche mit den Lutheranern zum Scheitern verurteilt, wie zum Beispiel derjenige 1709 von Markgräfin Elisabeth Sophie[8]. Während sich einerseits Lutheraner und Calvinisten durchaus mit Argwohn begegneten, kam es andererseits auch innerhalb beider reformierter Gemeinden wegen gemeinsamer Nutzung der Hugenottenkirche dauerhaft zum Konflikt. Erst als die Deutsch-Reformierte Gemeinde eine eigene Kirche erhielt, entspannte sich das Verhältnis. Nicht zuletzt, weil die Einwanderer außerhalb einer bestehenden Ortschaft angesiedelt wurden, beeinträchtigte der Streit der Konfessionen das Zusammenleben nie dauerhaft und bis 1792 stieg Erlangen zum wichtigsten Industrie- und Handelszentrum des Fürstentums auf. Letztendlich näherten sich beide reformierten Gemeinden immer mehr an. 1811 wurden beide dem Evangelisch-Lutherischen Dekanat Erlangen unterstellt, bevor sie 1922 zur Evangelisch-Reformierten Gemeinde verschmolzen.

Der Exodus der Salzburger Exulanten

Gut ein halbes Jahrhundert nach der Aufnahme der ersten Glaubensflüchtlinge in Erlangen 1686 kam hier am Palmsonntag des Jahres 1732 (5. April) mit rund 300 Personen die erste Abteilung von insgesamt 4490 Salzburger Exulanten in Erlangen an, um Zwischenstation auf ihrem großen Treck nach Ostpreußen zu machen[10]. Der Exodus aus Österreich hatte bereits in den 1620er Jahren eingesetzt, nachdem im Zuge der Gegenreformation, die Zwangskatholisierung beim evangelischen Adel begonnen hatte und sich Mitte des 17. Jahrhunderts mit der gewaltsamen Konversion der lutherischen Bauern und einfachen Leute fortsetzte. Wie dramatisch der Bevölkerungsschwund in den betroffenen

Taufbecken der Deutsch-Reformierten Gemeinde von 1719, 1936

Gebieten war, zeigt, dass 1655 über die Hälfte aller Häuser im Erzherzogtum Österreich unter der Enns als unbewohnt gemeldet wurde.

Zu den wichtigsten Zuwanderungsgebieten in Franken zählte die Region zwischen Pappenheim und Nördlingen. Aber auch in Roßtal, Fürth oder Nürnberg sowie im Erlanger Raum bei Vach, Eltersdorf und Kalchreuth ließen sich lutherische Bauernfamilien aus Österreich nieder[11], wo sie einen wesentlichen Beitrag zum Wiederaufbau des im Dreißigjährigen Krieg verwüsteten und entvölkerten Landes leisteten. Im heutigen Stadtgebiet entwickelte sich in Frauenaurach auf dem völlig verödeten Klosterareal bis zum Ende des 17. Jarhunderts eine dörfliche Siedlung, die 1778 aus 62 Anwesen bestand[12]. Auch Kriegenbrunn und Neuses wurden von Salzburger Exulanten wiederbesiedelt[13]. Den nicht unbedeutenden Klavierbau in Erlangen begründete Balthasar Schiedmayer, der Abkömmling einer österreichischen Exulantenfamilie, die um 1652 in Frauenaurach und um 1710 auch in Erlangen als Hofbäcker ansässig geworden war[14]. Darüber hinaus gaben die Exulanten nach Jahrzehnte langer innerer Emigration dem religiösen Leben in ihren neuen Gemeinden durch aktiven Gottesdienstbesuch wieder Stabilität und Impulse. Auch evangelische Adelige fanden in Franken Zuflucht; so erwarb beispielsweise Ende des 17. Jahrhunderts Johann Ferdinand Stauff aus einer oberösterreichischen Exulantenfamilie den Rittersitz Adlitz[15].

Die Massenvertreibung von 1732

Keine Verfolgungswelle erregte jedoch soviel öffentliche Aufmerksamkeit, wie die Ausweisung 1732[16], als über 20.000 Salzburger das Land verließen, das damit ein Fünftel der Bevölkerung verlor. In einem ersten Schritt wurden in Salzburg alle „Uneingesessenen", das heißt Knechte und Mägde ohne eigenen Besitz völlig unvorbereitet und ohne die Möglichkeit, sich zu verpflegen und warm zu kleiden, quasi auf offener Straße festgenommen und zur bayerischen Grenze deportiert. Rund 4000 Landeskinder waren von der Willküraktion, die überdies mitten im Winter stattfand, betroffen. Im Februar 1732 wurde der Exodus der „Angesessenen" vorbereitet. Von Mai bis August verließen

Bauzeichnung der Deutsch-Reformierten Kirche, um 1728

Die Deutsch-Reformierte Kirche von Südwesten, um 1860

die meisten lutherischen Bauern in 16 großen Wanderzügen ihre Heimat. Nur alte und gebrechliche Personen blieben zurück. Ende des Sommers waren 1776 Bauernhöfe verwaist, die weit unter Wert hatten abgegeben werden müssen.

Um das unmenschliche Verfahren außenpolitisch zu rechtfertigen, wurden die ausgewiesenen Salzburger Lutheraner durch einen Vermerk im Pass als Unruhestifter gebrandmarkt. Das große persönliche Leid, die Tatsache, dass der Exodus ohne Gegengewalt und vergleichsweise geordnet von statten ging, der Respekt vor ihrer Glaubensfestigkeit und die am Vorabend der Aufklärung als unzeitgemäß empfundene Intoleranz in Konfessionsfragen verschaffte den Flüchtlingen jedoch eine europaweite öffentliche Anteilnahme. Toleranz in Glaubensfragen, aber auch wirtschaftliche Gründe bewogen Preußens König Friedrich Wilhelm I. schließlich, mit dem Einladungspatent vom 2. Februar 1732 die Salzburger Exulanten zur Peuplierung der bevölkerungsarmen ostpreußischen Siedlungsgebiete als neue Landeskinder aufzunehmen. Getragen von einer Sympathiewelle der evangelischen deutschen Gebiete fanden die Flüchtlinge vor allem in den Reichsstädten herzliche Aufnahme. In Franken zeichnete sich besonders Nürnberg mit seinem Landgebiet aus.

Kanzel und Altar in der ehemaligen Deutsch-Reformierten Kirche, 1948

„So verhaßt sind diese Salzburger denen Römisch-Catholischen"

Die ersten Salzburger Flüchtlinge kamen im März 1732 nach Nürnberg und dessen Umgebung, wo in jenem Jahr insgesamt fast 14.000 Salzburger aufgenommen, verpflegt und betreut wurden[17]. Die Reichsstadt tat sich auch innerhalb der Spendenkampagne hervor, die vom Corpus Evangelicorum des Regensburger Reichstags zur Finanzierung der Hilfsmaßnahmen in den Territorien des Reiches organisiert worden war. Die Route über Nürnberg wählten die Flüchtlinge, weil die fürstbischöflich-bambergische Kanzlei ihnen *„ein Schreiben entgegen [schickte], in welchem ihnen der Durchzug gäntzlich abgeschlagen wurde. So verhaßt sind diese Salzburger denen Römisch-Catholischen..."*[18]. Auch als bei den folgenden Durchzügen auf ausdrückliche Anweisung des Bamberger Fürstbischofs Friedrich Carl Graf Schönborn den Protestanten die Passage gewährt wurde, trat mit dem Verhalten seiner katholischen Untertanen und deren Priestern der Glaubenskonflikt in seiner ganzen Schärfe hervor. Die *„Bauern setzten diesen armen Leuten sehr hart zu, sie schimpfften erschrecklich, schlugen etliche erbärmlich und hieben einigen die Strenge von den Wagen ab. Im Juli kam ein Trupp durch die Bambergischen Lande ... Dieser Trupp mußte unter freyem Himmel liegen. Denn die Pfaffen kamen bey fünfftzig und sechzig herzu, und baten die Leute um Gottes und Marien willen, sie möchten doch ihre Häuser nicht durch die Ketzer verunreinigen lassen. Ein Glaß Wasser mußten sie mit zwey Creutzer bezahlen; eine Stelle auf der bloßen*

Orgelprospekt in der ehemaligen Deutsch-Reformierten Kirche, um 1940

Zerfallene Särge in der Gruft der Deutsch-Reformierten Kirche, 1957

Erde mit einem Kreutzer; ein Bund Stroh mit einem Groschen; ein Maaß Bier mit zehen Creutzer; Und endlich mußten sie sechtzig Gulden erlegen, daß sie die Brücke über den Main passieren durften."[19].

„Weil einer mit dem andern um den Vorzug stritte, diese Leute auf ihrer beschwerlichen Reise zu erquicken"

Herzliche Aufnahme fanden die Salzburger Exulanten hingegen im evangelisch-lutherischen Markgraftum Brandenburg Bayreuth. *„Man gab ihnen allenthalben freye Quartiere, und einem jeglichen täglich vier Kreutzer. An Speise und Tranck hatten sie keinen Mangel, weil einer mit dem andern um den Vorzug stritte, diese Leute auf ihrer beschwerlichen Reise zu erquicken"*[20]. Von Nürnberg aus erreichte der erste Trupp eine Woche vor Ostern Erlangen. Die Markgräfin-Witwe Sophie[21] stellte selbst Unterkunft und Verpflegung für 50 Leute in ihrem Schloss zur Verfügung. Ihrem Beispiel folgend beherbergten Angehörige ihres kleinen Hofstaates zum Teil bis zu 20 Leute in ihren Häusern und *„erquicketen sie mit Speise und Tranck im Überfluß. Man machte sich ein rechtes Vergnügen daraus, diesen Frembdlingen gütlich zu thun. Viele vornehme Leute schenckten den Wein selbst ein, und reichten ihnen denselben selbst in die Hände"*[22].

Daneben engagierten sich die Erlanger, allen voran die ehemaligen Refugiés – trotz unterschiedlicher Glaubensausrichtung – für ihre Leidensgenossen[23]. Wie groß die Anteilnahme und die kollektiv empfundene Euphorie gewesen sein muss, zeigen Versuche Erlanger Hugenottennachfahren, Salzburger Kinder zu adoptieren. Der mitreisende preußische Flüchtlingskommissär fühlte sich allerdings nicht befugt, ohne Wissen des Königs solchen Anträgen stattzugeben.

Ein eigens organisierter Gottesdienst am 6. April 1732 sorgte für die seelische Erbauung. Stellt man in Rechnung, dass die Salzburger Familien jahrzehntelang nur heimlich Gottesdienste abhalten konnten und ihre Kinder ohne fachliche und seelsorgerische Unterstützung von Pfarrern selbst in Bibel und Katechismus unterwiesen hatten, war ein öffentlich zelebrierter Gottesdienst sicherlich ein beeindruckendes Erlebnis sowie ein religiöser Höhepunkt auch für die Erlanger Bevölkerung. Die aus dem Stegreif organisierten Kollekten erbrachten die beträchtliche Summe von 450 Gulden[24]. Über den Beitrag der Französisch-Reformierten Gemeinde vermerkte das Protokoll: *„Le 6 avril 1732 lon a fait uns colette a notre Eglise en faveur des Emigrans de Salsebourg Mess[ieurs] nos pasteurs ayant exorb toute lassemblée de se largir en cette occassion on a Recuilly fl 111 – 10 x que Mon[sieur] Le Pasteur Malvieux accompagné du... nogaret et Cour Le Gouverneur Deficher pour les leur faire distribuer a sa prudence."*[25]. Ein zweiter Spendenaufruf innerhalb der Französisch-Reformierten Gemeinde am 31. Juli 1732 ergab noch einmal 109 Gulden *„en faveur de ses bonnes gens"*[26]. Als die Salzburger am 7. April 1732 Erlangen wieder verließen, geleiteten Erlanger Geistliche und die Schulkinder sie bis vor die Stadt und verteilten das eingesammelte Geld zu gleichen Teilen an sie weiter.

In ähnlicher Art und Weise wurden die folgenden Flüchtlingstrecks unterstützt, die Erlangen nur passierten oder dort rasteten. Am 18. April[27] zog die Schuljugend weiteren 250 Flüchtlingen entgegen und geleitete sie unter Absingen von geistlichen Liedern herein, wo sie auf Kosten der Stadt verpflegt und beherbergt

Karl Goebel, 1845-1857
Dt.-Ref. Pfarrer in Erlangen

Philipp Emil Haenchen, 1864-1898

Otto Friedrich Vogelgesang, 1911-1912

Dr. phil. Martin Schultze, 1912-1918

wurden. Bei ihrer Abreise erhielten sie zwei Groschen Kopfgeld sowie Proviant. Wieder erfolgte der Auszug feierlich unter Begleitung der Schüler und Geistlichen, wobei das Lied: *„Von Gott will ich nicht lassen"* gesungen wurde[28]. Darüber hinaus sorgte der Registrator Schneider, bevor sie in der Nähe von Streitberg Bamberger Gebiet erreichten, für sicheres Geleit[29].

1732 erreichten weitere Flüchtlingsgruppen Erlangen, und zwar am 3. Mai 240 Personen, am 21. Mai 600 Personen mit 30 Wagen, am 17. Juli 750 Personen, am 28. Juli 600 Personen, am 4. August sogar 800 Personen, am 14. August 350 Personen und schließlich am 20. August 600 Personen[30].

Nicht nur in Erlangen wurden die Flüchtlinge beherbergt und versorgt, sondern auch in der Umgebung. So machten Salzburger Exulanten in Bruck Station. Der erste Trupp mit rund 200 Personen, der dort das Pfingstfest vom 31. Mai bis 2. Juni feierte, wurde in Wirtshäusern untergebracht und auf Gemeindekosten verpflegt. Vom 28. bis 30. Juni rasteten weitere 164 Personen in Bruck. Die Gemeinde verausgabte für die Salzburger insgesamt 141 Gulden und 1 ½ Kreuzer[31]. Am 28. und 29. Juli lagerten rund 100 Personen in Frauenaurach und am 14. August 406 Menschen in Baiersdorf[32].

Die Bevölkerungszahl Erlangens mag zum Zeitpunkt der Ankunft der Emigrantentrecks bei etwa 4000 Einwohnern gelegen haben[33], so dass im Jahr 1732 – wenn auch in mehreren Etappen – eine Menschenmenge in der Größenordnung der Gesamtbevölkerung beherbergt, verköstigt, seelsorgerisch und vermutlich auch medizinisch versorgt sowie durch Spenden finanziell unterstützt wurde. Einerseits erleichterte den Erlangern sowie auch anderen Rastgebieten sicherlich die Tatsache des lediglich vorübergehenden Aufenthaltes ihre Anstrengungen. Andererseits ist die außerordentlich große Hilfsbereitschaft und die Herzlichkeit des Empfangs gerade in Erlangen auch ein Indikator für das im kollektiven Gedächtnis der Stadt präsente Bewusstsein einer eigenen Flüchtlingsidentität.

Der Glaube als Fluchtmotiv wurde zur konfessionsübergreifenden Klammer und ließ ursprüngliche Ressentiments zwischen Lutheranern und Reformierten in den Hintergrund treten. Der religionsübergreifende Toleranzgedanke im frühaufklärerischen Sinne, der hier vorweggenommen wurde, fand seine literarische Rezeption Jahre später etwa bei Lessings „Nathan der Weise" oder Goethes Epos „Hermann und Dorothea", das auf einer Kalendergeschichte über ein protestantischen Mädchen aus dem Erzbistum Salzburg, das in Ostpreußen einen wohlhabenden Mann heiratete, basierte.

Französische Revolutionsflüchtlinge

Die demographische Entwicklung der beiden reformierten Gemeinden verlief im 18. Jahrhundert fast konträr. Standen 1698 in der Neustadt 1000 Refugiés nur 317 Deutschen gegenüber, wurden 1723 bereits 2154 Deutsche gegenüber nur 1028 Franzosen registriert[34]. Doch trotz der vielen Todesfälle in den ersten Jahren nach der Ankunft und der nur unwesentlichen Zunahme der absoluten Bevölkerungszahlen erhielt die französische Kolonie immer wieder neue Impulse. Nicht nur durch die Pflege der französischen Sprache etwa im Gottesdienst, sondern auch durch Kontakte mit Frankreich erneuerten sich Kultur und Sprache und blieben so lebendig.

Die Deutsch-Reformierte Kirche als ev.-luth. Gemeindehaus, um 1960

Insbesondere infolge der französischen Revolution wurde Franken abermals zum Asylland, jedoch verfuhr man bei der Aufnahme der *„Emigranten"* weit zurückhaltender als im Falle der Glaubensflüchtlinge. Im Gegensatz zu jenen, deren strenger Glaube allein schon als Garantie für ein geordnetes Verhalten galt, wurde nun genau hingesehen, wer ins Land gelassen wurde. Auch bedeutete die Aufnahme der zumeist Adeligen mit ihren Familien und Bediensteten oder Geistlichen nicht unbedingt einen wirtschaftlichen Vorteil, wenn nicht sogar eine Belastung für die Gastländer. Am 3. März 1792 beschloss der Kreis-Konvent in Nürnberg deshalb, dass nur diejenigen Emigranten *„welche in der Eigenschaft ganz unschädlicher Fremden und Reisenden erscheinen würden, eine gastliche Aufnahme gestattet, bewaffneten, oder in größern Haufen ziehenden Franzosen der Eintritt versagt werden solle."*[35].

Als nun die Grenzen des Bayreuther Territoriums für die Flüchtlinge geöffnet wurden, spielten einmal mehr Erlangen und seine Bewohner eine zentrale Rolle bei deren Aufnahme. Die günstige Lage, die französische Tradition, die Universität und das gesellschaftliche Leben zeichneten die Stadt ebenso aus wie die *„gewöhnliche... Erlanger Humanität"*[36]. Im November 1792 kamen die ersten (katholischen) Franzosen in Erlangen an und konnten am 26. Februar 1793 zusammen mit der (reformierten) französischen Gemeinde das 100jährige Bestehen ihres Tempels begehen. Das Ereignis wurde unter Beteiligung der (überwiegend lutherischen) Eliten der Stadt, des Akademischen Senats, der Geistlichen, der hohen Beamten sowie der Markgräfin standesgemäß gefeiert. Mit Blick auf die in Frankreich wütende Revolution würdigte die Erlanger Real-Zeitung das Fest, *„an dem jeder Bewohner unserer Stadt um so freudigen Antheil nahm, da die edlen Mitglieder dieser Kolonie allgemein geliebt werden, so viel zur Erbauung und Verschönerung unsrer Stadt beitrugen, und noch jetzt durch ihre ruhmvolle Industrie so viel zum Wohlstand derselben beitragen ... Je schrecklicher das Schicksal ist, das gegenwärtig den Wohlstand ihres ehemaligen Vaterlandes, und die Ruhe und Sicherheit seiner Bewohner zerstört, und selbst ihre Altäre umzustürzen droht..."*[37].

Entsprechend dem Kriegsverlauf stieg die Zahl der Asyl suchenden Franzosen an, so allein im August 1794, auf dem Höhepunkt der Schreckensherrschaft in Paris, von 61 auf 107[38]. Offenbar wurde damit das für Erlangen verkraftbare Maß überschritten, denn neben einer Steigerung der Lebenshaltungskosten wie für Nahrungsmittel und Mieten kam es auch zu persönlichen Animositäten. Im kalvinistisch bzw. pietistisch geprägten Milieu der Stadt gefiel das galante, selbstbewusste und bisweilen arrogante Auftreten der katholischen Franzosen und Französinnen nicht jedem, vielleicht nicht zuletzt deswegen, weil bei den Studenten, aber auch im Bürgertum Sympathien für die Ideale der Französischen Revolution herrschten[39]. Viele fürchteten um den moralischen Ruf der Stadt und die angehenden Akademiker der Universität um ihre exklusive gesellschaftliche Stellung. So kam es zu einer Reihe von sittlichen und gewalttätigen Übergriffen, die 1794 auch Karl August Freiherr von Hardenberg – seit 1792 regierender Minister der an Preußen gefallenen Markgrafentümer Ansbach und Bayreuth – gemeldet wurden: *„Die infame Insolenz, mit welcher der armseligste Franzose manchen Studenten begegnet, dafür seine tüchtigen Ohrfeigen bekommt, führt allmählich eine solche Wildheit der Deutschen ein, daß sich davon alles befürchten läßt."*[40]. Tatsächlich hatten die Studenten auf die gesamte emigrierte französische Nation ein *„Pereat"* (lat.: *„Sie möge zugrunde gehen"*) ausgebracht und den Konflikt forciert. Hardenberg reagierte zwar auf die Vorfälle und drosselte den Zustrom an Flüchtlingen nach Erlangen, bestätigte aber die grundsätzlich emigrantenfreundliche Politik Preußens im Unterschied zum Bamberger Hochstift und zur Reichsstadt Nürnberg.

Entspannter war das Verhältnis der Erlanger und Studenten zu den deutschsprachigen Flüchtlingen, etwa aus dem Elsaß. Etliche von ihnen immatrikulierten sich an der Universität oder nahmen am gesellschaftlichen Leben der Stadt teil. Unter ihnen war etwa auch die Familie des Freiherrn Bernhard von Türckheim aus Straßburg, dessen Gattin Elise als Goethes Braut Lili Schönemann in die Literaturgeschichte einging, unter anderem als Vorlage zur Figur der Dorothea seiner Dichtung „Hermann und Dorothea". Goethe, der 1792 die Flucht linksrheinischer Deutscher vor dem Schreckensregiment der Jakobiner miterlebte, hatte die Handlung unter Beibehaltung des Grundthemas von Flucht und Vertreibung aktualisiert und in eine rechtsrheinische Kleinstadt des Jahres 1796 verlegt. Jedenfalls fühlte sich die Frankfurter Bankierstochter in ihrem Erlanger Exil, das sie als „*schöne[s], gesunde[s], durch gute Menschen bewohnte[s] Städtchen*"[41] in Erinnerung behielt, ausgesprochen wohl, vielleicht nicht zuletzt aufgrund ihrer Herkunft, denn sie entstammte mütterlicherseits der adeligen Hugenottenfamilie d'Orville.

Die Flüchtlinge aus Frankreich kamen für ihren Lebensunterhalt weitgehend selbst auf. Sie lebten entweder von ihrer materiellen Substanz, gaben Sprachunterricht oder spezialisierten sich auf die Fertigung und den Handel mit kunstgewerblichen Artikeln und exklusiven Textilwaren[42]. Für ihre seelsorgerische Betreuung – etwa zu hohen Festtagen – forderte man aus dem Bamberger Fürstbistum Emigrantenpriester an, wie 1794 zur Osterzeit, denn „*all diese [Emigranten] in einem Frühmorgen beichten zu hören, sei nicht leicht thunlich, zumal dieses verzärtelte Volk die Gemächlichkeit liebe*"[43].

Insgesamt hatten während der Revolutionswirren über 400 Emigranten in Erlangen Asyl gefunden[44]. Während 1801 viele von ihnen die Erlaubnis zur Rückkehr nutzten, blieben auch etliche, bewarben sich erfolgreich um das Bürgerrecht und integrierten sich in die Erlanger Gesellschaft. Nachgerade beispielhaft veranschaulicht die Vita des Hauslehrers René Pierre Doignon aus St. Etienne den Fall einer gelungenen Integration. Doignon kam 1795 im Gefolge seines Arbeitgebers, des Comte de Mornac und dessen Familie, nach Erlangen. Während Mornac wieder nach Frankreich zurückkehrte, blieb Doignon. Seine Dienste als Sprachlehrer waren in Erlangen als französischer Kolonie durchaus gefragt. Um in eine eingesessene Familie einheiraten zu können, konvertierte der Katholik und ehemalige Abbé 1812 zum lutherischen Glauben und ehelichte im gleichen Jahr die Tochter des verstorbenen Kaufmanns und Bürgermeisters Johann Konrad Schmidt. Er hatte sich damit nicht nur wirtschaftlich etabliert, sondern durch Sprache und Konfession auch kulturell angepasst und verschaffte sich nun durch das Konnubium Eingang in die Erlanger Gesellschaft. Seine ehemalige Asylstadt war für den ambitionierten Immigranten zur Wahlheimat geworden und seine soziale Position gefestigt, so dass er 1817 sogar ein

Salzburger Exulantin mit Kindern, um 1732

Auszug der Salzburger Exulanten, um 1732

= 173 =

Das
Erlanger Intelligenzblatt.
Nro. 40.

Montag den 5. October 1795.

1. Ankunft der Fremden.

Vom 28. Sept. bis 3. Oct. Hr. v. Ecker, mit Frau Gemahlin, aus Braunschweig. Herr Krämmer, Gastgeber von Würzburg. Hr. Graf v. Mornai mit 11 Personen, aus der Provinz Saintonge, in Frankreich. Hr. Regimentschirurgus Immel, und Hr. D. Gesner, aus Anspach. Hr. Siegmund aus Nürnberg. Hr. v. Führer mit 1 Bedienten aus Nürnberg. Log. im Brandenburgischen Hauß.

Ankunft des Grafen von Mornai mit Gefolge in Erlangen, 1795

Stellenangebot aus Nürnberg ausschlug. Sein Ansehen bewahrte den mehrfachen Familienvater allerdings nicht vor materiellen Sorgen. Offenbar hoch verschuldet, nahm er sich im Alter von 70 Jahren das Leben[45].

Erfolgreiche Assimilierung

Doignons Lebenslauf steht als Pars pro toto für den allgemeinen Assimilierungsprozess aller Zuwanderer, der bereits seit der Mitte des 18. Jahrhunderts an Kontur gewann. Die Aufhebung getrennter Einwohnerverzeichnisse um 1740, die Einstellung zweisprachiger gewerblicher und amtlicher Mitteilungen oder französischsprachiger Beiträge im Erlanger Intelligenzblatt 1816, die Schließung eigener Kultureinrichtungen wie 1817 der Französisch-Reformierten Werktagsschule wegen Schülermangels und nicht zuletzt die Zunahme von *„Mischehen"* sind Indikatoren und Markteine des Zusammenwachsens. Den Schlusspunkt markierte 1822 die Einführung der deutschen Sprache in Religionsunterricht und Gottesdienst der Französisch-Reformierten Gemeinde. Die Maßnahme war aufgrund der mangelnden Französischkenntnisse ihrer Mitglieder nötig geworden.

Im Spannungsfeld von kultureller Eigenständigkeit und Assimilierung zieht sich *„Migration"* als aktueller Forschungsbegriff wie ein roter Faden durch alle Epochen der Geschichte und tritt im Mikrokosmos Erlangens als Leitmotiv der Stadtkultur in außergewöhnlicher Schärfe hervor. Sie ist mitsamt der Integration der Zuwanderer, deren Geschichte bis heute lebendig geblieben ist, ein zentraler Teil der Erlanger Identität, die zur Stadtdevise erhoben wurde: *„Offen aus Tradition"*.

Anmerkungen

1 Andreas Jakob, Die Legende von den „Hugenottenstädten". Deutsche Planstädte des 16. und 17. Jahrhunderts, in: Volker Himmelein (Hrsg.), „Klar und lichtvoll wie eine Regel". Planstädte der Neuzeit vom 16. bis zum 18. Jahrhundert (Ausstellungskatalog Badisches Landesmuseum), Karlsruhe 1990, S. 181–198, hier S. 181.

2 Im 14. Jahrhundert wurden Waldenser u.a. in Nürnberg und Bamberg als Ketzer verfolgt; vgl. dazu Josef Urban, Das Bistum Bamberg in Geschichte und Gegenwart, Teil 2: Pfarreien, Klöster und Stifte – Religiöses Leben im Mittelalter (ca. 1250–1520), Straßburg 1994, S. 50.

3 Vgl. dazu Sylvia Ostertag-Henning, „Schlimmer als Papisten und Türken?". Die Aufnahme von Hugenotten in Erlangen, hier in diesem Band, S. 117f.

4 Gertraud Lehmann, Refugium – Flüchtlingskolonie – Einwanderungsstadt. Gründung und Integration der Französischen Kolonie in Erlangen, in: Christoph Friederich (Hrsg.), Vom Nutzen der Toleranz. 300 Jahre Hugenottenstadt Erlangen (Ausstellungskatalog Stadtmuseum Erlangen), Nürnberg 1986, S. 123–127, hier S. 124f. – Gerhard Philipp Wolf, Art. Deutsch-reformierte Gemeinde, in: Christoph Friederich/Bertold Frhr. von Haller/Andreas Jakob (Hrsg.), Erlanger Stadtlexikon, Nürnberg 2002, S. 207.

5 Grundlegend dazu Karl Eduard Haas, Die Evangelisch-Reformierte Kirche in Bayern, Neustadt/Aisch 1982.

6 Wolf (wie Anm. 4).

7 Georg Schanz, Zur Geschichte der Colonisation und Industrie in Franken, Erlangen 1884, S. 67.

8 Karl Eduard Haas, Die Ansiedlung von Hugenotten und Pfälzer Reformierten, in: Alfred Wendehorst (Hrsg.), Erlangen. Geschichte der Stadt in Darstellung und Bilddokumenten, München 1984, S: 44–47, S. 46. Zu Markgräfin Elisabeth Sophie siehe auch Christina Hofmann-Randall, Markgräfin Elisabeth Sophie von Brandenburg-Bayreuth (1684–1748), in: Christina Hofmann-Randall (Hrsg.), Das Erlanger Schloß als Witwensitz 1712–1817, Erlangen 2002, S. 63–79.

10 Zu Erlangen vgl. Johann Paul Reinhard, Chronik der Stadt, Pag. 256f. – Ferdinand Lammers, Geschichte der Stadt Erlangen von ihrem Ursprunge unter den fränkischen Königen bis zur Abtretung an die Krone Bayern, Erlangen 1834, S. 105f. Abweichend dazu gibt die zeitgenössische Schrift: Der Saltzburgischen Emigranten Freudenmuethige und höchst-gesegnete Wanderschaft in die Koeniglich-Preussische Lande..., Nuernberg 1732 (Abschrift), LKAN, MS 687,

320 Salzburger Exulanten in Erlangen an und nennt darüber hinaus für Tennenlohe 77, Neuhof 76, Gründlach 80, Kraftshof 78, Buch 124, Stadeln und Muggenhof 50.

11 Georg Kuhr, Österreichische Exulanten: Gründe der Auswanderung, Orte der Zuwanderung und Bedeutung für Franken nach dem Dreißigjährigen Krieg, in Hartmut Heller/Gerhard Schröttel (Hrsg.), Glaubensflüchtlinge und Glaubensfremde in Franken, Würzburg 1987, S. 161–180, S. 178. – Werner Wilhelm Schnabel, Österreichische Exulanten in oberdeutschen Reichsstädten, München 1992, S. 74.
12 Bertold Frhr. von Haller, Art. Frauenaurach, in: Erlanger Stadtlexikon (wie Anm. 4), S. 279.
13 Bertold Frhr. von Haller, Art. Kriegenbrunn, in: Erlanger Stadtlexikon (wie Anm. 4), S. 440.
14 Steven Zahlaus/Gertraud Lehmann, Art. Klavierbau, in: Erlanger Stadtlexikon (wie Anm. 4), S. 419.
15 Schnabel, Österreichische Exulanten (wie Anm. 11), S. 508.
16 Vgl. z. B. Friedens- und Kriegskurier, hrsg. von Adam Jonathan Felßecker, Nürnberg 1732.
17 Karl Friedrich Dobel, Kurze Geschichte der Auswanderung der evangelischen Salzburger, Kempten 1832, S. 119.
18 Ausführliche Historie derer Emigranten oder Vertriebenen Lutheraner aus dem Ertz-Bißthum Saltzburg, Ander Theil, Leipzig 1733, S. 41.
19 G. Göcking, Vollkommene Emigrationsgeschichte, zitiert nach Ernst Dorn, Um Glauben und Heimat, Erlangen 1932, S. 101.
20 Ausführliche Historie (wie Anm. 18), S, 41.
21 Siehe dazu Christina Hofmann-Randall, Markgräfin Sophia von Brandenburg-Bayreuth (1684–1752), in: Hofmann-Randall (wie Anm. 8), S. 81–100.
22 Göcking (wie Anm. 19), S. 90.
23 Carl Franklin Arnold, Die Vertreibung der Salzburger Protestanten und ihre Aufnahme bei den Glaubensgenossen, Leipzig 1900, S. 133.
24 Lammers (wie Anm. 10), S. 106.
25 LKAN, PfA Ev.-Ref. Gemeinde 229.
26 Ebenda.
27 Ausführliche Historie (wie Anm. 18), S, 79. Abweichend dazu nennt Lammers (wie Anm. 10), S. 106, hier den 19. April.
28 Reinhard (wie Anm. 10), pag. 257.
29 Vgl. dazu auch die Schilderung in: Der Saltzburgischen Emigranten Freuden-muethige ... Wanderschaft (wie Anm. 10).
30 Lammers (wie Anm. 10), S. 106.
31 Vgl. Ernst Dorn, Um Glauben und Heimat, Erlangen 1931, S. 81–87. Seine Ergebnisse beruhen auf dem Kommunikantenbuch der Pfarrei S. 421/22. Abweichend dazu nennt der zeitgenössische Bericht in: Der Saltzburgischen Emigranten Freuden-muethige ... Wanderschaft (wie Anm. 10) am 28./29. Juli 1732 den Aufenthalt von 550 Salzburgern in Erlangen, von 150 in Bruck sowie für den 14. August 490 in Erlangen.
32 Der Saltzburgischen Emigranten Freuden-muethige ... Wanderschaft (wie Anm. 10).
33 Vgl. Erlanger Stadtlexikon (wie Anm. 4), S. 778. 1723 liegt der Schätzwert bei 3930 Einwohnern.
34 Vgl. Johannes Bischoff, Erlangen 1790 bis 1818. Studien zu einer Zeit steten Wandels und zum Ende der „Französischen Kolonie", in: Jürgen Sandweg (Hrsg.), Erlangen. Von der Strumpfer- zur Siemens-Stadt, Erlangen 1982, S: 59–126, S. 68.
35 Lammers (wie Anm. 10), S. 148.
36 Johann Christian Fick, Historisch-topographisch-statistische Beschreibung von Erlangen und dessen Gegend, Erlangen 1812, S. 47.
37 Erlanger Real-Zeitung 18. Stück, 1.3.1793.
38 Wilhelm Wühr, Die Emigranten der Französischen Revolution im bayerischen und fränkischen Kreis, Neudruck der Ausgabe München 1938, Aalen 1974, S. 152.
39 Andreas Jakob, „...das volle Glück des Friedens...". Die gefährlichen Zeiten beim Übergang Erlangens von Preußen an Bayern, in: Michael Diefenbacher/Gerhard Rechter (Hrsg.), Vom Adler zum Löwen. Die Region Nürnberg wird bayerisch 1775–1835, Nürnberg 2006, S: 281–299, S. 290f.
40 Zitiert nach Wühr (wie Anm. 38), S. 153.
41 Zitiert nach Wühr (wie Anm. 38), S. 154. Vgl. John Ries, Die Briefe der Elise v. Türckheim, Frankfurt 1924.
42 So etwa der Vicomte Dyon de Montelon, der 1802 einen Handel mit Putzwaren (Parfums, Stoffe etc.) betrieb; vgl. Andreas Jakob, „... das volle Glück des Friedens ...". . Die gefährlichen Zeiten beim Übergang Erlangens von Preußen an Bayern (Katalognummern), in: Diefenbacher/Rechter (wie Anm. 39), S. 483–500, hier S. 490.
43 Zitiert nach Wühr (wie Anm. 38), S. 161.
44 Jakob, „… das volle Glück des Friedens…" (wie Anm. 39), S. 289f.
45 Zu Doignon siehe Ursula Münchhoff, René Pierre Doignon. Ein französischer Emigrant in Erlangen (1795–1838), in: EB 38 (1990), S. 119–146.

Bernd Nürmberger

Kunsthistorische Verbindungen von Thüringen und Sachsen mit der Architektur Erlanger Kirchen

Im ausgehenden 17. und im 18. Jahrhundert entstanden in Erlangen eine beachtenswerte Reihe von Kirchen, die auch heute noch das Gesicht der historischen Stadt prägen. Ihr Stil wurde aufgrund von verwandtschaftlichen und religiösen Beziehungen durch Architekten aus Thüringen, Sachsen und Preußen beeinflusst. Bei der Schlossanlage war Berlin das Vorbild. Der Garten weist die Struktur der Anlage in Charlottenburg auf, die Gestalt der Orangerie geht auf das ehemalige Pomeranzenhaus im Berliner Lustgarten zurück, und das Schloss wurde zwar unter Antonia della Porta begonnen, aber von dem preußischen Ingenieur Gottfried von Gedeler nach dem Vorbild eines von holländischem Stil beeinflussten Bauwerkes in Berlin errichtet[1]. Die Concordien- oder Schlosskirche, die ebenfalls von Gedeler nach einem Berliner Vorbild plante, lag gegenüber der Orangerie im Schlossgarten. Ihren Grundstein legte am 5. August 1708 Maurermeister Georg Bickel, der auch am Bau der Sophien- und Altstädter Kirche sowie des Theaters beteiligt war. Nach ihrer

Die Hugenottenkirche von Südosten, 1952

Südseite der Hugenottenkirche, 1985

Innenraum der Hugenottenkirche nach Südwesten, um 1985

Dachstuhl der Hugenottenkirche, 1961

Weihe am 27. Juli 1710 diente sie als Hofkirche, in der bis Ende Oktober 1743 sowohl lutherische als auch reformierte Gottesdienste gefeiert wurden. Zusammen mit der Sophienkirche schenkte sie Markgraf Friedrich der neu gegründeten Universität, an derem Mineralogischen Institut nach vielen Um- und Anbauten nur noch die Säulen mit dem gesprengten Dreiecksgiebel von der ehemals prächtig stuckierten Kirche künden[2].

Die französisch-reformierte Kirche

Am heutigen Hugenottenplatz ließ Markgraf Christian Ernst als Geschenk für die Hugenotten, die er in sein Land gerufen hatte, die französisch-reformierte Kirche errichten, für die am 14. Juli 1686 der Grundstein gelegt, und die am 26. Februar 1693 geweiht wurde[3]. Der Markgraf beauftragte mit der Planung der von ihm gewünschten, rechteckigen Stadtanlage den thüringer Baumeister Johann Moritz Richter, der auch als Architekt der Kirche gesichert ist. Er löste die Aufgabe, den die Gleichmäßigkeit der geplanten Stadtanlage überragenden Baukörper der Kirche in sie einzubinden, in hervorragender Weise. Ähnliches war bereits vorher in Weißenfels gelungen. Im Jahre 1660 war sein Vater, der ebenfalls Johann Moritz hieß, mit dem Bau des Schlosses Neu-Augustusburg beauftragt worden, den der Sohn nach dessen Tod im Jahre 1667 fortsetzte[4]. In dieses Gebäude ist die 1664 – 1667 errichtete und am 1. November 1682 geweihte Schlosskapelle integriert[5]. Ihre Südseite ist in die Fassade des Schlossnordflügels so eingebunden, dass sie von außen nicht als Kirche zu erkennen ist. Nur im Norden springt sie aus der Baufront vor. Im Inneren entspricht sie dem rechteckigen Schema der protestantischen Schlosskapelle sächsischer Prägung. Der Vater, Johann Moritz Richter der Ältere, war seit 1658 mit dem Ausbau der Schlosskapelle in Weimar befasst, die ebenfalls auf diesen erstmals in Torgau (die Kapelle wurde 1544 geweiht) ausgeführten Typus zurückging und im Grundriss der Schlosskapelle in Weißenfels glich. In letzterer spielt wie in Erlangen die Zahl zwölf eine wichtige Rolle. An drei Wänden sind über dem Umgang jeweils drei Rundbogenarkaden und an der Chornordwand drei Blendarakaden zu finden, insgesamt also zwölf. Die Zusammenfassung zu je einer Dreiereinheit dürfte mit dem Namen der Kirche „*St. Trinitatis*" zusammenhängen. Der Sohn hatte auch später Verbindung zu Weißenfels. Der Zimmermeister Hanß Caspar Näder aus diesem Ort hat im Jahre 1689 die reformierte Kirche in Erlangen „*gerichtet und auffgeführet*" und darf damit als Schöpfer des außergewöhnlichen Dachstuhls gelten[6].

Johann Moritz Richter der Jüngere hat nach dem Tod seines Vaters die Schlosskapelle von Weißenfels fertig gestellt. In Eisenberg war er beteiligt bei der Planung der im Jahre 1679 begonnenen Kapelle von Schloss Christiansburg (geweiht am 27. September 1687), das unter der Bauleitung von Christian Wilhelm Gundermann bis 1692 errichtet wurde[7]. In der durch ihren prächtigen Stuck imponierenden Kirche tragen die Empore und die Decke Säulen, von denen jeweils zwei zu einer Einheit zusammengefasst sind. Dadurch erhält die zweigeschossige Kirche eine großartige Raumwirkung. Die Fürstenloge befindet sich gegenüber dem vorgesetzten Chor mit dem Kanzelaltar und der Orgel. Sie ist wie die reformierte in Erlangen als Querhauskirche angelegt. Dies dürfte

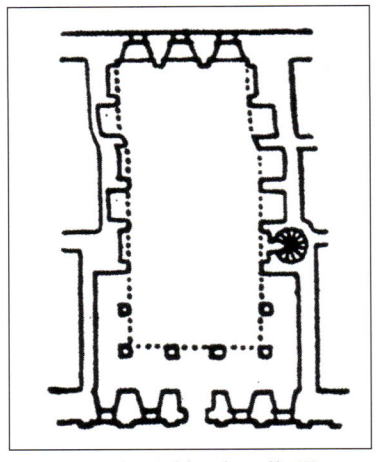

Grundriss der Schlosskapelle Weimar 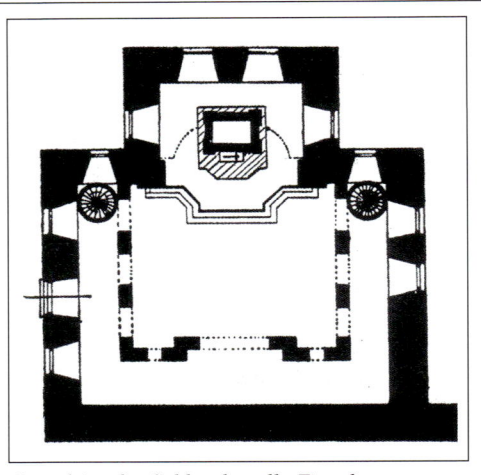 *Grundriss der Schlosskapelle Eisenberg* 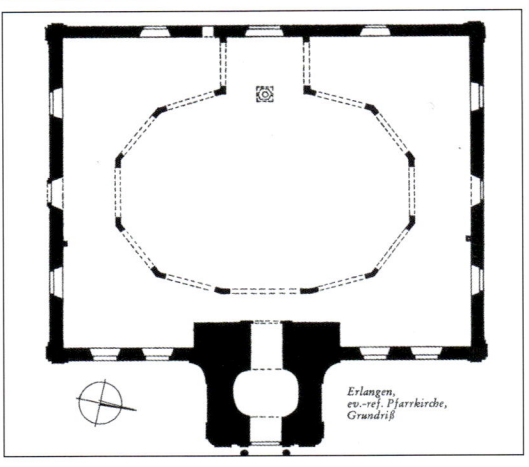 *Grundriss der Hugenottenkirche*

Schlosskirche Weißenfels, Blick nach Norden mit Altar, um 1993

auf den Wunsch des Bauherren Herzog Christian zurückzuführen sein, dem der Typus der Stuttgarter Schlosskapelle aus dem Jahre 1558 bekannt gewesen sein mag[8]. Diese zweite Art des Baus einer evangelischen Schlosskirche als Querhaussaalkirche wies in Stuttgart nur an den Schmalseiten Emporen auf. Die Nachfolgebauten hatten wie in der Schlosskapelle Hellenstein bei Heidenheim an der Brenz aus dem Jahre 1605 an drei Seiten Emporen[9]. Die Kirche in Eisenberg ist also als eine Verbindung des sächsischen und süddeutschen Kirchenbaus anzusehen, die Johann Moritz Richter in der reformierten Kirche Erlangens wieder aufnahm.

Diese ist allerdings erheblich schlichter gehalten. Richter greift hier auf die von seinem Vater in Weimar und Weißenfels verwendeten Arkaden zurück. Statt der Tonne in Weißenfels und der flach gewölbten Decke in Eisenberg finden wir in Erlangen ein Muldengewölbe. Der Altar und die Kanzel befinden sich auf der Westseite und die Empore für den Fürsten ursprünglich wie bei den Schlosskirchen diesen gegenüber. Eine vorgesehene Stuckierung der Decke durch einen Italiener unterblieb aus Kostengründen. Das Oval in dem durch den Stadtgrundriss bedingten Viereck des Baus ist die optimale Form für den reformierten Gottesdienst. Zudem wollte hier nicht ein auf höfischen Pomp bedachter Fürst repräsentieren, sondern eine reformierte Gemeinde ihren Gottesdienst ohne äußeren Schmuck feiern. Richter fertigte den Plan für die Kirche und die Stadt. Dies ist archivalisch belegt, nicht dagegen ein Einfluss der Hugenotten auf Richters Pläne. Die schon länger in der Markgrafschaft weilenden mit engen Verbindungen zum Markgrafen hatten wirtschaftliche Interessen. Die am 3. Mai 1686 mit Pfarrer Papon in Frauenaurach eingetroffenen und am 4. Mai in Erlangen einquartierten ebenso wie die in den nächsten Tagen folgenden ungefähr hundert Flüchtlinge waren nicht die vom Markgrafen erwarteten reichen Handelsherren und Unternehmer, sondern Kaufleute, Handwerker und Bauern, die andere Sorgen, vor allem um das tägliche Brot, hatten.

Sicherlich hat sich Richter bei der Planung der Kirche, für die am 14. Juli 1686 der Grundstein gelegt wurde, über den reformierten Ritus und die dafür am besten geeignete Form des Kirchenraumes informiert. Dabei dürfte er Anregungen aus Berlin und aus den zu dieser Zeit engen Verbindungen zum reformierten Holland, z. B. Amsterdam und Den Haag, übernommen haben. Ein Beispiel hierfür ist die reformierte Burgkirche in Königsberg, die auf besonderen Wunsch des Kurfürsten nach holländischem Vorbild erbaut wurde und in ihrer Anlage Abhängigkeit von der Neuen Kirche im Haag zeigt. Eine Einflussnahme der Hugenotten ist in Erlangen bei der Inneneinrichtung nachweisbar sowie dafür, dass sie nur einen schlichten Raum für ihren Gottesdienst wünschten.

Altstädter Kirche, Bauzeichnung

Suhl, Turmfassade der Kreuzkirche

Suhl, Kreuzkirche von Südosten

Die Altstädter und die Neustädter Kirche

Nach dem großen Brand der Altstadt wurde die Dreifaltigkeitskirche größer als barocke Saalkirche mit einem Oktogon als Chorabschluss wieder aufgebaut. Gemäß dem Plan Gottfried von Gedelers für die Neugestaltung des Stadtgrundrisses[11] wurde der Chor außerhalb der Stadtmauer, die abgebrochen wurde, errichtet[12]. Im Jahre 1709 erhielt der Ballier Wentzel Zehrung für die Besichtigung des abgebrannten Kirchengewölbs[13]. Dieser war offensichtlich beim Wiederaufbau der Erlanger Altstadt beschäftigt und ist hier zum ersten Mal fassbar am 14. Februar 1707 als Pate bei der Taufe des unehelichen Sohnes Wenceslaus Georg Paulus der Ursula Potzmann und des Tambours der Erlanger

Grundriß und Seitenansicht der Neustädter Kirche, Bauzeichnung

Für die Kirche war ursprünglich ein Turm über dem Frontispiz vorgesehen, der aber anfangs aus finanziellen und später aus statischen Gründen nicht errichtet wurde. So war sie nur durch die hochrechteckigen Fenster an der Ostseite und die ovalen an den übrigen sowie durch das Frontispiz als öffentlicher Bau im Stadtgefüge erkennbar. Der Turm wurde in den Jahren 1732 bis 1736 nach dem Plan des Bauinspektors Johann David Räntz errichtet[10]. Er steht wie der der Neustädter Kirche im Straßenraum und erreicht dadurch die erwünschte Fernwirkung.

Die Neustädter Kirche von Südosten, 1875

Garnison Johann Georg Hofmann mit der Bezeichnung *„Herr Wenceslaus Berner, Maurer-Ballirer"*[14]. Im Jahre 1710 erhielt er 3 fl. 12 kr. als Baumeister Wenzel wegen Verfertigung des ersten Kirchenrisses und Johann Kohnhäußer[15] 4 fl. 48 kr. für unterschiedliche Kirchenrisse. In der Sammlung Singer ist eine Westansicht der Altstädter Kirche enthalten[16]. Weil Feinheiten der Bauausführung fehlen, darf man sie nicht als Abbildung der fertigen, sondern als den ersten, von Perner gezeichneten Plan für die neue Kirche ansehen. Mit dem eingezogenen Turm, den seitlichen Voluten und Pyramiden hat er eine große Ähnlichkeit mit der Westfassade der Kreuzkirche in Suhl, deren Turm allerdings ein Stockwerk weniger aufweist. Diese wurde in den Jahren 1731–1733 von dem Maurermeister Johann Michael Schmidt aus Königshofen (heute Bad Königshofen) und seinen Söhnen Johann Georg und Johann Michael erbaut und am 20. September 1739 eingeweiht[17]. Die Ausführungsplanung und die Bauaufsicht für die Altstädter Kirche übernahm Kannhäuser, der nach seinem Plan zusammen mit Maurermeister Bickel in den Jahren 1724 bis 1726 den Turm errichtete. Jakob beschreibt die Altstädter Kirche so: *„Außen spricht der insgesamt nicht große und hohe, aber doch gut proportionierte Sandsteinquaderbau in für die Erlanger Kirchen des 18. Jahrhunderts typischer Weise durch seine fein abgestufte, bei aller handwerksmäßigen Sprödigkeit der Architektur leicht und fast elegant wirkenden Struktur. Die fast in die vorderste Ebene der Leibung gezogenen Fenster und die flach aufgelegten toskanischen Pilaster vermitteln den Eindruck einer*

Innenraum der Neustädter mit Kanzelaltar, um 1980

Innenraum der Kreuzkirche in Suhl mit Orgelprospekt und Kanzelaltar

geradezu filigranen Wandfolie von geringer Stärke. Die schöne Linienführung und Proportionierung der Architektur zeigt sich insbesondere bei dem nur 55,50 m hohen Fassadenturm mit Achtort und welscher Haube, der eines der markanten Wahrzeichen der Erlanger Stadtsilhouette ist"[18].

Für den Bau der Neustädter Kirche legte man im Juni 1725 den ersten Stein. Sie wurde nach dem Plan und unter der Aufsicht des markgräflichen Baumeisters Wenzel Perner, der uns schon bei der Altstädter Kirche begegnet ist, errichtet und am 8. Dezember 1737 geweiht. Nach seinem Tod, er wurde am 27. September 1730 in Büchenbach beerdigt, übernahm Bauinspektor Johann Georg Weiß seine Aufgabe, der wohl auch den Plan für den erst in den Jahren 1762 bis 1765 fertiggestellten Turm entwarf[19]. Wie die Altstädter Kirche weist auch sie eine große Ähnlichkeit mit der Kreuzkirche in Suhl auf. Dies trifft sowohl für den eingezogenen Turm wie auch für das Langhaus und den Chor zu. Auch hier sitzen die Pilaster auf einem hohen Sockel. Der Achtort des Turms der Kreuzkirche sieht aus wie der, den Wenzel Perner auf dem vom Markgrafen genehmigten Plan für die Neustädter Kirche entwarf[20]. Beide sind evangelische Kirchen mit Kanzelaltären und Emporen, die den Innenraum prägen. In Suhl ist die Decke flach, in Erlangen als Muldengewölbe gestaltet. Für evangelische Kirchen dieser Zeit ist der eingezogene, halbrund geschlossene Chor ungewöhnlich. In der Neustädter Kirche sollte der Altar in einem lichtdurchfluteten Chorraum stehen. Wegen der schlechten Akustik musste er zum Kirchenschiff vorgezogen werden, weil die Gläubigen den Pfarrer auf der Kanzel schlecht verstanden[21]. Die Baumeister von beiden Kirchen waren katholisch. Die Neustädter Kirche weist Ähnlichkeiten zu Bauten der Familie Dientzenhofer auf, z. B. den Klosterkirchen Banz und Brevnov bei Prag[22]. Die Kreuzkirche *„steht im Äußeren ganz unter dem Einfluß des Dresdener Barocks. Die Fassade mit dem dreigeschossigen Turm erinnert in ihrem Aufbau stark an Chiaveris <katholischer> Hofkirche"*[23].

Es ist möglich, dass Perner und der Vater Michael Schmidt miteinander in Verbindung standen. Vielleicht wurden sie von demselben Meister ausgebildet. Der Werdegang Perners vor seinem Wirken in Erlangen ist ja nicht bekannt. Er hatte Kontakte nach Unterfranken. Im Jahre 1728 reiste er zum Kurfürsten nach Mainz[24]. Johann Michael Schmidt, der Sohn, besaß offenbar einen guten Ruf als Kirchenbauer[25]. Neben der Kirche in Suhl errichtete er in Merkershauseen – in Konkurrenz zu Gottfried Heinrich Krohne und von Balthasar Neumann überarbeitet – Chor und Langhaus der Kirche St. Martin (1737–1743)[26], die Kirche in Ipthauseen (1746–1754) zusammen mit seinem Bruder Johann Georg Schmidt[27], die Kirchen Münnerstadt (1752)[28] und Oberelsbach (1765–1784)[29]. Letztere weist mit dem eingezogenen Turm und den seitlichen Aufbauten an der Fassade des Kirchenschiffes wieder eine große Ähnlichkeit mit der Altstädter und der Kreuzkirche auf.

Anmerkungen

1 Bernd Nürmberger, Der preußische Ingenieur Gottfried von Gedeler, Manuskript. – Ders., Art. Gedeler, Gottfried von, in: Christoph Friederich/Bertold Frhr. von Haller/Andreas Jakob (Hrsg.), Erlanger Stadtlexikon, Nürnberg 2002, S. 301.

2 Bernd Nürmberger, Die Gottesdienststätten der Neustädter Gemeinde. Die Concordien- oder Schlosskirche, in: 300 Jahre evangelisch-lutherische Kirchengemeinde Erlangen-Neustadt, hrsg. vom Kirchenvorstand der Kirchengemeinde Erlangen-Neustadt, Erlangen 2003, S. 41-50, hier S. 47f.

3 Dazu: Bernd Nürmberger, Der markgräfliche Baumeister Wenzel Perner, in: EB 46 (1998), S. 101–186, hier S. 101–106.

4 Hermann Heckmann, Baumeister des Barock und Rokoko in Thüringen, Verlag Bauwesen Berlin 1999, S. 82-84 mit Abb. der ehemaligen Schlosskapelle in Weimar und der in Weißenfels auf S. 82 und 92.

5 Mathias Köhler, St. Marien und Schloßkirche St. Trinitatis Weissenfels, Schnell, Kunstführer Nr. 2021, München und Zürich 1993, S. 2–31, hier S. 22–31.

6 Nürmberger, Baumeister Wenzel Perner (wie Anm. 3), S. 103.

7 Heckmann (wie Anm. 4), S. 92-97 mit Abb. des Inneren der Schlosskapelle Christiansburg in Eisenberg S. 90f. – Johann Moritz Richter, dem Sohn, wird auch der Entwurf für die 1682–1686 in Ruhla erbaute Trinitatiskirche zugeschrieben. Sie ist einschiffig und mit doppelten Emporen ausgestattet (Heckmann, wie Anm. 4, S. 95 und 83/4 [St. Concordia]). Jakob führt neben der reformierten Kirche in Hanau die in Ruhla vom Vater Richter 1660/61 erbaute Konkordienkirche als Vorbilder für Erlangen auf. Letztere deswegen, weil sie Rundfenster über hochrechteckigen Fenstern und die Fensterform des stehenden Ovals wie in Erlangen aufweist. Er erklärt eine Vorbildfunktion des berühmten Temple von Charenton oder des Temple neuf de Montauban als gescheitert (Andreas Jakob, Die „Sammlung Friedrich Wilhelm Singer". Cimelien der Erlanger Stadtgeschichte, in: EB 42 [1994], S. 333-384, hier S. 353. – Ders., Art. Hugenottenkiche, in: Stadtlexikon [wie Anm. 1], S. 379/380). – Der Versuch, bei Hugenottenkirchen in Frankreich Vorbilder zu finden, war mühsam und unergiebig (Inge Elsässer, Die „Hugenottenkirche" in Erlangen und ihre Vorbilder, Beispiel einer Synthese aus französischem Hugenottentempel und deutscher Querkirche im Gefüge einer barocken Stadtanlage, München 1987). – Zu berücksichtigen ist, dass sich bisher außer der bei Nürmberger (wie Anm. 3), S. 106 erwähnten gewünschten Verlegung der Kirche an den Markt-/Schlossplatz und ihrer Einrichtung durch die Hugenotten in den Jahren 1691/92 archivalisch kein Einfluss auf ihre Architektur nachweisen ließ. Elsässer sieht Ähnlichkeiten mit dem rekonstruierten Tempel von Montauban (S. 178), und schreibt: „ Die Arkaden der Empore und die Stellung der Kanzel vor der Mitte der Breitseite, gegenüber dem Haupteingang, deuten zudem auf einen deutschen Baumeister hin, der durch die rechteckige Gestaltung des Grundrisses sowohl den Wünschen

des Markgrafen hinsichtlich einer barocken Stadtplanung als auch der Tradition des deutschen evangelischen Kirchenbaus entsprach".

8 Helga Baier-Schröcke, Die Schlosskapellen des Barock in Thüringen, Berlin 1962 (Das christliche Denkmal, hrsg. von Fritz Löffler, Heft 58), S. 13f. – Dies., Die Schlosskapelle der Ehrenburg zu Coburg – ihre stilistische Herkunft und ihre Stukkateure, in: Jahrbuch der Coburger Landesstiftung 1958, S. 185–202.

9 Ilse Käthe Dött, Protestantische Querkirchen in Deutschland und der Schweiz, Dissertation, Münster 1955, S. 16. Zur Schlosskapelle in Stuttgart siehe S. 9, zu ihren Nachfolgebauten S. 13–19, zu den niederländischen Querkirchen S. 20f. (Amsterdam und Den Haag S. 22–25) und zur Burgkirche in Königsberg S. 25f.

10 Bernd Nürmberger, Der Bau der Neustädter Kirche zu Erlangen, in: EB 44 (1996), S. 231–292, hier S. 274. – Zu Räntz siehe Bernd Nürmberger, Art. Räntz, Johann David, in: Stadtlexikon (wie Anm. 1), S. 571f.

11 Zur Planung Gottfried von Gedelers siehe Bernd Nürmberger, Erlangen um 1530. Eine Lagebestimmung der Häuser und Straßen, in: EB 49 (2003), S. 199–314, hier S. 200, und Nürmberger, Baumeister Wenzel Perner (wie Anm. 3), S. 107.

12 Bernd Nürmberger, Die Altstädter Dreifaltigkeitskirche, in: Gisela Lang (Hrsg.), Die Dreifaltigkeitskirche Erlangen-Altstadt 1721–1996 (Festschrift zur 275-Jahrfeier des Wiederaufbaus), Erlangen 1996, S. 21–44, hier S. 26f. – Die Angabe von Jakob, vermutlich habe Gedeler den Umbau der Stadt noch radikaler geplant, als er dann umgesetzt werden konnte, muss noch erforscht werden. In dem Brief Arzbergers, dessen Quelle Jakob leider nicht angibt, ging es um den Bauplatz für das neue Pfarrhaus jenseits der Stadtmauer, wogegen sich Arzberger wandte (Andreas Jakob, „Der Ort stieg aus seiner Asche viel schöner empor", in: EB 51 [2006], S. 9–47, hier S. 35f.). – Zur Änderung des Plans von Gedelers siehe Bernd Nürmberger, Die ratslehenbaren Zinsgüter und Grundstücke der Altstadt Erlangen in der ersten Hälfte des 18. Jahrhunderts. Zugleich ein Beitrag zur Geschichte der Erlanger Mühlen, in: EB 51 (2006), S. 49–160, hier S. 109.

13 Nürmberger, Dreifaltigkeitskirche (wie Anm. 12), S. 38f.

14 Zu ihm siehe Nürmberger, Baumeister Wenzel Perner (wie Anm. 3). ders., Art. Perner, Wenzel, in: Erlanger Stadtlexikon (wie Anm. 1), S. 548f.

15 Zu ihm siehe Bernd Nürmberger, Art. Kannhäuser, Johann Georg, in: Erlanger Stadtlexikon (wie Anm. 1), S. 405f.

16 Jakob, „Sammlung Friedrich Wilhelm Singer" (wie Anm. 7), S. 350.

17 Festschrift 300 Jahre Kreuzkirchengemeinde Suhl 1706 – 2006, hrsg. vom Gemeindekirchenrat der Evangelischen Kreuzkirchengemeinde Suhl, Suhl 2006, S. 1–93, hier S. 11ff. – Nach Heckmann (wie Anm. 4), S. 41 errichteten die Kreuzkirche die Söhne Johann Michael und Johann Georg Schmidt sowie Johann Sebastian Gerbig. – Hans-Herbert Möller (Dome, Kirchen und Klöster in Thüringen. Nach alten Vorlagen, Frankfurt/Main 1964, S. 53) schreibt, Maurermeister Michael Schmidt habe die Kreuzkirche erbaut.

18 Jakob, „Sammlung Friedrich Wilhelm Singer" (wie Anm. 7), S. 352.

19 Bernd Nürmberger, Die Neustädter Kirche, in: Gottesdienststätten (wie Anm. 2), S. 43–47.

20 Abgebildet bei Nürmberger, Neustädter Kirche (wie Anm. 10), S. 273.

21 Nürmberger, Neustädter Kirche (wie Anm. 10), S. 270 und 288 Anm. 244.

22 Nürmberger, Baumeister Wenzel Perner (wie Anm. 3), S. 150f.

23 Möller (wie Anm. 17), S. 53.

24 Nürmberger, Baumeister Wenzel Perner (wie Anm. 3), S. 133.

25 Heckmann (wie Anm. 4), S. 41.

26 Ebd. – Siehe: Merkershausen, in: Die Kunstdenkmäler von Bayern – Bezirksamt Königshofen, Oldenburg-Verlag 1915, S. 111ff., Georg Dehio, Handbuch der Deutschen Kunstdenkmäler, Bayern I, Franken, 1979, S. 500, sowie: Ereignisse aus Merkershäuser Geschichte. Pesttote, Großbrand und Schwedeneinfall, in: Rhön u. Saalepost, Mitteilungsblatt der Stadt Neustadt a.d. Saale, 17. April 1996.

27 Wie Anm. 25. – Zu Ipthausen siehe Kunstdenkmäler (wie Anm. 26), S. 47–51 sowie Dehio (wie Anm. 26), S. 403. – 1473 wurde im ältesten Zinsregister der Stadt erstmals eine kleine Kapelle erwähnt, in: Rhön- u. Saalepost (wie Anm. 26), 3. September 1998.

28 Zu Münnerstadt siehe Dehio (wie Anm. 26), S. 519.

29 Zu Oberelsbach siehe Dehio (wie Anm. 26), S. 644 und Abb. bei Heckmann (wie Anm. 4), S. 41. – Der Verfasser dankt dem Stadtarchiv Bad Königshofen und dem Büro der Ev.-luth. Gemeinde Suhl für freundliche Unterstützung.

Andreas Jakob

Von der Hugenottenstadt zur Zentrale lutherischer Weltmission

Das protestantische Erlangen

Obwohl insbesondere das lutherische Konsistorium in der Hauptstadt Bayreuth die Aufnahme der Reformierten abgelehnt hatte, also für die Zeitgenossen die konfessionellen Differenzen im Vordergrund standen, erscheinen heute im Rückblick der Bau der Neustadt Erlangen als barocke Idealstadtanlage, die wirtschaftliche Entwicklung sowie die Verwaltungsstrukturen wichtiger. Entsprechend der Legende von der besonderen wirtschaftlichen Tüchtigkeit der Réfugiés wird ihr kirchliches Leben häufig auf ihr religiös motiviertes „Arbeitsethos" reduziert, das sich angeblich aus der Tatsache ersehen lässt, dass ihr Arbeitsjahr in Erlangen 310 Tage zählte, gegenüber 260 bei den Katholiken in der Umgebung (die damit um etwa 30 Tage länger arbeiteten als heutige Arbeitnehmer mit 52 Wochenenden, etlichen Feiertagen und 30 Tagen Jahresurlaub). Diese Sicht berücksichtigt jedoch nicht die bis in das 19. Jahrhundert ausgeprägte große Armut eines Großteils der in den „hugenottischen" Gewerben beschäftigten Bevölkerung, vor allem der Strumpfwirker, denen es nie gelang, zu einigem bürgerlichen Wohlstand zu kommen, deren Arbeitsethos also keine Früchte trug.

Hugenotten, Deutsch-Reformierte und Lutheraner

Tatsächlich erwiesen sich die starke staatliche Wirtschaftsförderung durch Zuschüsse und Privilegien sowie die rechtliche Stellung der Franzosen, die sie in der Anfangszeit zu einer bevorzugten Gruppe zusammenschlossen, wichtiger als nationale oder konfessionelle Unterschiede zur einheimischen Bevölkerung. Von der in ihrer regelmäßigen Gesamtstruktur in Franken fremden Stadtgestalt abgesehen, war das Besondere an der Neustadt Erlangen die hier herrschende weitgehende Gewerbefreiheit im Unterschied zu den Zunftzwängen in den übrigen Städten, ebenso die Selbstverwaltungsrechte der Hugenotten, darunter nicht zuletzt freie Religionsausübung und Wahl ihrer Prediger[1]. Erst mit der Erhebung zur 6. Landeshauptstadt 1708 und mit dem Rückgang des französischen Elements zugunsten des deutschen ging dieser Charakter allmählich verloren. Immerhin gab es hier ein Zusammenleben verschiedener Konfessionen, wie es in anderen Städten noch auf Jahrzehnte undenkbar war. Die in dem lutherischen Land fremden Reformierten mussten nicht, wie etwa die Juden in den umliegenden Städten und Dörfern desselben Fürstentums, ein Leben als Staatsbürger minderer Klasse führen, oder wurden geduldet, wie etwa die Katholiken vor Ort. Vor allem die Hugenotten besaßen von Anfang an eine stark privilegierte Rechtsstellung, die erst in der zweiten Hälfte des 18. Jahrhunderts der der deutschstämmigen Bevölkerung angeglichen wurde. Demzufolge bestanden in Erlangen zu Beginn des 18. Jahrhunderts drei auf ihre Eigenständigkeit bedachte und von der Richtigkeit nur des eigenen Glaubens überzeugte Konfessionen – mit einigen Abstrichen – gleichberechtigt nebeneinander. Während die gemeinsam ausgeübten Berufe die Unterschiede aufhoben, blieben sie am meisten in der Gemeinde und in den Gottesdiensten sowie im sozialen Leben bestehen. Heute zeigt sich das Trennende und gleichzeitig Verbindende der Konfessionen am deutlichsten in den vielen schönen Kirchen, die sie in Erlangen erbauten.

Der hugenottische Kultus in Erlangen

Der reformierte Gottesdienst und das eng mit der kirchlichen Selbstverwaltung verbundene soziale Leben unterschieden sich in einigen Punkten grundsätzlich von dem, was die Lutheraner kannten, augenfällig zunächst durch die andere Tracht der Franzosen und ihre Sprache, dann auch in der kargen Gestaltung des Kirchenraumes, in dem Altar, Kerzen, Bilder und Kruzifixe fehlten. In seinen beiden Deklarationen vom 7. Dezember 1685 und 15. August 1687 hatte Markgraf Christian Ernst die ungehinderte Abhaltung reformierter Gottesdienste gemäß dem französischen Bekenntnis (confession de foi) und den Aufbau der Kirche nach der Kirchenordnung (discipline ecclésiastique) von 1559 (Paris) bzw. 1571 (La Rochelle) gestattet. Im Gegensatz zur

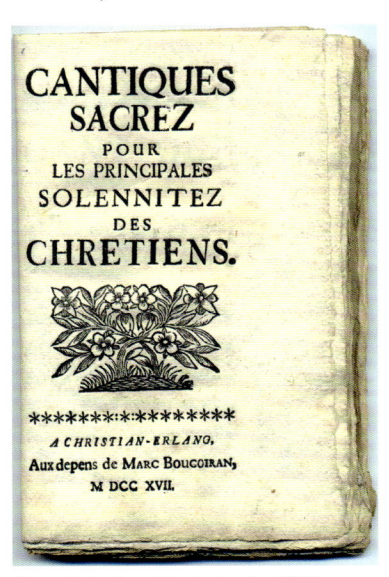

Französisches Liederbuch, 1717

Gottesdienst in der Reformierten Kirche mit Pfarrer Eduard Haas auf der Kanzel, 7.5.1963

Tradition der lutherischen Landeskirche fand der im Prinzip heute noch in der gleichen Form abgehaltene Gottesdienst unkultisch und nicht nach einem Messritus, sondern als Verkündigungsgottesdienst statt, bei dem die Predigt des Wortes Gottes im Mittelpunkt stand. Der Anteil der Gemeinde beschränkte sich auf Gebet und Psalmengesang (französische Reimpsalter). Taufe und Abendmahl hatten eine besondere Form. Neben dem Pasteur, der die Predigt hielt, fungierte der Chantre mit der Verlesung der Gebote Gottes und Leitung des Gesanges[2].

Ein weiterer Unterschied zur lutherischen Kirche war der Aufbau der Kirche von unten, d.h. von der „Gemeinde" aus, die sich am 31. Oktober 1686 durch die Versammlung der Hausväter konstituiert hatte. Ihre Leitung lag beim Konsistorium, das sich aus zwölf gewählten Presbytern (Ältesten) zusammensetzte, von denen drei für die Gemeinde in Bayreuth zuständig waren. Die ordentlichen Sitzungen fanden donnerstags um 13 Uhr statt, die Wahlen auf drei Jahre am ersten Donnerstag im November[3]. Bis zur Einweihung der Hugenottenkirche am 26. Februar 1793 fanden die Sitzungen des Konsistoriums, ebenso wie die Gottesdienste, in der Altstadt Erlangen im Gasthaus zum Roten Roß (Hauptstr. 105) oder im Rathaus statt, dann bis zur Erbauung der beiden Pfarrhäuser Bahnhofsplatz 2 und 3 in einem auf der Empore der Hugenottenkirche eingebauten Zimmer[4].

Das dem Landesherrn unterstellte Konsistorium übte eine sehr strenge Kirchenzucht aus. Es achtete auf den regelmäßigen Gottesdienstbesuch und darauf, dass in den Gasthäusern während der Gottesdienstzeiten nichts verabreicht wurde. Ein Presbyter, der am Sonntagnachmittag während des Gottesdienstes in seinem Haus eine Einladung gab, musste sich ebenso verantworten wie die drei Gemeindemitglieder, die ebenfalls zur Gottesdienstzeit einen Spaziergang nach Bruck unternommen hatten. Wer am Abendmahl teilnehmen durfte, erhielt dafür Marken (méreaux) die das Konsistorium selbst geprägt hatte. Bevor der Markgraf mit dem „conseile de justice" und dem „conseile de commerce" die Basis für die französische Selbstverwaltung schuf, war das Konsistorium auch an den Verwaltungsaufgaben der neuen Kolonie beteiligt[5].

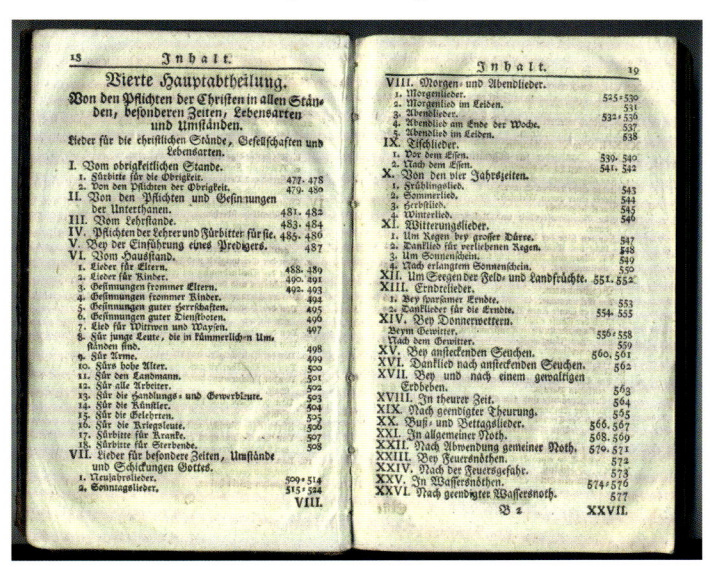

Inhaltsverzeichnis des Gesangbuchs der Reformierten Gemeinde in der Kurpfalz, 1788

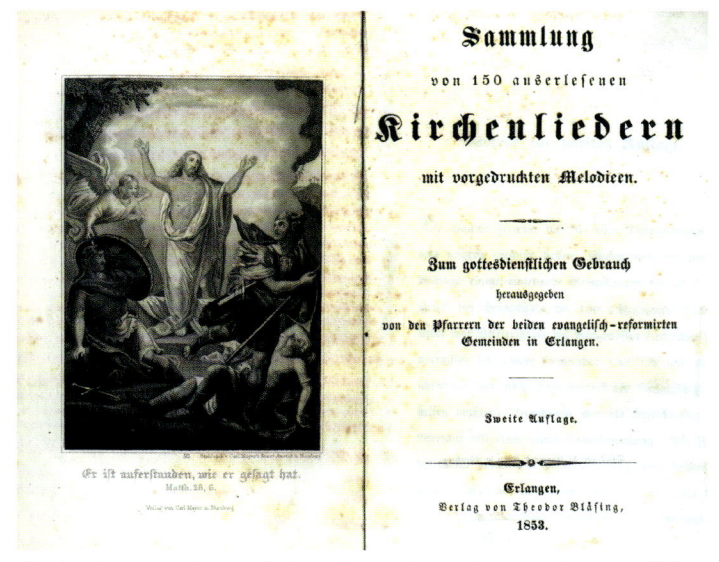

Kirchenlieder der beiden Reformierten Gemeinden in Erlangen, 1853

Lutheraner, Reformierte und Katholiken im Bürgerbuch der Neustadt, 1722

Reformierte Synoden und auswärtige Beziehungen

Ähnlich wie in Frankreich blieb die hugenottische Gemeinde kirchlich nicht für sich allein bestehen. Durch seine Deklaration hatte Markgraf Christian Ernst die Bildung zunächst eines Colloquiums und dann die von Synoden gestattet. Bereits 1687 traten die Gemeinden Erlangen, Bayreuth, Wilhelmsdorf und Schwabach – und damit eine Gemeinde des Markgraftums Brandenburg-Ansbach – zu einer der ersten Hugenottensynoden auf deutschem Boden überhaupt zusammen, an der sich später auch die deutsch-reformierte Gemeinde und ab 1722 die Franzosengemeinde aus dem thüringischen Hildburghausen beteiligen durften. Auch zu vielen französischen Kolonien in anderen deutschen Staaten, vor allem in Brandenburg und Ostpreußen, aber auch in die Pfalz und die Deutsche Schweiz, von wo die Pfarrer der deutsch-reformierten Gemeinde stammten, bestanden unterschiedliche Beziehungen. Während der Markgraf als Landesherr bei der evangelisch-lutherischen Landeskirche nach wie vor den Rang des summus episcopus, des obersten Bischofs, beanspruchte, gestattete er den Reformierten ein gegenüber seiner landesbischöflichen Oberhoheit relativ selbständiges Kirchenwesen, über das er nur eine stark eingeschränkte Oberaufsicht führte. Erst nach 1732 wurden die Synoden verboten und versuchte der Staat bis in das 19. Jahrhundert hinein die Gemeinden zu entrechten[6].

Einrichtungen der hugenottischen Gemeinde

Entsprechend der markgräflichen Deklaration vom 15. August 1687 durfte die französisch-reformierte Gemeinde einen eigenen Friedhof anlegen, der sich bis 1828 an der Stelle des Neubaus der Universitätsbibliothek befand.

Die in der *„discipline ecclésiastique"* (1559) der reformierten Kirchen Frankreichs festgeschriebene Verpflichtung zur Diakonie führte 1690 zur Errichtung eines französisch-reformierten Spitals[7]. Nachdem Markgraf Christian Ernst bereits 1687 den Bauplatz und -material sowie ein Kapital von 1000 Talern versprochen hatte, schenkte er am 21. Mai 1690 das seither von Steuern und sonstigen Lasten befreite Gebäude Goethestr. 2 mit Hofrecht, Hinterhaus und Garten zur Aufnahme von 10–12 armen oder kranken Personen. Die Kosten für den Ausbau sollte die Gemeinde übernehmen. Den Pastoren der französischen Kolonie setzte er kleine Legate aus, damit sie die Spitalinsassen besuchten. Noch 1690 wurden ein Hausmeister angestellt und drei Älteste der französisch-reformierten Gemeinde als Ökonomen und Oberaufseher gewählt.

Die ehemalige Konkordienkirche im Schlossgarten als Universitätsgebäude, um 1890

Der Bau der Neustädter Friedhofskirche vor dem Brucker Tor, um 1783

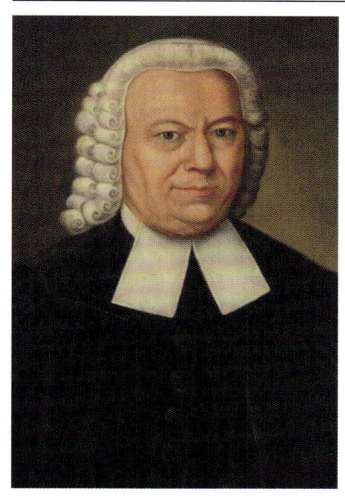

Archidiakon Martin Leonhard Haller, um 1771

Jeweils am dritten Weihnachts- und Pfingstfeiertag fanden im benachbarten Haus Heuwaagstr. 20 Gottesdienste mit Kommunion statt, die Kollekte kam den Spitalinsassen zugute. Im Hinterhaus des Französischen Spitals bestand seit dem 1. April 1691 eine Spitalbäckerei. Nach der Eröffnung des Universitätskrankenhauses im Schlossgarten 1823 diente es weiterhin als Stifts- und Pfründehaus für bedürftige Gemeindemitglieder[8].

1686 gründeten die Hugenotten in Frauenaurach und in der Neustadt Erlangen jeweils eine französisch-reformierte Schule, die auch die Kinder der deutsch-reformierten Gemeinde besuchen konnten, bis sie im 1709 errichteten deutsch-reformierten Pfarrhaus in der Goethestr. 46 ihre eigene Gemeindeschule erhielten[9].

1719–23 wurden westlich der Kirche die beiden Pfarrhäuser erbaut, in denen auch die französische Schule Platz fand[10]. Diese Schule wurde 1817 aufgelöst, die deutsch-reformierte Schule 1827, nachdem beide Schulen ab 1815 im neuen Schulhaus am Hugenottenplatz untergebracht und dort als evangelisch-reformierte Konfessionsklassen geführt worden waren[11].

Die deutsch-reformierte Gemeinde

Nach der markgräflichen Deklaration vom 21. Februar 1693, die den Deutsch-Reformierten dieselben Rechte wie den Hugenotten einräumte, bildeten sie eine eigene Gemeinde, die sich im wesentlichen nur durch die Sprache unterschied. Grundlage für das kirchliche Leben waren der Heidelberger Katechismus und die kurpfälzische Kirchenordnung. Die Presbyter (Vorsteher) wurden aus der Versammlung der Hausväter gewählt (1711: 6 Presbytersitze). Sie hielten u.a. Hausvisitationen zur Aufrechterhaltung der Kirchenzucht ab[12]. Bis zum Bau einer eigenen deutsch-reformierten Kirche 1734 am Bohlenplatz durften sie die Hugenottenkirche mitbenutzen, wo sonntags von 8–10 Uhr der französische, von 10–12 Uhr der deutschsprachige Gottesdienst stattfand. Andachten gab es auch jeden Donnerstag. In der neuen Kirche begann der Sonntagsgottesdienst im Sommer um 9 Uhr, im Winter um 9.30 Uhr, die Kinderlehre fand Nachmittags statt. Zu Weihnachten, Ostern, Pfingsten und am Bußtag vor Michaelis konnte man die Kommunion empfangen[13].

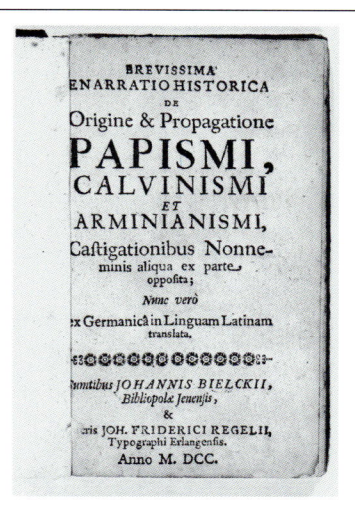

Religiöse Streitschrift und Erbauungsbuch aus Erlangen, 1700 und 1786

Bekenntnis- und Lehrgrundlage für die deutsch-reformierte Gemeinde war die Kurpfälzische Kirchenordnung mit dem Heidelberger Katechismus von 1563, dazu auch die Ordnung der Frankfurter reformierten Gemeinde[14]. 1709 erbaute die Erlanger Gemeinde, die etwa 100 Mitglieder umfasste, in der Goethestr. 46 ein Pfarr- und Schulhaus. 1728 fand die Grundsteinlegung der deutsch-reformierten Kirche am damaligen südöstlichen Stadtrand (Bohlenplatz) statt[15]. Im Unterschied zur französisch-reformierten Gemeinde besaß die deutsch-reformierte kein Spital, sondern nur eine Armenstiftungskasse, die von zwei Almosenpflegern geführt wurde[16].

Ausweis des Vereins für Evangelische Felddiakonie in Erlangen, 1866

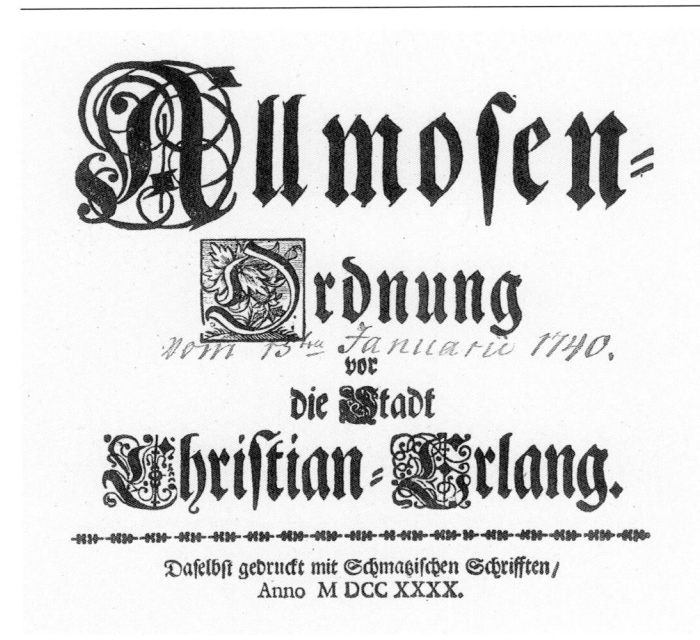

Titelblatt der Almosenordnung von 1740

Die Vereinigung der französisch- und der deutsch-reformierten Gemeinde

1811 wurden beide reformierte Gemeinden dem evangelisch-lutherischen Dekanat Erlangen unterstellt. Dass sie sich im 19. Jahrhundert immer mehr annäherten, war nicht zuletzt auch ein Verdienst der beiden Pfarrer François Elie Ebrard und Christian Krafft. Nach dem Ende des Staatskirchentums 1919 und längeren Verhandlungen über Fragen der Kirchenordnung und der kirchlichen Gebäude wurde am 4. September 1921 die Vereinigung der beiden Gemeinden zur evangelisch-reformierten Gemeinde beschlossen. Die Kirche der deutsch-reformierten Gemeinde am Bohlenplatz wurde, um sie nicht in die Hände der ebenfalls daran interessierten Katholiken fallen zu lassen, an die lutherische Gemeinde der Neustadt verkauft[17].

Exkurs: Die Konfessionen untereinander

Versteht man die Hugenotten vorwiegend als fromme, durch ihr Arbeitsethos geprägte Glaubensflüchtlinge, müssen die ständigen Differenzen irritieren, die es vor allem in den ersten Jahren ihrer Ansiedlung mit der einheimischen Bevölkerung, aber auch zwischen ihnen selbst gab. Mögen auch Streitigkeiten von den Alteingesessenen ausgegangen sein, denen die ungebetenen Gäste von der eigenen Obrigkeit mitunter rücksichtslos in die Häuser einquartiert wurden, so trugen die durch zahlreiche Privilegien teilweise sogar besser gestellten Flüchtlinge durch ihr Verhalten ihr Teil dazu bei[18]. Ein Irrtum in der nicht selten nach heutigen Idealmaßstäben vorgenommenen Betrachtung liegt darin, die aus verschiedenen Teilen Frankreichs eher zufällig nach Franken gekommenen Hugenotten als Einheit zu betrachten und sie gleichsam als Glaubensheroen zu verklären. Auch bei ihnen ging es um wirtschaftliche Interessen (schließlich sah man im materiellen Erfolg nicht zuletzt einen Fingerzeig Gottes), teilweise sogar um das nackte Überleben. Und vielleicht hatte man eine unbefangenere, weniger idealisierte Vorstellung von der Verbindung von christlicher Nächstenliebe mit Geldleistungen und materieller Mildtätigkeit, als in späteren Zeiten. 1780 erbrachte eine Sammlung für die abgebrannte Stadt Gera in der Alt- und der Neustadt Erlangen die enorme Summe von 1861 fl 59 xr.[19]! Vermutlich auf alle in Erlangen vertretenen Konfessionen zu verallgemeinern ist der Vergleich, den der Lutheraner Friedrich Nägelsbach 1912 zog: *„Daß sich unsere Vorfahren ihre Kirche und ihr Christentum auch etwas kosten ließen, davon sprechen ja schon die Steine: Kirche und Pfarrhaus. Wenn auch fremde Hilfe dazu reichlich in Anspruch genommen wurde, nahm doch die Gemeinde den Löwenteil auf sich selbst. Und wenn die Klingelsackeinlagen im Durchschnitt des ersten Jahrzehnts 283 fl. ... des fünften 608 fl. betrugen, so kommen wir mit unseren 1372 Mk. im Durchschnitt der Jahre 1892–1901 ... nicht dagegen auf. Denn in Anbetracht des Wachstums der Seelenzahl und des Sinkens des Geldwertes bedeuten jene Ziffern eine ungleich höhere Leistung als diese. Auf anderen Gebieten des christlichen Lebens freilich, zumal auf dem der freien Liebestätigkeit, bringen unsere heutigen Gemeindemitglieder Summen auf, von denen man in jener Zeit keine Ahnung hatte"*[20].

Jedenfalls ergaben sich bei den Hugenotten Differenzen v.a. bei der Almosenverwaltung sowie beim sog. Reversstreit, bei dem sich die Reformierten 1688 erfolgreich weigerten, das Augsburger Bekenntnis anzuerkennen. Nach 1714 drohten Einflüsse des kamisardischen Prophetentums, einer sektiererischen Bewegung, die Gemeinde zu spalten[21]. Da aufgrund der in der Kolonie herrschenden Streitigkeiten viele Réfugiés wegzogen und weitere Werbungen in der Schweiz nicht den gewünschten Erfolg brachten, stagnierte die Französische Kolonie bald und konnten Lutheraner und Deutsch-Reformierte bereits zu Beginn des 18. Jahrhunderts die französische Nation überholen[22].

Wenngleich offene Auseinandersetzungen um religiöse Fragen in der Einwohnerschaft nicht bekannt sind, deuten mehrere Indizien auf die schwierigen interkonfessionellen Verhältnisse und die gegenseitige Konkurrenz der Parteien. Bereits unter den Reformierten war bis zum Bau der deutsch-reformierten Kirche die gemeinsame Nutzung der französisch-reformierten ein ständiger Quell für Streitigkeiten.

Die Neustädter Kirche vom Turm der Reformierten Kirche aus, um 1941

Einzug in die Neustädter Kirche anlässlich der Wiederweihe nach der Renovierung, 24.10.1955

Auftritt des Ev. Sängerbundes in der Neustädter Kirche, 1974

Der Akademische Chor mit Prof. Kempff in der Neustädter Kirche, 1959

Das „Knabenrettungshaus Puckenhof", um 1850

Die Hugenottenstadt wird lutherisch

Noch deutlicher waren die Unterschiede zu den Lutheranern. Nachdem diese sich im Land vehement gegen die Aufnahme der Hugenotten zur Wehr gesetzt hatten, hinderte sie das nicht, die in der neuen Stadt gebotenen Vorteile wahrzunehmen und sich dort ebenfalls niederzulassen. 1698 lebten neben den 1000 Franzosen 317 protestantische Deutsche – einschließlich der Deutsch-Reformierten. Schon 1740 hatten sich die Verhältnisse in der Stadt zugunsten der Lutheraner deutlich verändert. Seit dieser Zeit überstieg bei den Französisch-Reformierten die Sterblichkeit die Geburtenrate, um die Mitte des 18. Jahrhunderts machte die *„Französische Nation"* nur noch ein Fünftel oder Sechstel der Einwohner aus[23]. Trotz ihrer anfänglich geringen Anzahl nutzten die Lutheraner nicht, wie die Deutsch-Reformierten gemeinsam mit den Französisch-Reformierten, die große Hugenottenkirche als Simultankirche, wie es in Städten mit einer ungefähr gleichgewichtigen lutherischen und katholischen Bevölkerung nicht selten war. Vielmehr wurden sie zunächst in die vor dem Brand von 1706 wesentlich kleineren Altstädter Kirche eingepfarrt, bevor ihnen bereits 1703 die Gründung einer eigenen Pfarrei gelang, nachdem ihnen die Mitnutzung der winzigen Kirche in der Ritterakademie gestattet worden war. Wie sehr sich die Zeiten seither wandelten zeigt übrigens die Renovierung der Deckengemälde in der Neustädterkirche 1955, als die Universitätsgottesdienste für ein halbes Jahr in die Altstädter Kirche, die Frühgottesdienste, Trauungen und Taufen aber in die Hugenottenkirche verlagert wurden[24]. Den zunächst aber noch lange anhaltenden Wettbewerb um die Stärkung der eigenen Konfession zeigt die bereits 1706 eingerichtete zweite lutherische Pfarrstelle.

Die unterschiedliche demographische und damit letztlich konfessionelle Entwicklung alleine brachte zunächst jedoch noch keinen Gegensatz in das Zusammenleben der Glaubensrichtungen. Ursache dafür war der in Erlangen bei den Lutheranern von Anfang an stark ausgeprägte Pietismus. Dieser gab *„zusammen mit der verwandten religiösen Einstellung der Hugenotten dem Geistes- und Alltagsleben Erlangens für über ein Jahrhundert ein bestimmtes christliches Gepräge"*[25]. Die Entscheidung für diese Richtung, und nicht für die Orthodoxie, deren wichtigster Vertreter in Erlangen, der Altstädter Pfarrer Girbert, Traktate gegen die Reformierten veröffentlichte[26], gehört als Basis für die friedliche Koexistenz vermutlich zu den zahlreichen Glücksfällen aus der Geschichte der Neustadt.

Spätestens seit Mitte des 18. Jahrhunderts prägten das kirchliche Leben in Erlangen nicht mehr die Reformierten, sondern die Lutheraner, die hier seit dem 22. Januar 1703 eine eigene Kirchengemeinde besaßen; Pfarr- und zugleich Schulhaus hatten sie bis 1743 zunächst in der Unteren Karlstr. 1, 1745 bezog der Superintendent seinen Sitz in der Friedrichstr. 15; der neue Friedhof – zunächst nur 100 Schritt lang und 30 breit – wurde südwestlich der Stadt an der Straße nach Bruck angelegt[27]. Bereits am 1. November 1717 begründete der Professor der Ritterakademie Johann Christoph Vetter mit seiner Rede *„Ad sacra secularia in memoriam reformationis a B. Luthero ..."*[28] die Erlanger Tradition der großen Reformationsjubiläen und stärkte damit das lutherische Element in der Stadt. 1724 wurde mit dem Bau der am 2. Advent 1737 geweihten, 42 m langen und 20 m breiten, angesichts der herrschenden Armut der Gemeinde erstaunlich prachtvollen und in ihrer Gestaltung in mancherlei Hinsicht eher einem katholischen Gotteshaus ähnlichen Neustädter Kirche begonnen, deren Fertigstellung sich aus finanziellen Gründen bis 1742 hinzog. Zu den Kosten, die sich schließlich auf etwa 37.000 fl beliefen, und für die im Fürstentum, im gesamten evangelischen Deutschland und bis in die Schweiz, das Elsaß und Dänemark gesammelt wurde, spendete auch die französisch-reformierte Gemeinde 150 fl, die deutsch-reformierte 73 fl[29]. Der Turm konnte erst 1830 vollendet werden. Zu den Besonderheiten des Gotteshauses gehört, dass es weder der Hl. Dreifaltigkeit noch einem anderen Patron geweiht ist[30].

Die Hauptpredigten an den Sonn- und Feiertagen oblagen immer dem Superintendenten, die Nachmittagspredigten übernahm der Diakon. In der Kinderlehre, die am Sonntag um 13 Uhr stattfand, bei der Beichte der Jungen und Mädchen, den Kasualien und bei den Freitagspredigten wechselten sich beide ab. Für den Hof fanden Gottesdienste im Schloss bzw. in der am 27. Juli 1710 geweihten Schloss- oder Konkordienkirche statt. In der Neustädter Kirche wurde an Sonn- und Feiertagen vor- und nachmittags in den Gottesdiensten, die um 8 Uhr bzw. 14 Uhr begannen, gepredigt. Montag und Mittwoch früh, im Sommer um 7 Uhr, im Winter um 8 Uhr, begann die Betstunde, Freitags gab es eine Predigt und Samstags um 13 Uhr Beichte[31]. Um 17 Uhr fand das Betläuten statt. Die Schüler aus dem Alumneum der Lateinschule sangen im Kirchenchor und bei Begräbnissen. Seit 1743 gab es einen dritten Pfarrer oder Stadtvikar[32]. Im Unterschied zu den Hugenotten finden sich kaum Beispiele einer Kirchenzucht gegenüber sittlichen Fehltritten in der Gemeinde, obwohl gleich in den ersten Jahren der Pfarrei gegen das Vorhandensein von *„liederlichen Weibspersonen"* geklagt wurde und der Bettelvogt während der Gottesdienste die lärmenden Gassenkinder aus der Nähe der Kirche verscheuchen musste[33]. Für die Zeit um 1720, als *„ein jahrelanges Wegbleiben vom Gottesdienst und vom heiligen Abendmahl ... zu den größten Seltenheiten gehörte"*, konstatierte Friedrich Nägelsbach 1912 wehmütig einen Besuch von fast 100 Prozent der Gemeindemitglieder beim Abendmahl gegenüber (ohne Militär 30 Prozent) 40 Prozent zu seiner Zeit[34].

Das reformiert-lutherische Projekt Konkordienkirche

Ein für die Zeit typischer, gleichwohl zum Scheitern verurteilter Versuch zur Überbrückung der konfessionellen Gegensätze – der nur in der abgehobeneren Welt des Hofes, wo Markgraf Christian Ernst lutherisch, seine dritte Gemahlin, Markgräfin Elisabeth Sophie aber reformiert war, stattfinden konnte – war 1708/10 die Errichtung der bereits 1743 wieder profanierten Konkordienkirche. Sie diente nicht als Gemeindekirche in der Stadt, sondern als in den höfischen Bereich integrierte Schlosskapelle, in der abwechselnd Lutheraner und Reformierte Gottesdienst halten sollten[35]. Am 65. Geburtstag des Markgrafen am 27. Juli 1710 fand ein prächtiger Festzug von der Orangerie her statt, an dem unter anderem ein seit 50 Jahren verheiratetes Paar teilnahm, bevor dann in der Kirche die Einweihung zusammen mit dem 50jährigen Jubiläum des markgräflichen Ritterordens *„de la Concorde"* gefeiert wurde und der Superintendent einen *„Mohren"*[36] bzw. einen *„Türcken"* taufte[37].

Langfristiger als diese charakteristischerweise vom Landesherren intendierte Maßnahme erwies sich das friedliche Zusamenerleben in der täglichen Praxis. Obwohl einerseits die Hugenotten in der Anfangszeit lieber beengt zusammen in einem Haus, als bei den Deutschen wohnten, kam es aufgrund ihres Frauenmangels schon zu den ersten Ehen zwischen den Angehörigen der verschiedenen Konfessionen[38]. Auf Dauer allerdings überwogen bei den Hugenottennachfahren die Töchter. Sonst ließe sich nämlich nicht erklären, warum heute sich nur noch zwei Familien – Mengin und Vache – im Mannesstamm auf die Hugenotten der ersten Generation zurückführen könnten.

Nach der Konfession des Familienvaters

Angesichts der damaligen zwischen- und interkonfessionellen Auseinandersetzungen um so bemerkenswerter ist die Tatsache, dass Markgraf Christian Ernst in seiner Deklaration vom 4. Mai 1711, in der er nochmals alle von ihm erteilten Privilegien bestätigte, ein einziger Paragraph genügte, um das Verhältnis zwischen Französisch- und Deutsch-Reformierten und Lutheranern zu regeln. Nachdem er den Gruppen jeweils Religionsfreiheit zugesichert hatte, beschied er in Artikel III, dass die Konfession des Familienoberhauptes ausschlaggebend sein sollte, welches Kirchenrecht einschlägig war: *„Ratione Jurium & Actuum Ecclesiasticorum unter denen Unserer Glaubens-Bekänntniß zugethanen Evangelisch-Lutherischen und denen Reformirten künfftig alle Differentien*

Leipziger Missionsfest zur 250-Jahrfeier der Tamulen-Mission mit Landesbischof Noth, Dekan Putz und Prof. Künneth, 1956

Erlanger Missionsschwester auf dem ev. Missionsfest in Rathsberg, 22.7.1951

verhütet bleiben mögen, so wollen Wir ... es bey Unserm vor wenig Jahren gnädigst ertheilten Deciso fernerweit beständig bewenden lassen, daß nemlich wann unter denen Eheleuten keine Pacta dißfalls obhanden, welchen sonsten nachzukommen wäre, das Caput Familiae dergestalt angesehen werden soll, daß, wann der Mann Französisch-Reformirt, er auch bey solcher Kirche das Kirchen-Recht suchen, die Teutsch-Reformirte aber bey der Teutsch-Reformirten Gemeinde das ihrige nehmen, und da das Caput Familiae Lutherischer Religion, bey der auch Lutherischen Kirchen die Kirchen-Actus gesuhet und begangen werden sollen"[39].

Ungeachtet der aktenkundigen Unstimmigkeiten – und wahrscheinlich nachgerade der beste Beweis für das funktionierende Gemeinschaftsleben der verschiedenen Konfessionen – ist der ungeheure Aufschwung, den die ganze Stadt nach einer schwierigen Anfangsphase nahm. Nebenresidenz und 1708 bereits 6. Landeshauptstadt, erlebte sie einen bis in die Mitte des 18. Jahrhunderts ungebrochenen Bauboom. 1792, beim Übergang der Markgrafschaft Brandenburg-Bayreuth an das Königreich Preußen, war Erlangen mit einem Anteil von 24 Prozent an der Produktion aller Fabriken und Manufakturen des Landes und einem Exportanteil von sogar 31 Prozent die mit Abstand wichtigste Industrie- und Handelsstadt des Fürstentums. Mit 8797 Einwohnern in den Jahren 1807/09 rangierte es nur knapp hinter den Residenzstädten Ansbach und Bayreuth mit 11.953 bzw. 10.692 Einwohnern.

Die Anfänge der Lutheraner in der Neustadt-Erlangen

Für die Geschichte der lutherischen Kirche in Erlangen ist die Tatsache von entscheidender Bedeutung, dass als Folge der Entstehung der Neustädter Gemeinde, und mehr noch der Gründung der Universität 1743, die unterschiedlichsten theologische Strömungen hierher kamen. So war der erste Pfarrer der Neustadt, Magister Jacob Friedrich Hollenhagen, wie sein Förderer, der Gründer der Ritterakademie, Baron Groß von Trockau, Anhänger des von August Hermann Francke (der sich am 1. März 1718 selbst in Erlangen aufhielt[40]) geprägten Halleschen Pietismus, der auch unter seinen Nachfolgern eine prägende Rolle spielte[41]. Die 1675 entstandene Bewegung wollte die evangelische Kirche mit persönlicher Frömmigkeit, Bekehrung im Glauben an die Erlösung durch das Blut Christi und durch eine gewisse Abkehr von der Welt erneuern[42]. Entsprechend seiner pietistischen Einstellung hatte bereits Groß von Trockau Angehörige aller christlichen Bekenntnisse, d.h. auch Katholiken, in der Ritterakademie zugelassen[43]. Neben Vertretern dieser gemäßigten Richtung, deren christliche Erbauungsstunden, weil sie außerhalb der Kirche stattfanden, gleichwohl bei der geistlichen und weltlichen Obrigkeit Ärgernis erregten[44], finden sich in Erlangen auch Strömungen eines radikalen Pietismus, der das institutionelle Kirchentum grundsätzlich verwarf und zur Separation aufrief. *„Die Verachtung der Sacramente und des öffentlichen Gottesdienstes, nebst den größten Lästerungen des Predigtamtes, unterscheidet sie von anderen Einwohnern"*[45]. Anhänger und Förderer dieser Bewegung wurden mit 10 fl Strafe und Ausweisung, Unvermögende mit 10 Tagen Arrest bei Wasser und Brot zwar bedroht, die Sanktion aber offenbar nie verwirklicht[46]. Seit spätestens 1731 fand in Christian-Erlang der Herrnhuter Pietismus Anhänger. Zu ihnen gehörte Balthasar Friedrich Memmert, der später als einer der ersten *„Heidenmissionare"* der Brüdergemeinde nach Westindien ging[47]. 1733 versuchte ein markgräflicher Erlass, diese Strömungen einzuschränken und durchzusetzen, dass die gemeindlichen Zusammenkünfte nur noch zur vorgeschriebenen Zeit, an *„dem angewiesenen Ort und auf approbierte Weise"* abgehalten wurden[48].

Der beginnende Rückgang des hugenottischen Anteils der Einwohner kreuzte sich mit der Gründung der betont lutherisch ausgerichteten Universität 1743[49]. Während der enorme Bedeutungsgewinn die Neustadt in Rekordzeit zum Sitz eines lutherischen Dekanats werden ließ[50], hatte die Verbindung der theologischen Professuren mit den drei Pfarreien – Altstadt, Neustadt und Universität – eine überdurchschnittliche Anzahl von besonders qualifizierten Pfarrern zur Folge.

Anfänge des lutherischen Sozialwesens

Zum Pietismus gehörte unübersehbar auch das Sozialwesen. Während die Altstadt am Fuße des Burgbergs bei der sog. Heilig-Grab-Kapelle ganz traditionell ein kleines Armenhaus unterhielt[51], gründete die Neustadt – unter dem maßgeblichen Einfluss pietistischer Kreise, und wesentlich früher als in anderen Städten, wie in Nürnberg – bereits 1750 im Vordergebäude des Egloffsteinschen Palais (Friedrichstr. 17) eine Armen- und Beschäftigungsanstalt, die bis 1763 bestand, und im Rückgebäude (Südl. Stadtmauerstr. 28) ein Stifts- und Waisenhaus, das bis 1806 existierte[52]. Ansonsten zogen die Stadtarmen, wie etwa bei der großen Hungersnot der Jahre 1770 bis 1772, jeden Freitag mit Gesang und Gebet durch die Stadt, um milde Gaben zu erheischen[53]. Eine wesentliche Rolle bei den Anstrengungen zur Milderung der öffentlichen Armut spielte Georg Friedrich Seiler, der seit 1770 Professor in Erlangen und seit 1787 Pfarrer und Superintendent der Neustadt war. 1776 gehörte er zu den Mitbegründern der Erlanger Armenanstalt, 1773 gründete er das Institut der Moral und schönen Wissenschaften, und 1779 die Erlanger Bibelanstalt mit einem Verlag von Schulbüchern und Landkarten – die zweite Einrichtung dieser Art nach Halle a.d. Saale – die bis um 1845 fortgeführt wurde[54]. 1788 wurde er Korrespondierendes Mitglied der *„Gesellschaft zur Vertheidigung der Wahrheiten der christlichen Religion gegen die itzigen Widersacher derselben"* in Den Haag[55]. Einen Teil seiner Einkünfte, darunter aus seiner Bibelanstalt, stiftete Seiler für die Armenpflege.

Gelebtes Sozialbewusstsein: die Erlanger Missions- und Bibelvereine des 19. Jahrhunderts

Eine Erlanger Besonderheit sind die aus der pietistischen Erweckungsbewegung, die hier nach den Hungerjahren 1816/17 und zugleich als Reaktion auf den Rationalismus eine bedeutsame Rolle spielte, in den ersten Jahrzehnten des 19. Jahrhunderts entstandenen Missionsvereine. Hervorzuheben ist die Beteiligung von Erlanger Professoren wie Johann Arnold Kanne, Johann Christian Gottlieb Krafft, Friedrich Wilhelm von Schelling, Gotthilf Heinrich von Schubert und Karl von Raumer, die zum Teil heute noch in der deutschen Geistesgeschichte einen klangvollen Namen besitzen. Auch ein Katholik spielte eine Rolle, der Erlanger Stadtgerichtsrat Martin Ried[56]. Am 5. August 1819 gründeten namhafte Persönlichkeiten aus Kirche, Stadt und Universität als eine Art Förderverein für die Basler Missionsschule den Evangelischen Missionshilfsverein, der aber bald auch andere Missionsprojekte unterstützte. Eigene Missionsschriften sollten Vereinsmitglieder und Interessierte mit dem Ziel erbauen und belehren, unter den Armen der eigenen Region sowie unter den sog. Heiden den christlichen Glauben und die Besinnung auf die Bibel zu verbreiten. Mit den missionarischen Motiven eng verbunden waren tätige Nächstenliebe und die Sorge um das Seelenheil. Die sozialen Probleme des gesellschaftlichen und wirtschaftlichen Umbruchs im 19. Jahrhundert erklärte man mit dem Verfall christlicher Prinzipien und rückte damit die Idee gesellschaftlicher Verantwortung ins Bewusstsein. Ab 1843 gliederte der Verein sich nach den drei Pfarreien Altstadt, Neustadt und reformierte Gemeinden auf[57].

Aus den Missionsvereinen bzw. ihren Grundideen entwickelten sich eine Reihe karitativer Einrichtungen. 1835 rief Karl von Raumer den ersten Evangelischen Handwerker- und Arbeiterverein ins Leben, der neben Bibellesungen lebenspraktische Hilfe gegen Armut und Elend organisierte, aber schon 1836 wegen *„hochgradiger Gemeingefährlichkeit"* auf Weisung der Regierung aufgelöst werden musste.

Gleichfalls missionarische Ziele verfolgte der am 28. Juli 1824 von dem deutsch-reformierten Theologieprofessor Christian Krafft sowie den Professoren Schubert, Engelhardt, Puchta, Döderlein und Schelling sowie dem Altstädter Pfarrer Johann Christoph Ackermann gegründete Bibelverein[58], der 1842 zum Districts- und Lokalbibelverein erweitert wurde. 1839 unterwies Friedrich Rückert in Erlangen die ersten beiden Missionare, die für die Evangelisch-lutherische Mission Leipzig nach Südindien gingen, in der tamilischen Sprache[59]. Weitere Missionsvereine in Erlangen waren ab 1852 ein Zweigverein des Gustav-Adolf-Werks zur Unterstützung evangelischer Vereine in der Diaspora und ab 1850 die *„Gesellschaft für innere Mission im Sinne der lutherischen Kirche"*, die nach dem Zweiten Weltkrieg 1950 als *„Innere Mission"* wieder neugegründet und 1957 mit dem Hilfswerk der Evangelischen Kirche in Bayern zum Diakonischen Werk zusammengeschlossen wurde[60].

Zu den auf derselben geistigen Grundlage errichteten sozialen Einrichtungen des 19. Jahrhunderts, in denen sich die große Armut der unteren Bevölkerungsschichten dieser Zeit widerspiegelt, gehörte die am 25. Februar 1824 eröffnete Arme Töchteranstalt, die 1828 ein eigenes Haus in der Friedrichstr. 36 bezog, bevor sie 1851 mit dem 1850 vom Stadtvikar Julius Heinrich Maximilian Schunck ins Leben gerufene Knabenrettungshaus Puckenhof,

Die Inderin Lydia Vedanyakam und Prof. Stählin auf dem ev. Missionsfest in Rathsberg, 22.7.1951

das heute noch als Jugendheimstätte existiert, vereinigt wurde[61]. Am 6. November 1848 hatte Schunck nach den Gedanken des *"schottischen Reformators der Armenpflege"* Thomas Chalmer den Verein für freiwillige Armenpflege gegründet, den ersten seiner Art in Deutschland, mit Armenbibliothek, Strohflechterei, Arbeitsnachweis, Sparkasse sowie Kleider- und Schuhmagazin. Seit 1865 förderten Professoren die Volksbildung durch sog. *"Suppenvorträge"* und spendeten ihr Honorar für die kostenlose Armenspeisung[62]. Der innerprotestantische Gegensatz *"zwischen pietistisch-erwecklicher und mehr objektiv-sachlicher Auffassung des christlichen Glaubens und Lebens"* brach übrigens noch einmal nach 1945 in der Evangelischen Studentengemeinde auf[63].

Die Stadt der Pfarrerswitwen und der lutherischen Weltmission

Im Verlaufe des 19. Jahrhunderts war der protestantische Charakter einer Stadt in Bayern wohl nirgendwo deutlicher zu spüren, als in Erlangen. Zu dem spezifischen Klima trugen die zahlreichen Pfarrerswitwen bei, die hier ihren Lebensabend verbrachten[64]. Auf die enge Verbindung mit der Universität gehen weitere vorbildliche Initiativen und Neuerungen zurück. Nachdem Karl von Raumer bereits 20 Jahre vorher die deutschlandweit ersten Kindergottesdienste durchgeführt hatte, hielt der Stadtvikar Schunck solche seit 1850 einige Jahre lang ab, bevor sie ab 1873 unter dem Namen Sonntagsschule in ganz Bayern eingerichtet wurden[65]. 1854 wurde auf Anregung Theodor von Harnacks das Institut für Kirchenmusik gegründet. Namhafte Universitätsprediger wie Adolf von Harleß, Gottfried Thomasius, Paul Althaus und Walter Künneth erreichten eine weit über die Region hinausreichende Bedeutung für das deutsche Luthertum. Mit dem Martin-Luther-Bund, der seine Zentralstelle 1928 in Erlangen einrichtete,

Evangelische Landessynode in der Heinrich-Lades-Halle in Erlangen, 26.11.2001

der Erlanger Zentralstelle der Leipziger Mission, die nach 1945 ihre Hauptverwaltung bis zur Wiedervereinigung in Erlangen hatte, oder dem 1939 begründeten Evangelischen Hilfswerk für Internierte und Kriegsgefangene, das von 1945 bis 1951 seinen Sitz ebenfalls in Erlangen hatte[66], reichte die auf den Pietismus des 18. Jahrhunderts zurückgehende Tradition des christlich-sozialen Engagements bis weit in das 20. Jahrhundert hinein. Noch in den 1970er Jahren gab das Missionshaus in der Schenkstr. 69 Anlass zur Feststellung: *"Vielfältig sind die Beziehungen des Missionshauses und des Missionswerkes zu den Gemeinden und den Christen in Erlangen – und hinaus in Länder aller Erdteile. .... Erlangen ist eine Zentrle lutherischer Weltmission"*[67].

Anmerkungen

1. Andreas Jakob, Art. Französische Kolonie, in: Christoph Friederich / Bertold Frhr. von Haller/Andreas Jakob (Hrsg.), Erlanger Stadtlexikon, Nürnberg 2002, S. 276.
2. Karl Eduard Haas, Die Ansiedlung von Hugenotten und Pfälzer Reformierten, in: Alfred Wendehorst (Hrsg.), Erlangen. Die Geschichte der Stadt in Darstellung und Bilddokumenten, München 1984, S. 44-47, 45.
3. Johann Paul Reinhard, Chronik der Stadt Erlang. Manuskript um 1774–1778, Abschrift StadtAE, R.41.a.7/30, S. S. 237.
4. Haas (wie Anm. 2), S. 45.
5. Ebenda.
6. Haas (wie Anm. 2), S. 46f.
7. Gerhard Philipp, Wolf, Art. Französisch-reformierte Gemeinde, in: Erlanger Stadtlexikon (wie Anm. 1), S. 277f.
8. Andreas Jakob, Art. Französisch-reformiertes Spital, in: Erlanger Stadtlexikon (wie Anm. 1), S. 278.
9. Edeltraud Loos, Art. Reformierte Schulen, in: Erlanger Stadtlexikon (wie Anm. 1), S. 578.
10. Wolf, Französisch-reformierte Gemeinde (wie Anm. 7).
11. Loos, Reformierte Schulen (wie Anm. 9).
12. Gerhard Philipp Wolf, Art. Deutsch-reformierte Gemeinde, in: Erlanger Stadtlexikon (wie Anm. 1), S. 207.
13. Reinhard, Chronik (wie Anm. 3), S. 412f.
14. Haas (wie Anm. 2), S. 46
15. Wolf, Deutsch-reformierte Gemeinde (wie Anm. 12).
16. Ebenda.
17. Ebenda.
18. Vgl. dazu Gertraud Lehmann, Refugium – Flüchtlingskolonie – Einwanderungsstadt. Gründung und Integration der Französischen Kolonie in Erlangen, in: Christoph Friederich (Hrsg.), Vom Nutzen der Toleranz, 300 Jahre Hugenottenstadt Erlangen (Ausstellungskatalog des Stadtmuseums), Nürnberg 1986, S. 123–127.

19 Friedrich Christian Rudel, Chronik der Stadt Erlangen, Manuskript, 1790/95, StadtAE 24.B.3, 257f.
20 Friedrich Nägelsbach, Die ersten 50 Jahre der Pfarrei Erlangen-Neustadt. Nach neuen Forschungen, Erlangen 1912, S. 38.
21 Vgl. dazu Reinhard, Chronik (wie Anm. 3), S. 451ff.
22 Jakob, Französische Kolonie (wie Anm. 1).
23 Lehmann, Refugium – Flüchtlinskolonie (wie Anm. 18), S. 125.
24 Sabine Haaß, Kein Blick zurück im Zorn? Die Evangelische Kirche in der Nachkriegszeit, in: Jürgen Sandweg (Hrsg.): Hinter unzerstörten Fassaden. Erlangen 1945–1955, Erlangen 1996, S. 620–695, S. 661.
25 Johannes Bischoff, 440 Jahre evang.-luth. Erlangen 1528–1968 (Ausstellungskatalog Stadtmuseum), Erlangen 1968, S. 2.
26 Nägelsbach, Die ersten 50 Jahre (wie Anm. 20), S. 10.
27 Ders., S. 12.
28 Hans-Otto Keunecke, 450 Jahre Reformation in Erlangen (Schriften der Universitätsbibliothek Erlangen-Nürnberg 11), Erlangen 1978, S. 74.
29 Nägelsbach, Die ersten 50 Jahre (wie Anm. 20), S. 23f.
30 Ders., S. 28. – Friedrich Kalb, Neustädter Kirche, in: Peter Smolka (Hrsg.), Erlangen – evangelisch. Porträt eines Dekanatsbezirkes, Erlangen 1976, S. 28-33, hier S. 29.
31 Reinhard, Chronik (wie Anm. 3), S. 416.
32 Nägelsbach, Die ersten 50 Jahre (wie Anm. 20), S. 15, S. 18.
33 Ders., S. 36.
34 Ders., S. 37f.
35 Theodor Kolde, Die Universität Erlangen unter dem Hause Wittelsbach 1810 bis 1910, Erlangen 1910, Nachdruck 1991, S. 27.
36 Lammers, Ferdinand, Geschichte der Stadt Erlangen von ihrem Ursprunge unter den fränkischen Königen bis zur Abtretung an die Krone Bayern, Erlangen 1834, S. 95.
37 Reinhard, Chronik (wie Anm. 3), S. 410.
38 Lehmann, S. 126f.
39 Andreas Jakob, Die Neustadt Erlangen. Planung und Entstehung (EB 33, Sonderband), 1986, S. 80.
40 Bischoff, 440 Jahre (wie Anm. 25), S. 28.
41 Horst Weigelt, Die evangelische Gemeinde seit Ausgang des 17. Jahrhunderts, in: Wendehorst (Hrsg.), Erlangen (wie Anm. 2), S. 149f.
42 Bischoff, 440 Jahre (wie Anm. 25), S. 26.
43 Ders., S. 30.
44 Ebenda.
45 Reinhard, Chronik (wie Anm. 3), S. 457f.
46 Nägelsbach, Die ersten 50 Jahre (wie Anm. 20), S. 34.
47 Vgl. dazu auch Bischoff, 440 Jahre (wie Anm. 25), S. 31.
48 Weigelt, Evangelische Gemeinde (wie Anm. 41), S. 150.
49 S. den Beitrag von Martina Bauernfeind, 153.
50 S. den Beitrag von Andreas Jakob, 103f.
51 Jutta Beyer, Art. Armenhäuser, in: Erlanger Stadtlexikon (wie Anm. 1), S. 134. – Andreas Jakob, Art. Seel- und Siechenhäuser, in: ebenda, S. 633.
52 Bischoff, 440 Jahre (wie Anm. 25), S. 31f.
53 Lammers, Geschichte der Stadt (wie Anm. 36), S. 137f.
54 Bischoff, 440 Jahre (wie Anm. 25), S. 33ff.
55 Renate Wittern (Hrsg.), Die Professoren und Dozenten der Friedrich-Alexander-Universität Erlangen 1743–1960 (Erlanger Forschungen, Sonderreihe Bd. 5), Erlangen 1993, S. 73.
56 Bischoff, 440 Jahre (wie Anm. 25), S. 36.
57 Jutta Beyer/Claudia Maciol, Art. Missionsvereine, in: Erlanger Stadtlexikon (wie Anm. 1), S. 499f.
58 Bischoff, 440 Jahre (wie Anm. 25), S. 37
59 Evangelische Mission Leipzig, Stadtlexikon.
60 Beyer/Maciol, Missionsvereine (wie Anm. 57). – Haaß, Kein Blick zurück im Zorn? (wie Anm. 24), S. 639–646.
61 Bischoff, 440 Jahre (wie Anm. 25), S. 37.
62 Ders., S. 39.
63 Haaß, Kein Blick zurück im Zorn? (wie Anm. 24), S. 667.
65 Bischoff, 440 Jahre (wie Anm. 25), S. 39f.
66 Bischoff, 440 Jahre (wie Anm. 25). – Haaß, Kein Blick zurück im Zorn? (wie Anm. 24) S. 635–639.
67 Christoph Jahn, Weltmission, in: Peter Smolka (Hrsg.), Erlangen – evangelisch. Porträt eines Dekanatsbezirkes, Erlangen 1976, S. 139f.

Martina Bauernfeind

„Suchet das Himmelreich zu Erlangen …"

Die evangelisch-lutherische Theologische Fakultät der Friedrich-Alexander-Universität

Als am 4. Juli 1810 das bayerische Besitzergreifungspatent und königliche Wappen an mehreren Orten in Erlangen angeschlagen wurden, war der Jubel zunächst groß: *„Schon der frühe Morgen versammelte zahlreiche Gruppen fröhlicher Menschen auf dem Markte, woselbst um 9 Uhr der Publications-Act beginnen sollte, und Bürger und Studenten begleiteten denselben mit tausendstimmigen Vivat-Ruf für den besten der Könige"*[1], erinnerte sich Ferdinand Lammers an den Einverleibungsakt in das Königreich Bayern. *„Wohl nirgends wurde diese Nachricht mit größerem Jubel aufgenommen"*[2], schrieb Lammers außerdem, denn während andere fränkische Territorien wie etwa Nürnberg vier Jahre zuvor mit der neuen Staatszugehörigkeit ihre Selbständigkeit verloren hatten, ging in Erlangen die von einem dramatischen wirtschaftlichen Niedergang der wichtigsten Gewerbe begleitete vierjährige französische Besatzungszeit zu Ende.

Markgraf Friedrich, um 1750

Markgraf Alexander, um 1785

„Erlangen's Wichtigkeit für das Königreich Baiern"

Machten die Erlanger auf der einen Seite in mehrtägigen Feiern ihrer Erleichterung sowie ihrer Hoffnung auf einen Aufschwung unter der neuen Landesherrschaft Luft, war auf der anderen Seite vorsichtige Zurückhaltung spürbar. So fiel etwa die Predigt am 8. Juli 1810 im Rahmen des feierlichen Universitätsgottesdienstes in der Neustädter Kirche von Theologieprofessor und Konsistorialrat Christoph Friedrich von Ammon[3] unter dem Titel *„Wie wir die Vorsehung für die glückliche Entscheidung unseres Schicksals würdig preisen sollen"*[4] vergleichsweise nüchtern aus. Die Skepsis war nur allzu berechtigt, hatte doch die Vergangenheit gezeigt, wie rigoros der bayerische Staat mit seinen neuen Territorien verfuhr. Alles kam – in Hinblick auf die maroden Staatsfinanzen des jungen Königreiches – auf den Prüfstand und insbesondere Kunst- und Kulturgut bzw. öffentliche Einrichtungen und Stiftungen wurden zu Geld gemacht, dem Verfall preisgegeben oder umgehend geschlossen wie etwa die Universitäten Altdorf, Bamberg, Innsbruck und Salzburg[5]. Eine vermutlich in Universitätskreisen noch 1810 verfasste Schrift *„Erlangen's Wichtigkeit für das Königreich Baiern"*[6] dokumentiert die durchaus berechtigten Sorgen um den Bestand der *„kleinen Hochschule mit spezifisch lutherischem Charakter"*[7]. Von jeher nur mit vergleichsweise bescheidenen finanziellen Mitteln ausgestattet und bislang kaum über 180 Studenten im Jahr 1797 hinausgekommen, war die Zahl der Immatrikulierten während der französischen Herrschaft im Jahr 1808 gar auf 53 abgesunken[8]. Zudem unterstanden die rund 9000 ehemals markgräflichen und tief im lutherischen beziehungsweise reformierten Protestantismus verwurzelten Erlanger Untertanen nun der katholischen Monarchie der Wittelsbacher im überwiegend katholisch geprägten Königreich. Aber gerade hier erkannte der anonyme Verfasser der Werbeschrift Erlangens Chance als *„die einzige protestantische Universität in der Monarchie, welches um so mehr einige Rücksicht zu verdienen scheint…"*[9]. Nach langen bangen Jahren und immer wieder aufkeimenden Gerüchten um eine Schließung schrieb letztendlich erst die bayerische Verfassung vom 26. Mai 1818 die Fortexistenz Erlangens als Hochschulstadt fest. Damit war nicht nur der kulturellen und geistigen Bedeutung der Universität, sondern auch ihrer für die künftige Entwicklung der Stadt wichtigen Rolle Rechnung getragen worden. Die lutherische Theologische Fakultät als einziger im nun bikonfessionellen Königreich, dem zahlreiche protestantische Gebiete in Franken, Schwaben und der Pfalz zugeschlagen worden waren, verlieh der Universität Erlangen einen exklusiven Rang. Als Zentrum der bayerischen Pfarrerausbildung avancierte die Erlanger Theologische Fakultät nicht nur zum spirituellen Mittelpunkt der protestantischen Bevölkerung Bayerns, sondern auch zur Sprecherin lutherischer Selbstbehauptung weit über die Landesgrenzen hinaus.

Aufklärungstheologie

Die dezidiert lutherisch-protestantische Ausrichtung war bereits in den Gründungsstatuten verankert und bedeutete de facto, dass lange Zeit nur Lutheraner ordiniert wurden. Mit dem katholischen Kameralwissenschaftler und Philosophieprofessor Johann Paul Harl kam 1816 der erste nicht-lutherische Ordinarius zum Zuge[10]. Ebenso reserviert verhielt man sich gegenüber den reformierten Protestanten, obwohl gerade sie in der „Hugenottenstadt" Erlangen eine gesellschaftlich, wirtschaftlich und auch kulturgeschichtlich wichtige Rolle spielten. 1817 erhielt mit Christian Krafft der erste deutsch-reformierte Theologe eine außerordentliche Professur, und nach Widerständen innerhalb der lutherisch ausgerichteten Fakultät wurde 1830 mit Isaac Rust wieder ein außerordentlicher reformierter Professor berufen und im Jahr darauf ordiniert. Der reformierte Lehrstuhl, den u.a. 1847 der Hugenottennachfahre und französisch-reformierte Professor Johann Heinrich August Ebrard innehatte, blieb aber bis 1970 extra facultatem. Mit der Eingliederung endete der dezidiert lutherische Charakter der Erlanger Theologischen Fakultät[11]. Mehr als nur eine Änderung von Lehrinhalten, sondern den Verlust eines der herausragendsten Kennzeichen der Theologischen Fakultät bedeutete der Beschluss der Universität, den Lehrstuhl für Reformierte Theologie mit der Pensionierung des letzten Inhabers, seit 1981 Prof. Alasdair Heron, zum Ende des Sommersemesters 2007 aufzuheben.

Die Universität hatte im November 1743 ihren Betrieb mit 64 Immatrikulierten in der ehemaligen Ritterakademie aufgenommen. Dabei wurde in den klassischen vier Fakultäten Jura und Medizin mit je fünf Professoren sowie Philosophie und Theologie mit je drei Professoren gelehrt und geforscht. Die meisten Professoren hatten ihre akademische Vorbildung im Geiste der Aufklärung der Universität Jena erworben, so auch der Theologieprofessor Caspar Jakob Huth, der neben German August Ellrod und Joachim Ehrenfried Pfeiffer lehrte. Im Spannungsfeld von orthodoxem Luthertum und der Auseinandersetzung mit Ideen und Denkweisen der Aufklärung nahm die Erlanger Universität eine Scharnierfunktion ein, die bereits anlässlich der Gründungsfeierlichkeiten deutlich wurde. So hielt Joachim Ehrenfried Pfeiffer als Dekan der theologischen Fakultät seine Rede über die Grenzen des Gebrauchs

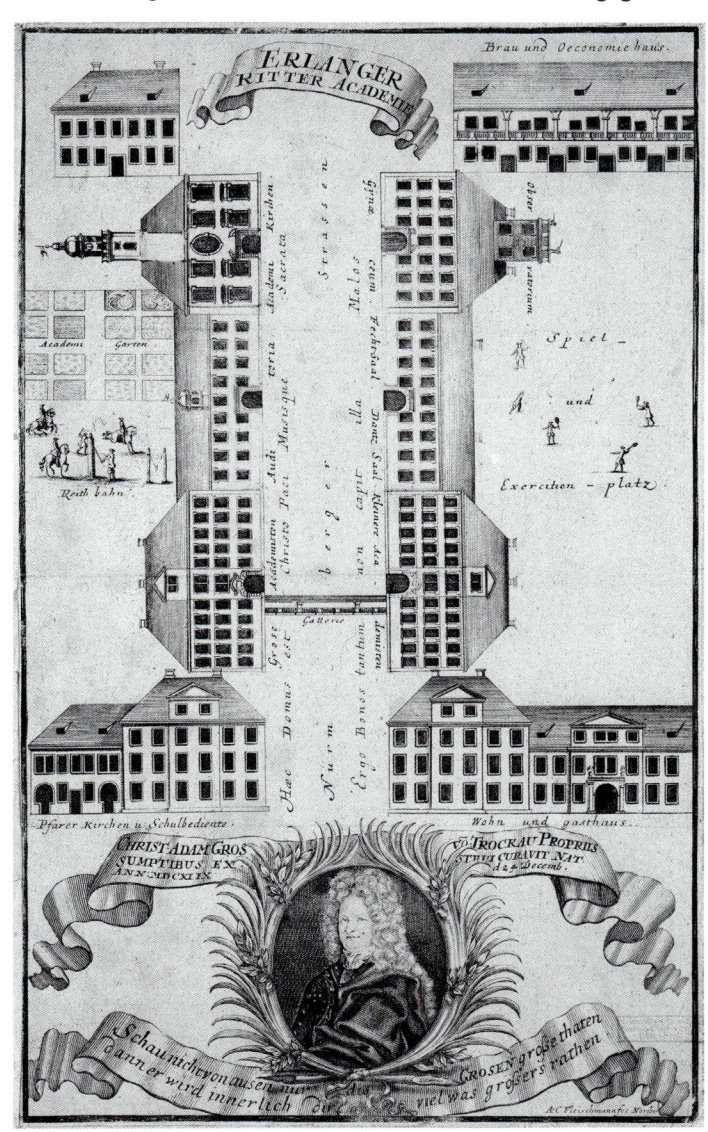

Idealisierte Darstellung der Ritterakademie, 1713

Längsschnitt der Sophienkirche (Ausschnitt), um 1820

Festzug zur Neustädter Kirche anlässlich der Einweihung der Universität am 4.11.1743

Festzug zur Neustädter Kirche zum 100. Geburtstag der Universität, 1843

und Missbrauchs der Vernunft[12], und auf Wunsch der Markgräfin disputierten der Theologe Caspar Jakob Huth mit den Juristen Johann Wilhelm Gadenam und Carl Adolph von Braun über zwei Thesen Voltaires, die Wilhelmine selbst ausgesucht hatte[13]. Argumentationsfähigkeit und Diskursbereitschaft lösten allmählich Offenbarungsglaube und Konfessionsprinzip ab.

„der Alltag der Aufklärung ... in der Provinz"

Die Erlanger Theologie bemühte sich in ihren Anfangsjahren, einen Ausgleich zwischen den überkommenen Zwängen kirchlicher Orthodoxie und den neuen Forderungen der Vernunft zu finden. Zum Hauptvertreter der Erlanger Übergangstheologie wurde der im oberfränkischen Creußen geborene Georg Friedrich Seiler. Seiler – ein Schüler Huths – erhielt 1769 die vierte Professur an der Theologischen Fakultät und verhalf als moderater Vermittler zwischen Offenbarungsglauben und Rationalismus der noch jungen Erlanger Theologie zu erster Reputation. Er selbst genoss über die Fakultät hinaus höchstes Ansehen, ablesbar etwa an seinen sechs Amtsperioden als Prorektor der Universität, und war mit den Worten Werner Elerts der *„erste Erlanger Theologe von europäischem Ansehen"*[14]. Nicht zuletzt sein breit gefächertes soziales Engagement in Erlangen – er spendete für Notleidende, setzte sich für die Errichtung eines Flussbades ein und gründete und finanzierte das Armeninstitut mit – wies ihn als beispielhaften Aufklärungstheologen aus. Neben Seiler wirkten darüber hinaus ab 1773 Johann Georg Rosenmüller als Vertreter der neologischen Richtung der Aufklärung ebenso wie Wilhelm Friedrich Hufnagel, mit dessen Berufung 1782 sich das Profil der Erlanger Theologie nochmals schärfte. Der Titel seiner ab 1786 publizierten Hefte *„Für Christentum, Aufklärung und Menschenwohl"* war zugleich Programm seiner akademischen Lehre. Als Hufnagel 1792 die Fakultät verließ, kam Christoph Friedrich von Ammon und avancierte neben Seiler zum wichtigsten Aufklärer in Erlangen.

Die Erlanger Aufklärungstheologie blieb von der Gründung an über ein halbes Jahrhundert bestimmend. Weitere Vertreter waren Leonhard Bertholdt, Johann Georg Veit Engelhardt, der erste bedeutende Kirchenhistoriker Erlangens, Georg Benedikt Winer oder Gottlieb Christian Kaiser. Letztendlich vollzog sich der Übergang zur Aufklärung allmählich und der geistesgeschichtliche Anteil Erlangens am Wandel der Denkmuster vom Offenbarungsglauben zur Vernunft als neue Größenordnung blieb etwa im Vergleich zu Göttingen und Jena begrenzt. Aber in Erlangen, so Günter Lottes, wurde *„der Alltag der Aufklärung, die Wirkungsgeschichte des nationalen Diskurses in der Provinz"*[15] deutlich und gerade aufgrund dieser Provinzialität gelang es in vielen Fällen, akademische Lehrer von Rang an Erlangen zu binden. So lehnte Joachim Ehrenfried Pfeiffer als exponierter Vertreter des orthodoxen Luthertums drei Rufe nach Jena ab.

Erweckungsfrömmigkeit und Erlanger Theologie[16]

Am Anfang des 19. Jahrhunderts kam es erneut zu einem Paradigmenwechsel. An die Stelle der mitunter verflachenden Theologie des Rationalismus trat nun ein erneuerter Bibel- und Bekenntnisglaube. Die Übereinstimmung der eigenen Glaubenserfahrung mit dem lutherischen Bekenntnis fand ihren publizistischen Niederschlag in Schriften wie *„Das Wiedererwachen des evangelischen Lebens in der lutherischen Kirche"* des Erlanger Professors Gottfried Thomasius. Mit ungeheurer Dynamik markierten diese und ähnliche Werke die Abkehr von der Aufklärungstheologie, die von der Erweckungsbewegung initiiert und schließlich als Erlanger Schule zum Begriff wurde. Ließen sich Professoren wie Gottlieb Christian Kaiser von der Erweckungsfrömmigkeit inspirieren, avancierte der reformierte Prediger und Professor Christian Krafft, Pfarrer der Deutsch-Reformierten Gemeinde in Erlangen, zu ihrer Leitfigur. Er wurde 1818 außerordentlicher Professor und zog als überzeugender Prediger die Studenten – unter ihnen Wilhelm Löhe und Johann Christian Konrad von Hofmann sowie eine Vielzahl von Nicht-Theologen – in seinen Bann. Vor dem Hintergrund eines zunehmend aktiven Katholizismus und der Absage an Unionstendenzen etwa in Preußen wurde Krafft gleichsam zum Brückenkopf auf dem Weg von der Erweckungsfrömmigkeit zur konfessionellen Erlanger Theologie. Das *„Homiletisch-liturgische Correspondenzblatt"* war 1825 bis 1838 ihr publizistisches Organ.

„Erlanger Schule" des 19. Jahrhunderts

Unter dem Einfluss der Erweckungsbewegung wurden 1833 – gegen den Widerstand der noch im Aufklärungschristentum des 18. Jahrhunderts verhafteten Theologischen Fakultät – Adolf von Harleß und Johann Wilhelm Friedrich Höfling berufen. Insbesondere der aus einer Nürnberger Kaufmannsfamilie stammende Harleß gab der Theologischen Fakultät ihre wissenschaftlich fundierte spezifisch konfessionell-lutherische Ausrichtung, die die ganze Universität bis ins 20. Jahrhundert prägte. Seine Positionen gegen einen neukonfessionellen Katholizismus wie gegen ein konfessionsloses Luthertum vertrat er unter anderem in der von ihm und Gottfried Thomasius herausgegebenen *„Zeitschrift für Protestantismus und Kirche"*, deren Strahlkraft weit über die Grenzen Bayerns hinaus reichte. 1890 wurde das Publikationsorgan durch die von seinem Schüler Franz Hermann Reinhold Frank gegründete *„Neue kirchliche Zeitschrift"* abgelöst.

Über den universitären Horizont hinaus verteidigte Harleß kämpferisch protestantische Positionen im überwiegend katholischen Bayern und blieb etwa im so genannten Kniebeugestreit buchstäblich unbeugsam. Die geplante Wiedereinführung der bis 1803 üblichen Kniebeugung vor dem Allerheiligsten, etwa an

Johann Martin Chladenius

Georg Friedrich Seiler und Johann Wilhelm Rau, Theologieprofessoren, um 1790

Fronleichnam, hatte den Konflikt hervorgerufen. Als Vertreter der Universität Erlangen im Bayerischen Landtag stellte sich Harleß nun an die Spitze des protestantischen Widerstands gegen diese Maßnahme und wurde zum Gegenspieler des streng katholischen Innenministers Carl von Abel – der „'schwarzen' Negativfigur"[17] für die Protestanten in ganz Deutschland. 1845 revanchierte sich Abel mit Harleß' Amtsenthebung und Strafversetzung nach Bayreuth. Aber bereits 1852 stieg er als Präsident des Münchner Oberkonsistoriums an die Spitze der protestantischen Kirche Bayerns auf. Gleichzeitig dokumentiert sein Wechsel vom Lehrstuhl zur Kirchenleitung die spezifisch enge Verflechtung von Erlanger Theologischer Fakultät und bayerischer Landeskirche im 19. Jahrhundert.

Gottlieb Adolf Harleß

Ein im Sinne des neuen konfessionellen Luthertums homogener Lehrkörper

Zusammen mit Höfling, der vor seiner Berufung in St. Jobst in Nürnberg als Pfarrer tätig war, formierte Harleß durch gezielte Berufungspolitik einen im Sinne des neuen konfessionellen Luthertums homogenen Lehrkörper, der eine wissenschaftliche Auseinandersetzung auf höchstem Niveau garantierte. Zu den herausragenden Vertretern der *„Erlanger Schule"* des 19. Jahrhunderts zählte allen voran der 1841 berufene Johann Christian Konrad von Hofmann. Der gebürtige Nürnberger übernahm nach Harleß' Entlassung dessen Lehrstuhl und avancierte zur Leitfigur des konfessionellen Aufbruchs, dessen Gedankengut auch jenseits des Königreichs rezipiert wurde. Wie Hofmann, der etwa einen Ruf nach Leipzig ablehnte, gelang es, eine Reihe weiterer Gelehrte an die Fakultät zu binden wie 1842 Gottfried Thomasius, 1848 den Kirchenhistoriker Heinrich Schmidt, 1850 den Alttestamentler Franz Delitzsch, 1853 Theodosius Harnack, 1857 Franz Hermann Reinhold Frank, 1866 Gerhard von Zezschwitz oder 1878 Theodor von Zahn als produktivster Gelehrter seiner Epoche und Neutestamentler mit großer internationaler Reputation. Darüber hinaus lehrten der Kirchenhistoriker Albert Hauck, der spätere sächsische Landesbischof Ludwig Ihmels oder der Systematiker Reinhold Seeberg in Erlangen. Nicht zuletzt durch deren wissenschaftliches Œuvre prägten die Theologen im 19. Jahrhundert mehr als die anderen Fakultäten

Personifikation der Theologischen Fakultät auf dem Kollegienhaus, 1958

Universitätsfeier mit Huldigung für den Prinzregenten Luitpold, 1910

Trauerzug anlässlich der Beisetzung von Geheimrat Prof. Ludwig Heim auf dem Neustädter Friedhof, 1939

das Bild der Universität. Im direkten Rückgriff auf die reformatorischen Bekenntnisschriften entstand so ein beeindruckendes theologisches Gesamtwerk. Eines der Großprojekte der Erlanger Theologie bildete die Gesamtausgabe der Werke Luthers, die neue Maßstäbe hinsichtlich Vollständigkeit und Textkritik setzte. Daneben entstand als Gemeinschaftswerk von Reformierten und Lutheranern die „*Realenzyklopädie für protestantische Theologie und Kirche*" – das wichtigste Nachschlagewerk des frühen 20. Jahrhunderts über protestantische Theologie[18]. Als weitere Facette der Erneuerung protestantischen Geisteslebens in Deutschland fiel 1854 die durch Harleß und Harnack initiierte Gründung des Instituts für Kirchenmusik in diese fruchtbare Epoche der Erlanger Theologie.

Auch Nicht-Theologen wie die evangelischen Philosophen Gotthilf Heinrich Schubert, Friedrich Wilhelm Schelling, der ursprünglich reformierte, später evangelisch-lutherische Naturwissenschaftler und Pädagoge Karl von Raumer sowie der Dichter und Orientalist Friedrich Rückert gestalteten mit ihrer Lehrtätigkeit das geistige Klima, in dem sich die Erlanger Schule entfaltete, mit und verhalfen so Theologischer Fakultät und Universität zu großem Renommée. „*Obenan, nicht bloß dem Range sondern dem Ansehen nach, stand die theologische Fakultät...*"[19], beschrieb 1910 der Reformationshistoriker und Initiator der bayerischen Kirchengeschichtsforschung Theodor Kolde die Verhältnisse in Erlangen.

Die Entwicklung der Studentenzahlen

Sein Urteil bestätigen die Studentenzahlen. Hatte in markgräflicher Zeit die Zahl der Juristen mehrfach die der Theologiestudenten übertroffen, so lag im 19. Jahrhundert die Theologische Fakultät, an der bis 1947 die gesamte evangelische Geistlichkeit Bayerns – sowohl Lutheraner wie auch Reformierte – studierte, nach Zahl der Studenten vorne. Und noch im 20. Jahrhundert zählte Erlangen nach Berlin und Tübingen zur meist besuchten Theologischen Fakultät Deutschlands. Von ihrem guten Ruf profitierte die gesamte Universität, wie die Entwicklung der Studentenzahlen zeigt. Schon 1747 betrug der Anteil der Theologiestudenten erstmals über die Hälfte aller Immatrikulierten. Während im Jahr 1818 erst 98 Studenten immatrikuliert waren, hatten sich 1860 bereits 508 junge Männer – davon 309 Theologiestudenten – eingeschrieben und im Sommersemester 1890 konnte der tausendste Student begrüßt werden. Während 1801 mit einem Anteil von nur neun Prozent ein vorläufiger Tiefstand erreicht

Das Theologische Seminargebäude in der Kochstraße, um 1970

Die Abteilung für christliche Publizistik in der theologischen Fakultät, 1968

wurde, markierten Jahre wie 1828 mit 63,1 Prozent und 1859 mit 61 Prozent blühende Höhepunkte der Erlanger Theologie, die längst Weltruf besaß. Zwischen 1824 und 1873 fiel die Zahl der Theologiestudenten nie unter 40 Prozent und in den Zeiträumen 1826 bis 1833, 1842 bis 1847 und 1855 bis 1868 stellte die Theologische Fakultät über die Hälfte aller Erlanger Studenten. Auch die absoluten Zahlen illustrieren den steilen Aufwärtstrend im 19. Jahrhundert eindrucksvoll. So registrierte 1855 die Fakultät mit 346 Studenten einen vorläufigen Rekord, der 1883 mit 363 Studenten und 1885 mit 398 Studenten eingestellt wurde. Erst 1930 konnte dieses Ergebnis noch übertroffen werden.

Neben der singulären Stellung innerhalb Bayerns war die konfessionelle Stabilität ausschlaggebend für Erlangens große Anziehungskraft. Über Deutschland hinaus kamen Studenten aus der Schweiz, Österreich, den Niederlangen, Skandinavien, Russland, Ungarn, dem Baltikum, den Vereinigten Staaten, Griechenland, Frankreich, Großbritannien, Island und sogar Südafrika[20] und machten den leicht ironischen Slogan „*Suchet das Himmelreich zu Erlangen …*" zur Devise.

Konfessionelle Studentenverbindungen

Die Dominanz der Theologiestudenten blieb nicht ohne Einfluss auf das gesellschaftliche und studentische Leben in Erlangen. Das vielschichtige Tableau der studentischen Vereinigungen erhielt im 19. Jahrhundert durch zahlreiche Neugründungen christlich und konfessionell ausgerichteter Studentenverbindungen eine neue Facette. Nachdem bereits die in Erlangen seit 1817 als Protestbewegung gegen die Corps gegründeten Burschenschaften – etwa die Bubenreuther und die Germanen – für ihre Mitglieder einen Erziehungsanspruch erhoben und ihnen die Pflicht zum effektiven Studium auferlegten[21], erlebten dezidert christliche Ideale nur wenige Jahre später in der Studentenschaft eine ungeahnte Blüte. Den Anfang machte 1836 die christliche, protestantisch orientierte, aber konfessionell ungebundene Uttenruthia. 33 Studenten sowie die späteren Professoren Luthard Thiersch und August Ebrard gründeten die nachträglich nach ihrer Exkneipe benannte Korporation als älteste deutsche christliche Studentenverbindung. Die Uttenruthia bot vor allem pietistischen Erlanger Theologiestudenten mit strengen ethischen Grundsätzen weltanschauliche Heimat und wurde zum Prototyp der nichtschlagenden Verbindung. Die Idee, „*dass man unter Bruch mit dem was als spezifisch studentisch galt, auf christlich-sittlichem Boden auch ein fröhliches Studentenleben führen könne*"[22], griff von Erlangen aus auf das gesamte deutsche Studentenmilieu über. In Erlangen war sie jahrzehntelang die stärkste und beim akademischen Lehrkörper am besten beleumundete Korporation. Etwa zwei Drittel der Mitglieder studierten Theologie. Fast lag es in der Natur der Sache, dass ausgerechnet Unstimmigkeiten über die Frage des Tischgebetes und des christlichen Selbstverständnisses 1850 zur Abspaltung des Wingolf als neuer Verbindung führten. Auch für dessen Mitglieder galten ein strenger sittlicher Maßstab sowie die Ablehnung des studentischen Fechtens. Eine weitere protestantische Verbindung trat ebenfalls 1850 mit der Philadelphia ins Leben. Daneben ergänzten der Evangelisch-lutherische Studentenverein sowie ab 1860 der Theologische Studentenverein auf Initiative von Professor Franz Hermann Reinhold Frank das Spektrum der protestantischen Vereinigungen.

Erst gegen Ende des Jahrhunderts formierten sich 1892 mit der Rhenania und der Gothia auch zwei katholische Verbindungen. Zum einen sank der Studentenanteil der Theologischen Fakultät, die 1889/90 mit 277 Studierenden von 340 Medizinern erstmals überflügelt wurde, prozentual, so dass sich das Übergewicht der evangelischen Studenten zunehmend relativierte. Zum anderen gab es für die Katholiken gerade in der Diaspora des lutherisch und reformiert geprägten Erlangen ein starkes Bedürfnis, der eigenen Identität Profil zu geben. Trotz aller weltanschaulichen und kulturgeschichtlichen Divergenzen blieben die Ablehnung der Mensur sowie der strenge Sittenkodex die verbindenden Elemente der christlich orientierten Studentenverbindungen über Erlangens Grenzen hinaus[23].

Ausblick

Noch einmal gelang nach dem Ersten Weltkrieg mit der Berufung des Kirchenhistorikers und Systematikers Werner Elert 1923, des Systematikers Paul Althaus und des Alttestamentlers Otto Procksch 1925 ein theologischer Neuaufbruch in konfessioneller Geschlossenheit. Sie prägten neben anderen im wesentlichen Forschung und Lehre und hoben die Studentenzahlen noch einmal deutlich an. 1933 erreichte die Theologische Fakultät mit 659 Immatrikulierten einen letzten Höhepunkt, der erst ein halbes Jahrhundert später an der zwischenzeitlich zur Massenuniversität gewandelten Erlanger Hochschule mit 694 eingeschriebenen angehenden Theologen überschritten wurde.

Im Rückblick betrachtet, taten sich die traditionell national gesinnten Repräsentanten der Theologischen Fakultät im „Kirchenkampf" schwer, Position zu beziehen. Nach 1945 schlug zwar entlastend zu Buche, dass kein Angehöriger der engeren Fakultät Mitglied der NSDAP oder der Deutschen Christen gewesen war und Werner Elert eine Reihe von rassisch und politisch verfolgten Theologiestudenten geschützt hatte. Mehr noch als der Versuch einer Neuformulierung lutherischer Theologie, die Volk und Rasse als Begriffe der Schöpfungsordnung definierte, belasteten hingegen zwei Dokumente – das Gutachten der Fakultät über die Zulassung von Nichtariern zu kirchlichen Ämtern 1933 und der sogenannte Ansbacher Ratschlag 1934 – sowie eine gewisse personelle Kontinuität die Auseinandersetzung mit dem Nationalsozialismus[24]. Nicht nur deshalb fiel der Neuanfang nach dem Zweiten Weltkrieg schwer. Mit der Gründung der Augustana-Hochschule 1947 in Neuendettelsau und einer Theologischen Fakultät in München 1967/68 hatte Erlangen seinen exklusiven Status als einzige Ausbildungsstätte für Theologen der bayerischen Landeskirche verloren. Als ebenfalls abgeschlossene Größe gilt die „Erlanger Theologie", gekennzeichnet durch ihr entschiedenes Luthertum und ihre außerordentliche wissenschaftliche Bandbreite, an die keine evangelische Schulrichtung mehr dauerhaft anknüpfen konnte[25].

Die kath. Studentenverbindung Gothia beim 25jährigen Priesterjubiläum von Pfarrer Bosch in St. Bonifaz, 1957

Katholische Verbindungsstudenten bei der Fronleichnamsprozession am 6.6.1958

Der Studentenanteil der Theologischen Fakultät im Vergleich zu den drei weiteren Gründungsfakultäten 1744 bis 1992[26]

Jahr	Theologische Fakultät		Juristische Fakultät		Medizinische Fakultät		Philosophische Fakultät	
	absolut	Prozent	Absolut	Prozent	absolut	Prozent	Absolut	Prozent
1744	45	37,5	56	46,7	11	9,2	8	6,7
1753	42	53,8	26	33,3	10	12,8	0	0,0
1763	40	42,6	46	48,9	5	5,3	3	3,2
1773	64	49,6	48	37,2	16	12,4	1	0,8
1783	47	37,3	48	38,1	31	24,6	0	0,0
1793	52	29,4	75	42,4	45	25,4	5	2,8
1803	14	11,9	68	57,6	23	19,5	13	11,0
1813	31	33,3	40	43,0	14	15,1	8	8,6
1823	72	39,3	52	28,4	14	7,7	45	24,6
1833	137	51,9	42	15,9	59	22,3	26	9,8
1843	172	53,3	108	33,4	30	9,3	13	4,0
1853	213	44,5	144	30,1	96	20,0	26	5,4
1863	297	59,5	91	18,2	91	18,2	20	4,0
1873	178	40,0	41	9,2	125	28,1	38	8,5
1883	363	49,7	76	10,4	167	22,9	48	6,6
1893	285	26,0	208	18,9	358	32,6	39	3,6
1903	152	15,4	325	33,0	204	20,7	74	7,5
1913	239	17,7	206	15,2	443	32,8	228	16,9
1923	181	11,1	490	30,0	241	14,7	399	24,4
1933	659	29,8	327	14,8	781	35,3	202	9,1
1943	19	1,7	55	5,1	610	56,1	151	13,9
1953	195	7,6	489	18,9	572	22,2	699	27,1
1963	315	3,3	594	6,3	3.007	31,9	1.670	17,7
1973	217	1,6	954	6,9	1.677	12,1	3.336	24,0
1983	694	3,1	2.095	9,2	3.465	15,3	4.481	19,7
1992	456	1,6	1.871	6,7	3.204	11,5	5.148	18,4

Anmerkungen

1 Ferdinand Lammers, Geschichte der Stadt Erlangen von ihrem Ursprunge unter den fränkischen Königen bis zur Abtretung an die Krone Bayern, Erlangen 1834, S. 173.
2 Ebenda.
3 Zu diesem wie zu allen folgenden Hochschullehrern vgl. die einschlägigen Artikel in Christoph Friederich/Berthold Frhr. von Haller/ Andreas Jakob (Hrsg.), Erlanger Stadtlexikon, Nürnberg 2002. – Ferner Walther von Löwenich, Die „Erlanger Theologie" in: Alfred Wendehorst (Hrsg.), Erlangen. Geschichte der Stadt in Darstellung und Bilddokumenten, Erlangen 1984, S. 119–125, Christoph Friederich (Hrsg.), Die Friedrich-Alexander-Universität Erlangen-Nürnberg 1743–1993. Geschichte einer deutschen Hochschule (Ausstellungskatalog Stadtmuseum Erlangen), Nürnberg 1993, Renate Wittern (Hrsg.), Die Professoren und Dozenten der Friedrich-Alexander-Universität Erlangen 1743–1960, Teil 1: Theologische Fakultät, Juristische Fakultät, Erlangen 1993.
4 Vgl. Clemens Wachter, Der Übergang der Universitäten Altdorf und Erlangen an Bayern, in: Michael Diefenbacher/Gerhard Rechter (Hrsg.), Vom Adler zum Löwen. Die Region Nürnberg wird bayerisch 1775–1835, Nürnberg 2006, S. 301–318, S. 307.
5 Andreas Jakob, „… das volle Glück des Friedens …". Die gefährlichen Zeiten beim Übergang Erlangens von Preußen an Bayern, in: Diefenbacher/Rechter (wie Anm. 4), S. 281–299, S. 296.
6 Vgl. Wachter (wie Anm. 4) S. 308.
7 Theodor Kolde, Die Universität Erlangen unter dem Hause Wittelsbach 1810 bis 1910, Erlangen 1910, Nachdruck 1991, S. 18.
8 StadtAE, ohne Sign., Statistiken zur Geschichte der Friedrich-Alexander-Universität 1743–1993, bearbeitet von Walter Bauernfeind.
9 Zitiert nach Kolde (wie Anm. 7), S. 21.
10 Vgl. Rudolf Endres, Kameralistik und altliberale Ökonomie an der Universität Erlangen, in: Friederich (wie Anm. 3), S. 43–52, S. 44 und Wachter (wie Anm. 4), S. 309.
11 Zur Geschichte des Reformierten Lehrstuhls vgl. Walther von Löwenich, Die „Erlanger Theologie" in: Wendehorst (Wie Anm.3), S. 119–125, S. 125. – Karl Eduard Haas, Die Evangelisch-Reformierte Kirche in Bayern, Neustadt/Aisch 1982, S. 346 und 372.
12 Lammers (wie Anm. 1), S. 115.
13 Hans Liermann, Die Universität Erlangen und der Markgräfliche Hof, in: Mitteilungsblatt des Universitätsbundes Erlangen e.V., Neue Folge 15, Erlangen 1957, S. 16–29, S. 21.
14 Zitiert nach von Löwenich (wie Anm. 3), S. 120.
15 Günther Lottes, Die Vernunft in der Provinz. Die Universität Erlangen im Zeitalter der Aufklärung, in: Friederich (wie Anm. 3) S. 35–42, S. 36.
16 Grundlegend dazu Karlmann Beyschlag, Die Erlanger Theologie, Neuendettelsau 1993.
17 Peter Claus Hartmann, Bayerns Weg in die Gegenwart, Regensburg 1989, S. 392.
18 Friederich (wie Anm. 3), S. 276f. – Hanns Christof Brennecke, Erlanger Theologie, in: Erlanger Stadtlexikon (wie Anm. 3), S. 240f.
19 Kolde (wie Anm. 7), S. 57.
20 Vgl. Beyschlag (wie Anm. 16), S. 141, Anm. 270.
21 Andreas Jakob, Erlanger Studenten und Studentenverbindungen im 18. und 19. Jahrhundert, in: Friederich (wie Anm. 3), S. 395–401, hier S. 399.
22 Kolde (wie Anm. 7), S. 301.
23 Vgl. dazu Jakob, Erlanger Studenten (wie Anm. 21) S. 395–401, Hans-Otto Keuneke, Die Studentenschaft im 19. und 20. Jahrhundert. Politische Haltung und Lebensform im Wandel, in: Wendehorst (wie Anm. 3), S. 93-99, ferner die einschlägigen Artikel im Erlanger Stadtlexikon (wie Anm. 3).
24 Vgl. dazu Jakob, S. 32 und Martin Schieber, S. 243.
25 Beyschlag (wie Anm. 16), S. 11.
26 StadtAE, ohne Sign., Statistiken zur Geschichte der Friedrich-Alexander-Universität 1743–1993, bearbeitet von Walter Bauernfeind. Vgl. auch Friederich (wie Anm. 3), S. 654f.

Politische Bildungsarbeit der katholischen Studentenverbindung Gothia, 1997

Sylvia Ostertag-Henning

Die Gründung der Pfarrei Herz Jesu

... oder der lange Weg der Katholiken zur eigenen Kirche

„Mit zwei Prozessionen feierten die katholischen Christen in Erlangen das Fronleichnamsfest, bei denen die Elemente der Eucharistie mit viel Schmuck und farbenprächtigen Fahnen und Gewändern durch die Straßen getragen wurden [...]; für die Innenstadtgemeinden begannen die Feierlichkeiten mit einem Wortgottesdienst im Hof der Herz Jesu Kirche. Anschließend zogen etwa 800 Gläubige unter Gesängen in einem Fürbittgang zum Lorlebergplatz". Niemand wird diesen Bericht in den Erlanger Nachrichten vom 16. Juni 2006 als Sensation empfunden haben. Selbstverständlich wurde uns, was Anfang des 20. Jahrhunderts noch Anlass zu Kontroversen bot: Erstmalig hatte der Rat der Stadt Erlangen am 28. April 1910 den öffentlichen Fronleichnams-Umgang genehmigt. Das damals spektakuläre Ereignis krönte den langen Emanzipationsprozess der katholischen Minderheit im protestantischen Erlangen.

Fronleichnamsprozession in der Neuen Straße, Ecke Turnstraße, vor 1914

In der Zeit der Glaubensspaltung war Erlangen eine kleine Stadt mit wenigen hundert Einwohnern, regiert von den Markgrafen von Brandenburg-Kulmbach. Die evangelisch-lutherischen Gläubigen besuchten die seit 1655 der Hl. Dreifaltigkeit geweihte Marienkirche, die den geistlichen Mittelpunkt des Ortes bildete. Markgraf Georg der Fromme hatte sein Territorium der Reformation Luthers zugeführt[1]. 1528 predigte der erste evangelische Geistliche in der Marienkirche, katholisches Leben erlosch allmählich in der Stadt. Erst mit der Ansiedlung der nach Calvin reformierten französischen Glaubensflüchtlinge 1686 durchbrach Markgraf Christian Ernst das Prinzip der konfessionellen Einheit des Landes. Nach dem Ende des Dreißigjährigen Krieges 1648 hatte der Friedensvertrag von Münster und Osnabrück die Grade der Religionsausübung geregelt, die ein Landesherr als oberster Bischof seines Gebietes den andersgläubigen Untertanen zugestehen oder vorenthalten konnte:

1. *exercitium religionis publicum*: Öffentliche Religionsausübung mit Recht auf Geläute, freien Zugang zum Gottesdienst, Vornahme von Trauungen, Taufen und Leichenbegängnissen mit „*Gesang, Klang und öffentlichem Gefolg*" sowie Orgelspiel.
2. *exercitium religionis privatum*: Privatgottesdienst, ein Geistlicher hält den Gottesdienst, gemeinsam kann gebetet und gesungen, die Sakramente empfangen werden. Das Bethaus soll von außen nicht als Kirche erkennbar sein.
3. *exercitium religionis domesticum*: Hausandacht, eine Familie samt Hausgenossen kann sich zu Gebet und Gesang unter privatem Dach versammeln. Der Gottesdienst kann auswärts (in diesem Fall in katholischem Gebiet) besucht werden[2].

Die ersten Katholiken seit der Reformation

Im Zuge der Hugenottenansiedlung waren auch Katholiken in der Neustadt Christian-Erlang willkommen. „*Päpstische*" wurden als Bürger aufgenommen, wenn von ihnen ein Beitrag zum Aufbau der neuen Stadt zu erwarten war, etwa Gold- und Silberdrahtzieher, auch Strumpfwirker. Die Glaubensrechte der Katholiken waren in § 4 der großen Deklaration des Markgrafen Christian Ernst vom 4. Mai 1711 definiert: „*Die der Päpstischen Religion Zugethanen, welche entweder dermahlen schon in Christian- Erlang wohnen oder künftig an eine der Evangelisch-Lutherischen oder Reformierten Religion anhängigen Manns- oder Weibs-Person sich dahin verheurathen, und sofort sich allda festsetzen, die sollen zwar für sich bey ihrer Religion und Gewisens-Freiheit verbleiben, und ihren Gottesdienst außerhalb der Stadt in Catholischen Kirchen ungehindert besuchen, dabei aber schuldig und gehalten seyn, alle Actus als: Taufen, Copulieren und Begräbnisse bey der Evangelisch-Lutherischen Kirche und Gemeine in Christian-Erlang verrichten […] man hatte sich […] gegen die beiden Evangelischen Religionen, wie sich's gebühret,*

Kirchenburg St. Xystus von Norden, im Torturm die alte Schule, um 1762

sitsam und bescheiden aufzuführen und zu bezeigen […]"[3]. Die Kinder „*beyderley Geschlechts*" waren in der evangelischen Religion zu erziehen.

Das Jahr 1723 nennt 72 Katholiken in der Neustadt gegenüber etwa tausend Reformierten und doppelt so vielen Lutheranern. Hatten die Reformierten trotz ihrer anderen Konfession vom Markgrafen den höchsten Grad der Glaubensfreiheit und als Geschenk noch die eigene Kirche inmitten der neuen Stadt erhalten, so war der katholischen Minderheit nur die Minimalausübung ihrer Religion gestattet. Für sie waren St. Xystus in Büchenbach oder die Deutschordens-Kapelle in Nürnberg mögliche Gottesdienstorte. Betreut wurden sie, soweit gestattet, vom Pfarrer in Büchenbach.

Der mühsame Weg

Obwohl ihre Anzahl noch gering war, bemühten sich die Katholiken seit etwa 1730 konsequent um mehr Glaubensrechte. Aus der Hauptresidenz Bayreuth drang die Nachricht nach Erlangen, dass katholische Adelige dort das „*exercitium religionis privatum*" erhalten hatten. Auch Erlangen war seit 1703 Nebenresidenz und seit 1708 die 6. Landeshauptstadt. Die Hoffnung der Katholiken richtete sich schon auf eine eigene Kirche, in bischöflichem Gebiet wurden Kollekten genehmigt. Deputierte reisten nach Bayreuth, um einflussreiche Persönlichkeiten für ihr Anliegen zu gewinnen. Der Kaufmann Franz Bulla und der Hofwagner Nikolaus Gaß sprachen 1737 bei Markgraf Friedrich vor, der zunächst mit erstaunlicher Toleranz antwortete: Er stellte den Bau eines Bethauses und die Einrichtung des katholischen Gottesdienstes in Erlangen in Aussicht, gab Order an den dor-

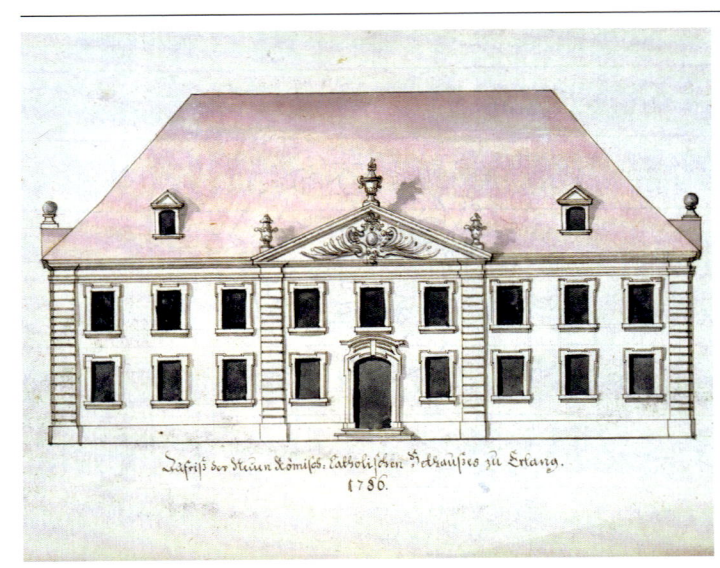

Aufriss des neuen katholischen Bethauses, 1786

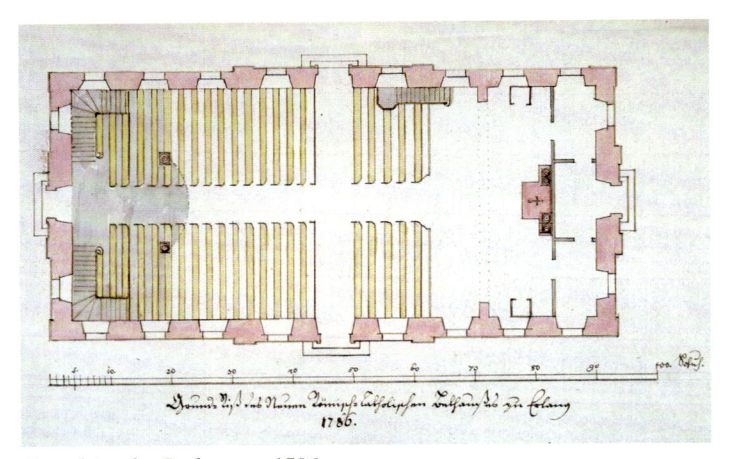

Grundriss des Bethauses, 1786

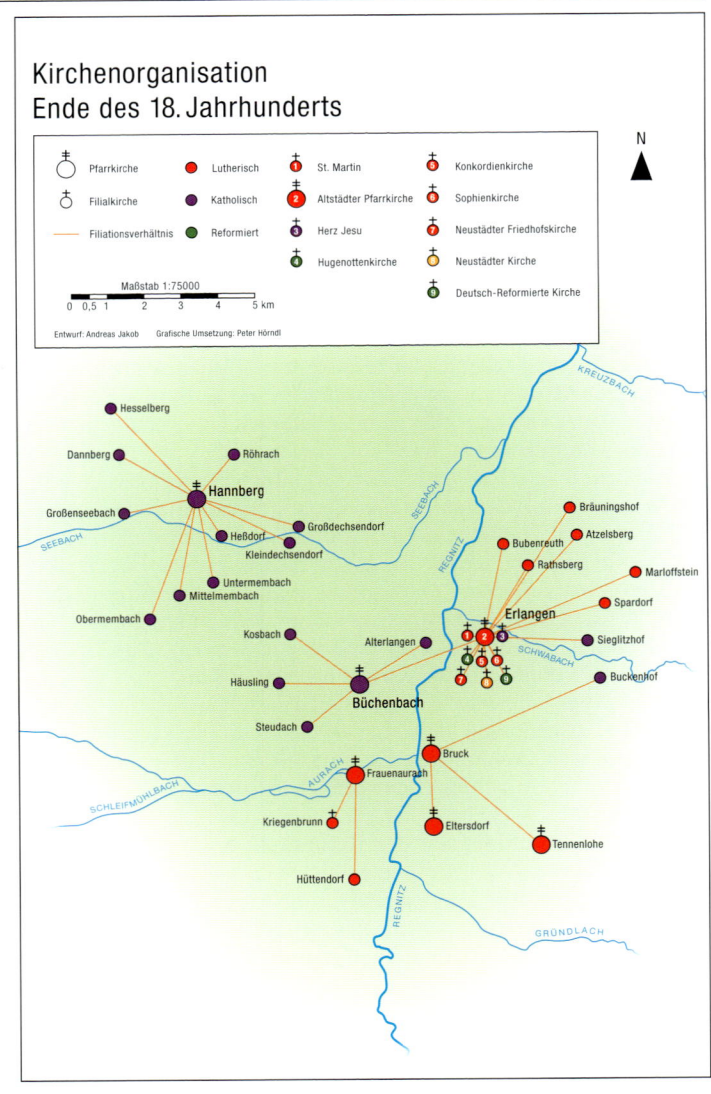

tigen Amtshauptmann, Baron von Heßberg, Veranlassungen zu treffen. Doch Magistrat und evangelische Geistlichkeit der Stadt reagierten mit heftigem Widerstand. Besonders eindrucksvoll fiel die Protestnote der Französisch-Reformierten Gemeinde aus, deren Pastor O'Bearn ein bemerkenswertes Schriftstück verfasste: *„Nur schwer haben sie sich davon überzeugen können, dass die schreckliche Nachricht auf Wahrheit beruhe […] in ihrer Verzweiflung ist ihre einzige Hoffnung die Güte des Fürsten. Ihm wollen sie daher die traurigen Übel, die fürchterlichen Unzuträg-lichkeiten, die Untergrabung ihrer glücklichen Verhältnisse, das unsagbare Unheil vorlegen, […] die die notwendige Folge der den Katholiken gewährten Duldung sein würden. Der Hass der Juden gegen die Samariter gibt nur eine schwache Idee von dem gegen die Protestanten, den die Katholiken mit der Muttermilch einsaugen […] sie hätten die Massakre, die Tausende ihrer Brüder in Frankreich [etc.] zu dulden hatten, nicht vergessen […] um den Fürsten zufriedenzustellen, würden sie […] sogar ihr Leben opfern, aber es ginge um mehr: durch die Niederlassung der*

Ansicht des Katholische Bethauses zu Erlang nebst einen Theil der Altstadt.

Das katholische Bethaus am östlichen Rand der Altstadt, 1788

Katholiken in Erlangen sei ihre Religion in Gefahr, an den Rand des Abgrunds zu kommen [...]"[4].

Markgraf Friedrich nahm seine Zusage an die Erlanger Katholiken zurück. Fürstlicher Wille zur Toleranz stieß an die Grenze des momentan Durchsetzbaren. Einflussreichen katholischen Adeligen am Bayreuther Hof schien es nach kurzer Zeit jedoch gelungen zu sein, den Markgrafen erneut umzustimmen. Im Dezember 1738 veröffentlichte Amtshauptmann v. Heßberg das hochfürstliche Dekret, das die Errichtung eines katholischen Privatgottesdienstes und den Bau eines Bethauses in Erlangen genehmigte. Gleichzeitig forderte er den Rat der Neustadt Erlangen, die Kaufmannschaft und die Reformierten auf, schriftlich Stellung zu nehmen. Gemeinsam formulierten diese wiederum ihren Protest und sandten Deputierte an den Markgrafen. Baron von Reitzenstein, ein Förderer der Erlanger Katholiken, schrieb am 18. Januar 1739 an Hofwagner Gaß : *„[...] bei ihrer gehabten Audienz* [hätten die Reformierten] *von Se. Hochfürstl. Durchlaucht nicht nur einen ziemlich derben Verweis bekommen, sondern seien noch*

Erlangen von Norden, um 1850

dazu ab- und dass sie nimmer wiederkehren sollten, angewiesen worden". Er riet zu Geduld[5]. Obwohl die Haltung des Bayreuther Hofes gegenüber den Anliegen der Erlanger Katholiken nicht ungünstig schien, bestätigte Markgraf Friedrich am 20. April 1740 nochmals das Fundamentalgesetz von 1711, das keine freie Religionsausübung für die katholische Minderheit vorsah.

Die Universität – Chance oder Hemmnis für die Katholiken?

Mit der Verlegung der Universität von Bayreuth nach Erlangen 1743 und der Notwendigkeit, sie in wirtschaftlicher Hinsicht zu unterstützen, schien eine neue Chance für die Rechte der Katholiken zu erwachsen: Katholische Studenten durften sich zum Studium einschreiben. Gründungskanzler Daniel de Superville erwog sogar einen Handel mit den Katholiken: 27.000 Gulden für die Universität gegen landesherrliche Glaubenstoleranz[6]. Die Summe konnte jedoch nicht aufgebracht werden. *"[...] Da von Bamberg keine Hilfe kommt, müssen die Erlanger Katholiken wenigstens im Augenblick darauf verzichten, durch einen eigenen Geistlichen in einem Privathause Gottesdienst und darüber hinaus freie Religionsausübung zugestanden zu bekommen"*[7]. Die Einflüsse seitens der Universität wirkten den erhofften Freiheiten eher entgegen. Theologieprofessoren bekleideten gleichzeitig die Pfarrstellen in Alt- und Neustadt und verstanden sich als strenge Hüter der lutherischen Lehre. Um das Jahr 1750 wurde beklagt, dass die Zahl der Katholiken im evangelischen Umland stark zugenommen habe, worauf der Markgraf am 22. Juni 1750 Order gab, dem Anwuchs der Papisten kräftig entgegenzuhalten[8]. Professor Caspar Jacob Huth, der von 1748 bis 1760 die Altstädter Pfarrei betreute, führte hier 1750 die erste Konfirmation in Franken ein: Neben der religiös-erzieherischen Funktion für die Katechumenen sah er darin wohl auch *"[...]eine feierliche Verpflichtung zum Festhalten an dem evangelischen Glauben [...]"*[9].

Die Zeit der Konzessionen

Nach dem Aussterben der Bayreuther markgräflichen Linie übernahm Alexander von Brandenburg-Ansbach 1769 die Regierung beider Fürstentümer. Er hatte als Jüngling katholische Gottesdienste kennengelernt, auf seiner Kavaliersreise in Rom die Audienz beim Papst wahrgenommen. An seinem Hofe in Ansbach waren katholische Beamte tätig, und der Markgraf schien nicht abgeneigt, sich den Anliegen der Erlanger Katholiken zu öffnen. Da die junge Erlanger Universität schlecht florierte, schlug er vor, den katholischen Gottesdienst einzurichten, um mehr altgläubige Studenten anzuziehen. Der Universitäts-Senat votierte negativ:

man befürchte, dass sich der *"Hass und die Erbitterung der Bürgerschaft"*, die sich noch immer auf die alten Privilegien im Fundamentalgesetz von 1711 berief, gegen die Universität richten würden.

Adelige als Schrittmacher

1781 wurde die Verwaltung des Fränkischen Ritterkantons Steigerwald nach Erlangen verlegt. Die Ritterschaft bat den Markgrafen um Genehmigung zur Abhaltung von Privatgottesdiensten für ihre katholischen Mitglieder. Alexander stimmte zu und setzte die protestantische Geistlichkeit davon in Kenntnis. Obwohl der Gottesdienst vorläufig nur Angehörigen der Ritterschaft erlaubt war, ließen sich Auswirkungen auf die Rechte der übrigen Katholiken absehen. Im selben Jahr erließ Kaiser Joseph II. in seinen Staaten das Toleranzedikt, das den Protestanten zugute kam, aber im größeren politischen Zusammenhang auch Auswirkungen auf die Entwicklung der Rechte der Katholiken in protestantischen Staaten zeitigte. Auch die Anwesenheit der toleranten Markgrafenwitwe in Erlangen wirkte sich fördernd auf die Anliegen der Katholiken aus: Ein Teil der Dienerschaft war katholisch und wünschte ebenfalls Religionsfreiheiten. Mitglieder des kleinen Erlanger Hofes traten als Deputierte für die Belange der Katholiken auf. Am 16. Januar 1783 schließlich erteilte Markgraf Alexander die Erlaubnis, den katholischen Gottesdienst in Erlangen einzurichten. *"[...] auch um zu zeigen, wie sehr wir die dem dermaligen Jahrhundert so viele Ehre machenden principia der Toleranz zu fördern gemeint sein [...]"*[10]. Wieder meldete sich der Senat der Universität zu Wort, wohlwissend, dass die öffentliche Glaubensausübung der Katholiken nicht mehr zu stoppen sei, man aber die Modalitäten noch mitbestimmen könne. Jedenfalls sei das Gebetshaus *"außerhalb"* der Stadt zu plazieren und ein Weltpriester zu verpflichten, der friedfertig gesinnt sei, insbesondere gegenüber der Akademie. Superintendent Pfeiffer versuchte noch ein letztes Mal, dagegenzuhalten – mit einem Argument, wie es fast 100 Jahre vorher bereits gegen die Hugenotten gebraucht worden war: *"[...] es sei auch bekannt, wie das Papsttum, wenn ihm etwas eingeräumt sei, immer weiter um sich greife und sich mehr und mehr anmaße, und es dann sehr schwer halte, der geistlichen Gewalt Schranken zu setzen und die eigenen höchsten Rechte aufrecht zu erhalten"*[11].

Katholisches Leben beginnt

Am 11. April 1784 konnte die erste katholische Messe seit der Reformation in Erlangen gelesen werden. In der Altstadt war der Rathaussaal zur Verfügung gestellt worden. Am 30. Januar 1785 erhielt die Katholische Gemeinde die offizielle Konzessionsurkunde. Die Anstellung des Geistlichen führte zunächst zu erheblichen Spannungen zwischen dem Bischof von Bamberg und dem Markgrafen, da jeder seine landesherrlichen bzw. oberhirtlichen Rechte bei der Einsetzung geltend machen wollte. 1786 trat Dr. Johann Georg Sauer die Stellung in der katholischen Gemeinde in Erlangen an. Noch galten viele Beschränkungen: Das Recht zum Bau der Kirche war erteilt, aber nur in Form eines schlichten Bethauses ohne Turm, Glockenklang und Orgelspiel. Der Gottesdienst hatte bei geschlossenen Türen zu erfolgen[12]. Alle Kasualien – Taufen, Trauungen, Begräbnisse – standen weiterhin den lutherischen Geistlichen zu.

Grabmal der Familie Stock auf dem Neustädter Friedhof, um 1935

Das Bethaus

Im Osten der Altstadt und in respektvollem Abstand zur Neustadt begann 1787 der Bau des neunachsigen schlichten Bethauses nach den Plänen des Ingenieurleutnants von Streit. Am Peter und Pauls Tag 1790 fanden die Eröffnungsfeierlichkeiten statt. Markgräfin Sophie Caroline hatte die vier Eingangstüren gestiftet. Die Rudel'sche Chronik beschreibt die mit Verspätung begonnene Feier: *„[...] Der Gottesdienst sollte schon um 8 Uhr angehen, weil man aber auf die Ankunft der Markgräfin wartete, und dieselbe erst um ¼ 10 Uhr kam, mussten viele Leute bei zwei Stunden warten. [...] Die Geistlichen besprengten die Wände und Stühle mit Weihwasser, [...] knieten auf den Eingang zum Chor gegen den Altar und beteten laut die Litanei. Hierauf wurde der Altar geputzt, 12 Kerzen darauf gestellt und angezündet [...] nach beendigten Zeremonien wurden die Kirchentüren aufgemacht und soviel Volk hereingelassen, als die Kirche fassen konnte. Sie wurde so voll, dass man sich nicht umwenden, und der Herr Pfarrer Sauer nur mit Mühe auf die Kanzel kommen konnte"*[13].

Kurat Dr. Ludwig Busch, der die Gemeinde 1793 übernahm, führte Tagebuch[14], in dem er viele Begebenheiten dieser ersten Jahre lebensnah darstellte. Mehrmals erwähnte er die Teilnahme der Markgräfinwitwe am Gottesdienst. Sein Nachfolger führte die Aufzeichnungen fort und bemerkte 1804, dass die Fürstin der Gemeinde unvergesslich bleiben werde: *„[...] Sie schrieb nämlich eigenhändig an den Baierischen Herrn Minister Grafen von Thürheim, unserer Gemeinde eine Orgel, deren sie sosehr bedurfte, von den aufgehobenen Klöstern zu ertheilen, und nur auf ihre Fürbitte wurde dieser Wunsch erfüllet, und wir erhielten eine Orgel um 100 fl .rh., die um 150 fr[ancs] taxirt war, wovon Sie den[n] die Halbscheid uns sogleich selbst wieder bezahlte. – Dächten nur alle Großen so, in deren Händen es steht wohlzutun. Zugleich der schönste Beweis Ihrer Toleranten Gesinnungen, die man leyder, sonst noch vermisst [...]"*[15].

Anlässlich des Jubiläums „Erlangen 100 Jahre bei Bayern" besucht Prinz Ludwig auch den Gottesdienst in Herz Jesu, 4.7.1910

Herz Jesu von Südosten, um 1893

Bruck, katholische Kirche St. Peter und Paul, 1950

St. Bonifaz, um 1930

Ab 1794 besuchten zahlreiche französische Adelige, die infolge der Französischen Revolution nach Erlangen gekommen waren, den katholischen Gottesdienst. Sie waren nicht bereit, alle Einschränkungen hinzunehmen, die der Gemeinde durch die Konzessionsurkunde auferlegt waren. Denn noch immer waren Taufen, Trauungen und Bestattungen den lutherischen Geistlichen vorbehalten. So berichtete Busch 1795, dass er dank königlichen Dekrets (Erlangen gehörte 1792–1806 zum Königreich Preußen) die Kinder der emigrierten Franzosen taufen dürfe. Nach den durch die Französische Revolution herbeigeführten politischen

Herz Jesu, Glockenabnahme am 5.7.1917.

Herz Jesu, der neue Altar nach der Purifizierung, 1954

Weihe des Gemeinschaftshauses der Kirchengemeinde Herz Jesu durch Weihbischof Dr. Landgraf, 9.12.1956

Kommunion in Herz Jesu, April 1957

Veränderungen fanden auch einige katholische Pfarrer in dem nach dem Frieden von Basel 1795 neutralen Erlangen Zuflucht, die sich geweigert hatten, den Eid auf die neue Verfassung abzulegen[16].

Wirtschaftliche Notlage

Durch die politischen Veränderungen der Jahrhundertwende geriet die Gemeinde in wirtschaftliche Bedrängnis. Sie war auf Zuschüsse aus dem Bistum Bamberg angewiesen. Da Bamberg bereits seit 1803 zum Kurfürstentum Bayern gehörte, Erlangen aber bis 1806 preußisch blieb und dann bis 1810 zu Frankreich gehörte, galten in dieser Zeit die katholischen Geistlichen in den „preußischen Landen" als im Ausland angestellte Subjekte und erhielten von hier keine Besoldung. Erst mit dem Anfall des ehemaligen Fürstentums Bayreuth an Bayern 1810 wurde dieses Problem beseitigt. Inzwischen bewegten sich die konfessionellen Verhältnisse auf überregionaler Ebene. Der Bayerische Kurfürst Maximillian IV. Joseph, verheiratet mit der evangelischen Fürstentochter Caroline von Württemberg hatte am 10. Januar 1803 das Bayerische Religionsedikt erlassen[17]. Dieses räumte allen Untertanen in der Ausübung des Glaubens völlige Freiheit ein und berechtigte zur Gründung selbständiger Pfarreien. Doch erst mit dem Übergang Erlangens an Bayern sollten diese Rechte auch für die in Erlangen lebenden Katholiken gelten.

Endlich Eigenständigkeit

Im Jahr 1813 wurde aus der Kuratie Erlangen eine eigenständige Pfarrei, das Bethaus zur Pfarrkirche. Jetzt konnte der katholische Pfarrer die Kinder taufen, die Trauungen vornehmen und

Herz Jesu, Innenraum, 1970

Herz Jesu, Innenraum, 3.7.2001

den Verstorbenen das letzte Geleit geben. Die Gemeinde zählte etwa 510 Mitglieder, der Sprengel umfasste auch Alterlangen und Sieglitzhof, Atzelsberg mit Rathsberg, Bubenreuth, Buckenhof, Kleinseebach, Möhrendorf mit Oberndorf und Spardorf. Stark geprägt wurde die junge Gemeinde unter Pfarrer Johann Michael Rebhan, der sein Amt 1821 antrat. Dieser Seelsorger bewegte manchen Erlanger, sich an der Ausstattung des Gotteshauses zu beteiligen: So bestimmte die protestantische Posamentiererwitwe Anna Margarete Stock 1825 der Kirche ein Legat von 3000 Gulden, das zu einem Geläute verwendet werden sollte. Pfarrer Rebhan war es nicht mehr vergönnt, den Einbau der Glocken zu erleben. Doch seine Tätigkeit in der Gemeinde wurde offenbar von vielen Erlangern respektiert. Als er 1843 zu Grabe getragen wurde, zollte ihm nicht nur die Bürgerschaft, sondern auch die evangelische Geistlichkeit Achtung: *„Ihm läuten jetzt die Glocken der* [ev. luth.] *Altstädter Kirche. Ein Leichenzug, wie ihn Erlangen noch nie gesehen hat, zieht durch die verträumten Straßen, an deren Fenstern und auf deren Dachstühlen die gesamte Einwohnerschaft sich drängt. In der Mitte des Zuges aber schreiten die Geistlichen aller Bekenntnisse, um diesen seltenen Mann zur letzten Ruhe zu führen, die ein Andersgläubiger* [der Spiegelfabrikant Fischer] *ihm ehrfürchtig in seiner Gruft anbietet "*[18]. Eine Tafel an der Ostseite des Kirchen-Innenraumes erinnert an Pfarrer Rebhan.

Die „Schöpfung eines katholischen Erlangen"

Nahezu tausend Mitglieder zählte die Gemeinde schon, als Pankraz Dinkel, der spätere Bischof von Augsburg, im Dezember 1843 Rebhans Nachfolge antrat. Von ihm spricht man als dem *„Schöpfer eines katholischen Erlangen"*. Er etablierte die Predigt als wesentliches Element des Gottesdienstes, unterstrich dessen Feierlichkeit und richtete Kindergottesdienste ein. Erstmalig zelebrierte Dinkel den Fronleichnamsumgang, der aber nur innerhalb der Kirche stattfand[19]. Dinkel widmete sich auch dem Umbau des Bethauses, das nach Westen erweitert wurde und im Osten eine Chor-Rotunde erhielt, die den Altar der schmerzhaften Mutter Gottes aufnahm. Endlich wurde der Turm errichtet und markierte das Gebäude weithin sichtbar als Kirche. Jetzt konnte das Legat von Margarete Stock – Geld für die Glocken – eingelöst werden. Am 14. September 1850 trafen diese via Ludwigskanal in Erlangen ein und wurden unter dem feierlichen Geläut der evangelischen Kirchen in Alt- und Neustadt begrüßt.

Ende des 19. Jahrhunderts erhöhte sich die Zahl der Katholiken in Erlangen auf 6000, wozu wesentlich die Angehörigen des 6. Jägerbataillons beitrugen, das seit 1868 in Erlangen stationiert war. Eine erneute Erweiterung des Kirchengebäudes war geboten. Unter Pfarrer Franz Seraph Achtmann erfolgte 1895 der Umbau. Der West-Ost-Achse wurde eine Süd-Nord-Achse entgegengestellt, in der Nordapsis der Hochaltar eingerichtet. Die rituelle Achse drehte damit von West-Ost nach Süd-Nord. Der Hochaltar und die Kirche wurden nun dem Heiligen Herzen Jesu geweiht. Den Abschluß der Emanzipation der Katholiken in Erlangen bildete am 26. Mai 1910 die erste öffentliche Fronleichnamsprozession. Fast noch deutlicher dokumentiert den Wandel der Verhältnisse der Besuch des Prinzen Ludwig, des späteren Königs Ludwig III., vom 3. bis 6. Juli 1910 anläßlich der Feiern der 100jährigen Zugehörigkeit Erlangens zu Bayern. Während Universitätssenat, Professoren und protestantische Honoratioren den Festgottesdienst in der Neustädter (Universitäts)Kirche feierten, besuchte der katholische Wittelsbacher die vom Bamberger Erzbischof zelebrierte Messe in der Herz Jesu Kirche[20].

Herz Jesu, Empfang zum 100jährigen Jubiläum der Niederbronner Schwestern, 1988

Ausblick

Aus der Diaspora Gemeinde des 19. Jahrhunderts erwuchsen im 20. Jahrhundert strahlenförmig neue katholische Gemeinden. In Bruck entstand St. Peter und Paul 1908 als erste Tochterkirche, gefolgt 1928 von St. Bonifaz am südöstlichen Rand der Neustadt. Mit den Flüchtlingsströmen am Ende des Zweiten Weltkrieges und dem Zuzug vieler Arbeitskräfte erhöhte sich der katholische Anteil der Bevölkerung nochmals stark. 14 Kirchen gehören heute zum Erzbischöflichen Dekanat Erlangen. In der einst lutherischen Hochburg halten sich Katholiken und Protestanten heute zahlenmäßig nahezu die Waage und nichts erinnert an den mühsamen Weg zur freien Glaubensausübung der Katholiken[21].

Anmerkungen

1 Vgl. dazu den Beitrag von Andreas Jakob, „Er donnerte sonderlich gewaltig gegen das Papsttum los, dessen geschworener Feind er war" – Vom lutherischen Landstädtchen zum protestantischen Schwergewicht, hier in diesem Band S. ###.

2 Vereinfachte Darstellung nach Walter Brandmüller, Das Wiedererstehen katholischer Gemeinden in den Fürstentümern Ansbach und Bayreuth, München 1963.

3 Corpus Constitutionum Brandenburgico-Culmbacensium II,2 (Bayreuth 1748), S.668 f.

4 Theodor Kolde, Die Anfänge einer katholischen Gemeinde in Erlangen. Erlangen 1906, S. 7f.

5 Brief des Barons v.Reitzenstein an den Hofwagner Nicolaus Gaß in Erlangen vom 18.1.1739, abgedruckt bei Kolde (wie Anm. 4), Beilage II.

6 Walter Brandmüller, Die Anfänge der katholischen Gemeinde, in: Alfred Wendehorst (Hrsg.), Erlangen. Geschichte der Stadt in Darstellung und Bilddokumenten, München 1984, S. ###-###, S.154.

7 Sigmund Frhr. v. Pölnitz, Herz Jesu Erlangen. Geschichte und Leben, 1955, S. 7.

8 Kolde (wie Anm. 4), S.16.

9 Niels-Peter Moritzen, Caspar Jacob Huth – oder: wie die Konfirmationsfeier nach Erlangen kam, in: Gisela Lang (Hrsg.), Die Dreifaltigkeitskirche Erlangen-Altstadt 1721–1996 (Festschrift zur 275 Jahrfeier des Wiederaufbaus), Erlangen 1996, S. 77–81.

10 Kolde (wie Anm. 4), S.24.

11 Ders., S.26.

12 In den katholischen habsburgischen Territorien bestimmte das Toleranzedikt Kaiser Joseph II. von 1781 ebenfalls, dass die Bethäuser von Nichtkatholiken keinen Turm und keinen Eingang von der Straße her haben dürfen.

13 Friedrich Christian Rudel, Chronik der Stadt Erlangen. Zitat abgedruckt bei Felicitas Brückner, Die Geschichte von Herz-Jesu Erlangen, 1989, S.18.

14 Brandmüller, Walter (Hrsg.), Das Tagebuch des Erlanger Kuraten Dr. Ludwig Busch aus den Jahren 1793–1801 (99. Bericht des Historischen Vereins Bamberg), Bamberg 1963.

15 Ebenda, S. 354.

16 Josef Urban, Das Bistum Bamberg in Geschichte und Gegenwart, Heft 4: Die Zeit des Erzbistums, Straßburg 1996, S. 3.

17 Theodor Kolde, Das bayerische Religionsedikt. Erlangen 1903.

18 v. Pölnitz (wie Anm. 7), S.14.

19 In diesen Jahren war das Fronleichnamsfest auch weltlicherseits ein heißes Thema in Bayern: 1838 hatte Ministerpräsident von Abel die „Kniebeugungsordre" erlassen, wonach sich alle Soldaten, auch evangelische, beim Vorbeitragen des Allerheiligsten niederknien mußten. Ludwig I. hob den Befehl 1845 wieder auf.

20 Erlanger Tagblatt, 4. Juli 1910

21 Der erste evangelische Gottesdienst in Bamberg fand 1808 in der ehemaligen Stiftskirche St. Stephan statt.

Am 24.5.1951 zieht die Fronleichnamsprozession …

mit Fahnen …

Professoren …

Frauen und Männern …

durch die Krankenhausstraße …

in einem langen Zug …

zum Bohlenplatz.

Mädchen in Kommunionkleidern

Das Allerheiligste  …   *unter dem Baldachin …*

auf dem Weg zur Station auf dem Bohlenplatz

Die Ministraten und ... *das Allerheiligste ...*

bilden mit den Gläubigen eine doppelte Reihe um das Rondell am Lorlebergplatz, wo der nächste Altar aufgebaut ist

Vom Lorlebergplatz ...

führt der Weg ...

durch die Bismarckstraße ...

zur dritten Station an der Einmündung Hindenburgstraße

Prozessionsaltar in Büchenbach, 1944

Bäuerinnen in Tracht bei der Prozession 1944

Flurprozession in Büchenbach, 1944

Die Flurprozession zieht über die ... *weiten Felder bei Büchenbach, 1944*

Rast im schattigen Wald, 1944

Die Markusprozession in Büchenbach, 25.4.1953

Der Pfarrer unter dem Baldachin

Bäuerinnen und Mädchen

Die Männer

Bittprozession der Büchenbacher nach Steudach, 10.5.1953. An der Spitze Ministranten mit Fahnen auf dem Weg durch die Flur

Die Zugspitze bei der Marter und Feldkapelle am Weg nach Steudach

Die Ministraten mit Kreuz und Fahne

Zug der Männer

Andacht bei der großen Birke

Der Pfarrer unter dem Baldachin

Die Musikkapelle

Hochwürden bei der Pfingstprozession, 25.5.1953

Zug der Ministranten durch die Flur

Mädchen in Kommunionkleidern, die lebensgroße Marienfigur

Männer und Frauen getrennt

Weihe des Feldkreuzes und Gottesdienst auf der Büchenbacher Flur, 15.10.1953

Unter großer Teilnahme der Dorfbevölkerung

Frauen in Tracht beim Durchgang durch die Flur, 15.5.1953

Josef Urban

Die „*Bewegung gegen das Vaticanische Concil*"

Altkatholiken in Erlangen

Mit „*Katholizismus ohne Rom*" wurde ein Buch betitelt, das sich als selbständige Forschung eines römisch-katholischen Christen mit jenen Gemeinschaften befasste, die sich nach dem Ersten Vatikanischen Konzil (1869/70) von der römisch-katholischen Kirche trennten, aber auf das „*Attribut der Katholizität*" großen Wert legten[1].

Diese Vereinigung bischöflich verfasster Kirchen des lateinischen Westens steht außerhalb des von der kirchlichen Rechtsordnung geforderten Gehorsams Rom gegenüber. Seit 1889 sind sie in der „*Utrechter Union*" zusammengeschlossen, darunter auch das „*Katholische Bistum der Altkatholiken in Deutschland*". Seit 1889 gehört der deutsche Bischof mit den Bischöfen Hollands und der Schweiz zur „*Internationalen Altkatholischen Bischofskonferenz*".

Die Frage nach Primat und Unfehlbarkeit des Papstes

Auch im Erzbistum Bamberg bildeten sich in Folge der Ablehnung der Beschlüsse des Ersten Vatikanischen Konzils solche altkatholische Gemeinden, u.a. auch in der Stadt Erlangen. In dem 2002 erschienenen Erlanger Stadtlexikon informiert darüber kurz das Lemma „*Alt-Katholische Kirchengemeinde*"[2]. Wie die „*Französisch-reformierte Gemeinde*"[3] oder die „*Deutsch-reformierte Gemeinde*"[4] und die „*Evangelisch-reformierte Gemeinde*"[5] handelte es sich um eine im Vergleich zur katholischen oder evangelischen Gemeinde zahlenmäßig kleine kirchliche Gemeinschaft.

Die Altkatholiken entstanden als Folge der Beschlüsse des Ersten Vatikanischen Konzils[6]. Im Laufe des am 8. Dezember 1869 in St. Peter eröffneten Konzils nahm die Frage nach dem Primat und der Unfehlbarkeit des Papstes bei den Befürwortern der Entscheidung (Majorität, etwa 500 Bischöfe) eine derart große Bedeutung ein, dass die zahlenmäßig wenigen Gegner dieses Dogmas (Minorität, 55 Bischöfe)[7] sich autoritativ nicht durchsetzen konnten. Sie verließen deswegen das Konzil noch vor der Abstimmung am 18. Juli 1870.

Unter den vorzeitig abgereisten Bischöfen befanden sich auch der Bamberger Erzbischof Michael von Deinlein (1858–1875)[8], der Münchner Erzbischof Gregor von Scherr (1856–1877)[9] und der Augsburger Bischof Pankraz von Dinkel (1858–1894)[10].

Das gläubig anzunehmende Dogma besagte, dass der Papst, wenn er in Fragen des Glaubens und der Sitte ex cathedra spreche, er aus sich und nicht auf Grund der Zustimmung der Gesamtkirche unfehlbar sei. Im lateinischen Text heißt dies: „*es sese et non autem ex consensu ecclesiae ineffabilis est*"[11].

Die Anfänge der altkatholischen Opposition in Bayern

An vielen Orten des Erzbistums Bamberg mit gemischtkonfessioneller Bevölkerungsstruktur der Gläubigen, mit großem Anteil an Beamten und Leuten aus dem Bildungsbürgertum und aus der Handwerkerschaft kam es zur Gegnerschaft zum Dogma. Sie hatte im Münchner Kirchengeschichtsprofessor Ignaz von Döllinger[12] und dessen Schüler Johann Friedrich[13] – beide Kleriker aus dem Erzbistum Bamberg – ihren geistigen Motor.

Schon im Jahrzehnt vor dem Konzil erwartete Döllinger eine Neubelebung der Theologie nicht mehr „*von jenseits der Berge*", sondern sah den Neubeginn in Deutschland. Doch Döllingers Sicht und die Ausprägung deutscher Theologie und Philosophie gerieten auf ultramontaner Seite in Misskredit. Die Indizierung deutscher Theologen nahm zu, bis im Februar 1869 die Jesuitenzeitschrift La Civilta Cattolica die Durchsetzung extremer Positionen auf dem bevorstehenden Konzil vertrat, und Döllinger zu scharfer Kritik herausforderte. Weder als Konzilstheologe noch

Der Bamberger Erzbischof Michael von Deinlein

Generalvikar Dr. Thumann

Die Pfarrkirche Mariä Schmerzen (später Herz Jesu), Zeichnung, um 1860

Die Pfarrkirche Mariä Schmerzen (später Herz Jesu), um 1870

als Berater des deutschen Episkopats berufen, berichtete er über das Konzil und wurde nach dem Konzilsende zur *„vieldiskutierten Person des öffentlichen Lebens"*[14], als es um die Annahme oder Ablehnung der Konzilsbeschlüsse ging. Ein kleiner Kreis von bayerischen Theologen, Ende August 1870 von Döllinger nach Nürnberg einberufen, und von der Bamberger Bistumsleitung argwöhnisch beobachtet, strahlte mit seiner Einstellung auch nach Erlangen aus.

Seine Erklärung vom 28. März 1871 dem Erzbischof von München und Freising gegenüber, wonach er das Unfehlbarkeitsdogma als Christ, als Theologe, als Historiker und als Bürger nicht annehmen könne, förderte vielmehr den Bruch Döllingers mit der katholischen Kirche. Am 17. April traf ihn und auch Friedrich die große Exkommunikation mit ihren kanonischen Folgen.

Eine bei der Katholikenversammlung im Odeonspalast zu München wenige Tage zuvor inszenierte Adressenbewegung für Döllinger fasste auch im Erzbistum Bamberg Fuß. Über die Lage in Erlangen war in der Presse zu lesen, dass *„nahezu 60 hiesige selbständige katholische Männer aller Stände, fast sämtlich Familienväter, [...] durch Unterschrift ihren Beitritt zur Münchner Adresse an den König erklärt"* haben[15].

In diesen turbulenten Tagen waren in der Stadt Erlangen und den dazugehörigen Orten um 1870 drei Konfessionen vertreten, zahlenmäßig am stärksten die Protestanten mit 13.250 Seelen. Zur einzigen katholischen Pfarrei (damals noch mit dem Patrozinium Mariä Schmerzen) gehörten 2116 Menschen. Die Mitglieder des mosaischen Bekenntnisses zählten nur 120 Personen[16].

„Jeder, der dem Konzil den Glaubensgehorsam verweigere, verfalle ... dem größeren Kirchenbanne"

Seit 1854 zunächst als Kaplan und von 1858 an, nachdem Pfarrer Pankraz Dinkel zum Bischof von Augsburg ernannt worden war, hatte Anton Offinger (1831–1887) das Pfarramt inne. Doch die Weichen für die weitere Entwicklung stellte der Bamberger Generalvikar Dr. Karl Thumann (1820–1874). Er hatte eine positive Adressenbewegung der völligen Unterwerfung zunächst des Bamberger, dann des gesamten Diözesanklerus unter die Konzilsbeschlüsse an Erzbischof Deinlein gestartet, der in dieser Frage noch immer untätig und ratlos war.

Erneut wurde Thumann tätig, als er die von den Städten auf das Land übergreifende Bewegung gegen die Konzilsbeschlüsse sah, indem er mit einem Erlass vom 25. April 1871 die Gläubigen warnen ließ: *„Jeder, der dem Konzil den Glaubensgehorsam verweigere, verfalle wie Döllinger von selbst dem größeren Kirchenbanne"*, ebenso jene, die Döllinger zustimmen, verteidigen und begünstigen. Hart waren die Konsequenzen einer solchen Haltung, die bis zur Verweigerung der Absolution in der Beichte und des kirchlichen Begräbnisses reichten[17].

Die Schärfe dieses als Druckschrift verbreiteten Erlasses erstaunte und verletzte gleichermaßen und machte in konfessionell gemischten Gebieten *„den allerübelsten Eindruck"*, empörte die Beamten und spaltete viele Pfarreiein in Gläubige, die wie bisher Glauben und kirchlicher Praxis treu blieben, und jene kleinen, aber um so selbstbewusster auftretenden Gruppen, die sich selbst bald „*Protest-Katholiken*" oder „*Altkatholiken*" nannten, von ihren Gegnern aber als „*Döllinger-Sekte*" qualifiziert wurden.

Die Situation in Erlangen

Wie waren die Gläubigen in Erlangen zu dieser Problematik eingestellt? Befasste sich die Pastoralkonferenz lutherischer Geistlicher und Laien am 9. Mai 1871 mit der katholischen Sache, so tat sie dies vielleicht als Reaktion auf die Vorgänge im katholischen Lager. Auch in Erlangen zirkulierte nämlich die Zustimmungsadresse an Döllinger, unterschrieben von Männern aus dem „*Bourgois- und Gelehrten-Stande*" – so die Charakteristik des Pfarrers –, die es mit „*ihrer Mannesehre nicht vereinbaren konnten*", ihre schon bei früherer Gelegenheit gegebenen Unterschriften zu widerrufen. Vielmehr hatten sie am 6. Mai 1871 eine „*Rechtsverwahrung*" mit 85 Unterschrift an das Erzbischöfliche Generalvikariat gesandt, damit „*den Grundstock der neuen Sekte*" gelegt und eine Flut von kontroversen Druckschriften heraufbeschworen.

Bei den Unterzeichnern fanden sich klangvolle Namen katholischer Professoren unter der meistenteils protestantischen Erlanger Professorenschaft. So schlossen sich der seit 1843 an der Friedrich-Alexander-Universität lehrende Jurist Heinrich Gottfried Gengler (1817–1901), der Gynäkologe Heinrich Rosshirt, der jedoch schon 1872 (in der Exkommunikation) starb, wie auch der Anatom Joseph Gerlach (1820–1896) dem „*in Erlangen milieuverträglicheren Altkatholizismus an*"[18]. Der Nationalökonom Franz Makowiczka (1811–1890), der seit 1851 in Erlangen lebte, findet sich ebenfalls in der Liste, wie der Name des Hausmeisters der Kgl. Anatomie, des Verwalters der Kreisirrenanstalt, des Stadt- und Landrichters und von Lehrern an der Gewerbeschule. Sieben Schneider, Apotheker, Fabrikdirektoren, vier Schreiner, Schlossermeister, Sattler und Tapezierer und ein Gastwirt füllten die Zeilen.

Pfarrer Offinger, der posthum als „*energischer Gegner der Altkatholiken*" geschildert wurde[19], hatte sich für das Vorgehen gegen die „*Bewegung gegen das Vaticanische Concil*", wie sich

Karikatur auf die Bewegung der Zustimmungsadressen vom April 1871 an Prof. Ignaz von Döllinger

Papst Pius IX., um 1870

Ignaz von Döllinger

Joseph von Gerlach

Heinrich Gottfried Gengler

die Andersdenkenden unter Leitung des Arztes Dorsch und des Schuhmachermeisters Eckert jetzt nannten, vom erzbischöflichen Ordinariat Bamberg „*Verhaltensmaßregeln*" erbeten. Da Dorsch und Eckert als erste der Pfarrei exkommuniziert worden waren, gehörte dazu auch die „*facultas absolvendi ab haeresi*" für den Pfarrer und seinen aus dem nahen Neunkirchen am Brand gebürtigen Kaplan Konrad Müller (1847–1918), der erst am 18. Juli 1871 seinen Dienst angetreten hatte.

Die Entstehung der Altkatholischen Gemeinde in Erlangen

Nach einem relativ ruhigen Sommer traten die Erlanger Altkatholiken erst wieder mit dem Münchner Altkatholikenkongreß im September 1871 auf den Plan. Wenngleich die dazu entsandten Deputierten von den Erlanger Protestanten als „*Concilsväter*" belächelt wurden, darf die am 23. Oktober 1871 abgehaltene erste Altkatholikenversammlung und die Gründung des „*Vereins zur Unterstützung der katholischen Reformbewegung*" als Frucht des Münchner Treffens gewertet werden.

Die Vorträge bei den Zusammenkünften dieses Vereins in der Gastwirtschaft „*Zur Eisenbahn*" hatte mit deutlicher antijesuitischer Tendenz und der Behauptung, dass die Mehrheit der katholischen Bevölkerung Erlangens gegen die Unfehlbarkeit des Papstes eingestellt sei, Professor Gengler übernommen.

Bald wurde auch der Wunsch nach Bildung einer altkatholischen Gemeinde laut, wie sie sich am 10. Dezember 1871 in Nürnberg formierte und auch für Gläubige aus Erlangen offen stand. Die Notwendigkeit eines solchen religiösen Zusammenschlusses war gleichsam notwendig geworden, als die am 9. Januar 1872 geborene Tochter des Uhrmachermeisters Georg Bevern, Erlangen Nr. 77, wie es üblich war, zwar „*im Hause*" getauft wurde, jedoch erst am 13. März und zwar durch „*Otto Hassler, excommunizirter Priester aus der Diözese Breslau, z.Z. in München*"[20].

In den folgenden Jahren bis Ende 1875 wurden bei insgesamt 536 Taufen 52 Taufen durch altkatholische Geistliche nach römischem Ritus entweder in der Wohnung des Täuflings oder später in der Neustädter Friedhofskapelle gespendet. Von 1876 an sind keine altkatholischen Taufen mehr im Kirchenbuch der Pfarrei eingetragen. Die erste Beerdigung eines Altkatholiken fand am 5. April 1872 ohne Geistlichen und ohne Geläute, wohl aber mit einer Grabrede des Posthalters statt. Wie bei einem ähnlichen Fall in Lichtenfels vorgekommen, war das Glockenläuten bei einer Beerdigung vom Pfarrer verboten, auf polizeiliche Anordnung aber erlaubt worden. Daraufhin hin wurde der Turm der Pfarrkirche zum Läuten der Glocken mit brachialer Gewalt erbrochen.

Die Erlanger Altkatholiken verstanden sich als „*alt-gläubige Katholiken*" und damit weiterhin als Mitglieder der katholischen

Die Neustädter Friedhofskirche von Süden, um 1930

Neustädter Friedhofskirche, Blick zum Kanzelaltar, 1948

Pfarrgemeinde mit dem speziellen Auftrag, den Widerstand gegen die staatsgefährlichen Folgen des Unfehlbarkeitsdogmas zu organisieren. Damit sollte die Pfarrei entgegen der in ihren Augen feindseligen Haltung der Pfarrgeistlichkeit auf den theologischen Stand v o r der Verkündigung des Dogmas zurückgeführt werden. Wie an anderen Orten der altkatholischen Bewegung in der Erzdiözese Bamberg, Hof und Bayreuth, beanspruchten auch die Erlanger Altkatholiken den Mitgebrauch der katholischen Pfarrkirche und den Zugriff auf das Kirchenvermögen. Durch eine Anfang 1872 veranstaltete Werbekampagne erlangten die Altkatholiken mit entsprechendem Nachdruck bald eine Stärke von 250 Personen.

Die Gottesdienstorte der Altkatholiken wechselten in dieser Zeit vom Harmoniesaal über die Universitätsaula zur protestantischen Neustädter Friedhofskapelle, nachdem der Mitgebrauch der Pfarrkirche abgelehnt worden war. Am 14. April 1872 zelebrierte Pfarrer Otto Hassler dort den ersten altkatholischen Gottesdienst, bei dem ein protestantischer Pastor das Aeolikon spielte. Altarstein und Paramente waren von Hassler aus München mitgebracht worden, den Messkelch stellte eine protestantische Kirche zur Verfügung. Schon vier Wochen zuvor hatten die Altkatholiken Pfarrer Offinger bedeutet, dass sie ihn künftig nicht mehr als ihren Pfarrer anerkennen wollten.

Die Altkatholische Großpfarrei Erlangen

Zum 1. August 1873 wurde Hassler von München nach Erlangen versetzt, das jetzt mit weiteren 15 Gemeinden in Bayern als organisierte Gemeinde galt. Nur wenige Wochen nach der Wahl des Breslauer Universitätsprofessors Joseph Hubert Reinkens (1821–1896) zum ersten altkatholischen Bischof für Deutschland wurde Hassler damit erster Pfarrer des *„Fränkischen Seelsorgsbezirks der Altkatholiken"*, der von Schwabach bis Hof und von Bayreuth bis Aschaffenburg und Römershag im Unterfränkischen reichte. Sitz dieser Großpfarrei war Erlangen, von wo aus er jeweils zu den Gottesdiensten, Taufen, Hochzeiten und Beerdigungen in die einzelnen Gemeinden reiste.

Trotz einer wenig günstigen Beurteilung der Mitglieder der altkatholischen Erlanger Gemeinde durch den Pfarrer, musste Offinger leidvoll erfahren, wie *„ein Schäflein ums andere geraubt wurde"*[21] und er gute Katholiken verlor.

Zu den ohnehin *„bitteren Verhältnissen"* kam die enttäuschende Haltung der Bamberger Kirchenbehörde, den Erzbischof eingeschlossen, die sich noch zu keinem Wort der Teilnahme, der Aufmunterung und der Anerkennung verständigte. So suchte Offinger um die im Dezember 1872 freigewordene Pfarrei Scheßlitz nach, folgte aber schließlich dem Wunsch des Erzbischofs, trotz *„aller Schwierigkeit und Bitterkeit"* auszuhalten, bis sich die Verhältnisse gebessert hätten.

Die Auseinandersetzungen zwischen katholischer Pfarrei und Altkatholiken in Erlangen erlebten im Winter 1875 bei der Kirchenverwaltungswahl ein letztes Aufbäumen. Vom Bayerischen Staatsministerium für Unterricht und Kultus waren die Altkatholiken als vollwertige Glieder der Kirche eingestuft worden, so dass sie ebenfalls an den Wahlen teilnehmen, sich aber nicht behaupten konnten. Damit war das Schicksal der Altkatholiken Erlangens besiegelt.

Ausblick

Nach der Wiederversöhnung Vieler mit der Kirche sank der Altkatholizismus nahezu zur Bedeutungslosigkeit ab. Generalvikar Thumann und Erzbischof Deinlein waren bereits 1874 und 1875 gestorben. Hassler wurde am 5. März 1876 auf die Pfarrstelle Olten in der Schweiz installiert und wurde 1878 Hauptpfarrer der christkatholischen Gemeinde Basel. 53jährig starb er 1896 in Gersau in der Schweiz.

Pfarrer Offinger bewarb sich 1881 um die vakant gewordene zehnte Domkapitularsstelle in Bamberg, wurde aber abgelehnt[22]. Im Februar 1886 resignierte er auf die Pfarrei Erlangen. Ein Jahr später starb er dann 56jährig als Kommorant in seinem Geburtsort Bamberg.

Im Sprengel des Erzbistums Bamberg liegt heute die altkatholische Gemeinde Nürnberg mit der Landauerkapelle (Patronat Allerheiligen). Unter den etwa 250 Gemeindemitgliedern sind

Der erste alt-katholische Pfarrer Otto Haßler

auch die altkatholischen Gläubigen aus Erlangen. Eine altkatholische Teilgemeinde besteht noch in Ansbach.

In der Äußeren Laufer Gasse 13 hat die Nürnberger Gemeinde ihre Kirche als gottesdienstlichen Versammlungsort. Sie ist – so die Website im Internet – Teil einer selbständigen, vom Papst unabhängigen Reformkirche: Sie ist offen für Menschen jeden Alters. Ihr Name nimmt Bezug auf die guten Anfänge der Christenheit in der *„Alten Kirche"* des ersten Jahrtausends, an die sie anknüpft. So sorgt sie besonders für den Gottesdienst, ein lebendiges Gemeinschaftsleben und die Vertiefung und Weitergabe des Glaubens. Einstige Gegnerschaft hat sich längst zu geschwisterlichem Nebeneinander auf dem Weg zum einen Herrn entwickelt.

Anmerkungen

1 Dazu und zum Folgenden Victor Conzemius, Katholizismus ohne Rom. Die altkatholische Kirchengemeinschaft, Zürich, Einsiedeln, Köln 1969, S. 9. – Zum Thema auch Johann Ritter von Chulte, Der Altkatholizismus. Geschichte seiner Entwicklung, inneren Gestaltung und rechtlichen Stellung in Deutschland. Aus den Akten und anderen authentischen Quellen dargestellt, Gießen 1887 (Neudruck Aalen 1965).
2 Dazu Bernhard Schneider, Alt-Katholische Kirchengemeinde, in: Christoph Friedrich/Berthold Frhr. von Haller/Andreas Jakob (Hrsg.), Erlanger Stadtlexikon, Nürnberg 2002, S. 117f.
3 Gerhard Philipp Wolf, Art. Französisch-reformierte Gemeinde, in: Erlanger Stadtlexikon (wie Anm. 2), S. 277f.
4 Dazu ders., Art. Deutsch-reformierte Gemeinde, in: Erlanger Stadtlexikon (wie Anm. 2), S. 207.
5 Ders., Art. Evangelisch-reformierte Gemeinde, in: Erlanger Stadtlexikon (wie Anm. 2), S. 29.
6 Dazu Theodor Granderath, Geschichte des Vatikanischen Konzils von seiner ersten Ankündigung bis zu seiner Vertagung. Nach den authentischen Dokumenten dargestellt (Hrsg. Konrad Kirch), 3 Bde., Freiburg 1903–1906. – Cuthbert Butler/Hugo Lang, Das Vatikanische Konzil. Seine Geschichte von innen geschildert in Bischof Ullathornes Briefen, München 1933. – Klaus Schatz, Vatikanum I. 1869–1870 (Konziliengeschichte, Reihe A), 3 Bde., Paderborn, München, Zürich, Wien 1992–1994.
7 Dazu Klaus Schatz, Kirchenbild und Päpstliche Unfehlbarkeit bei den deutschsprachigen Minoritätsbischöfen auf dem I. Vatikanum (Miscellanea Historiae Pontificiae 40), Rom 1975.
8 Siehe dazu Josef Urban, Die Bamberger Kirche in Auseinandersetzung mit dem Ersten Vatikanischen Konzil (Berichte des Historischen Vereins Bamberg, Beiheft 15), Bamberg 1982. –Josef Urban (Hrsg.), Michael Deinlein (1800–1875). Zum 200. Geburtstag des vierten Bamberger Erzbischofs (Kleinausstellungen im Archiv des Erzbistums Bamberg 5), Bamberg 2000.
9 Über ihn Anton Landersdorfer, Gregor von Scherr (1804–1877). Erzbischof von München und Freising in der Zeit des Ersten Vatikanums und des Kulturkampfes (Studien zur altbayerischen Kirchengeschichte 9), München 1995.
10 Siehe Peter Rummel, Dinkel, Pankratius von, in: Erwin Gatz (Hrsg.), Die Bischöfe der deutschsprachigen Länder 1785/1803 bis 1945. Ein biographisches Lexikon, Berlin 1983, S. 134–136. – Thomas Groll, Thomas, Pankratius von Dinkel (1811–1894), in: Manfred Weitlauff (Hrsg.), Lebensbilder aus dem Bistum Augsburg. Vom Mittelalter bis in die neueste Zeit (Jahrbuch des Vereins für Augsburger Bistumsgeschichte 39), 2005, S. 303–321 (mit Lit.).
 Siehe auch August Bernhard Hasler, Pius IX. (1846–1878), Päpstliche Unfehlbarkeit und 1. Vatikanisches Konzil. Dogmatisierung und Durchsetzung einer Ideologie (Päpste und Papsttum 12), Stuttgart 1977. – Ders., Wie der Papst unfehlbar wurde. Macht und Ohnmacht eines Dogmas, München, Zürich 1979.
11 Siehe auch Hasler, Pius IX. (wie Anm. 10). – Ders., Papst (wie Anm. 10).
12 Franz Xaver Bischof, Theologie und Geschichte. Ignaz von Döllinger (1799–1890) in der zweiten Hälfte seines Lebens (Münchener Kirchenhistorische Studien 9), Stuttgart, Berlin, Köln 1997.
13 Über ihn Ewald Kessler, Johann Friedrich (1836–1917). Ein Beitrag zur Geschichte des Altkatholizismus (Miscellanea Bavarica Monacensia 55), München 1975. Friedrich befasste sich auch schriftstellerisch mit dem Konzil: Tagebuch. Während des Vaticanischen Concils geführt, Nördlingen ²1873. – Geschichte des Vatikanischen Konzils, 3 Bde., Bonn 1877–1887.
14 Josef Urban, Döllinger und Bamberg, in: Georg Denzler/Ernst Ludwig Grasmück (Hrsg.), Geschichtlichkeit und Glaube. Zum 100. Todestag Johann Joseph Ignaz von Döllingers (1799–1890), München 1990, S. 183.
15 Bamberger neueste Nachrichten 11 (29.4.1871), Nr. 123, S. 2.
16 Siehe Schematismus des Erzbisthums Bamberg 1870, Bamberg 1870, S. 74.
17 Vgl. dazu und zum Folgenden Urban, Die Bamberger Kirche (wie Anm. 8), S. 521 und öfter. – Sigmund Frhr. von Pölnitz, Die Herz-Jesu-Kirche in Erlangen im Wandel der Zeiten, Erolzheim 1955, S. 27f.
18 Alfred Wendehorst (Hrsg.), Geschichte der Universität Erlangen-Nürnberg 1743–1993, München 1993, S. 131.
19 Friedrich Wachter, General-Personal-Schematismus für die Geistlichkeit der Erzdiözese Bamberg. 1007–1907. Eine Beigabe zum Jubeljahre der Bistumsgründung, Bamberg 1908, Nr. 7254.
20 Archiv des Erzbistums Bamberg, Kirchenbücher Erlangen, Bd. 7, S. 17 Nr. 13; Zu Dr. Otto Hassler, 1843 in Frankenstein, Diözese Breslau, geboren, 1878 Hauptpfarrer der Christkatholischen Gemeinde Basel (Schweiz) und 1896 gestorben, siehe Altkatholischer Volkskalender auf das Jahr 1897, Baden-Baden 1897, S. 46–49.
21 Urban, Die Bamberger Kirche (wie Anm. 8), S. 557.
22 Dazu Archiv des Erzbistums Bamberg, Rep. 2, Nr. 2105/36.

Andreas Jakob

"Geht doch wieder zurück, wo ihr hergekommen seid!"

Der Anteil von Flüchtlingen und Vertriebenen am Aufbau Erlangens nach 1945

Im Februar 1982 gehörten von den 102.559 Einwohnern Erlangens 40 % der katholischen, 45 % der evangelischen und 15 % anderen Konfessionen an. Zu der 1813 gegründeten Pfarrei, die erst 1895 das Patrozinium zum Heiligsten Herzen Jesu erhielt, waren bis dahin elf katholische Pfarrgemeinden und zwei weitere Seelsorgestellen hinzugekommen[1]. Die einstige Minderheitensituation der Katholiken hatte sich also grundlegend verändert, wenn auch zunächst noch nicht so sehr in der historischen Kernstadt. Angebahnt hatte sich die Veränderung bereits vor dem Zweiten Weltkrieg durch Zuwanderung und die Eingemeindung der einst zum Hochstift Bamberg gehörenden katholischen Orte Alterlangen und Büchenbach. 1939 betrug der Anteil der 12.500 Katholiken an der Gesamteinwohnerzahl von 33.500 immerhin schon 37 %. 1946 erhöhte sich die Anzahl auf 17.200 Katholiken oder 38 % von 45.500 Einwohnern[2]. Bis 1955 verdoppelte sich die Anzahl Katholiken auf 27.480[3]. Ihre Verteilung über das Stadtgebiet war, entsprechend den historischen Verhältnissen, stark ungleichgewichtig. Am wenigsten Katholiken gab es 1938 in der Kuratie Bruck, wo ihr Anteil bei nur 16 % lag[4].

Wenn sich nach dem Zweiten Weltkrieg ihr Anteil an der Gesamtbevölkerung noch weiter erhöhte und es zu einer stärkeren Durchmischung der Konfessionen kam, hängt das im wesentlichen mit der Entwicklung zusammen, die 1945 einsetzte und Erlangen binnen weniger Jahre stärker veränderte, als alle Ereignisse seit Gründung der *„Hugenottenstadt"* 1686 und der Errichtung der Universität 1743.

Im öffentlichen Bewusstsein allgemein gegenwärtig ist die Tatsache, dass mit der Übersiedlung der Hauptverwaltung der Siemens-Schuckertwerke (SSW) aus der ehemaligen Hauptstadt des Deutschen Reiches Berlin in das kleine, aber verkehrsgünstig gelegene und weitgehend unzerstörte Erlangen eine Entwicklung ausgelöst wurde, in deren Verlauf die Stadt bis zum 2. Juni 1974, in nur 19 Jahren, zur Großstadt mit 100.000 Einwohnern mehr explodierte als wuchs.

1964 übertraf Erlangen im Wohnungsbau mit 220 fertiggestellten Wohnungen auf je 10.000 Einwohner sogar sämtliche Großstädte im Bundesgebiet[5]. Wenngleich Siemens zu dieser Entwicklung in erheblichem Maße beitrug, stärkten die aus Berlin übergesiedelten *„Gefolgschaftsleute"* eher den protestantischen Bevölkerungsanteil. Denn auch die evangelischen Kirchen in Erlangen erlebten eine ähnliche Entwicklung wie die katholische. Der überproportionale Zuzug von Katholiken hatte also auch noch andere Gründe.

Katholisches Leben: Flurprozession in Büchenbach, 1944

Geschmückte Traktoren in Büchenbach vor der Weihe, 14.5.1953

Der Exodus der Heimatvertriebenen

Seit dem Winter 1944/45 trafen aus Nieder- und Oberschlesien, Ostpommern und Westpreußen, Polen, der damaligen Tschechoslowakei, Ungarn und schließlich der Sowjetischen Besatzungszone Flüchtlinge und Vertriebene ein, bis Ende 1946 insgesamt etwa 6000 Personen. *„Allein bis zu diesem Zeitpunkt erhöhte sich die Einwohnerzahl Erlangens gegenüber 1939 um fast 28 % von 36.000 auf 46.000 und die des Landkreises sogar um mehr als 50 % von 15.300 auf 23.000. ... 1950 zählte Erlangen etwa 8000 Flüchtlinge und Heimatvertriebene (= 16,5 % der Bevölkerung) und 1958 13.500 (= 21 %). ... Ohne die ‚Neubürger' hätte Erlangen den Sprung zur Großstadt nicht geschafft: um 1970 galt jeder 4. Einwohner als Flüchtling oder Vertriebener"*[6]. Diese Tatsache ist heute im öffentlichen Bewusstsein kaum noch gegenwärtig. Zu Recht stellten Christoph und Joachim Renzikowski Mitte der 1990er Jahre fest, als auch dieses durch den Umbruch Europas seit 1989 wieder aktuelle Thema der jüngeren Stadtgeschichte erstmalig eine angemessene Aufarbeitung erfuhr: *„Neben Siemens wird oft der andere Markstein der erfolgreichen Stadtentwicklung nach 1945 vergessen: die Eingliederung von weit über 10000 Heimatvertriebenen in wenigen Jahren. Nicht zuletzt sie haben durch ihre Tatkraft und ihren Einsatzwillen maßgeblich den Aufschwung mitbesorgt. Aus dem öffentlichen Bewußtsein sind sie aber mehr und mehr verschwunden – Anzeichen für eine gelungene Integration?"*[7]

Die Geschichte wiederholt sich

Nach 1945 wiederholten sich in erstaunlicher Weise die Ereignisse von 1686. Details und Hintergründe, die aus dem 17. Jahrhundert nicht mehr überliefert sind, könnten deswegen rückblickend aus den Beispielen des 20. Jahrhunderts erschlossen oder mit ihnen abgeglichen werden. In unterschiedlich großen Gruppen kamen Flüchtlinge, die immerhin die gleiche Sprache sprachen, was aber in Erlangen nicht jedem bekannt war. Als eine Sudentendeutsche ihre Tochter im städtischen Marie-Therese-Gymnasium anmeldete, meinte der Direktor erstaunt: *„Ach, Sie sprechen aber gut deutsch!"*[8]

Insgesamt ergibt sich aus den Berichten eine Fremdheit der Ankömmlinge bei den Ortsansässigen, die derjenigen der Hugenotten Ende des 17. Jahrhunderts bei der einheimischen Bevölkerung nicht viel nachgestanden haben kann. Von der damaligen *„Obrigkeit"*, dem für das Stadtgebiet und den Landkreis mit insgesamt 28 Gemeinden zuständigen Flüchtlingskommissar, mußten oft sehr kurzfristig größere Gruppen in der bereits überfüllten Stadt oder in der Umgebung untergebracht werden. So erhielt die Erlanger Verwaltung am 27. Januar 1946 einen Anruf, der sie über die Ankunft von 400 Flüchtlingen am selben Tag informierte.

Weihnachtsausstellung 1958: Skulptur „Flüchtlinge" von Helmut Haunstein

Einladung zu einer Veranstaltung für Flüchtlinge im Stadtkreis, 1948

193

Effeltrich, Flüchtlingsfrauen aus Ungarn in Tracht, 1949

Dormitz, das „Schlafzimmer" einer siebenköpfigen Flüchtlingsfamilie in einer Scheune, 1951

Auch die Anzahl der Flüchtlinge, die proportional von den Einheimischen verkraftet werden musste, ist wohl mit der Situation Ende des 17. Jahrhunderts zu vergleichen, wenngleich natürlich die absoluten Zahlen wesentlich größer waren. Manche Gemeinden im Erlanger Umland meldeten im September 1946 bereits 50 % Flüchtlinge, d.h. auf zwei Einwohner kam ein Vertriebener[9]. 1949 zählte Erlangen die höchste Wohndichte in ganz Franken[10]. Von 1945 bis zum Anfang der 1960er Jahre vergrößerte sich der Bestand an Wohnungen um 52 %. Die neuen Stadtviertel entstanden überwiegend in den Randbezirken und Vororten[11]. Nachdem nach der Währungsreform 1948 der Wohnungsbau wieder auf Hochtouren lief, siedelten sich viele Flüchtlinge vor allem in der Sebaldussiedlung und dem in der zweiten Hälfte der 1950er Jahre südlich davon entstandenen Viertel an, in dem Straßennamen wie „*Königsberger-*", „*Breslauer-*", „*Stettiner-*" oder „*Karlsbader Straße*" an ihre Heimat erinnerten. Im Rahmen der Selbsthilfe errichteten 320 Ungarndeutsche in Schallershof und Brand kleine Wohnviertel, die die Erlanger wegen der Herkunft ihrer Bewohner als „*Paprikasiedlungen*" bezeichneten[12].

In der zwar unzerstörten, trotzdem mit Lebensmittel- und Materialknappheit und vielen anderen Problemen belasteten Stadt, in der die Amerikaner zahlreiche Wohnungen beschlagnahmt und eine Welle innerörtlicher Umzüge ausgelöst hatten, standen nach 1945 für viele zunächst nur Flüchtlinslager zur Verfügung, in denen drangvolle Enge herrschte. Im Mai 1947 zählte man in den Lagern 1663 Personen. Bis zu 15 Menschen mussten über ein Jahr in einem Raum von ca. 20 m² leben, noch im November 1947 standen 40 bis 60 Personen ein Raum zur Verfügung oder drängten sich sechs in einem 9 m² großen Zimmer. Entsprechend katastrophal waren die hygienischen Zustände. 1954 wohnten noch ca. 500 Personen in Baracken. Erst 1962 verschwanden die letzten Notunterkünfte. Die Wohnbedingungen waren nur äußere Symptome für den allgemeinen Mangel. Im Mai 1947 wurde bei 65 % der Kinder unter 14 Jahren Unterernährung festgestellt[13].

Ungeachtet der Tatsache, dass die Betroffenen ihre Heimat nicht freiwillig verlassen hatten wurden in Westdeutschland und sicherlich auch in Erlangen, viele mit der unfreundlichen Frage begrüßt: „*Was wollt ihr denn hier? Geht doch wieder zurück, wo ihr hergekommen seid!*"[14] In einem konkreten Fall konnten die mit dem Ausruf „*Ihr verdammten Flüchtlinge*" empfangenen Vertriebenen ihre Quartiere nur mit Hilfe der Militärpolizei beziehen; noch nach Jahren wurden sie als „*Amihure*" oder „*Zigeunerkind*" beschimpft[15]. In manchen Gaststätten soll vorsichtshalber das Besteck angebunden worden sein[16]. Noch nach Jahrzehnten klingt die Bitterkeit mit in Kommentaren: „*Von Herzen kam nichts, nur gegen Bezahlung*".

Aber nicht überall reagierten die unfreiwilligen Gastgeber abweisend. So erinnert sich ein Ostpreuße, der mit seiner Familie

Rohbau des „Flüchtlingsbetriebes" Otto Appelt an der Hilperstraße, 1951

Die weiblichen Angehörigen der Geigenbauer bei der Arbeit in einem Schmuckfedernbetrieb in Bubenreuth, 1951

unerwartet eintraf: wir wurden *„freundlich empfangen, kamen aber in ein überfülltes Haus, da vor uns schon die Mutter meines Vaters, dessen drei Schwestern und seine Schwägerin mit Sohn aufgenommen worden waren".*

Die Integration von Millionen heimatloser Menschen, die Vertreibung und Flucht überlebt hatten, stellte eine der größten Herausforderungen dar, vor denen die junge Bundesrepublik nach Kriegsende stand. Im Unterschied zu 1686 waren die Flüchtlinge 1945 nicht privilegiert. Vielmehr wurden sie durch das in Bayern am 19. Februar 1947 erlassene Flüchtlingsgesetz den deutschen Staatsangehörigen gleichgestellt, d.h. sie erhielten aktives und passives Wahlrecht sowie eine politische Vertretung zugestanden.

Den Materiallieferungen und sonstigen Hilfen der Markgrafenzeit vergleichbar ist das am 8. August 1949 zur Behebung der größten Not erlassene *„Soforthilfegesetz"* und das *„Gesetz über einen Allgemeinen Lastenausgleich"* vom 1. September 1952[17]. Für Unternehmer unter den Heimatvertriebenen begannen 1948 die *„Flüchtlingsproduktivkreditaktion"* des Freistaats Bayern sowie später ein weiteres umfangreiches Kreditprogramm zur Finanzierung des Wiederaufbaus von Flüchtlingsunternehmen[18].

Auch andere Ereignisse nach 1686 und 1945 lassen sich vergleichen. Seit 1946 führte die *„Erlanger Gemeinschaftshilfe"* regelmäßig Sammlungen zugunsten der Flüchtlinge durch. An der bayernweit vom 29. Mai bis 4. Juni 1947 durchgeführten großen

Kinderspeisung in der Volksküche im Winter 1946/47

Kinderspeisung in der Volksküche im Winter 1946/47

Bautafel vor den ersten Baublöcken der GEWOBAU an der Drausnickstraße, 1949

Bubenreuth, Läden in der Geigenbauersiedlung, 1952

Gedenkfeier für die Kriegsgefangenen am Mahnmal auf dem Bohlenplatz, November 1955

Auftritt der Pommernjugend beim Stadtfest 1967

„Flüchtlingshilfsaktion" beteiligten sich auch hiesige Geschäftsleute an dem bunten Programm, das Konzerte, Tanzabende, Theater- und Kinovorstellungen, Sportwettkämpfe sowie eine Geldsammlung umfasste. *„Daß die Aktion nicht den erwarteten Erfolg brachte, lag wohl auch an der ‚Unbeliebtheit der Flüchtlinge bei einem Teil der Bevölkerung'. ..."*. Der im 17. und 18. Jahrhundert aus der Schweiz oder den Niederlanden kommenden finanziellen Unterstützung vergleichbar sind nach 1945 die Quäkerspenden aus den Vereinigten Staaten von Amerika.

Zu einem differenzierten Bild der Zeit gehören auch andere positive Berichte, die sich allerdings weniger spektakulär und einprägsam lesen, wie die Negativbeispiele. *„Schließlich leisteten viele Menschen auch spontan Hilfe, wovon wohl fast jeder Flüchtling dankbar berichten kann. Auch Soldaten der US-Truppen und ihre Angehörigen halfen; die Wohltätigkeit reichte von der großzügigen Überlassung riesiger Heeresbestände an Feldbetten und Kleidung bis zur Beschenkung aller in Fürsorge stehenden Flüchtlingskinder Erlangens durch ein amerikanisches Ehepaar. Die hier beschriebenen Initiativen geben nur einen Ausschnitt dessen wieder, was alles zur Linderung der Not unternommen wurde. Dabei darf nicht übersehen werden, daß über lange Jahre die allgemein schlechte Versorgungslage die Möglichkeiten aller Hilfswilligen begrenzte ..."*[19]. Dass manche Kritik von Seiten der Flüchtlinge aus überzogenen Erwartungen gegenüber dem Aufnahmeland resultierte, erschließt sich aus dem in den eigenen Reihen erhobenen Vorwurf, viele Heimatvertriebene würden *„den kräftezehrenden Idealismus der selbstlos Helfenden"* übersehen[20].

Kranzniederlegung mit Peter Zink, Ida Marie Siemens, Hans Wunder und Willi Vorndran am Mahnmal Unteilbares Deutschland, 17.6.1965

„Erlangen ist eine Universitätsstadt, dort gibt's Arbeit"

Von den nach den Gründen für die Wahl Erlangens befragten Heimatvertriebenen erwartete hier niemand das Himmelreich oder Offenheit aus Tradition. Häufig regierte bei der Festlegung des Zielortes der Zufall. Viele hatten wegen des Transports mit der Bahn keine andere Möglichkeit. Andere kannten die Stadt von

Die Heimatgemeinde des Bezirkes Brüx e. V.
Sitz Erlangen

erlaubt sich zum

Mariaschnee-Fest 1979

am 4. und 5. August 1979 in Erlangen
verbunden mit den Jubiläen

30 Jahre Patenschaft Erlangen - Brüx

**30 Jahre Heimatgemeinde
des Bezirkes Brüx e. V.**

ergebenst einzuladen und um die Ehre Ihres Besuches
zu bitten.

Rudolf Stahl, Obmann

Sie werden höflichst gebeten, bei Teilnahme Ihre Ehrenkarte mitzubringen.

SAMSTAG, 4. AUGUST 1979:

10.30 Uhr **Kranzniederlegung** durch einen Vertreter der Patenstadt Erlangen im Jugendzentrum Erlangen.

11.00 Uhr **Eröffnung der Brüxer Heimatstuben** im Palais Stutterheim, Erlangen.
Es spricht Seminarrektor Peter Wesselowsky, Ochsenfurt.

13.00 Uhr Einlaß im Redoutensaal

14.00 Uhr **Tagung der Ortsbetreuer** des Bezirkes Brüx
im Nebenzimmer des Redoutensaales, Erlangen.
Es referiert der Heimatkreisbetreuer Oswald Thuma, München

17.00 Uhr **Eröffnung der Wenzel Hablik-Ausstellung**
im Stadtmuseum Erlangen, Martin-Luther-Platz.
Es sprechen der Oberbürgermeister der Patenstadt
Erlangen, Dr. Dietmar Hahlweg und
Professor Dankwart Lehinant, Hildesheim

20.00 Uhr **HEIMATABEND** im Redoutensaal
1. Eröffnung und Begrüßung
2. Film: Unsere Patenstadt Erlangen
3. Ehrung verdienter Mitglieder der Heimatgemeinde
4. Ehrung verdienter Bürger der Patenstadt Erlangen
5. Folkloristische Einlagen
6. Übergabe des Geschenkes an die Vertretung der
Stadt Katharinaberg
7. Gemütliches Beisammensein mit Tanz

Einladung der Heimatgemeinde des Bezirkes Brüx zum Mariaschnee-Fest 1979

früheren Aufenthalten her, hatten hier studiert oder ihre Militärausbildung absolviert, besaßen Freunde oder Verwandte. Andere wiederum kamen, weil sie annahmen, dass Verwandte Erlangen schon als Ziel gewählt hatten. Und häufig war die Hoffnung ausschlaggebend, hier eine Arbeit zu finden. So bestimmte bei einem Schlesier aus der Oberlausitz die Behauptung eines Kollegen, „Erlangen ist eine Universitätsstadt, dort gibt's Arbeit", das Ziel. Nachdem er zunächst bei einem Bauern in Hüttendorf als Knecht gearbeitet hatte, fand er rasch eine Stelle bei Siemens-Reiniger[21].

Während die Stadt für die Unterbringung der „Transportvertriebenen" sorgen musste, waren andere auf sich selbst gestellt, wobei für viele die größte Schwierigkeit war, eine offizielle Zuzugsgenehmigung zu erhalten, ohne die es keine Arbeit gab – nach der Verhängung einer seit Juli 1945 bis 1949 bestehenden Zuzugssperre ein Kunst[22].

Obwohl die Arbeitssituation der Flüchtlinge bis 1950 als „Überlebenskampf" charakterisiert wurde, erfüllte sich die Hoffnung auf eine Beschäftigung hier eher und mehr als andernorts.

Die Volkszählung von 1946 ergab in der Stadt und dem Landkreis Erlangen erheblich weniger arbeitslose erwerbsfähige Flüchtlinge als im übrigen Franken. Am 28. April 1948 stellte Oberbürgermeister Poeschke auf einer Flüchtlingsversammlung fest: *„Die Tatsache, daß es in Erlangen keinen arbeitsfähigen arbeitslosen Flüchtling gebe, könne als die beste Flüchtlingsfürsorge betrachtet werden"*. Im September 1950 waren 4425 Flüchtlinge oder 18,6 % der Erlanger Erwerbstätigen Heimatvertriebene. Besonders die ERBA, Gossen, Siemens-Reiniger, Siemens-Schuckert und die Amerikaner beschäftigten viele Flüchtlinge. Allein bei Siemens wird ihr Anteil auf etwa ein Drittel geschätzt, obwohl die Firma ehemalige Mitarbeiter bevorzugte, was zu einer regelrechten *„Invasion"* von *„Preußen"* aus Berlin, Breslau und Königsberg führte[23].

Bei den Versuchen der Flüchtlinge, sich in Erlangen selbständig zu machen, finden sich ebenso Beispiele für Improvisationsvermögen, Risikobereitschaft und eine bewundernswerte Solidarität und Hilfsbereitschaft untereinander, wie für bürokratisches Verhalten der Behörden – aber auch das Gegenteil – sowie Versuche der lokalen Gewerbe zur Verhinderung unliebsamer Konkurrenz. In ihrem persönlichen Einsatz und ihrer Verzichtbereitschaft unterschieden sich die Heimatvertriebenen, die etwas aufbauen wollten, von den Einheimischen, die bereits etwas besaßen. Nicht nur einer erinnerte sich: *„Während die Erlanger zum Stammtisch gingen, mußten wir arbeiten"*[24]. Ähnlich wie bei den Hugenotten entwickelte sich eine Art Arbeitsethos, das sich von der Einstellung der Einheimischen unterschied. *„An erster Stelle kam die Arbeit, um die materielle Existenz wieder auf das frühere Niveau zu bringen. ... Die vortreffliche Arbeitsmoral verschaffte den Flüchtlingen auch die vormals verweigerte Anerkennung der Einheimischen"*[25].

Als eine besondere Erfolgsgeschichte gilt die geschlossene Ansiedlung der Schönbacher Geigenbauer in Bubenreuth, in deren Fall sich der Landkreis – einzigartig in ganz Bayern – bereit erklärte, mehr Flüchtlinge aufzunehmen, als die staatlichen Quoten vorsahen. Als Folge dieses Fleißes, aber auch der besonderen wirtschaftlichen Strukturen in Erlangen scheiterte im hiesigen Raum nach der Währungsreform – ganz im Unterschied zu zahlreichen Flüchtlingsbetrieben in Bayern – keine Betriebsgründung. Schon um 1950 kursierte auch in Erlangen der *„für die Ambivalenz von Neid und Anerkennung bezeichnende Witz: 'Wie nennt sich einer, der eine Fabrik hat? – Fabrikbesitzer. Wie nennt sich einer, der einen Teich hat? – Teichbesitzer. Wie nennt sich einer, der ein Haus hat? – Hausbesitzer. Wie nennt sich einer, der alles drei hat? – Flüchtling! '"*[26]. Rückblickend bleibt festzustellen, dass die Flüchtlinge und Heimatvertriebenen in Erlangen – ähnlich wie seinerzeit Hugenotten und andere in der Neustadt – wesentlichen Anteil am *„Wirtschaftswunder"* hatten, das sie im Landkreis sogar erst bewirkten[27].

Kriegsschäden am Deckengemälde in der Neustädter Kirche, 1945

Glocke der Altstädter Kirche mit repariertem Kriegsschaden, um 1945

Zug der Konfirmanten zur Neustädter Kirche, 1949

Die Konfirmantinnen, 1949

Vom Flüchtling zum Erlanger?

Wie die Hugenotten mehr als 250 Jahre vorher waren die Heimatvertriebenen alles andere als eine homogene Gruppe. Anders als die Réfugiés einte sie nicht eine gemeinsame Religion, sondern nur das vergleichbare Schicksal. Zwar wurden ihnen nicht ähnlich weitreichende Privilegien und die Beteiligung an der Verwaltung der neuen Stadt eingeräumt, immerhin aber – den vorhandenen politischen Strukturen entsprechend – Möglichkeiten zur Vertretung ihrer Interessen. Seit dem Flüchtlingsnotgesetz ernannten in den Gemeinden die Bürgermeister von den Flüchtlingskommissaren vorgeschlagene Flüchtlingsvertreter, die eine Verbindung zwischen den Betroffenen und der Verwaltung herstellen sollten. Aufgrund des bayerischen Flüchtlingsgesetzes von 1947 erhielten die Flüchtlinge eine gewählte Vertretung, die jedoch nur beratende Funktion hatte. Am 7. November 1947 berief der Oberbürgermeister den aus sechs Flüchtlingen und vier Erlangern bestehenden Kreisflüchtlingsausschuss Erlangen-Stadt, in den CSU und SPD je drei, FDP und KPD je zwei Mitglieder entsandt hatten. Die Unzufriedenheit mit dieser Art der Interessenvertretung bei den untereinander heftig rivalisierenden Gruppierungen führte bereits im Frühjahr 1948 zur Gründung einer *„Parteilosen Wählergruppe der Flüchtlinge, Ausgebombten und Kriegsgeschädigten"* – die bei der Stadtratswahl mit 49.000 Stimmen (8,4 %) zwei Sitze im Bürgerparlament errang – und einer *„Wählergruppe Flüchtlinge und Ausgewiesene"*, die nur 11.000 Stimmen und keinen Sitz erhielt[28].

Während die Hugenotten in ihrer Kirchengemeinde Sprache und zweifellos Bräuche der Heimat bewahrten, schlossen sich die Vertriebenen nach ihrer Herkunft – v.a. Schlesien, Sudetenland, Ost- und Westpreußen, Pommern – in überregional miteinander in Verbindung stehenden Landsmannschaften zusammen, die zunächst ihrer Interessenvertretung dienten, bald aber auch der Geselligkeit und einer umfassenden Brauchtumspflege[29].

Wie seinerzeit bei den französischen Glaubensflüchtlingen, herrschte anfänglich auch bei vielen Vertriebenen die Hoffnung, bald wieder in die alte Heimat zurückkehren zu können, also sich auch hier die Flüchtlings- allmählich in eine Einwanderermentalität umwandeln musste, selbst wenn vor allem von den Verbänden die Forderung nach einer Rückgabe der Ostgebiete und einer späteren Rückkehr längst nicht aufgegeben wurde. *„Erst als diese Hoffnung zerstört war, mußten Einheimische und Flüchtlinge einen Weg finden, sich miteinander zu arrangieren, was den Jüngeren leichter fiel. ... Mit der Zeit fanden auch immer mehr Verlobungen und Hochzeiten zwischen Einheimischen und Vertriebenen statt"*[30]. Auch hier also eine ähnliche Entwicklung wie nach 1686.

Vergleichbar ist vielleicht auch der Versuch, die Leistungen der eigenen Geschichte zur Identitätswahrung zu instrumentalisieren. Nicht zuletzt, um im Kampf gegen das Vergessen ihre Forderung nach Rückgabe der Ostgebiete im öffentlichen Bewusstsein lebendig zu halten, bemühten sich die Landsmannschaften darum, ihre Traditionen *„als gesamtdeutsches Erbe ins öffentliche Bewußtsein zu rücken"*, und dabei gleichzeitig auch für ihre Politik zu werben[31]. Zu dieser Geschichtswahrung gehörte bei den heimatvertriebenen Künstlern vorzugsweise die Darstellung der verlorenen Heimat, während die Vertreibung selbst so gut wie nicht thematisiert wurde[32]. Für sie wie für die anderen Betroffenen fand *„die Bewältigung der Vertreibung ... offenbar vorwiegend im Kreis der Familie und naher Freunde statt"*[33]. Besondere Popularität erlangten die Tanz- und Späldeeln *„Rega"*, *„Leba"* und *„Ihna"* der Pommernjugend, die durch Tourneen bis nach

Amerika nicht nur ihre ostdeutschen Traditionen vorstellten, sondern auch etwas Werbung für Erlangen machten[34]. Ein besonderer Beitrag der Stadt für die Heimatvertriebenen waren die Patenschaften für die nordwestböhmischen Städte Brüx und Komotau, die Erlangen 1949 und 1951 als erste Stadt in Westdeutschland übernahm. Schon relativ bald ergab sich jedoch das Problem, sie dauerhaft zu pflegen und mit Leben zu erfüllen. Nachkommen der Vertriebenen verneinen deshalb den Anspruch der Stadt, ihnen eine *„neue ideelle Heimat"* gegeben zu haben und sahen sich weniger als *„Patenkinder"* denn als *„Patenstiefkinder"*[35].

Obwohl ihr Anteil am Aufbau der Stadt und des Landes nicht geringer war, geriet die Geschichte der Vertriebenen in ihrer neuen Heimat nicht zu einer ähnlichen – in der Geschichte von Flüchtlingen wahrscheinlich singulären – Erfolgsgeschichte, wie sie die Hugenottennachfahren aufgrund der verklärenden Darstellung durch die beiden französisch-reformierten Pastoren Erman und Reclam[36] in Berlin seit 1782 erzielen konnten. Möglicherweise spielten ihre Forderungen nach Entschädigung oder wenigstens Anerkennung des ihnen zugefügten Leides eine Rolle, die zunächst die politische Stabilität der Nachkriegszeit gefährdeten und später immer noch die Gefühle der betroffenen europäischen Nachbarn verletzten, möglicherweise aber die im Nachkriegsdeutschland verbreitete Bereitschaft, diesen Teil der eigenen Geschichte aus dem Bewußtsein auszuklammern. Letztlich verstanden sich die Heimatvertriebenen daher auch nicht als *„Erlanger"*, sondern den *„Erlanger"* als Minderheit in einer eher durch ihre Identität als Universitäts- oder Siemensmitarbeiter, als durch eine Identifikation mit ihrer Wohnstadt geprägten Bevölkerung. Aufgrund der Entwicklung nach 1945 – und auch hier findet sich eine Parallele zu den Ereignissen in der Zeit der Neustadtgründung – ging der

Konfirmanten und Täuflinge der Reformierten Gemeinde mit Pfarrer Haas am Palmsonntag, 26.3.1961

Katholischer Jugendgottesdienst in St. Xystus, 1971

Anteil der „alteingesessenen" Erlanger an der Gesamtbevölkerung tatsächlich zunächst deutlich zurück. Trotzdem haben wohl die meisten Nachfahren der Vertriebenen hier längst ihre Heimat gefunden und ist die zunächst provozierend klingende Behauptung auf sie nicht mehr anzuwenden: *„Der ‚echte' Erlanger ist heutzutage genauso untypisch für die Stadt wie der ‚echte' Flüchtling – Anzeichen für eine gelungene Integration?"*[37]

„Es gilt, in einem Kreuzzug unter dem Motto ‚Gott will es' unsere Heimat für das Reich Gottes zu gewinnen"

Die Situation der Kirchen nach 1945 in Erlangen ist vor allem dadurch geprägt, dass zumindest äußerlich an den Gebäuden kaum Schäden zu beklagen waren und die im Dritten Reich zunehmend eingeschränkte Seelsorge unverzüglich wieder aufgenommen werden konnte. Tatsächlich verzeichneten sowohl die protestantischen wie auch die katholischen Pfarrer auch in der eingesessenen Bevölkerung einen deutlichen Anstieg des Interesses[38]. Die Erlanger Geistlichen, für die konkrete Missstände in der teilweise bis in ihre moralischen und geistigen Grundfesten erschütterten und durch Hunger, Kälte und Ausgehverbot drangsalierten Bevölkerung im Vordergrund standen, thematisierten die Flüchtlingsproblematik nur am Rande, etwa wenn Prof. Paul Althaus, dessen Gottesdienste nach 1945 zwischen 1400 bis 1500 Besucher anzogen, seine Gemeinde ermahnte, sie *„sollten gastfreundlich sein und aus ihren Wohnungen Vertriebene ohne Murren aufnehmen"*[39]. Speziell für die Unterstützung von Flüchtlingen, Heimatvertriebenen, Bombengeschädigten, Evakuierten und Heimkehrern gab es das Evangelische Hilfswerk der Inneren Mission, die Bahnhofsmission, den 1950 gegründeten Verein der Inneren Mission Erlangen, den Deutschen Evangelischen Frauenbund, das Gustav-Adolf-Werk und den Gustav-Adolf-Frauenverein und den Martin-Luther-Bund[40]. Die Kurende, eine Chorgemeinschaft der Evangelischen Studentengemeinde von bis zu 30 Mitgliedern, sang nach 1945 auch in den Flüchtlingslagern[41]. Der Zuzug zahlreicher Flüchtlinge, vorwiegend der evangelischen Schlesier und der Berliner, die sich auch im CVJM und anderen Vereinen engagierten, bedeutete eine *„wesentliche Auffrischung der Gemeindesubstanz"* und brachte die Alteingesessenen zu einer Auseinandersetzung mit erstarrten kirchlichen Bräuchen und Traditionen[42]. Persönliche Zeugnisse der Vertriebenen über das kirchliche Leben der Kriegs- und Nachkriegszeit sind allerdings selten und wenig aussagekräftig. So notierte eine bei ihrer Verwandtschaft untergekommene Flüchtlingsfrau aus Stettin am 6. Mai 1945, knapp drei Wochen nach der Einnahme Erlangens durch die Amerikaner am 16. April: *„Sehr eindrucksvolle Predigt von Prof. Dr. Strathmann in der Neustädter Kirche, die vom Artilleriebeschuß ein zertrümmertes Dach und ein Loch im Chor hat. Nach dem Gottesdienst bei Else, begleitete sie zur Milch"*[43]. Durch den Zuzug von Flüchtlingen aus Schlesien, Polen, Ungarn und anderen Oststaaten sowie Siemens-Mitarbeitern, die sich vor allem im Osten der Stadt niederließen, wuchs die Zahl rasch auf etwa 6000 an; 1955 begann mit der Weihe der Markuskirche, dem ersten evangelischen Kirchenneubau in der Neustadt seit der Friedhofskapelle 1783/87, eine langanhaltende Phase des Aufschwungs, in der bis 1972 weitere fünf Gotteshäuser entstanden und mehrere neue Pfarreien gebildet wurden[44].

Eine ähnlich positive Entwicklung erlebte auch die evangelisch-reformierte Gemeinde, die durch Geburtenzuwachs sowie die Ansiedlung von Heimatvertriebenen und SSW-Angehörigen von 618 Personen 1945 auf 725 im Jahre 1953 anstieg[45]. Wegen der vergleichsweise geringen Gesamtzahl konnte sich keine weitere Gemeinde bilden und mussten ihre über fast das gesamte Stadtgebiet verstreuten Mitglieder wesentlich weitere Wege zur Kirche in Kauf nehmen.

Auf katholischer Seite verlief die Entwicklung ähnlich. Auch hier überwogen zunächst die Probleme in den Gemeinden und die Versuche zur Wiederbelebung des kirchlichen Lebens[46]. Unterstützt von ihren Gemeindeschwestern, amerikanischen Militärkaplänen und der Caritas bemühten sich die Geistlichen um konkrete Betreuung der Vertriebenen, etwa bei der Verteilung von Kleidern und Lebensmitteln in den Flüchtlingslagern aus amerikanischen oder päpstlichen Spendenaktionen oder Sammlungen in den Landpfarreien[47]. Am Bau von Wohnungen speziell auch für Flüchtlinge beteiligte sich in den 1950er Jahren die Bamberger St. Joseph-Stiftung[48]. Unter den Flüchtlingen, die in Erlangen dauerhafte Ausnahme fanden, waren auch mehrere Franziskusschwestern, die das „Marienhospital" begründeten, aus dem sich seit 1957 das große Waldkrankenhaus an der Rathsberger Straße entwickelte[49].

Als Antwort auf die durch die Flüchtlinge stark angestiegene Zahl von Katholiken wurden vor allem die Sonntagsgottesdienste vermehrt. Ähnlich wie seinerzeit im 18. Jahrhundert fanden sie in den bisher rein protestantischen Vierteln auch in Gasthäusern, in Kriegenbrunn, Tennenlohe und Möhrendorf sogar in der dortigen evangelischen Kirche statt. Und die Schwierigkeiten, die die Menschen im Mittelalter zu überwinden hatten[50], werden deutlicher, wenn nach 1945 die langen Wege der Geistlichen zu diesen „Außenstationen" als gesundheitliche Belastung empfunden wurden.

Für die Flüchtlinge hielten auch aus den Vertreibungsgebieten stammende Geistliche eigene Gottesdienste und Maiandachten ab, bei denen die vertrauten Lieder gesungen werden konnten[51]. Katholische Flüchtlinge engagierten sich auch in Erlanger Vereinen, etwa dem Kolpingverein[52], an der Universität schlossen sich katholische Sudetendeutsche zur „Ackermanngemeinde" zusammen[53].

Ausblick

Weder die Vertreibung und Flucht der Neuankömmlinge noch ihre Entscheidung für Erlangen war religiös motiviert. Sowohl Lutheraner, Reformierte wie auch Katholiken bewirkten rein zahlenmäßig eine ungeheure Vergrößerung ihrer Gemeinden und einen Boom, wie er seit dem 18. Jahrhundert nicht mehr stattgefunden hatte. Gleichwohl veränderten sie die vorhandenen

Prozession bei St. Bonifaz, 3.6.1956

St. Matthäuskirche von Nordosten, 1961

Einzug der ev.-luth. Geistlichen (links Pfarrer Dilling, rechts Dekan Putz) in die St. Johanniskirche, 25.10.1964

Strukturen insofern erheblich, als die bislang noch weitgehend geschlossenen Milieus aufgebrochen und stärker durchmischt wurden. Deutlich zutage trat dies bei den Auseinandersetzungen um die endgültige Abschaffung der evangelischen und katholischen Bekenntnisschulen zugunsten der christlichen Gemeinschaftsschulen in den 1960er Jahren. Dadurch reduzierten sich zwar die Reibungsflächen zwischen den Konfessionen, beschleunigte sich jedoch der Rückzug der Kirchen auf die private Religiosität und weitere negative Entwicklungen[54]. Nachdem alle großen Kirchen unmittelbar nach Kriegsende eine gewisse Blüte erlebt hatten, verstärkte sich die bereits im Dritten Reich staatlich geförderte Entfremdung der Menschen von ihren Gemeinden. Es begann – trotz aller Versuche, etwa einer 1948 in Erlangen auf breiter Front unter dem Motto *„Es gilt, in einem Kreuzzug unter dem Motto ‚Gott will es' unsere Heimat für das Reich Gottes zu gewinnen"*[55] durchgeführten *„Volksmission"*[56] und einer *„Studentenmission"* 1954[57] – eine Phase der Entkirchlichung der ganzen Bevölkerung, an der den Flüchtlingen, obwohl sich diese teilweise am religiösen Leben beteiligten, insgesamt eine gewisse Mitschuld gegeben wird: *„Die unmittelbare Nachkriegszeit brachte ohne Zweifel eine Belebung der Religiosität, sie ging aber mehr in die Tiefe als in die Breite, betraf also die ohnehin Kirchentreuen; über deren Kreis hinauszuwirken, gelang kaum. Nach 1949 setzten sich die langfristigen Säkularisierungstendenzen wieder durch, in Erlangen verstärkt infolge er Zuwanderung"*[58].

Anmerkungen

1 August Bosch, Die katholische Kirche vom Beginn der bayerischen Zeit bis zur Gegenwart, in: Alfred Wendehorst (Hrsg.), Erlangen. Die Geschichte der Stadt in Darstellung und Bilddokumenten, S. 156–162, S. 162.
2 Helmut Anzeneder, Die Katholische Kirche, in: Jürgen Sandweg/ Gertraud Lehmann, Hinter unzerstörten Fassaden. Erlangen 1945-1955, Erlangen 1996, S. 698–751, hier S. 697.
3 Anzeneder (wie Anm. 2), S. 718.
4 Ders., S. 702.
5 Andreas Jakob, „Und mit Siemens-Schuckert um die Wette baute und baut die Stadt Erlangen": Stadtplanung und Stadtentwicklung 1945-1955, in: Sandweg/Lehmann (Hrsg.), Fassaden (wie Anm. 2), S. 577–621, hier S. 577.
6 Regina Paulus/Gertraud Lehmann, Art. Heimatvertriebene, in: Christoph Friederich/Bertold Frhr. von Haller/Andreas Jakob (Hrsg.), Erlanger Stadtlexikon, Nürnberg 2002, S. 352f.
7 Christoph & Joachim Renzikowski, Die vergessenen Patenkinder: Erlangen und „seine" Heimatvertriebenen, in: Sandweg/Lehmann (Hrsg.), Fassaden (wie Anm. 2), S. 471-59, hier S. 471.
8 Dies., S. 510.
9 Dies., S. 484.
10 Dies., S. 484.
11 Heinrich Hirschfelder/Sigrid Albrecht, politische Ereignisse und kommunale Gestaltung seit 1919, in: Wendehorst (Hrsg.), Erlangen (wie Anm. 1), S. 175–178, hier S. 177.
12 Renzikowski (wie Anm. 7), S. 487f.
13 Dies., S. 479ff.
14 Dies., S. 472.
15 Dies., S. 484.
16 Dies., S. 510.
17 Dies., S. 476.
18 Dies., S. 494.
19 Dies., S. 489.
20 Dies., S. 502.
21 Dies., S. 478.
22 Dies., S. 478f.
23 Dies., S. 492.
24 Dies., S. 496.
25 Dies., S. 511f.
26 Dies., S. 494f.
27 Dies., S. 512.
28 Dies., S. 499f.
29 Dies., S. 501ff.
30 Dies., S. 502, S. 510.
31 Dies., S. 505f.
32 Dies., S. 506.
33 Dies., S. 511.
34 Dies., S. 506.
35 Dies., S. 507-510.
36 Andreas Jakob, Die Legende von den „Hugenottenstädten". Deutsche Planstädte des 16. und 17. Jahrhunderts, in: Volker Himmelein (Hrsg.), „Klar und lichtvoll wie eine Regel". Planstädte der Neuzeit vom 16. bis zum 18. Jahrhundert (Ausstellungskatalog Badisches Landesmuseum), Karlsruhe 1990, S. 181–198, hier S. 196.
37 Renzikowski (wie Anm. 7), S. 512.
38 Sabine Haaß, Kein Blick zurück im Zorn? Die Evangelische Kirche in der Nachkriegszeit, in: Sandweg/Lehmann (Hrsg.), Fassaden (wie Anm. 2), S. 624–695. – Helmut Anzeneder, Die Katholische Kirche, in: ebenda, S. 698–751.
39 Haaß (wie Anm. 38), S. 625.
40 Dies., S. 638ff.
41 Dies., S. 663f.
42 Dies., S. 652.
43 Heinrich & Herbert Hirschfelder, 13. Februar 1945: Ankunft in erlangen. Notizen einer Flüchtlingsfrau im Jahre 1945, in: Sandweg/ Lehmann (Hrsg.), Fassaden (wie Anm. 2), S. 459–469, hier S. 461.
44 Haaß (wie Anm. 38), S. 668f., S. 661.
45 Dies., S. 677.
46 Anzeneder, Katholische Kirche (wie Anm. 38)S. 698–707.
47 Ders., S. 707ff.
48 Ders., S. 710f.
49 Ders., S. 712.
50 Vgl. den Beitrag von Andreas Jakob, Zum „heil und nucz" der Seelen. Die Pfarrei Erlangen im Mittelalter, hier in diesem Band.
51 Anzeneder, Katholische Kirche (wie Anm. 38), S. 718f.
52 Ders., S. 731.
53 Ders., S. 740.
54 Haaß (wie Anm. 38), S. 681ff. – Anzeneder, Katholische Kirche (wie Anm. 38), S. 723ff.
55 Anzeneder, Katholische Kirche (wie Anm. 38), S. 723.
56 Ders., S. 719ff.
57 Ders., S. 741.
58 Ders., S. 726.

Euchar Schuler

„*Aggiornamento – Öffnung der Kirche*"

Der katholische Kirchenbau als Ausdruck kirchlicher Reformen

Um den Kirchenbau in seiner geistlichen Komponente zu verstehen, bedarf es einiger Hinweise zum Zweiten Vatikanischen Konzil und seines theologischen und liturgischen Konzeptes, das sich bis in die letzte Dorfkirche auswirkte. Die meisten Kirchenneubauten der Erlanger katholischen Gemeinden fallen in die Konzilszeit oder die Folgezeit. Deshalb kann gerade in Erlangen an diesen Gebäuden der klare Wille zur Kirchenreform und die Entwicklung in der Liturgie abgelesen werden.

Das Zweite Vatikanische Konzil dauerte vom 11. Oktober 1962 bis zum 8. Dezember 1965. Es gab der katholischen Kirche entscheidende Impulse auf ihrem Weg in das 21. Jahrhundert. Als es von Papst Johannes XXIII. (1881–1963) einberufen wurde, fragte man ihn nach dem Grund. Er ging zu einem Fenster, öff-

St. Bonifaz, Architekt Prof. Fritz Fuchsberger (München), Weihe 10.6.1928, dreischiffige Basilika, expressionistischer Stil mit frühchristlichen und romanischen Formen

Dechsendorf, Unsere Liebe Frau, Architekt Walter Schilling (Würzburg), Weihe 8.9.1963, 400 Sitzplätze

Sebaldussiedlung, St. Sebald, Architekt Paul Becker (Erlangen), Weihe 1967, 400 Sitzplätze

nete es und sagte: „*Ich möchte, daß frische Luft in die Kirche hereinkommt*". Sein Nachfolger Paul VI. (1887–1978) führte das ökumenische Konzil zum Abschluss.

Der Initiator, Papst Johannes XXIII, umschrieb den Charakter des Konzils als ein pastorales Ereignis für die ganze Kirche im Übergang in ein neues Zeitalter. „*Aggiornamento – Öffnung der Kirche*", das war das Stichwort. Das zeigte sich auf keinem Gebiet so deutlich und einschneidend, wie in der Liturgie und im Kirchenbau. Bisher wurden die Liturgie und die liturgiegerechte Ausgestaltung der Kirchen so verstanden, dass dies ein heiliges Erbe sei, mit dem man vorsichtig umzugehen habe. Die überlieferten Texte und Vorgänge hütete man wie einen heiligen Schatz, an den man mit keinem Finger rühren darf. Die römische Liturgie hatte sich im Laufe der Jahrhunderte verfestigt. So dienten die Gebete in Form und Text der Frömmigkeit des Zelebranten und waren weniger geeignet, die Gläubigen an der Tiefe der Liturgie teilhaben zu lassen, zumal Latein immer noch als liturgische Sprache in Gebrauch war.

Reformbewegungen von unten

Nach zwei Weltkriegen hatten sich aber die Welt und die Menschen gewandelt. Die *„wesenhafte Frömmigkeit der römischen Liturgie"* war dem christlichen Volk fremd geworden. Eine Erneuerung, die sich in Deutschland bereits in der katholischen Jugendbewegung, der Bibelbewegung und der liturgischen Bewegung Gehör verschafft hatte, war dringend erforderlich. In die *„Konstitution über die heilige Liturgie – Constitutio de sacra Liturgia"* des II. Vaticanums mündeten die verschiedenen Erfahrungen und Reflexionen ein, die sich in ca. 100 Jahren entfaltet hatten.

Ein neues Kirchenbild

Pater Mario von Galli SJ, Konzilstheologe und Journalist, zeichnete die Entwicklung der Kirche in einem doppelten Bild. Bis zum Konzil konnte man die Kirche vergleichen mit einem Kreis. In dessen Zentrum lag der Brennpunkt, der Christus, den

Bruck, Hl. Kreuz, Architekten Gregor Neundorfer/Peter Seemüller (Bamberg), Weihe 14.9.1969

Eltersdorf, St. Kunigund, Weihe 18.7.1970

Herrn der Kirche, darstellte. Die Kirche war der Mystische Leib Christi („*corpus Christi mysticum*").

Das neue Kirchenbild aber ist mit einer Ellipse vergleichbar, die zwei aufeinander bezogene Brennpunkte einschließt. Der eine stellt das Volk Gottes dar mit Christus in seiner Mitte gemäß dem Wort des Herrn: „*Wo zwei oder drei in meinem Namen versammelt sind, da bin ich mitten unter ihnen*" (Mth 18,20). Im anderen Brennpunkt steht der Altar, der Christus als den Eckstein darstellt, auf dem der Himmel sich zur Erde neigt, wenn der Priester in der Person Christi („*in persona Christi*") spricht: „*Dies ist mein Leib. Dies ist mein Blut. Tut dies zu meinem Gedächtnis*". Und auf diese Weise ereignet sich Kirche, in der Gott in Jesus Christus ein menschliches Gesicht angenommen hat und der Geist in und durch und mit dem wandernden Volk Gottes unterwegs ist. Alle diese Vorstellungen von der Erneuerung der Kirche bewegten während des Konzils die katholischen Christen, denn gerade auch in Erlangen wurde heiß um die theologische und liturgische Erneuerung gerungen.

Alterlangen, St. Heinrich, Architekt Paul Becker (Erlangen), Weihe 13.9.1970

Sieglitzhof, St. Theresia, Architekt Claus Uhl (Erlangen), Weihe 20.10.1973, Pfarrei 1.3.1979, 250 Sitzplätze

Eine außergewöhnliche Situation

Die Stadt und das Land Erlangen erlebten zwischen 1960 und 1985 einen kaum zu bewältigenden Bevölkerungszuwachs, was für die beiden großen Kirchen tiefgreifende Veränderungen mit sich brachte[1].

Die katholischen Gemeinden in Erlangen standen vor einer außergewöhnlichen Situation, die zugleich eine einmalige Chance darstellte. In der gesamten Diözese Bamberg gab es keinen Ort, der auch nur annähernd so enorme Zuwachsraten an Mitgliedern zu verzeichnen hatte. Es mussten sehr schnell hintereinander neue Kirchen und Pfarrzentren errichtet werden, um dem Zustrom an katholischen Christen gerecht zu werden.

Die Planung und Errichtung der neuen Pfarreien und der Bau ihrer Kirchen wurde begleitet von den Diskussionen, die vom laufenden Konzil oder den nachkonziliaren Reformbemühungen ausgelöst wurden. So entstanden in dieser konzilsnahen Periode 17 neue Kirchen – die Kapellen sind nicht eingerechnet – im Erlanger Dekanat, die alle nach den theologischen Vorgaben des Konzils und den sich daraus ergebenden liturgischen Reformen der katholischen Kirche gestaltet sind.

Umbau der alten Kirchen, um dem Volk Gottes näher zu sein

Durch die enormen Umwälzungen der Nachkriegszeit entwickelte sich in Erlangen ein starker Wille zu Reformen in Gesellschaft und Kirche. Für diesen kirchlichen Reformgeist zeugen die vielen Erlanger katholischen Kirchenbauten.

Schauen wir zunächst auf die älteren Kirchenbauten im Dekanat Erlangen wie Herz Jesu und Bonifaz. Hier war der Altar früher auf einem hohen Podest an die Wand gestellt. Viele Stufen sollten das Allerheiligste örtlich und geistlich erhöhen, um so Gott, dem ganz anderen Wesen, gerecht zu werden. Der Priester feierte die hl. Messe vom Volk abgewandt und nur seinem Gott zugewandt. Nach dieser Sichtweise trat er ein für das Volk Gottes, dem er als dessen Gemeindeleiter vorstand. Das änderte sich mit dem Konzil grundlegend. Der Altar wurde näher zum Volk hingerückt und der Priester feiert zusammen mit dem Volk den Gottesdienst, der bewusst so vollzogen werden soll, dass Gott einen Dienst des Heiles an seinem Volk leistet, wenn sich der Mensch Gott aussetzt.

Zu den alten katholischen Kirchen im Dekanat Erlangen gehören auch Büchenbach mit der Pfarrkirche St. Xystus und Hannberg mit der Pfarrkirche Mariä Geburt. Hier wurden die üblichen Kommunionbänke zu einem Problem bei der Neugestaltung, das aber so gelöst wurde, dass man den Altar auf die Höhe der Kommunionbank stellte, um näher beim Volk Gottes zu sein.

„Siehe ich mache alles neu" (Off 21,5)

Diesen Satz aus der Geheimen Offenbarung wurde in Erlangen buchstäblich erlebbar. Das Umdenken in den Gemeinden, dass nicht der Priester allein das Volk Gottes repräsentiert, sondern das Volk selbst von Gott berufen ist, zeigte sich in konsequenter Weise in den neuen Pfarrkirchen des Dekanates Erlangen.

Der pastorale Aspekt der Liturgie rückte zudem in den Vordergrund, was den Kirchenbau stark beeinflusste. In einigen Kirchen wurde beispielsweise der Raum für die Sonntagsgottesdienste mit einer großen Gemeinde von dem Raum für die Werktags-

Tennenlohe, Hl. Familie, Architekt Paul Becker (Erlangen), Weihe 28.10.1979, ca. 200 Sitzplätze

Bruck, St. Marien, Architekt Paul Becker (Erlangen), Weihe 8.11.1981, 280 Sitzplätze

messen mit einer kleinen Gemeinde getrennt[2]. Das Bedürfnis der Gemeinden nach einer aktiven Teilnahme am heiligen Geschehen ist zum Teil recht gut gelöst. In den Erlanger Gemeinden St. Sebald und St. Heinrich wurde der Versuch unternommen, die beiden Bereiche – den Raum der kleineren Werktagsgemeinde und den Raum der großen Sonntagsgemeinde – miteinander zu kombinieren. In Hl. Kreuz steht der pastorale Aspekt noch stärker im Vordergrund,. Das zeigt sich darin, dass zwischen die Sonntags- und die Werktagskirche ein Foyer gelegt worden ist, wo sich eine gastfreundliche Gemeinde nach dem Gottesdienst zum Gespräch, zum Kaffe oder Tee zusammenfindet.

Kirchentypen und ihre geistliche Grundlegung

Der Kirchenbau hat zwei Seiten. Die Innenseite birgt und schützt das Heilige, das sich vollzieht im verkündeten Wort Gottes und im Sakrament der Eucharistie. Die Außenseite soll die Botschaft der Kirche von der Gegenwart Gottes unter den Menschen sichtbar machen.

Der relativ kleine Glockenturm der Herz Jesu Kirche, der ältesten Pfarrkirche Erlangens, weist wie ein Finger zum Himmel, um anzudeuten, dass der Herr immer noch mit seinem Volk unterwegs ist. Auf der Westwand dieses Gotteshauses stand lange Zeit der aufgesprühte Text: *„Gott ist nicht tot, er lebt"*! Die Herz Jesu Kirche präsentiert sich nach einigen Umbauten heute in Kreuzesform und verweist auf den Herrn, der den Menschen durch sein Kreuz erlöst hat.

Dann gibt es Erlanger Kirchen, die wie Werkhallen aussehen, wo etwas Wertvolles aufbewahrt wird. Die Kunigundenkirche in Eltersdorf und die Klosterkirche der Karmelitinnen in Büchenbach gehören zu diesem Typus. Das Gotteshaus der Moderne scheint sich auf den schmucklosen, nüchternen und rationalen Zeitgeist einzulassen. Damit mag sich die Hoffnung verbinden, dass der vom Verstand geprägte Zeitgenosse die Unbedarftheit einer Kirchen ohne *„sentimentale Eindrücke"* als seine geistige Heimat versteht.

Bei anderen Kirchenräumen stand die praktische Nutzung im Vordergrund, wobei man sich bemühte, eine theologisch-liturgische Konzeption nicht zu vernachlässigen. Wenngleich die Nüchternheit dieser Räume weniger das Mysterium des eucharistischen Ereignisses erahnen lässt, so kommt dennoch gerade in diesen

Büchenbach, Zu den Hl. Aposteln, Architekten Karl-Heinz Grün/Vural Cokbudak (Nürnberg), Weihe 27.11.1988

Büchenbach, Zu den Hl. Aposteln, Innenraum 2007

Kirchen der Gedanke an „*Kirche als Lebensgemeinschaft*" zum Tragen. Unter diesem Gesichtspunkt sind die Gemeindekirchen St. Theresia in Sieglitzhof, die Pfarrkiche Zu den Hl. Aposteln in Büchenbach, die Pfarrkirche St. Kunigunde in Uttenreuth und die Kirche zur Hl. Familie in Tennenlohe entworfen worden.

Andere Kirchen sehen aus wie Zelte. Das wandernde Volk Gottes versammelt sich im Bundeszelt des Herrn, um als priesterliche Taufgemeinschaft dem Gott des Lebens nahe zu sein. Das Bundeszelt ist der Versammlungsort, wohin Gott sein Volk zusammenruft. Baulich ist dieser Gedanke in den Erlanger Pfarrkirchen St. Heinrich in Alterlangen und St. Sebald in Erlangen Süd sowie St. Marien in Erlangen-Bruck verwirklicht.

Die Pfarrkirche Hl. Kreuz bildet von ihrer ganzen Anlage her einen Sonderfall. Gegenüber den umstehenden Hochhäusern konnte ein Gotteshaus nach dem bisherigen Muster optisch kaum konkurrieren. Deshalb wurde der Bau als relativ niedrige Rundkirche angelegt. Der zentrale Innenraum wird von Konchen (Mauerbuchtungen = Muscheln) umstellt, die durch bunte Fenster mit horizontalen Farbbahnen die Konchen zusammenhalten. Von außen sieht das Gebäude wie eine Ansammlung von Silos aus und die Erlanger Bevölkerung nannte die Kirche schon bald „*Gebetssilo*". Der liturgische Raum ist wie ein Halbkreis, der sich über die Mauern hinaus in die Welt ausweitet. Auf der breit gelagerten liturgischen Insel kann sich die Liturgie in ihrer ganzen Schönheit stilvoll entfalten. In der Mitte dieses Halbkreises steht der Altar unter einem schlichten Kreuz und zieht die Aufmerksamkeit auf sich. Auf der einen Seite der liturgischen Insel befindet sich der Ambo (kanzelartiges Pult), wo das Wort Gottes verkündet wird. Auf der anderen Seite der liturgischen Insel ist eine Stele errichtet, in die ein Tabernakel wie der Kern in seiner Nußschale eingelassen wurde. Dieser Bereich ist der Anbetung Gottes vorbehalten, der unter der Gestalt von Brot im Tabernakel aufbewahrt wird.

Welche Bedeutsamkeit der Kirche Hl. Kreuz zugerechnet wird, lässt sich leicht zeigen. Als das Gotteshaus fertig war, erschien in einer japanischen Architekten-Zeitschrift ein Bild dieses Gebäudes als Beispiel für „*Deutsche Baukunst der Moderne*".

Bedürfnisse, Bedenken, Bemühen

Wenn bei den älteren Kirchen in Erlangen einige mehr oder weniger geglückte Versuche unternommen wurden, die pastoralen und liturgischen Anregungen den Bedürfnissen der Gemeinden anzupassen, so stand diesem Bemühen nicht selten der Denkmalschutz als Bedenkenträger im Weg. Insgesamt kann man aber festhalten, dass die Umgestaltung dieser Kirchen noch nicht den Endstand erreicht hat. Die ältesten Erlanger Kirchen wie Herz Jesu und St. Bonifaz sind hier zu nennen.

Es ist an diesem Platz nicht möglich, die übrigen Gotteshäuser im Dekanat Erlangen unter dem Gesichtspunkt der nachkonziliaren Reformen zu betrachten. Aus den bisher aufgezeigten Beispielen jedoch wird deutlich, dass die vielen und vielfältigen Erlanger Kirchenbauten vom neu entfalteten Kirchenbild des wandernden Volkes Gottes geprägt sind, wie es im Zweiten Vatikanischen Konzil Gestalt angenommen hat.

Anmerkungen

1   Vgl. dazu den Beitrag von Andreas Jakob, „*Geht doch wieder zurück, wo ihr hergekommen seid!*" Der Anteil von Flüchtlingen und Vertriebenen am Aufbau Erlangens nach 1945, hier in diesem Band.
2   Dt. Bischofskonferenz.: Richtlinien – Gruppenmessen 1979, 22.

Euchar Schuler

„Dass doch alle eins sind, wie du Vater in mir und ich in dir. So sollen auch sie eins sein"

Erlangen ökumenisch

In Erlangen hatten sich die konfessionellen Fronten in der Zeit zwischen 1817 und 1945 verhärtet. Als aber nach dem Zweiten Weltkrieg viele Flüchtlinge und Aussiedler in die Stadt strömten, und der Weltkonzern Siemens in Erlangen einen neuen Anfang für sein globales Engagement setzte, blieb den alteingesessenen Erlangern nichts anderes übrig, als sich zu öffnen, miteinander einen gemeinsamen Weg zu finden und sich flexibel auf eine freiheitlich-demokratische Ordnung im Staat und in der Stadt Erlangen einzulassen. Die offene Haltung der Menschen in Erlangen zeigte sich natürlich auch in den konfessionell unterschiedlichen Kirchengemeinden, die aufeinander zugingen, sich gegenseitig aushalfen und neue Weg miteinander suchten. So entwickelte sich gerade bei den Christen in Erlangen eine Atmosphäre der Offenheit gegenüber der Kirchenerneuerung, eine Toleranz im Denken und Glauben und ein geschwisterlich-ökumenisches Bewusstsein in den zwischenkirchlichen Beziehungen.

Die ökumenische Wende

Den eigentlichen ökumenischen Durchbruch in Erlangen bewirkte ein neues Gesicht in der Pfarrgemeinde Herz Jesu: Pfarrer Karl Kupfer (1919–2000), 1959 in sein Amt eingeführt, brachte gerade für die Erlanger kirchliche Situation gute Eigenschaften mit, die ihn bestens befähigten, eine ökumenische Wende einzuleiten. Er stammte aus einer jüdischen Familie, die allerdings eine freireligiöse Ausrichtung lebte. Der Vater hatte sich aber zur Entscheidung durchgerungen, der katholischen Kirche beizutreten.

Karl Kupfer hatte als Pfarrer in Oberkotzau mit der dortigen ökumenischen Gemeinschaft der „*Brüder vom gemeinsamen Leben*" nähere Kontakte aufgebaut. Hier wuchs bei ihm die Einsicht, dass die ökumenische Gesinnung bei den persönlichen Beziehungen ansetzen müsse. Wenn es auf der zwischenmenschlichen Ebene stimmt, braucht man um die Ökumene nicht zu bangen. So gab es einen ökumenischen „*Pfarrerskaffee*", dessen Teilnehmerzahl sich ständig vergrößerte. Auf diese Weise entwickelten sich persönliche Freundschaften, was sich sehr positiv auf das Miteinander in Erlangen auswirkte. Als Dekan wirkte Karl Kupfer

Kirche im Wandel: Helmut Lederer, Glasfenster und Altargestaltung

Traditioneller Altar in St. Xystus in Büchenbach, um 1950

von 1969 bis 1987 im Dekanat Erlangen sehr segensreich mit einer spirituellen Tiefe und in ökumenischer Aufgeschlossenheit.

Arbeitsgemeinschaft christlicher Kirchen (ACK)

Durch das Zweite Vatikanische Konzil angeregt, bildeten sich in der Stadt ökumenische Kreise, durch die sich das Klima zwischen den konfessionell unterschiedlichen Parallelgemeinden verbesserte. Im Jahre 1967 initiierte Pfarrer Karl Eduard Haas von der reformierten Gemeinde (Hugenottenkirche) mit Vertretern der Katholiken, der Lutheraner und Reformierten, der Griechisch-Orthodoxen und der Altkatholiken, der evangelisch-freikirchlichen Gemeinde und der methodistischen Gemeinde und anderen christlichen Religionsgemeinschaften die *„Arbeitsgemeinschaft christlicher Kirchen – ACK"* in Erlangen. In diesem kirchenübergreifenden, offiziellen Zusammenschluss ging es nicht mehr um die persönlichen ökumenischen Vorlieben einzelner Persönlichkeiten, hier zeigte sich, dass die Erlanger Christen zu gemeinsamen Unternehmungen fähig und bereit waren.

Offene Tür Erlangen (OTE) – Ein ökumenisches Modell

Auch auf sozialem Gebiet setzte sich die ökumenische Gesinnung immer mehr durch. Ein Beispiel sei hier besonders herausgegriffen: Die Offene Tür Erlangen (OTE), am Katholischen Kirchenplatz 2, schaute seit ihrer Gründung im Jahre 1972 immer über den konfessionellen Rand hinaus. Sie hatte sich als kennzeichnendes Motto den Satz gewählt: *„OTE – Katholische Einrichtung mit ökumenischer Ausrichtung"*. Dies wurde in der OTE, einem integrierten Beratungszentrum, auf allen Ebenen und in allen Arbeitsbereichen konsequent durchgehalten: Offenes Foyer, Beratungsseelsorge, Telefonseelsorge, Krisenhilfe Erlangen, Lebensberatung für Suizidgefährdete, OTE-Erwachsenenbildung und Beichtseelsorge mit katholischen und ggf. evangelischen Seelsorgern. Mit ihren ca. 125 haupt- und ehrenamtlichen Mitarbeitern gehört die OTE zu den von Anfang an ökumenisch geprägten Einrichtungen in Erlangen. In ihrem Wirken reicht die Arbeit der OTE weit über den Stadtbereich und die Region hinaus. Sie wurde in mancher Hinsicht vorbildhaft für andere Einrichtungen in Deutschland (z.B. die *„Beratungsseelsorge"* und *„Krisenhilfe"*).

Christliche Spiritualität und Lebensgestaltung

Auch auf dem Gebiet der Bildung geht es auf weite Strecken recht ökumenisch zu. Viele Veranstaltungen werden von den Bildungswerken beider Kirchen gemeinsam oder im Austausch veranstaltet, unterscheidende Themen im Dialog einander näher gebracht. Am 3. Oktober 1993 wurde die Johannes-vom-Kreuz-Akademie für christliche Spiritualität und Lebensgestaltung e.V. gegründet, die sich als eine ergänzende Einrichtung zum üblichen Bildungsgeschehen versteht. In ihrer Art ist die Johannes-Akademie (JA) eine einmalige Einrichtung in Deutschland. *„Ihre Aufgabe umfasst die wissenschaftliche und lebenspraktische Vertiefung eines christlichen Verständnisses des Menschen und der von ihm zu gestaltenden Welt aus ökumenischer Sicht und in ökumenischer Zusammenarbeit"*[1]. Sie arbeitet vorwiegend erfahrungs- und pra-

Bruck, Firmung in St. Peter und Paul (kath.), April 1972

Bruck, Kommunion in Hl. Kreuz, April 1972

Der „Pfarrerskaffee" in Erlangen mit Dekan Karl Kupfer (Mitte)

xisorientiert in dem Sinn, dass sie Menschen mit ihren eigenen geistig-geistlichen Erfahrungen ernst nimmt. Der Glaube hat zwei Seiten: Die Außenseite ist die theologisch-wissenschaftliche Seite mit ihren Glaubensinhalten, die Innenseite ist die Spiritualität als Seele des Glaubens. Dieser Seele des Glaubens mehr Gewicht zu geben, das ist das Ziel der Johannes-Akademie (JA). Dabei stand die Einsicht Pate, dass die spirituelle Seite des Glaubensvollzugs auch erlernbar sein muss, da Jesus seinen Freunden ebenfalls als Lehrer (Rabbi) zeigte, wie Gottes Geist im Leben wirksam ist.

Das Einzugsgebiet dieser Institution ist nicht nur der Stadtbereich, sondern er erstreckt sich vorwiegend über süd- und westdeutsche Gebiete. Die JA arbeitet – die Referenten nicht eingerechnet – fast ausschließlich mit ehrenamtlichen Mitarbeiterinnen und Mitarbeitern. Die Seminare und Kurse, die in einem Jahresprogramm veröffentlicht werden, finden in den Räumen der Begegnungsstätte von Hl. Kreuz statt.

Ein ökumenisches Großereignis – Die Aktion *„neu anfangen"*

Das für Neubürger ausgesprochen positive ökumenische Klima in Erlangen ist nicht zuletzt auch auf die groß angelegte Aktion *„neu anfangen"* zurückzuführen, die hier erstmals südlich des Mains in den Jahren 1987 bis 1989 durchgeführt wurde. Innerhalb von zwei Jahren erlebten die Christen aller Konfessionen, wie man miteinander verstehend umgehen und an einem ökumenischen Projekt harmonisch arbeiten kann: Wer nämlich gemeinsame Ziele verfolgt, lernt sich kennen, verliert vorhandene Ängste, gewinnt Vertrauen und führt die Christen auf der zwischenmenschlichen,

Pfarrer Berger, Landesbischof Dietzfelbinger, Dekan Putz und Pfarrer Kübel in der Altstädter Kirche, Oktober 1955

Einweihung des Edith-Stein-Heimes, u.a. mit Erzbischof Schneider und Stadtpfarrer Kübel (3. v.r.), 22.1.1967

Nicht mehr selbstverständlich: Christentum heute, Plakat 1967

theologischen und spirituellen Ebene zusammen gemäß dem Wort Jesu: *„Dass doch alle eins sind, wie du Vater in mir und ich in dir. So sollen auch sie eins sein"* (Joh 17,11 ff).

Die Aktion *„neu anfangen – Christen laden ein zum Gespräch"* war ein Projekt, bei dem der Versuch unternommen wurde, in der gesamten Erlanger Region möglichst flächendeckend auf Menschen zuzugehen und sie zum Gespräch über Fragen des Glaubens und Christseins einzuladen. Auf evangelischer Seite regte dies der ev. Pfarrer Bock von der Markus-Gemeinde an. Die gemeinsame Aktion wurde von der evangelisch-lutherischen, der evangelisch-reformierten und der katholischen Kirche sowie den Freikirchen getragen, die sich allesamt in ökumenischer Geschwisterlichkeit beteiligten. Die Erlanger Aktion *„neu anfangen"* konnte zwar auf Erfahrungen in Schweden, Finnland, der Schweiz und in Hamburg-Harburg zurückgreifen, doch sonst war es der erste Versuch in Süddeutschland, der für weitere diesbezügliche Initiativen Vorbildcharakter gewinnen sollte.

Presse, Rundfunk und Fernsehen berichteten über die Aktion *„neu anfangen"*. Die Erlanger Nachrichten veröffentlichten einen großen Artikel, in dem es hieß: *„Erlangen ist die erste bayerische Stadt, in der ‚Neu anfangen' startet. Wenn die Aktion im Frühjahr 1989 in ihre entscheidende Phase tritt, werden ‚möglichst alle Menschen in unserer Region, die ein Telefon besitzen', angerufen und gefragt, ob sie an einem Taschenbuch mit Beiträgen von Christen interessiert sind. Dieses Taschenbuch wird von Erlangern für Erlanger geschrieben. Auf Wunsch wird es zugestellt, am besten persönlich. Dann werden interessierte Erlanger zu fünf bis sieben Gesprächsabenden eingeladen, bei denen es in privater Atmosphäre um Glauben und Kirchen gehen soll"*. Das Ziel dieses Projektes sollte sein, *„auf dem Boden volkskirchlicher Realität nach neuen Wegen (zu) suchen, das Evangelium von Jesus Christus zu den Menschen unserer Zeit zu bringen"*[2].

Die Durchführung des Projektes

Das Projekt war auf ca. zwei Jahre angelegt, wobei verschiedene Phasen vorgesehen waren. Die Vorbereitungsphase dauerte von Januar bis November 1988. In dieser Zeit bildeten sich ein Leitungsteam und Gemeindeteams; es wurde das Taschenbuch *„mittendrin vom Glauben reden"* erstellt und die notwendigen

Altstädter Kirche, Amtseinführung von Pfarrer Rudolf Henzler, September 1971

Kirche unterwegs, auf dem Campingplatz Dechsendorf, 1973

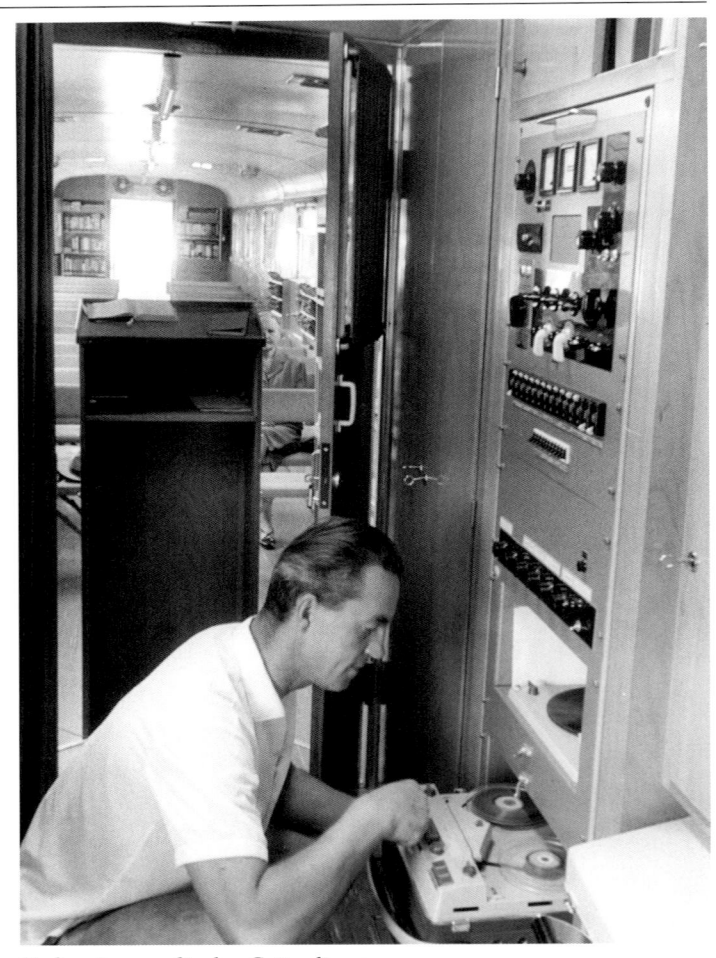

Vorbereitungen für den Gottesdienst

Gutbesuchte Predigt im Omnibus

Aktion „neu anfangen"

Oben: Die „Offene Tür Erlangen" am Katholischen Kirchenplatz 2, 2003

Links: Kirchenkonzert mit der Ökumenischen Kantorei, 26.7.1997

Unterlagen zur Motivierung und Begleitung von Mitarbeiterinnen und Mitarbeitern verfasst. In Seminaren erhielten sie eine Intensivausbildung zur Vermittlung von geistlich-spirituellen Inhalten, und in der Gesprächsführung wurden wichtige Hinweise im Umgang mit Leuten am Telefon und im Einzelgespräch gegeben.

Die Aktivphase ging von Januar bis Juni 1989. Zu diesem Projekt hatten sich in den eingerichteten großen Telefonzentren über 1200 Mitarbeitern zusammengefunden. Eine Aktion in dieser Größe gab es bislang noch nirgends. Eine breit angelegte Öffentlichkeitsarbeit mit Plakatierung und mit Berichten von Presse, Rundfunk und Fernsehen informierten über diese Aktion.

Die erste Runde der Telefon-Aktion lief in der Zeit vom 13. Februar bis zum 17. März 1989, in der die Kontakte zu allen Telefonbesitzern aufgenommen und dem Wunsch entsprechend das Taschenbuch überreicht wurde. Die zweite Runde der Telefonaktion wurde durchgeführt in der Zeit vom 18. März bis 2. April 1989 mit der Frage, ob zum Inhalt des Taschenbuches *„mittendrin"* Fragen aufgetaucht seien. Die Angerufenen wurden zudem eingeladen, einige Male an einer Wohnzimmer-Gesprächsrunde teilzunehmen, die zwischen dem 3. April und 12. Mai 1989 zusammenkämen. Der Zustrom zu den Gesprächsrunden war so groß, dass die Anzahl der Gruppen verdoppelt und die Gruppen vergrößert werden mussten. Der Geist Gottes war spürbar am Werk.

Ein pfingstlich-ökumenischer Abschluss-Gottesdienst in der Neustädter Kirche versammelte erstmals die Christen aller Konfessionen und kirchlichen Gemeinschaften in der Stadt Erlangen um den einen und einenden Herrn Jesus Christus. Das gemeinsame Bemühen der christlichen Kirchen in Erlangen hat insgesamt, unter den vielen Mitwirkenden und Teilnehmern sowie in den Gemeinden einen ungeheuren ökumenischen Schub bewirkt. Der Dank an Gott und an die Mitarbeiter, an die Kirchenleitungen und an die Erlanger mit ihrer Offenheit aus Tradition fand seinen Ausdruck im Gebet des Herrn, im Vaterunser.

Die weiterwirkende Kraft dieses Projektes zeigt sich bis ins neue 21. Jahrhundert hinein. Viele in der Aktivphase der Aktion *„neu anfangen"* entstandenen ökumenischen Gruppen leben in den Gemeinden weiter. Auch auf anderen Gebieten spürt man die Nachwirkungen dieses einmaligen ökumenischen Erlebnisses.

Gemeinsam auf dem Weg ins neue Jahrtausend

Zur Jahrtausend-Wende kamen in der Silvesternacht Erlanger Christen aus vielen Religionsgemeinschaften und Muslime in der Moschee an der Südlichen Stadtmauer zusammen, die am Gebet der islamischen Gemeinde teilnahmen. Von da zogen Muslime und Christen gemeinsam zur Hugenottenkirche, um dort miteinander und füreinander zu Gott zu beten. Dies war ein spirituelles Zeichen, das über die eigenen Grenzen hinaus den Blick auf die Menschen richtet, die anders, aber nicht weniger tief glauben.

Der *„Erlanger ökumenische Kirchentag"*

Einen weiteren ökumenischen Höhepunkt stellte die Feier des 1000jährigen Jubiläums der ersten schriftlichen Erwähnung Erlangens im Jahre 1002 dar. Aus diesem Anlass fand am 15. und 16. Juni 2002 ein *„Erlanger Ökumenischer Kirchentag"* auf dem Schloss- und Marktplatz statt, der bereits in den Tagen zuvor durch die *„Nacht der Sinne"*, durch den Bibelerlebnistag der Kinder und verschiedene geistliche Konzerte eingeleitet wurde.

Am Sonntag, dem 16. Juni 2002 feierten die Erlangen Christen aus der evangelisch-lutherischen, der evangelisch-reformierten und der katholischen Kirche sowie aus den Gemeinden der Baptisten, Methodisten und der Freien Evangelischen Gemeinde ein wahres *„Kirchen-Volksfest"*. Aus allen Himmelsrichtungen strömten die Gottesdienstteilnehmer in einem Sternmarsch zum Ökumenischen Gottesdienst im Herzen der Stadt zusammen. An den einzelnen Stationen des Marsches wurden die auf dem Weg liegenden Gemeinden in den Zug integriert. Schließlich war der Schlossplatz mit 1200 Menschen gefüllt, die sich als die geeinte Gemeinde Gottes erlebte. Chöre und Bands vereinigten sich zu einem ökumenischen Gotteslob unter freiem, offenem Himmel, denn die Sonne zeigte ihre ganze Kraft. Das vereinigte *„Himmelreich zu Erlangen"* schien sich für einige Stunden verwirklicht zu haben. Von vielen Teilnehmern wurde die Meinung geäußert: *„Ohne die Aktion ‚neu anfangen' wäre diese ‚Erlanger Himmelreich-Erfahrung' nicht möglich gewesen"*.

Erlanger Ökumene mit Univ. Prediger Prof. Brandt, Dekan Dobeneck, Landesbischof Friedrich und Dekan Münderlein, um 2005

Die Reformierte Gemeinde mit Pfarrer Mann im Hof der Hugenottenkirche, 2006

Der weitere Weg der Christen in Erlangen

Der Weg der Erlanger Kirchen führt in eine gemeinsame ökumenische Zukunft, wenn ihnen die geistige Herkunft bewusst bleibt. Ein weiterer Schritt in diese Richtung könnte die 1000 Jahrfeier der Gründung des Bistums Bamberg sein. Am 15. Juli 2007 wird dieser Weg der Christen in einer ökumenischen Vesper mit dem Bamberger Erzbischof Dr. Ludwig Schick in der Hugenottenkirche fortgesetzt.

Anmerkungen

1 Satzung 2.2. der Johannes-Akademie e.V.
2 ER 130 (Mi 17.2.1988) Stadt Erlangen 39/1.

Pfarrer Eberhard Berger zum 75. Geburtstag, April 2007

Ökumenischer Festgottesdienst auf dem Schlossplatz anlässlich des 1000jährigen Stadtjubiläums 2002

Andreas Jakob

"*Selbstvervollkommnung und Selbstveredelung in Gesellschaft guter Menschen*"

Die Freimaurerloge Libanon zu den 3 Cedern

Der Ordensgroßmeister Herzog Ferdinand von Braunschweig schenkte der Erlanger Loge sein Bild bei einem Besuch 1777

Nachdem sich die von England kommende Freimaurerei rasch in zahlreichen europäischen Ländern, darunter Schweden, Frankreich und auch Deutschland, ausgebreitet hatte, wurde am 24. Oktober 1757 in Erlangen von Markgraf Friedrich persönlich die – heute in Bayern zweit- und in Deutschland elftälteste – Loge Libanon zu den 3 Cedern gestiftet[1]. Ihre Idee, Menschen über religiöse, politische und soziale Grenzen hinweg zu einer Bruderschaft zu verbinden, entsprach wesentlichen Idealen der Aufklärung[2]. Im Mittelpunkt ihrer Arbeit sollte der Mensch stehen. Als Ziel nach innen sah man die *"Selbstvervollkommnung und Selbstveredelung in Gesellschaft guter Menschen"*[3] bzw. *"die Veredlung des Bruders durch Selbsterziehung"*, als Aufgabe nach aussen karitative Betätigung der Mitglieder sowie die Förderung von Frieden und Wohlstand unter allen Völkern. Innerhalb des Freimaurerbundes vertrat die Erlanger Loge die sog. humanitäre Richtung, d.h. sie nahm Bewerber jeden Bekenntnisses auf, *"sofern diese im Weltganzen eine göttliche Ordnung anerkennen und unter ihren Mitbürgern einen guten Ruf haben"*[4].

"Die Universität Erlangen und die Freimaurerloge ‚Libanon' als zwei Schwestern"?

Eine besonders enge Verbindung scheint anfänglich zur Universität bestanden zu haben, die 1743 ebenfalls von Markgraf Friedrich mit tätiger Unterstützung des ersten Kanzlers Daniel de Superville – beide waren selbst Freimaurer – gegründet wurde. *"Görres ... bezeichnet* [1854] *die Universität Erlangen und die Freimaurerloge ‚Libanon' als zwei Schwestern"*[5]. Friedrich Will hielt es 1907 in seiner großen Geschichte der Erlanger Loge für *"unzweifelhaft, ... dass die Aufnahme des Markgrafen Friedrich in den Freimaurerbund durch seinen Schwager Friedrich den Grossen von Preußen im Oktober 1740 und der Einfluss, den Br[uder] Daniel de Superville erst als Leibarzt, dann als wirklicher geheimer Rat ausübte, zusammengewirkt haben, eine Bildungsstätte ins Leben zu rufen, von der wahrhafte Aufklärung ausgehen sollte. Der Widerstand der fürstlichen Kollegien und besonders des Konsistoriums, welche beide ... der Gründung möglichst Hindernisse in den Weg zu legen trachteten, beweisen zu Genüge, dass man in den orthodoxen Kreisen Bayreuths die Universität als eine freimaurerische Gründung ansah, die entweder ganz verhindert oder unter eigene Führung gebracht werden musste"*[6]. Bernhard Beyer nannte die alten Statuten der Theologischen Fakultät *"durch den wahren freimaurerischen Geist ‚durchweht'*, der *"in freimütiger Weise Front macht gegen den alten und neuen Bayreuther Pietismus, während er sich auf das Kräftigste für echte Religiosität ausspricht"*[7].

Diese Aussagen stehen jedoch zunächst im Widerspruch zur Aussage, wonach es sich bei der Gründung der Universität 1743 um eine dezidiert lutherische Anstalt gehandelt habe[8]. Auch die

Logenmitglieder im Garten vor den Logengebäude, um 1900

späte Gründung der Loge erst 14 Jahre nach der Errichtung der Universität spricht nicht unbedingt für die Schwesternschaft. Ebenso ist eine besondere Nähe zur Theologischen Fakultät eher anzuzweifeln. Denn – ungeachtet aller tatsächlichen oder vermeintlichen maurerischen Anklänge in ihren Statuten – gehörte bis 1814 keines ihrer Mitglieder der Erlanger Freimaurerloge an, die doch als Widersacher der pietistisch geprägten Erlanger Theologen gesehen werden musste. Die einzige Ausnahme, der Theologieprofessor Paul Joachim Siegmund Vogel, besuchte zwar um 1790/91 die Sitzungen der Freimaurer in Erlangen, war aber bei einer Nürnberger Loge Mitglied.

Wie jedoch die zahlreichen Professoren aus der Juristischen, Medizinischen und Philosophischen Fakultät belegen, die von Anfang an Angehörige der Loge waren, und dort nicht selten leitende Positionen bekleideten, besaßen die Freimaurer tatsächlich eine große Nähe zur Erlanger Universität. Bis 1814 lassen sich Carl Daniel Heinrich Bensen (Jur./Phil.), Christian Friedrich Deutsch (Med.), Carl Friedrich Elsässer (Jur.), Carl Heinrich Geißler (Jur.), Christian Gerlach (Dr. phil.), Christian von Gmelin (Jur.), Karl August Gründler (Jur.), Georg August Goldfuß (Phil.), Johann Christian Friedrich Harleß (Med.), Georg Friedrich Hildebrandt (Med./Phil.), Franz Maximilian v. Langen, Friedrich Heinrich Loschge (Med.), Johann Tobias Meyer (Jur.), Johann Georg Friedrich Papst (Phil.), Johann Phil. Rudolph (Med.), August Ludwig Schott (Jur.), Paul Joachim Siegmund Vogel (Mitglied in Nürnberger Loge; Theol.) und Christian Ernst v. Windheim (Phil.) als Brüder nachweisen[9]. Freimaurer, wenngleich nicht Mitglieder der Erlanger Loge, waren auch Johann Gottlieb Fichte (Phil.) und Friedrich Rückert (Phil.).

Loge und Studenten

Am deutlichsten zeigt sich die Faszination, die die Loge ausübte, bei den studentischen Orden des 18. Jahrhunderts, die sich an deren Strukturen und Brauchtum orientierten[10]. Die Nachahmung deutet aber noch nicht auf eine gegenseitige Beziehung: 1795 wurde ein Kandidat nicht aufgenommen, weil er dem *„schwarzen Orden"* angehört hatte, den die Freimaurer als *„studentische Winkelloge"* bezeichneten[11], 1811 mussten beitrittswillige Studenten auf Ehre versichern, keiner anderen Verbindung anzugehören[12]. Denn von Anfang nahmen Studenten an den Arbeiten teil und konnten sogar Mitglieder werden. Der Ruf der Loge, aber auch die ideale Zielsetzung und emotionale Gedankenwelt der Studenten werden bei dem später als Naturforscher weltberühmten Carl Friedrich Philipp (von) Martius deutlich, der im August 1812 als Studienanfänger Mitglied wurde und seinem Tagebuch anvertraute: *„Nun bin ich Maurer! Tief werden die Erschütterungen des 3ten Augusts sich meinem Herzen, meinem Geiste einprägen. Allgemein soll die Wirkung seyn, die der Wechsel mehrerer Verhältnisse, welchen mein Eintritt in den weithin gefeierten Bund mit sich bringen mußte, auf mein ganzes Wesen hat. Wirklich glaube ich auch einige Veränderungen in mir und in meinem Betragen zu bemerken. Besonders gehört hierher eine größere Ruhe bey Vorfällen jeder Art. Ich will mich redl. bemühn diesen Anfang weiter fortzuführen"*[13]. In den Listen finden sich zwischen 1779 und 1825 in den Anfangsjahren nicht weniger als 21 Theologiestudenten.

Regionale und konfessionelle Herkunft der ersten Logenbrüder

Die Mitglieder der Gründungszeit stammten im wesentlichen aus der gehobenen, keineswegs nur auf Erlangen beschränkten Gesellschaft, sondern auch aus dem Einzugsbereich der Loge, der bis nach Bamberg reichte. Eine bedeutende Hürde stellten für viele zweifellos die enormen Rezeptionskosten in Höhe von 31 Gulden 30 Kreuzern dar, die nur Angehörige der *„sogenannten bes-*

Festkarte zum 150jährigen Bestehen der Loge, 1907

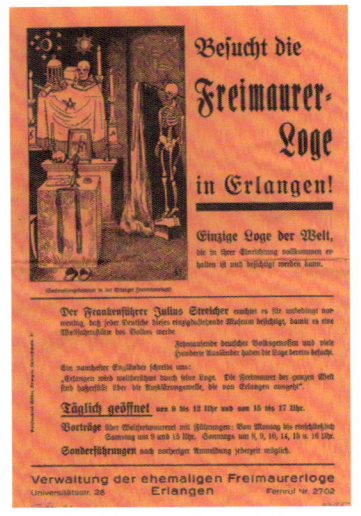

Werbeplakat zum Besuch des Anti-Freimaurermuseums der Nazis, um 1935

Frontalansicht des Logengebäudes, um 1930

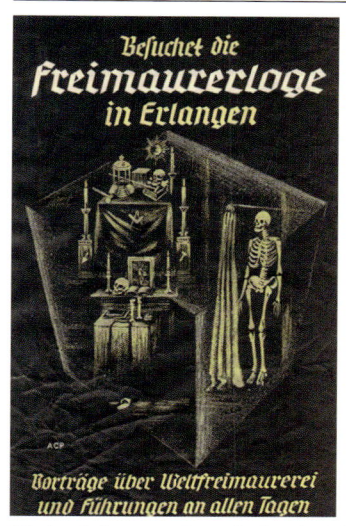

Werbeplakte zum Besuch des Anti-Freimaurermuseums der Nazis in Erlangen, um 1935

seren Gesellschaft" (Will) aufbringen konnten. Geprüft wurden vor der Aufnahme auch das moralische Verhalten, die bürgerliche Unbescholtenheit und besonders der Charakter der Kandidaten, bevor die Brüder sie mehrheitlich durch schriftliche Abstimmung wählten[14]. Nachdem zunächst neun Adelige und acht Bürgerliche, dann der Schmiedemeister Kindler und der Feldscherer Enderlein als dienende Brüder[15], eingetreten waren, wurden bald neben Professoren, Studenten und zahlreichen Offizieren auffällig viele Angehörige des fränkischen Adels aufgenommen.

Zwischen Lutheranern und Reformierten scheinen keine Unterschiede bestanden zu haben, wobei sich aber – vielleicht wegen der deutsch-nationalen Ausrichtung der Loge – Französisch-Reformierte zumindest in der Anfangszeit nicht nachweisen lassen. Zweifellos französischstämmig war jedoch der am 12. April 1810 verstorbene Bruder Jean Barthe[16]. Im Jahre 1800 erreichte der Prediger der Französisch-Reformierten Gemeinde, Abraham Gedion Robin, den I. Grad. Die Deutsch-Reformierten stellten u.a. mit den Freiherren Johann Friedrich Wilhelm und Johann Gustav Adolf von Buirette mehrere Meister vom Stuhl. Auch einige Katholiken, sogar Geistliche, darunter der Domherr Otto Philipp Groß von Trockau[17] und 1798 der Würzburger Domprediger Carl Heinrich Burckhard[18], sowie andere *„Suchende"* aus dem Bamberger Bereich, etwa der Hofrat und Hofkavalier v. Gebsattel, traten trotz der unter Umständen damit verbundenen beruflichen Risiken der Erlanger Loge bei, ohne hier allerdings in den Leitungspositionen vertreten zu sein[19].

Loge und Stadtbürger

Bis zur Aufhebung der Universitätsgerichtsbarkeit im Jahre 1814 bildete die Universität mit ihren maximal 200 Studenten, etwa 40 Professoren und Dozenten, eigenen Universitätsbürgern und der Universitätspfarrei einen fast geschlossenen gesellschaftlichen und rechtlichen Kreis in der Stadt, die um 1750 etwa 7950, 1812 aber 8592 Einwohner hatte. Über diese innere Grenze hinweg drangen die Ideen der Freimaurer schon bald nach außen: *„Es war auch natürlich, dass der freie Geist der Universität und der weitere Gesichtskreis, welcher durch ihn eröffnet wurde, einen Einfluss auf die Bürgerschaft Erlangens ausübte"*[20]. Diese aber unterschied sich in ihrer Zusammensetzung in einer Beziehung grundsätzlich von der anderer Städte. Erlangen war seit dem Bau des Schlosses die zweite Residenz und seit 1708 die sechste Hauptstadt des Fürstentums. Dank der anfänglichen wirtschaftlichen Privilegien gab es hier keine Zünfte, oder sie entstanden erst im Laufe des 18. Jahrhunderts. Anders als in der Altstadt lebten hier zur Zeit der Universitätsgründung keine seit Generationen alteingesessenen Familien. Statt dessen gab es eine starke Fluktuation, die bei den Studenten, aber auch bei den Professoren besonders ausgeprägt war.

Gleichwohl sollte die Loge ausdrücklich nicht auf universitäre Eliten beschränkt bleiben. Als im Januar 1758 Professor von

Der Tempel der Erlanger Loge Libanon zu den 3 Cedern, 1933

Windheim zum neuen Meister vom Stuhl gewählt werden sollte, begründete man dies der Mutterloge in Bayreuth gegenüber mit seiner wissenschaftlichen Reputation, nämlich dass er die *„meisten zur Leitung der Loge erforderlichen Fähigkeiten besitze und überdies an der Spitze einer Loge, die bezüglich ihrer Mitglieder im wesentlichen auf Studenten und Professoren angewiesen sei [!], ein Gelehrter von dem Rufe Br[uder] v. Windheims stehen müsse"*. Am 1. Februar 1758 erfolgte in Bayreuth umgehend eine scharfe Zurechtweisung, aus der das Gedankengut der Freimaurer und ihre Ziele in Erlangen deutlich hervortreten. Markgraf Friedrich, der sich persönlich mit dieser Frage befasst habe, erwarte schleunigst weiteren Bericht: *„Man habe die Loge in Erlangen nicht blos für Gelehrte und Studenten, sondern auch für Bürger und andere Leute gegründet; dass Br. v. Windheim ein grosser Gelehrter sei, beweise gar nichts, ein solcher brauche nicht auch ein guter Freymaurer zu sein. Überhaupt spielten Rang und Stand in der Loge keine Rolle, er selbst würde sich gerne dem geringsten Schreiber unterordnen, wenn dieser ein tüchtiger Mensch und edler Charakter sei. Darauf käme es an und nicht auf den Stand und die Gelehrsamkeit. Überdies sei Br. v. Windheim erst seit wenigen Wochen aufgenommen, daher kaum im Stande, die Loge zu leiten"*[21].

Während im 18. Jahrhundert Erlanger Bürger vor allem als dienende Brüder vorkamen, übernahmen sie erst nach 1814 zunehmend sämtliche Funktionen, nachdem allen Staatsdienern und Staatsdieneraspiranten, d.h. Studenten, nach und nach die Mitgliedschaft verboten worden wurde.

Nicht zu den *„Bürgern und anderen Leuten"* rechnete man die Frauen. Die *„würdigen Schwestern"* wurden lediglich, erstmals bezeugt für den 31. Dezember 1800, zu *„Tafellogen"* zugelassen, damals *„zur frohen Feier des Neujahrs, des Anfangs des neuen Jahrhunderts und der anbrechenden Morgenröte des Friedens"*[22].

Antimaurerische Inszenierung der Nazis im Logengebäude, 1933

Strukturen und Systeme

Den freien Idealen der Freimaurer stand die strenge Ordnung innerhalb der Loge und ihre Einbindung in die europaweiten Strukturen des Ordens nicht entgegen. Hinsichtlich Organisation, Ritus und Begrifflichkeit der Terminologie orientierte sich der Bund deutlich an katholischen Mönchsorden. Wegen seiner internationalen Verflechtungen und Beziehungen sind die verschiedenen Systeme der Großlogen, Schottenlogen, Direktorial-, Ritter-, Mutter- und Johannislogen, Logen, des eklektischen Bundes, der Hochgrade, Grade, geheimen Oberen, Observanzen und Strukturen für Aussenstehende nur schwer verständlich. Die Loge Libanon zu den 3 Cedern war zunächst der Bayreuther Großloge *„Zur Sonne"* unterstellt, ab 1776 aber, wie die anderen Logen im fränkischen Sprengel, der großen Schottenloge *„Charlotte zu den 3 Nelken"* in Meiningen, dann 1782 der Provinzial-Großloge *„Alexander zu den 3 Sternen"* in Ansbach und ab 1798, während der Zugehörigkeit Erlangens zum Königreich Preußens, 1798 der Große National-Mutterloge *„Zu den 3 Weltkugeln"* in Berlin.

Alles in allem war auch die Erlanger Loge, an deren Spitze ein Meister vom Stuhl sowie ein Passmeister, ein 1. und ein 2. Vorsteher, ein Sekretär sowie ein Schatzmeister als wichtigste Beamte standen, häufigen Veränderungen ausgesetzt. Von Anfang an ist das Bemühen offenkundig, Selbständigkeit gegenüber auswärtigen Vorgesetzten zu bewahren. Wie vielleicht sonst nur die Kirchen, waren die Freimaurer Teil einer internationalen Organisation und konnten weit über die Landesgrenzen hinaus, bis nach Amerika, briefliche und persönliche Beziehungen pflegen,

Antimaurerische Inszenierung der Nazis im Logengebäude, 1933

während gleichzeitig die Studentenverbindungen wegen ihrer Kontakte zwischen den Universitäten von der Obrigkeit verfolgt wurden[23].

In Hinsicht auf diese Freizügigkeit wurde die Loge zumindest im 18. Jahrhundert von keiner anderen Erlanger Institution übertroffen. Zu den Diensten, die sie aufgrund ihrer Internationalität der Stadt erwies, zählt auch ein Brief, in dem 1806 die Brüder im Offizierskorps einer Abteilung der feindlichen französischen Armee in ihrer Sprache im Namen der Menschlichkeit um Schonung gebeten wurden. *„Dieses Schreiben hatte allerdings nur für die ersten Tage Erfolg; später mußte Erlangen noch 6000 Gulden Kontribution in bar und hohe Naturallieferungen für die französische Armee bis 1.12.1806 leisten"*[24].

„Gehört der Freimaurerorden zu den eigentlich geheimen Verbindungen? ..."[25]

Vermutlich wegen ihrer für Außenstehende nicht zu durchschauenden Strukturen und ihrer Verschwiegenheit über interne Rituale gegenüber Dritten mussten sich die Freimaurer schon frühzeitig gegen den Ruf wehren, ein Geheimbund zu sein. Verdächtig mochte anderen beispielsweise auch der immer wieder eingeforderte *„unbedingte, den Oberen zu leistende Gehorsam"*[26] scheinen, obwohl auch diese Forderung den Bräuchen der katholischen Mönchsorden entlehnt sein dürfte. Denn Gründe dafür, bei welchen Gelegenheiten er eingefordert werden könnte, sind nicht zu erkennen. Wahrscheinlich erstreckte sich dieser Anspruch nur auf die von den übergeordneten Logen mitgeteilten Verfassungen, Konstitutionen, Instruktionen und Rituale, die auch in Erlangen verbindlich waren. Dass hierin nicht mehr zu vermuten ist, belegt der Mitgliedsantrag des Würzburger Dompredigers Burckhard vom 22. Mai 1798, der die genaueste Erfüllung aller Ordenspflichten versprach, *„in Voraussetzung, dass es keine anderen seyn können als solche, die der rechtschaffene Mann, der gute Bürger und der ächte Christ mit Freuden erfüllen mus"*[27].

Allerdings mochte in anderen Logen, die sich auf die Tempelritter zurückführten oder in denen sich Brüder für Schatzgräberei interessierten, mehr Grund für die Wahrung von Geheimnissen vorhanden gewesen sein und sahen sich die Erlanger deshalb im klaren Gegensatz zu *„allem Mystizismus und kabbalistischen Unsinn, der damals noch in manchen Logen sein Unwesen trieb"*[28]. Aber auch hier beflügelten die geheimnisvollen Strukturen den Klatsch. Um 1810 wurden Brüder der Loge *„in profanen Kreisen"* beschuldigt, *„da und dort ‚zweifelhafte Handlungen' verübt, oder ‚unsittliche Äusserungen' getan zu haben"*[29].

„Eine den verschiedenen Ständen angemessenen Aufklärung"

Um 1804 bestand die Loge aus 54 Brüdern. Da hierunter auch viele Auswärtige waren, bildete sie in Erlangen mit den zahlreichen Universitätsprofessoren und Adeligen eine zwar kleine, aber elitäre und wohl auch einflussreiche Gesellschaft. Der Arbeit am eigenen Charakter diente u.a. die Bearbeitung von Themen, wie sie für die Erlangung der Grade gestellt wurden, etwa *„Ehre die Menschen in dir selbst wie in den anderen"*[30]. Nach aussen gehörte die *„Verbreitung guter Grundsätze und einer den verschiedenen Ständen angemessenen Aufklärung"* zu den Zielen der Freimaurer, wie der Würzburger Domprediger Burckhard 1798 schrieb[31]. 1801 galt in Erlangen als einziger Zweck des Freimaurertums, Aufklärung und Sittlichkeit zu verfolgen, *„Richterin soll allein die freie Vernunft sein"*[32]. Eine deutliche Distanzierung zu den Kirchen, die in moralischen und sittlichen Fragen bisher die oberste Instanz waren.

Anscheinend nicht im Gegensatz zu den hohen Zielen und den unterschiedlichen Möglichkeiten, sie zu erreichen, scheint die schon unmittelbar nach der Gründung der Erlanger Loge aufscheinende enorme Streitlust der hiesigen Brüder gestanden zu haben, die auch untereinander mit aller Schärfe anhaltende Auseinandersetzungen um Positionen und Einfluss führen konnten und so insgesamt ihrer Sache zweifellos großen Schaden zufügten. Allerdings beweist dieser Sachverhalt, den die Freimaurer in ihren Geschichtsbüchern selbst mit einem gehörigen Schuss Selbstironie deutlich herausgearbeitet haben, weniger negative Charaktereigenschaften, als eine überdurchschnittlich gute schriftliche Überlieferung und ihre Bereitschaft, sich im Sinne der Wahrhaftigkeit und Selbstkritik auch dieser Seite des Lebens zu stellen.

Maurerische Veranstaltungen und Mildtätigkeit

Von Anfang gab die Loge teilweise prächtige Feste in der Öffentlichkeit, die stets, wie alle ihre Arbeiten, mit der Armenfürsorge verbunden waren. Während die Freimaurer die Mitglieder der höheren Stände also für ihre geistigen Ziele zu gewinnen suchten, wurde der Auftrag für *„angemessene Aufklärung"* der ärmeren Schichten durch Mildtätigkeit Genüge getan. Am 12. September 1759 veranstaltete die Loge anlässlich der Wiedervermählung ihres Großmeisters und Landesherrn, des Markgrafen Friedrich, mit Prinzessin Sophie Karoline von Braunschweig-Wolfenbüttel eine feierliche Sitzung *„mit Pauken und Trompeten"* und ließ eine Gedenkmedaille prägen. Festlich begangen wurden auch die Geburtstage des Fürsten am 10. Mai[33]. Beim Besuch des *„teutschen"* Ordensgroßmeisters Herzog Ferdinand von Braunschweig am 30. Januar 1777 in Erlangen nahm dieser an einer Sitzung der Loge teil. Anschließend speisten er, seine leibliche Schwester, die Markgräfin-Witwe, und drei ihrer Damen zusammen mit den Brüdern an einer glänzenden Tafel *„von 42 Couverten unter einer Menge von Zuschauern, wobei die höchsten und gesezlichen Gesundheiten unter dem Schalle von Trompeten, Paucken und Pöllern ausgebracht wurden"*; bereits während der Logensitzung wurden in der Stadtwaage (Heuwaagstr. 7) 50 Arme *„mit Speise und Trank reichlich gesätigt, und jeder Person noch ein Laib Brot mit nach Hause gegeben"* und – erstaunlicherweise ganz in der Tradition der katholischen Seelbäder im Mittelalter, *„solche auch erinnert, für das Wohl des theuren Fürsten, um dessentwillen sie heute von einer Gesellschaft guter Menschen versorgt würden, im Stillen zu beten"*[34]. Auch beim alljährlich gefeierten Geburtstag des Landesherrn und Protektors fand eine Armenspeisung für etwa 70 Personen statt, die erst in preußischer Zeit durch Geldbeträge abgelöst wurde[35]. Von Anfang an schloss die Mildtätigkeit die Armen aller *„3 Religionen"* ein, d.h. Lutheraner, Reformierte und Katholiken, an die etwa am Neujahrstag zwischen 30 und

Besuch der ehemaligen Loge durch Julius Streicher, 1934

50 Gulden zur Verteilung kamen[36]. Mehrfach übernahm die Loge auch die Patenschaft von Kindern[37]. 1798 belohnte sie den *„Retter eines Menschenlebens vom Tod des Ertrinkens"* mit 15 Gulden[38]. Um 1800 zahlte jeder Bruder pro Arbeitssitzung 12 Kreuzer für die Armen, ferner bei Festlichkeiten einen Beitrag in die von der Loge geführte Armenkasse[39]. Um 1809 plante die Loge die Stiftung einer Witwenkasse[40]. 1817 spendete sie 55 Gulden für durch eine Überschwemmung Geschädigte im Landbezirk Bamberg[41].

Wie hier angedeutet, lag ein besonderes Engagement der Freimaurer auf sozialem Gebiet. *„Noch bis in die ersten Jahrzehnte ... [des 20.] Jahrhunderts erstreckte sich die karitative Tätigkeit der Loge auf die Speisung von Armen, auf die Unterstützung hilfsbedürftiger Witwen und Waisen, auf die Hilfe in Kriegszeiten, auf Kranken- und Verwundetenpflege, Hilfeleistungen bei Naturkatastrophen ..."*[42]. Hervorzuheben ist die Gründung und ehrenamtliche Leitung der ersten *„Stadtbibliothek"* 1841 im Besoldschen Haus (Hauptstr. 26), die jedoch bereits 1847 wieder einschlief.

Das zwiespältige Verhältnis zu den Katholiken

Obwohl die Freimaurer keine bestimmte konfessionelle Ausrichtung hatten, gemeinsame Gottesdienstbesuche oder andere Formen christlicher Glaubensausübung nicht zu ihrem Programm gehörten, und sie auch Katholiken aufnahmen, waren sie doch wegen ihrer Verbreitung überwiegend in evangelischen Staaten zunächst in der Selbst- und Außenwahrnehmung eher eine protestantische und auf den privaten Bereich beschränkte Gesellschaft. Die Bereitschaft, auch Katholiken aufzunehmen, führte denn auch

OBM Groß begrüßt Minister Esser beim Besuch der Loge, 1934

Besichtigung des Logenhauses durch Esser, September 1934

noch nicht von Haus aus zu einem grundsätzlichen Entgegenkommen. In der Landespolitik etwa blieb die Staatsraison bestimmend, d.h. wenn der Landesherr Freimaurer war, gewährte er anderen Konfessionen noch lange nicht die völlige Glaubensfreiheit. Das zeigte sich in Erlangen, als die Katholiken auch nach Gründung der Loge Jahrzehnte brauchten, bis sie ihre Religion frei ausüben und ein eigenes Gotteshaus bauen durften. Als um 1740 die hiesigen Kaufleute Bulla und Gaß für den Bau einer katholischen Kirche in Erlangen gesammelt hatten, forderten Markgraf Friedrich und Daniel de Superville, die das Geld für ihre Universitätsgründungspläne benötigten, 27.000 Gulden als Gegenleistung für die Toleranz des Landesherrn[43]. Als 1769 Markgraf Alexander den Gedanken aufgriff, die Erlanger Universität nach Göttinger Vorbild durch Öffnung gegenüber den Katholiken attraktiver zu machen, *„scheiterte der Souverän am geschlossenen Widerstand der Universität selbst, seiner Geheimen Räte und vor allem des Ministers von Seckendorff"*, der wie viele Professoren ebenfalls Freimaurer war[44]. Auch hier konnte sich die Toleranz, die die Brüder in der Loge zweifellos übten, nicht gegenüber den beruflichen Interessen durchsetzen. Um 1777 sympathisierte die Erlanger Loge mit einer verbreiteten Bewegung, die *„gegen den sich mehr und mehr breit machenden Crypto-Katholizismus und die jesuitische Bevormundung"* gerichtet war[45].

Freimaurer und Christentum

Durch das Ziel der Freimaurer, *„echte"* Christen über die Grenzen der Konfessionen hinweg zu vereinen, verlor die Bindung an eine bestimmte Religion bzw. deren Anspruch, alleine den wahren Glauben zu gewährleisten, notwendigerweise ihre bisherige Bedeutung. Dies war revolutionär und musste in einer Zeit, in der die äußeren Formen der Frömmigkeit eine dominierende Rolle spielten, unvermeidlich zu erheblichen Konflikten mit den Kirchen führen. Zugang zu den Ideen der Aufklärung hatte wohl nur, wer bereits eine gewisse innere Distanz zu den konventionellen Formen der Glaubensausübung erlangt hatte und gleichzeitig intellektuelle Interessen besaß, also die Angehörigen der *„besseren Gesellschaft"*. Die 1801 mit der Bestellung der *„freien Vernunft"* zur Richterin erkennbare Tendenz zur Reduzierung der Stellung der Kirchen verstärkte sich zweifellos, nachdem die Brüder 1816 einem Referat, *„das sich auf die alten Pflichten stützt und im humanistischen Sinne gehalten"* war[46], über die Aufnahme von Nichtchristen zugestimmt hatten. Religion und Religiosität waren spätestens jetzt die Privatsache jedes Einzelnen, nicht ein Ziel des Ordens. 1838 schlossen sich die Brüder dem Vorschlag der Großloge an, künftig auch Juden zu den Arbeiten zuzulassen (damit war noch keine Aufnahme verbunden)[47].

Trotz ihrer menschenfreundlichen Ideale und ihres Engagements auf sozialem Gebiet stießen die Freimaurer nicht überall auf Zustimmung. Eine vermutlich religiös motivierte Gegnerschaft findet sich bei allen christlichen Kirchen. 1825 warnte der Erlanger reformierte Pfarrer Prof. Krafft in der Kinderlehre vor der Freimaurerei, wurde dafür aber von der Regierung wegen Verunglimpfung einer von ihr genehmigten Gesellschaft gerügt[48]. Die erhebliche Distanz vieler Protestanten spiegelt sich insbesondere auch in den Ende des 18. Jahrhunderts verfassten Chroniken von Reinhard und Rudel, sowie in den zahlreichen Stadt- und Universitätsgeschichten, in denen die Freimaurer nicht oder nur

Museale Sammlungen der Freimaurer im Logenhaus, 1935

am Rande erwähnt wurden. Gegner waren von Anbeginn an insbesondere aber die Katholiken. 1812 klagte die befreundete Loge in Rentweinsdorf, wo *„die Bevölkerung fast rein protestantisch ist"*, über den feindseligen Einfluss der katholischen Würzburger Geistlichkeit[49]. Bedenken vor der Reaktion der Katholiken spielten auch eine entscheidende Rolle, als im Sommer 1843 zwei Juden, David Morgenstern und Jakob Herz, um Aufnahme in der Loge nachsuchten. Als die Erlanger daraufhin bei der Großloge um Rat fragten, teilte diese mit: *„Man wolle ihre Entschliessung durchaus nicht beeinflussen, müsse aber entschieden abraten, auf die Aufnahme einzugehen"*. Gerade in Bayern, wo das für die Freimaurer fatale Beamtenverbot erst neuerdings eingeschärft worden sei, könne die Aufnahme von Juden, die in den Staatsdienst treten wollten, für beide Seiten unangenehm sein: *„Man solle den Pfaffen und den judenfeindlichen Volksmassen keine Handhabe bieten, gegen die Logen neuerdings zu hetzen"*; Morgenstern und Herz zogen ihre Anträge zurück[50].

Eine „ächt teutsche Loge"

Angesichts der im 18. Jahrhundert unter den deutschen Fürsten verbreiteten Furcht vor Umstürzen und der Ausrichtung der Logen auf ihre Landesherren ist ihre offenbar gleichwohl als angestrebtes Ideal angesehene *„nationale Gesinnung"* bemerkenswert. 1765

Das Logengebäude heute

wurde die Erlanger von auswärtigen Logen wiederholt eine *„ächt teutsche"* genannt[51]. 1807 galt bei den hiesigen Freimaurern *„die bayerische Regierung nicht als national gesinnt"*[52]. 1809, in der Zeit der französischen Besetzung, wurde den Erlanger Brüdern eine *„kerndeutsche Gesinnung"* attestiert[53]. Ohne dass sie je offiziell an Regierungen oder öffentlichen Verwaltungen beteiligt gewesen wären, und obwohl in ihren Sitzungen politische Verhältnisse nicht erörtert werden sollten[54], waren die Freimaurer, nicht zuletzt durch ihre in entsprechenden Stellen positionierten Brüder, in Ansätzen bereits ein politischer Verein. Ähnlich wie die Kirchen hingen sie sehr stark von der Einstellung ihrer Landesherren ab, was insbesondere für die Mitgliedschaft von Profe-

ssoren, Beamten und sonstigen Staatsdienern von entscheidender Bedeutung sein konnte. Kein Problem war das offenbar bei den Protestanten. Markgraf Friedrich, sein übernächster Nachfolger, Markgraf Alexander, dann König Friedrich Wilhelm II., der am 3. Januar 1792 die Nachfolge antrat, und sein allmächtiger Minister in Franken, Freiherr von Hardenberg, sowie König Friedrich Wilhelm III. waren selbst Mitglieder des Ordens[55].

Obwohl sogar der Kaiser des Heiligen Römischen Reichs Joseph II. und auch der bayerische König Max I. Joseph[56] den Freimaurern angehörten, war die Gegnerschaft in den katholischen Staaten am größten. Nachdem Erlangen 1810 an Bayern gefallen war, mussten gemäß der bis 1824 wiederholt einge-

Der Tempel der Loge Libanon zu den 3 Cedern, 2004

schärften Verordnung vom 17. Januar 1808 alle Staatsdiener – und damit alle Professoren – Ende 1813 aus der Loge ausscheiden, deren Mitgliederzahl von 53 auf 36, von denen nur zehn in Erlangen wohnten, nahezu um die Hälfte sank; 1815 traten auch die Offiziere der Landwehr und andere aus, zusammen 27 Personen[57]. Später erstreckte sich das Verbot auch auf alle Studenten, die den Staatsdienst anstrebten. „*... die geistig höher Stehenden und Weiterdenkenden hatte das Beamtenverbot zum grössten Teil aus der Loge entfernt*"[58].

Ausblick

Nachdem solchermaßen die Verbindung zur Universität als wichtigster Basis für den Nachwuchs zerstört worden war, ging die Verbindung der Erlanger Loge zu den akademischen Kreisen verloren und traten, nachdem das Verbot am 15. März 1850 wieder aufgehoben wurde, nur noch wenige Universitätsprofessoren ein. Die weitere Entwicklung verlief nicht ohne Zäsuren und zeitweilige Unterbrechungen der Tätigkeiten. Gleichwohl erlebte die Freimaurerei in Erlangen in der zweiten Hälfte des 19. Jahrhunderts eine zweite Blüte. Wegen stark angestiegener Mitgliederzahlen wurde 1874 eine zweite Loge gegründet, die sich „*Germania zur deutschen Treue*" nannte. Die Loge Libanon zu den 3 Cedern hatte 1890 201 Brüder. 1889/90 wurde das zweigeschossige Logenhaus an der Universitätsstraße 25 errichtet, dessen prächtige, im historisierenden Stil der Gründerzeit gestaltete Fassade den gesellschaftlichen Rang und das Selbstbewusstsein nach außen demonstrativ unter Beweis stellte[59]. Mit dem Besitz eines eigenen, ausschließlich für Veranstaltungen bestimmten Hauses trat die Loge als einziger nicht ausschließlich oder überwiegend Akademikern vorbehaltener Erlanger Verein selbstbewusst neben die großen, in der wilhelminischen Zeit fast staatstragend in der Öffentlichkeit präsenten studentischen Corps und Burschenschaften, die es sich leisten konnten, repräsentative, teilweise sogar luxuriöse Villen zu errichten. Ähnlich wie die Studentenverbindungen standen auch die Freimaurern im Rufe, im Geschäftsleben „*ihre*" Leute zu bevorzugen. 1934 notierte der Erlanger Bauunternehmer Michael Baßler 1934 in seinem Firmentagebuch: „*Wenn ich zurückdenke ... an die geschäftlichen Schwierigkeiten, die ich hatte, weil ich nicht Mitglied einer Freimauerloge oder einer ,Schlaraffia' ... war*"[60].

Im Dritten Reich gehörten die Freimaurer neben „*Weltjudentum*" und Bolschewismus zu den drei großen „*überstaatlichen Mächten*", die die Nationalsozialisten als ihre weltanschaulichen Hauptfeinde ansahen. Weithin über Erlangen hinaus berühmt wurde das Logenhaus, als es anläßlich der Auflösung der Logen am 4. Juli 1933 beschlagnahmt und in ein „*Museum zur Aufklärung über die Freimaurerei*" oder „*Anti-Freimaurermuseum*" umfunktioniert wurde, das nach seiner Eröffnung am 14. Januar 1934 Zehntausende Besucher der Nürnberger Reichsparteitage besichtigten[61].

Nachdem das Haus auf Grund der Nutzung durch die Nationalsozialisten mitsamt seinem reichen Inventar als eine von wenigen Logen in Deutschland die Zeit des Dritten Reiches unbeschadet überstanden hatte, konnten es die beiden seit 1947 zur „*Vereinigten Freimaurerloge Libanon zu den drei Cedern*" fusionierten Erlanger Freimaurerlogen 1950 wieder beziehen. Während die evangelische Kirche heute ein „*gelassenes*" Verhältnis Verhältnis zu den Freimaurern pflegt, sahen die Katholiken in der Toleranz der Freimaurer in Glaubensfragen schon früh eine Bedrohung. Nachdem bereits Papst Klemens XII. am 28. April 1738 mit der Bulle „*IN EMINENTI*" die Mitgliedschaft für Altgläubige in einer Loge verboten hatte, folgten unter seinen Nachfolgern weitere 16 Verurteilungen. Noch 1981 wurde die Mitgliedschaft in einer Loge mit der Exkommunikation bestraft. Der 1983 neu gefasste Codex Juris Canonici bedroht nur noch „*kirchenfeindliche Vereinigungen*" mit der Exkommunikation, von Freimaurern ist wörtlich nicht mehr die Rede[62].

Anmerkungen

1 Oskar Schmeller, Zur Geschichte und vom Wirken der Erlanger Freimaurerloge 1757–1967, in: EB 14 (1967), S. 145–148, S. 145. – Zu ihrem 250. Geburtstag am 24. Oktober 2007 planen Stadtarchiv und Loge gemeinsam eine umfassende Festschrift.
2 Jutta Beyer, Art. Freimaurerloge Libanon zu den drei Cedern, in: Christoph Friederich/Bertold Frhr. von Haller/Andreas Jakob (Hrsg.), Erlanger Stadtlexikon, Nürnberg 2002, S. 287f..
3 Friedrich Will, Geschichte der Loge Libanon zu den 3Cedern im Orient Erlangen 1757 bis 1907, Erlangen 1907, S. 69.
4 Schmeller (wie Anm. 1), S. 145.
5 Ders. (wie Anm. 1), S. 146.
6 Will (wie Anm. 3), S. 5.
7 Zit. nach Schmeller (wie Anm. 1), S. 146f.
8 Vgl. den Beitrag von Martina Bauernfeind, S. ###.
9 Will (wie Anm. 3), S. 43, S. 60, S. 62, S. 66, S. 77, S. 97, S. 129, S. 291f.
10 Ders., S. 49. – Vgl. Andreas Jakob, Erlanger Studenten und Studentenverbindungen im 18. und 19. Jahrhundert, in:Christoph Friederich (Hrsg.), Die Friedrich-Alexander-Universität Erlangen-Nürnberg 1743–1993. Geschichte einer deutschen Hochschule (Veröffentlichungen des Stadtmuseums Nr. 43), Nürnberg 1993, S. 395–401, S. 398.
11 Will (wie Anm. 3), S. 68, S. 72. (v. Seefried, schwarzer Orden)
12 Ders., S. 120f.
13 Vgl. Erwin Theodor Rosenthal, Carl Friedrich Philipp (von) Martius als Student in Erlangen. Auszüge aus seinem unveröffentlichten Tagebuch, in: EB 45 (1997), S. 167–188, S. 170f.
14 Will (wie Anm. 3), S. 56f.
15 Ders., S. 17.
16 Ders., S. 118.
17 Ders., S. 43.
18 Ders., S. 70.
19 Ders., S. 55.
20 Ders., S. 5.
21 Ders., S. 24. – Schmeller (wie Anm. 1), S. 146.
22 Will (wie Anm. 3), S. 81.
23 Andreas Jakob, Erlanger Studenten (wie Anm. 10), S. 399.
24 Will (wie Anm. 3), S. 105. – Schmeller (wie Anm. 1), S. 147.
25 Titel einer Erlanger Logenschrift von 1812 (Will [wie Anm. 3], S. 286).
26 Will (wie Anm. 3), S. 38
27 Ders., S. 71.
28 Ders., S. 86.
29 Ders., S. 117.
30 Ders., S. 80.
31 Ders., S. 71.
32 Ders., S. 83.
33 Ders., S. 27.
34 Ders., S. 44f.
35 Ders., S. 59f.
36 Ders., S. 23.
37 Ders., S. 25f.
38 Ders., S. 70.
39 Ders., S. 79, S. 97.
40 Ders., S. 116.
41 Ders., S. 134.
42 Schmeller (wie Anm. 1).
43 Walter Brandmüller, Die Anfänge der katholischen Gemeinde, in: Alfred Wendehorst (Hrsg.), Erlangen. Geschichte der Stadt in Darstellung und Bilddokumenten, S. 153ff., S. 154.
44 Ders., S. 154. – Schmeller (wie Anm. 1), S. 147.
45 Will (wie Anm. 3), S. 46.
46 Ders., S. 134.
47 Ders., S. 166f.
48 Ders., S. 143.
49 Ders., S. 127.
50 Ders., S. 173.
51 Ders., S. 39.
52 Ders., S. 108.
53 Ders., S. 115.
54 Ders., S. 172.
55 Ders., S. 62.
56 Schmeller (wie Anm. 1), S. 147.
57 Will (wie Anm. 3), S. 130.
58 Ders., S. 136.
59 Heidi Stinzendörfer, Art. Logenhaus, in: Erlanger Stadtlexikon (wie Anm. 2), S. 468.
60 Firmentagebuch Michael Baßler, Privatbesitz.
61 Siegfried Ziegler, Nationalsozialismus in Erlangen. Jahre der Entscheidung und Anpassung 1932–1934, in: Jürgen Sandweg (Hrsg.), Erlangen. Von der Strumpfer- zur Siemenstadt, Erlangen 1982, S. 541–632, S. 591.
62 Für diese und andere Informationen danke ich Herrn Harald Tietze.

Martin Schieber

„daß er unserem Volk in der Not den Führer ... geschenkt hat"

Die Erlanger Kirchen im Dritten Reich

Büchenbach, Fronleichnamsprozession bei der Mühlangerkapelle, 1944

"Schau hi, des ist unser Jungvolkführer!" Dieser Ausruf, gefallen bei einer Erlanger Fronleichnamsprozession (vermutlich der des Jahres 1940), brachte den damaligen Jungvolkführer Gerhard Boß in Schwierigkeiten[1]. Selbstverständlich hatte er zugegriffen, als es am Beginn der Prozession hieß, man brauche noch kräftige Burschen als Fahnenträger. Das Engagement für die Kirche nahm nun sein vorgesetzter HJ-Bannführer zum Anlass, ihn zu einer Stellungnahme vorzuladen. Es ging heftig zur Sache, denn das Gespräch entspann sich zu einer harten weltanschaulichen Diskussion, bei der die Unvereinbarkeit der nationalsozialistischen Ideologie mit der christlichen Lehre deutlich zutage trat. Mit der Begründung *„Christus war Jude"* schloss der HJ-Führer schließlich jegliches christliche Engagement eines Jungvolkführers aus: Gerhard Boß wurde als Jungvolkführer abgesetzt. Die Arbeit im Jungvolk, also mit den 10- bis 14-jährigen Jungen, war dem 1923 geborenen Boß als mit seinen christlichen Überzeugungen vereinbar erschienen, ging es hierbei doch um Schlagworte wie Treue, Ehrlichkeit und Kameradschaft, die auch in der christlichen Pfadfinderbewegung gegolten hatten. Bewusst ließ er sich daher zum Jungvolkführer ausbilden, um somit die ideologiebelastete Arbeit in der Hitlerjugend zu umgehen – ein Weg, den auch evangelische Erlanger wählten. Nach dem Vorfall bei der Fronleichnamsprozession wurde ihm klar: Die Auseinandersetzung mit dem Nationalsozialismus verlangt klare Entscheidungen. Diese Erfahrung prägte Gerhard Boß für sein weiteres Leben: 1951 wurde er zum Priester geweiht und machte sich in der Erzdiözese Bamberg und darüber hinaus einen Namen als Rektor der Jugendburg Feuerstein, als Leiter des Erwachsenenbildungswerkes, Domkapitular und Ökumenereferent.

Katholisches Leben: Palmenweihe in St. Xystus, 1944

Büchenbach, Mädchen mit Palmzweigen und Luftschutzkellermützen, 1944

Die in Adolf-Hitler-Straße umbenannte Hauptstraße im Fahnenschmuck des Dritten Reichs, um 1940

Erlanger Katholiken im Dritten Reich

Die Begebenheit bei der Fronleichnamsprozession mag beispielhaft sein für die Situation der Erlanger Katholiken im „Dritten Reich"[2]. Viele standen dem NS-Staat und vor allem dem Totalitätsanspruch seiner Ideologie skeptisch gegenüber, konnten sich ihm aber dennoch nicht entziehen und suchten ihre Kompromisse. Vieles von dem, was man dachte oder tat, verschwieg man auch den engsten Verwandten gegenüber, wusste man doch um die Allgegenwart von Verleumdung und Denunziation. Auch dies war typisch für die damalige Gesellschaft. Wieder sei Gerhard Boß als Zeitzeuge zitiert: „*Bis heute blieb die ständige Selbstkontrolle, die jede Spontaneität ausschloss, prägend für unsere Generation. Von verbotenen Dingen, etwa unseren Ausflügen mit der kirchlichen Jugendgruppe, erzählte man den Eltern oder Geschwistern nichts. Man wollte sie ja nicht in Gefahr bringen. Anderseits wurde mir nach dem Krieg klar, dass auch unsere Mutter uns nicht alles erzählt hatte, etwa von ihrer Hilfe für jüdische Erlanger, denen sie Lebensmittel zukommen ließ, als sie praktisch nirgendwo mehr etwas einkaufen konnten*"[3].

Nach außen hin hatte der NS-Staat für die Kirchen keineswegs bedrohlich begonnen. War in den protestantischen Gegenden Frankens die Zustimmung zur NSDAP in den letzten Jahren der Weimarer Republik sowieso schon sehr stark gewesen, gelang es der neuen Regierung durch den Abschluss des Konkordates mit dem Heiligen Stuhl im Sommer 1933 sehr schnell, auch die in einer eher ablehnenden Haltung verharrenden Katholiken zu blenden. In der Weimarer Republik hatten sich die deutschen Bischöfe und der politische Katholizismus deutlich von der NS-Ideologie distanziert, so dass die katholische Bevölkerung weniger anfällig für die Parolen Hitlers wurde; eine Deutschlandkarte mit Wahlergebnissen dieser Zeit könnte auch als Konfessionskarte verwendet werden: in den evangelischen Gegenden des Reiches wählte eine Mehrheit die NSDAP, während sie in den katholischen sowie in den von einer starken Arbeiterschaft geprägten Gebieten deutlich weniger Stimmen erhielt. Das Konkordat von 1933 gewährte nun der katholischen Kirche scheinbare Rechtssicherheit. Allerdings wurde diese zunehmend eng ausgelegt: Die Arbeit der Kirche hatte sich – gerade in Hinblick auf Kinder und Jugendliche – auf rein religiöse Themen zu beschränken. Jugendliche aus den katholischen Gemeinden Erlangens trafen sich, so erinnert sich Gerhard Boß, daher als „*Bibelgruppen*" getarnt. Ihnen waren gemeinsame Unternehmungen wie Ausflüge verboten – man tat es aber trotzdem und fand sich scheinbar zufällig zusammen.

„Im Windschatten der in der Öffentlichkeit viel stärker beachteten evangelischen Kirche"

Diese Schlaglichter aus den persönlichen Erinnerungen eines aktiven Kirchenmannes mögen genügen, um die Schwierigkeiten von individuellem kirchlichen Engagement im Erlangen des Nationalsozialismus zu skizzieren. Die Erlanger Katholiken befanden sich in der mehrheitlich evangelischen Stadt in einer Minderheitensituation: Sie stellten um 1933 etwa ein Drittel der Bevölkerung; nur im 1923 eingemeindeten Büchenbach, im Heiligen Römischen Reich Teil des Hochstifts Bamberg, herrschte ein dörflich-katholisches Milieu vor. Schon allein deshalb stand die katholische Kirche in der Hugenottenstadt in der Auseinandersetzung des NS-Staates mit den Kirchen quasi *„im Windschatten der in der Öffentlichkeit viel stärker beachteten evangelischen Kirche"*[4]. Repressalien ließen jedoch nicht lange auf sich warten:

Bücherverbrennung auf dem Schlossplatz, 12.5.1933

Die beiden Vertreter des politischen Katholizismus im Erlanger Stadtrat, die der Bayerischen Volkspartei angehörten, kamen im Juni 1933 für eine gute Woche in *„Schutzhaft"*: Daraufhin legten der Schreinermeister Michael Köbler und der Büchenbacher Landwirt Georg Batz ihr Stadtratsmandat *„freiwillig"* nieder; die BVP lag bei den Reichstags- und Landtagswahlen während der Weimarer Republik in Erlangen stets bei um die zehn Prozent der abgegebenen Stimmen. Man kann daher davon ausgehen, dass etwa ein Drittel der Erlanger Katholiken dieser Partei ihre Stimme gab[5].

„Wenn nicht der Herr das Haus baut ..."

Ein anderer im Blickpunkt der Öffentlichkeit stehender Katholik, der Direktor der Universitätsbibliothek Eugen Stollreither, hatte schon bei einer der ersten zentralen, reichsweit organisierten Propagandaveranstaltungen von sich reden gemacht: Er verweigerte die *„Säuberung"* des Akademischen Lesezimmers von Werken der Autoren, die verbrannt werden sollten, und wurde von Vertretern des NS-Studentenbundes dafür heftig angegriffen. Sein katholischer Glaube und seine bislang zu beobachtende Weigerung, die Schriften der NS-Größen, darunter auch Hitlers *„Mein Kampf"*, für die Universitätsbibliothek anzuschaffen, standen dabei im Zentrum der Vorwürfe. Da sich zahlreiche Professoren hinter ihn stellten, blieb Stollreither allerdings bis 1948 im Amt[6].

Klare Worte hörten die Erlanger Gottesdienstbesucher auch immer wieder von den Kanzeln[7], etwa von Kaplan Ambros Neundörfer, der 1927 seinen Dienst in der Pfarrei Herz Jesu begann, 1934 als Kaplan nach St. Bonifaz versetzt wurde und schließlich 1940 zum ersten Pfarrer dieser Kirche am damaligen südlichen Stadtrand ernannt wurde. Schon am 2. April 1933 predigte er etwa über das Psalmwort *„Wenn nicht der Herr das Haus baut, müht sich jeder umsonst, der daran baut"* und versuchte die Gläubigen von blindem Vertrauen auf den *„Führer"* abzuhalten. Soweit aus den Predigtbüchern rekonstruierbar, die leider nur das Thema, nicht aber die wörtliche Fassung der Ansprachen überliefern, nahmen auch Dekan Josef Weinig in Herz Jesu sowie seine Kapläne Walter Uhlemayr und Andreas Konrad häufig Bezug auf die weltanschauliche Auseinandersetzung mit den Nationalsozialisten. Diese suchten die katholische Kirche aus dem Bewusstsein der Öffentlichkeit immer mehr herauszudrängen. Ein Blick in die örtliche, von der NSDAP gelenkte Presse genügt, um zu sehen, wie gründlich daran gearbeitet wurde. Beschäftigten sich 1934 noch 68 Artikel und Kurzmeldungen in den Erlanger Tageszeitungen mit Themen aus den katholischen Pfarreien, so waren es vier Jahre später nur noch ganze zwei[8]! Das kirchliche Leben sollte sich immer mehr auf die Gottesdienste beschränken, und so verloren auch die Niederbronner Schwestern 1935 ihren Kindergarten in der Franckestraße[9].

Angriffe der NSDAP auf Priester und Ordensleute

Ab 1936 verstärkte die Propagandamaschinerie der NSDAP ihre Angriffe auf Priester und Ordensleute. Angebliche Delikte im Zusammenhang mit Devisengeschäften und vor allem der stereotyp wiederholte Vorwurf von Sittlichkeitsvergehen sollte das Ansehen der Kleriker beschädigen und so die Kirche schwächen. Zwar konzentrierte man sich bei dieser Kampagne auf die traditionell katholisch geprägten Gebiete, doch ging sie an Erlangen nicht vorüber. Um so mehr lässt sich gerade in dieser Zeit beobachten, dass die Predigten der Erlanger Geistlichen aufklärten und zur Treue zu Kirche und Papsttum aufriefen. Das gesprochene Wort in den Gottesdiensten war dabei die nahezu einzige Möglichkeit, einigermaßen frei zu formulieren, auch wenn stets Spitzel unter den Zuhörern saßen. Die wenigen verbliebenen kirchlichen Presseorgane unterlagen bereits der Zensur und durften über manche Ereignisse schlichtweg nicht berichten, so über die 1938 verfügte Verkürzung des Religionsunterrichts an den Schulen.

Noch 1943 wurde ein Erlanger Geistlicher Opfer der Kampagne gegen angebliche Sittlichkeitsvergehen von katholischen Priestern, der Kaplan an St. Bonifaz Johann Schmidt[10]. Nach Gerüchten, er habe ein Mädchen unsittlich angefaßt, wurde Schmidt von einem Vater, einem überzeugten Nationalsozialisten, angezeigt. Dieser Mann hatte der jahrelang hetzenden Propagandamaschinerie geglaubt, sah wohl in jedem Priester einen potentiellen Verbrecher und handelte vermutlich in der festen Überzeugung, sich für Recht und Gerechtigkeit einzusetzen! Kaplan Schmidt kam in Erlangen in Untersuchungshaft und wurde später nach Nürnberg überstellt. Seine Geschichte zeigt deutlich, von welchen Zufällen das Schicksal abhängig war. Trotz seiner fünfmonatigen Haft blieb er vor Schlimmerem verschont, denn er sah sich in

Antisemitismus in der Erlanger Geschäftswelt, um 1935

Nürnberg einem Staatsanwalt und einem Richter gegenüber, die noch versuchten, tatsächlich der Gerechtigkeit zu dienen und sich nicht an die 1939 vom Reichsminister der Justiz ergangene Weisung hielten, bei Sittlichkeitsprozessen gegen Priester seien Freisprüche „*aus politischen Gründen ... in höchstem Maße unerwünscht*"[11]. Johann Schmidt wurde entgegen aller Erwartung fair behandelt und freigesprochen – unter anderen Umständen, das heißt mit überzeugten Nationalsozialisten als Staatsanwalt und Richter, hätte der Prozess für Schmidt auch ganz anders ausgehen können. Um ihn in Erlangen nicht weiteren Angriffen auszusetzen, versetzte ihn die Bistumsleitung im September 1943 nach Neunkirchen am Brand.

Die Folgen nichtangepasster Glaubensüberzeugungen

Betrachtet man nun dies alles in einer Gesamtschau, so lässt sich wohl auch für Erlangen sagen, dass die Katholiken die größte gesellschaftliche Gruppe bildeten, die sich am beharrlichsten gegen die Weltanschauung des Nationalsozialismus immun zeigte. Dies hieß jedoch nicht, dass man sich dem NS-Staat völlig entzog oder gar Widerstand leistete: Die weltanschauliche Nichtanpassung ging, wie Werner K. Blessing mit Blick auf die Region Bamberg feststellte, mit „*gleichzeitig weitgehender Alltagsanpassung*" einher[12]. Wer sich nicht anpasste, musste damit rechnen, seine Glaubensüberzeugungen mit dem Leben zu bezahlen. In diesem Zusammenhang seien die Namen von zwei katholischen Laien genannt, die zwar keine Erlanger waren, deren Schicksal aber, wenn auch zufällig, mit der Stadt verknüpft ist. Beide kann man unter die Märtyrer rechnen, die sich nicht an das NS-Regime anpassten und dafür sterben mussten. Da ist zum einen Josef Mayr-Nusser[13], ein gebürtiger Südtiroler, der 1944 zwangsweise zur SS eingezogen wurde. Früher war er Diözesanführer der katholischen Jugend Südtirols gewesen und verweigerte nun den Eid auf Adolf Hitler, der ihm nicht mit seinem Glauben vereinbar schien. Auf dem Weg von einem SS-Gefängnis in Danzig ins Konzentrationslager Dachau ereilte ihn am 28. Februar 1945 am Erlanger Güterbahnhof der Tod aus Entkräftung. Die Diözese

Antijüdische Hetze auf dem Nürnberger Tor, 1935

Gutbesuchter Gottesdienst in der Altstädter Kirche ...

unter den Emporen ...

und in den vorderen Reihen die SA, um 1933

Landesbischof D. Meiser (Mitte) mit Kreisdekan Schieder und Dekan Haffner bei dessen Amteinführung am 13.1.1935

Bozen-Brixen eröffnete an seinem 61. Todestag 2006 offiziell den Seligsprechungsprozess, und im Stadtteil Erlangen-Bruck wurde eine Straße nach ihm benannt. Der andere Märtyrer, den es zufällig nach Erlangen verschlagen hatte, ist Robert Limpert[14] aus Ansbach, der am Gymnasium Fridericianum 1944 sein Notabitur machte, nachdem er im Dezember 1943 wegen regimekritischer Äußerungen vom Gymnasium Carolinum seiner Heimatstadt verwiesen worden war. Sein Erlanger Gastspiel war kurz, und sein Schicksal ereilte ihn wiederum in Ansbach. Die Amerikaner standen schon kurz vor der Stadt, als er sich für die kampflose Übergabe einsetzte und von einem Standgericht zum Tod verurteilt wurde. Das Urteil wurde sofort vollstreckt, und Limpert starb wenige Stunden vor der Befreiung Ansbachs am 18. April 1945. Er handelte aus einer tiefen Glaubensüberzeugung heraus, die er in der katholischen Pfarrgemeinde St. Ludwig in Ansbach praktiziert hatte. Dort erinnert auch eine Gedenktafel an Limpert.

Die evangelischen Kirchen in Erlangen

Weitaus bedeutender als die katholische Gemeinde und auch in der historischen Rückschau häufiger der Gegenstand von Betrachtungen war in Erlangen die evangelische Kirche: zum einen gehörten um 1933 etwa zwei Drittel der Bevölkerung den evangelisch-lutherischen Pfarreien oder der evangelisch-reformierten Gemeinde an, und zum anderen stand die Theologische Fakultät der Friedrich-Alexander-Universität in hohem überregionalen Ansehen.

Anders als im ländlichen evangelischen Franken dauerte es in Erlangen bis zu den beiden Reichstagswahlen des Jahres

Prof. Werner Elert *Kirchenrat Dekan D. Baum* *Prof. Walther Künneth, um 1970*

1932, bis die NSDAP die Sozialdemokraten als die Partei mit den meisten abgegebenen Stimmen ablöste. Dennoch darf man davon ausgehen, dass die Mehrheit des evangelischen Bürgertums – dieses umfasste auch den Großteil der Universitätsangehörigen – ab Anfang der 1930er Jahre für die Nationalsozialisten stimmte. Gleichzeitig mit dem Aufstieg der NSDAP schwanden nämlich die Stimmenanteile der liberalen und national-konservativen Parteien. So verwundert es nicht, dass auch die evangelische Geistlichkeit die Übernahme der Regierungsgewalt durch die NSDAP begrüßte. So stellte Pfarrer Dorn an der Altstädter Kirche am 1. Mai 1933 Hitler als nationalen Erretter in eine Reihe mit Martin Luther, und am selben Tag marschierten alle evangelischen Geistlichen Erlangens im Zug der Verbände mit, was Pfarrer Friedrich Baum von der Neustädter Kirche später zutiefst bedauerte[15]. Durch ihre traditionell nationalkirchliche Organisation erwies sich die evangelische Kirche als anfälliger für eine Vereinnahmung durch die Nationalsozialisten. Durch die Einsetzung des Reichsbischofs Ludwig Müller und die Organisation der *„Deutschen Christen"* wollte man seitens der NSDAP die evangelische Kirche rasch unter Kontrolle bekommen. Schon im Mai 1933 gründete sich in Erlangen eine Orts- und Hochschulgruppe[16]. Ihnen schwebte eine völkische Kirche vor, welche die jüdischen Wurzeln des Christentums leugnete und beseitigen sowie einen *„heldischen Jesus"* ins Zentrum stellen wollte.

Im Spannungsverhältnis zwischen Staats- und Kirchentreue

In Bayern stießen die *„Deutschen Christen"* und die Bemühungen, eine Reichskirche zu bilden, jedoch auf Widerstand. Der Münchener Kirchenleitung um Landesbischof Hans Meiser ging es hierbei um die Bewahrung der Selbständigkeit der Organisation der Landeskirche und um eine Abgrenzung von *„neuheidnischer"* Ideologie, nicht aber um eine grundsätzliche Ablehnung des Nationalsozialismus und der Politik Hitlers. In Erlangen informierte hierbei der *„Alt- und Neustädter Kirchenbote"* seine Leser zunächst in recht freier Weise über die Vorgänge im sogenannten Kirchenkampf zwischen Reichsbischof Müller und der bayerischen Landeskirche. Im September 1934 wurde dies jedoch in Mittelfranken durch einen Erlass der Landesstelle des Propagandaministeriums verboten. Im selben Monat veröffentlichte der stellvertretende Gauleiter von Franken, Karl Holz, in der *„Fränkischen Tageszeitung"* einen Hetzartikel gegen Landesbischof Meiser. Auch die Pfarrer der Erlanger evangelischen Kirchen richteten daraufhin, wie viele andere in Bayern, eine Vertrauensadresse an den Landesbischof und verlasen in den Gottesdiensten einen *„Einspruch der Erlanger Geistlichen gegen die unerhörten ... Angriffe einer Zeitung auf unseren Landesbischof"*[17]. Daraufhin bekam man auch bei den evangelischen Erlangern die Kirchenfeindschaft der Nationalsozialisten zu spüren: Die Kreisleitung der NSDAP verbot die Abschiedsfeier für Pfarrer Friedrich Baum im Kolosseum, die am Tag der Verlesung der Erklärung geplant war. Man hatte seitens des Regimes die Kirchentreue der Franken wohl unterschätzt: Tausende evangelische Erlanger Christen trugen sich 1934/35 in die Mitgliederlisten der Bekennenden Kirche ein, besuchten Bekenntnisgottesdienste und demonstrierten so ihre Treue zur bestehenden Kirchenorganisation. Als beispielhaft für das Spannungsverhältnis zwischen Staats- und Kirchentreue, in dem viele evangelische Pfarrer standen, kann der spätere Erlanger Dekan Eduard Putz gelten. 1907 geboren, trat er schon als 20jähriger Student der NSDAP bei und brachte es als Dank für seinen Einsatz in SA und NS-Studentenbund schon früh zum Träger des *„Goldenen Parteiabzeichens"*. In der Auseinandersetzung um die Unabhängigkeit der Bayerischen Landeskirche vertrat er als Vertrauter von Landesbischof Meiser jedoch eine deutlich pro-kirchliche Linie, blieb aus taktischen Überlegungen aber Parteimitglied. Sein Eintreten für Martin Niemöller und gegen das Euthanasieprogramm führte schließlich zu Einschüchterung und Haft, verbunden mit Redeverbot und Parteiausschluss – dies alles allerdings als Pfarrer von St. Michael in Fürth (1935–1953), erst 1954 übernahm er die Stelle des Erlanger Dekans[18].

In Erlangen blieben die *„Deutschen Christen"*, wie auch sonst in Bayern, eine kleine Minderheit. Dennoch gaben sie immer wieder Anlass für grundsätzliche Predigten und Artikel im Kirchen-

Pfarrer Jung weiht vor dem Wüchner-Gedenkstein die Fahnen von SA und Stahlhelm, 30.7.1933

boten, in dem sich die Erlanger Pfarrer von „*nordischem*" oder „*germanischem*" Christentum abgrenzten und die Bedeutung des Alten Testaments für die Heilsgeschichte betonten. Eine von der NS-Propaganda erwünschte Folge der steten antichristlichen Agitation, nämlich der Austritt aus den traditionellen Kirchen, blieb eine Randerscheinung: In Erlangen verließen gute drei Prozent der Gläubigen die evangelische Kirche, bei den Katholiken nur etwa ein Prozent[19].

Die reformierte Gemeinde

Neben den lutherischen Gemeinden verfügt Erlangen mit den Reformierten über eine weitere evangelische Gemeinde. Um 1933 zählte sie rund 600 Mitglieder, denen Pfarrer Friedrich Jung vorstand. Wie zahlreiche Beispiele zeigen, ließ er sich 1933 bereitwillig in den Dienst der NSDAP einspannen, etwa bei einem Gottesdienst auf dem Hugenottenplatz anlässlich eines Treffens der SS-Motorstürme oder bei einer Fahnenweihe für SA- und Stahlhelm-Einheiten auf dem Exerzierplatz[20]. Die Auseinandersetzung mit den „*Deutschen Christen*" und die Erkenntnis der grundsätzlichen Kirchenfeindschaft der NS-Ideologie führten bei Pfarrer Jung, wie auch bei vielen anderen Geistlichen, später jedoch zu einer Distanzierung. Dies geschah etwa 1935, als Jung einem in den Turmknopf eingelegten Schreiben seine für ihn nicht ungefährlichen Gedanken anvertraute: *„Wider unsere Kirche ist der alt-böse Feind in neuer Gestalt aufgestanden. Nicht mehr in der nackten Blöße tritt er uns entgegen wie in dem rohen Freidenker- und Gottlosentum vergangener Tage, sondern in einen Engel des Lichts hat er sich verstellt, indem er unserem deutschen Volk das göttliche Evangelium von Christo Jesu als ihm ‚artfremd' aus dem Herzen zu reißen sucht und einen artgemäßen Glauben anpreist, den Glauben an die Göttlichkeit des eigenen Blutes. ..."*[21]. Als Oberbürgermeister Groß anlässlich des 250. Jubiläums der Hugenottenansiedlung in Erlangen 1936 die französischen Glaubensflüchtlinge des 17. Jahrhunderts als „*nordische Menschen*" einstufte, die zu ihrem wahren Volkstum zurückfinden wollten und die wahren religiösen Gründe vernebelte, widersprach Jung öffentlich in einer Predigt[22].

Zum Schweigen verurteilt

Den evangelischen Verbänden und vor allem der Jugendarbeit erging es nicht anders als den katholischen: 1934 wurden die jugendlichen Mitglieder des CVJM in die Hitlerjugend eingegliedert. Dabei ist in Erlangen ein CVJM-Führer zu erwähnen, der vor eine ähnliche Alternative gestellt wurde wie Gerhard Boß: Norbert Rückert, der nach der Übernahme in die HJ weiterhin beim CVJM Bibelstunden hielt. Man stellte ihn vor die Alternative: entweder Bibelstunden oder Hitlerjugend, und er entschied sich für die Bibelarbeit[23].

Für beide Kirchen gilt, dass das NS-Regime während des Krieges die antikirchliche Propaganda deutlich zurückschraubte. Man wollte die Bereitschaft der Menschen nicht gefährden, den Krieg mitzutragen, und behielt sich weitere Maßnahmen für die Zeit nach dem „*Endsieg*" vor. Wie schon im Ersten Weltkrieg brachte man die Kirchen jedoch teilweise ganz konkret zum Schweigen: 1942 wurden allein in Erlangen 23 Glocken abgehängt, die kriegswichtigen Rohstoff für die Waffenproduktion liefern sollten. Später folgen auch noch weitere Metallgegenstände, etwa Leuchter oder Abendmahlskannen[24].

Wirksamen Widerstand gegen die unvorstellbaren Verbrechen der Nationalsozialisten gab es kirchlicherseits auch in Erlangen nicht: Zwar wusste der Pfarrer der Altstadt, Wilhelm Berger, als Seelsorger an der Heil- und Pflegeanstalt um die Tatsache, dass Patienten dort planmäßig zum Hungertod geführt wurden, konnte aber außer gelegentlichem Schmuggel von Brot nichts dagegen ausrichten. Die Gemeinde St. Bonifaz musste ebenso hilflos zuse-

Verabschiedung von Kaplan Kaspar Lang am Bahnhof durch die SA

Gottesdienst in St. Bonifaz für französische Kriegsgefangene, 1941

Glockenabnahme an der Altstädter Kirche, 1942

hen, wie die Mitglieder der Familie Benesi, die nach den Rassegesetzen trotz ihrer katholischen Konfession als Juden galten, 1942 deportiert und anschließend ermordet wurden[25].

„Eine Loyalitätserklärung für das neue Regime": Die Erlanger Theologische Fakultät

Ein besonderes Augenmerk soll abschließend der Theologischen Fakultät der Friedrich-Alexander-Universität gelten, zeigt sich doch gerade auch hier die Verstrickung von evangelischer Theologie und NS-Weltanschauung. Diese ist vor allem mit den Namen Paul Althaus und Werner Elert verknüpft[26], die mit dem „Erlanger Gutachten" von 1933 der Zulassung von evangelischen Christen jüdischer Herkunft zu kirchlichen Ämtern widersprachen und damit anders als ein Gutachten von Marburger Theologen die Anwendung des „Arierparagraphen" auch auf die Kirche befürworteten. Noch deutlicher wurde ihre Haltung im „Ansbacher Ratschlag" von 1934, der mit dem Universitätshistoriker Alfred Wendehorst nur als „eine Loyalitätserklärung für das neue Regime"[27] verstanden werden kann. Neben Familie und Volk wurde auch die „Rasse" als „natürliche Ordnung, der wir unterworfen sind" bezeichnet – Zustimmung und Wegbereitung für den Rassenwahn. Zudem riefen sie zum Dank an Gott auf, „daß er unserem Volk in der Not den Führer ... geschenkt hat"[28]. Dabei handelte es sich nicht um Äußerungen von rein lokaler Bedeutung, denn das Renommee der Erlanger Theologie als einer der führenden evangelisch-theologischen Fakultäten in Deutschland gab den Worten Althaus' und Elerts besonderes Gewicht. Zur Ehrenrettung der Fakultät sei gesagt, dass das Papier nicht unumstritten war und, etwa in Wolfgang Trillhaas[29], scharfe Kritiker fand. Dass man auch ohne Anbiederung an die Nationalsozialisten die Jahre 1933 bis 1945 überdauern konnte, zeigt die Geschichte des Kirchenhistorikers Hermann Sasse. Er hatte die NS-Ideologie schon vor 1933 entlarvt und übergab 1945 den Amerikanern ein Memorandum über seine Fakultät, um einen Neubeginn zu ermöglichen. Doch es zeigte sich, dass die Zeit nicht reif war, das eigene Fehlverhalten einzusehen und eigene Schuld einzugestehen. Sasse wurde von vielen Kollegen als „Nestbeschmutzer" angefeindet und verließ in der Konsequenz die bayerische Landeskirche und ging nach Australien[30].

Die Auseinandersetzung mit der Schuld

Die frühe Auseinandersetzung mit der Frage nach einer (Mit-)Schuld der Kirche an den Verbrechen des Nationalsozialismus ist in Erlangen eng verknüpft mit zwei Namen: Walter Künneth und Martin Niemöller. Künneth hatte 1944 das Amt des evangelisch-lutherischen Dekans von Erlangen übernommen. Er hatte 1935 eine Streitschrift gegen Alfred Rosenbergs „Mythus des 20. Jahrhunderts" verfasst und war danach mit einem Lehrverbot belegt worden. Statt einer Universitätskarriere fand er sich daher im Pfarrdienst wieder. 1945 wurde er Ehrendoktor, 1946 Honorarprofessor an der Theologischen Fakultät. Bald plädierte er für ein Schuldbekenntnis der Kirche vor Gott[31]. In diesem Zusammenhang ist auch die Einladung Künneths und der Evangelischen Studentengemeinde an Pastor Martin Niemöller zu sehen, Vorträge und Predigten in Erlangen zu halten. Als „Niemöller-Rede" wurde hierbei ein Vortrag vom 22. Januar 1946 berühmt, den er vor etwa 1.200 Zuhörern in der Neustädter Kirche hielt[32]. Er sprach dabei deutlich die deutsche Schuld am Zweiten Weltkrieg und an dem Leid, das damit über zahllose Völker kam, an und verschwieg auch nicht den Massenmord an den Juden. Während seines Vortrages kam es zu Störungen in der Kirche. Dies nahm die US-Militärregierung zum Anlass, die Erlanger Universität einer erneuten Entnazifizierung zu unterziehen. U.a. wurden die Theologieprofessoren Althaus, Strathmann, Preuß und Hauck trotz des heftigen Protests der Bezirkssynode des Evangelisch-lutherischen Kirchenbezirks Erlangen und der Landessynode der Evangelisch-lutherischen Kirche in Bayern entlassen: „*Vor allem Althaus und Strathmann wurde der Inhalt einiger ihrer Schriften zum Verhängnis, in denen sie Hitlers Machtergreifung begrüßt oder sich über die deutschen Siege zu Beginn des Krieges als ‚Wendung durch Gottes Führung' begeistert hatten*". Interessant für das damalige Klima zwischen den Konfessionen ist die falsche Behauptung des Landesbischofs Meiser, als Ersatz für die entlassenen Professoren würden nur katholische Dozenten berufen[33]. Niemöllers Anregung eines – auch persönlichen – Schuldeingeständnisses wurde aber in den meisten Fällen nicht gehört. Daher sucht man etwa ein persönliches Schuldbekenntnis von Paul Althaus zum „*Erlanger Gutachten*" oder zum „*Ansbacher Ratschlag*" vergeblich[34].

So bleibt mit Blick auf die Geschichte der Kirchen in Erlangen im Nationalsozialismus zweierlei: Einmal die Anerkennung von persönlichem Mut und Entschiedenheit im Glauben, zu der viele Christen und Christinnen in der Auseinandersetzung mit der NS-Ideologie fanden, oftmals aber – gerade auf evangelischer Seite – von der Kirchenleitung alleine gelassen wurden. Denn manches blieb unzulänglich: Zu sehr war man mit der Bewahrung der eigenen Selbständigkeit beschäftigt, um die wahren Verbrechen der Nationalsozialisten zu sehen, denen zu wenige entschieden gegenübertraten – ein Erbe, an dem beide Kirchen noch viele Jahrzehnte zu tragen hatten und haben, wie im Jahr 2006 etwa beim Besuch von Papst Benedikt XVI. in Auschwitz oder bei der neu aufgeflammten Diskussion um Landesbischof Meiser. Angesichts der Verbrechen des Nationalsozialismus steht es den Kirchen gut an, innezuhalten, die eigene Rolle kritischer Überprüfung zu unterziehen, ehrlich Schuld zu bekennen und Schritte zur Wahrheit und Versöhnung tun. Papst Benedikt XVI. kleidete dies 2006 in Auschwitz in folgende Worte: „*Ich stehe hier als Sohn des deutschen Volkes, und gerade deshalb muss ich ... sagen: Ich konnte unmöglich nicht hierherkommen. Ich musste kommen. Es war und ist eine Pflicht der Wahrheit, dem Recht derer gegenüber, die gelitten haben, eine Pflicht vor Gott, ... als Kind des deutschen Volkes hier zu stehen*"[35].

Kirchenrat Haffner bei der Glockenabnahme an der Neustädter Kirche, 1942

Anmerkungen

1 Freundliche Mitteilung von Dr. Gerhard Boß, Ebermannstadt, bei einem Gespräch am 28.9.2006.
2 Dazu grundlegend – nicht nur zur katholischen Kirche, sondern auch zu den evangelisch-lutherischen und zur evangelisch-reformierten Gemeinde: Helmut Anzeneder, Die christlichen Gemeinden in Erlangen in der Auseinandersetzung mit dem Nationalsozialismus, in: Erlanger Bausteine zur Fränkischen Heimatforschung, 45 (1997), S. 75–124.
3 Wie Anm. 1.
4 Helmut Anzeneder, Erlanger Kapläne während des Dritten Reiches. Ein Beitrag zum Verhältnis katholische Kirche und Nationalsozialismus, in: Erlanger Bausteine zur Fränkischen Heimatforschung 39 (1991), S. 79–100, S. 79.
5 Vgl. die Aufstellung der Wahlergebnisse der Erlanger Stadtratswahlen in: Christoph Friederich/Bertold Frhr. von Haller/Andreas Jakob (Hrsg.), Erlanger Stadtlexikon, Nürnberg 2002, S. 774f.
6 Vgl. Alfred Wendehorst, Geschichte der Universität Erlangen, München 1993, S. 184f.
7 Dazu ausführlich: Anzeneder, Erlanger Kapläne (wie Anm. 4), S. 82–88.
8 Helmut Anzeneder, Die christlichen Gemeinden in Erlangen in der Auseinandersetzung mit dem Nationalsozialismus, in: Erlanger Bausteine zur Fränkischen Heimatforschung, 45 (1997), S. 75–124, S. 102.
9 Ebenda.
10 Dazu ausführlich: Anzeneder, Erlanger Kapläne (wie Anm. 4), S. 92ff.
11 Zit. nach: Ebenda.
12 Werner K. Blessing, „Deutschland in Not, wir im Glauben ...". Kirche und Kirchenvolk in einer katholischen Region 1933–1949, in: Martin Broszat/Klaus-Dietmar Henke/Hans Woller (Hrsg.), Von Stalingrad zur Währungsreform, München 1988, S. 3–111, S. 45.
13 Zu Josef Mayr-Nusser vgl. Josef Gelmi, Geschichte der Kirche in Tirol, Innsbruck-Wien-Bozen, 2001, S. 414f.
14 Zu Robert Limpert vgl. Helmut Moll (Hrsg.), Zeugen für Christus. Das deutsche Martyrologium des 20. Jahrhunderts, Paderborn 2. Auflage 1999, S. 82–87.
15 Anzeneder, Die christlichen Gemeinden in Erlangen (wie Anm. 8), S. 79f.
16 Ebenda, S. 80f.
17 Dazu und zum folgenden: Ebenda, S. 84ff.
18 Vgl. Erlanger Stadtlexikon (wie Anm. 5), S. 568f.
19 Anzeneder, Die christlichen Gemeinden in Erlangen (wie Anm. 8), S. 101.
20 Die Fahnenweihe fand im Juli 1933, der Gottesdienst auf dem Hugenottenplatz im August desselben Jahres statt. Vgl. Siegfried Ziegler, Nationalsozialismus in Erlangen. Jahre der Entscheidung und Anpassung 1932–1934, in: Jürgen Sandweg (Hrsg.), Erlangen. Von der Strumpfer- zur Siemensstadt, Erlangen 1982, S. 541-632, S. 602, und Anzeneder, Die christlichen Gemeinden in Erlangen (wie Anm. 8), S. 112.
21 Karl Eduard Haas, Die reformierte Kirchengemeinde Erlangen in den letzten 50 Jahren. Pfarrer Jung zum Gedächtnis, Erlangen 19##, mit einer ausführlichen Zeitschilderung.
22 Anzeneder, Die christlichen Gemeinden in Erlangen (wie Anm. 8), S. 114.
23 Vgl. zum Kampf gegen die kirchlichen Verbände Anzeneder, Die christlichen Gemeinden in Erlangen (wie Anm. 8), S. 87–94.
24 Ebenda, S.109.
25 Ebenda, S. 110f.
26 Erste Informationen zu beiden (mit weiterführender Literatur): Erlanger Stadtlexikon (wie Anm. 5), S. 117 (Paul Althaus) und S. 226 (Werner Elert).
27 Wendehorst, Geschichte der Universität Erlangen (wie Anm. 6), S. 205f.
28 Zit. nach: Ebenda.
29 Zu Trillhaas vgl. Wendehorst, Geschichte der Universität Erlangen (wie Anm. 6), S. 171f.
30 Ebenda, S. 227. – Vgl. neuerdings Gerhard Müller, Hermann Sasse als Mitglied und als Kritiker der Theologischen Fakultät der Universität Erlangen 1933 bis 1949, in: Zeitschrift für bayerische Kirchengeschichte 75 (2006), S. 176–217.
31 Vgl. Wendehorst, Geschichte der Universität Erlangen (wie Anm. 6), S. 230f.
32 Dazu ausführlich: Sabine Haaß, Kein Blick zurück im Zorn? Die Evangelische Kirche in der Nachkriegszeit, in: Jürgen Sandweg (Hrsg.): Hinter unzerstörten Fassaden. Erlangen 1945–1955, Erlangen 1996, S. 620–695, S. 628–635.
33 Ebenda, S. 633f.
34 Ebenda, S. 624.
35 Zit. nach: www.vatican.va/holy_father/benedict_xvi/speeches/2006/may/documents/hf_ben-xvi_spe_20060528_auschwitz-birkenau_ge.html

Andreas Jakob/Claudia Koolman

Auch hier gebrochene Beziehungen

Die Geschichte der Juden in Erlangen

Die Juden bildeten bis 1806 im Heiligen Römischen Reich deutscher Nation und noch weit danach eine Minderheit, die seit der Karolingerzeit zahlreichen Beschränkungen und Behinderungen aller Art ausgesetzt war. Bis in das 19. Jahrhundert hielt sich im deutschen Sprachraum die Vorstellung, *„daß es sich bei den Juden um eine abgegrenzte, durch religiöskulturelle, später auch rassische Merkmale hervorgehobene Bevölkerungsgruppe handele, die einem Sonderrecht zu unterwerfen sei"*[1]. Das für den Inhaber sehr lukrative *„Judenregal"* und der *„Judenschutz"* waren zunächst Rechte des Kaisers, von dem sie im Laufe der Zeit auch auf andere Herrschaftsträger übergingen[2]. Phasen eines gedeihlichen Miteinander, in denen die Juden bedeutende Beiträge zum deutschen Geistesleben erbrachten, wechselten sich mit Phasen grausamster Verfolgung ab. Lange Zeit durften sie nur wenige Gewerbe, etwa Geldverleihe, Vieh- und Kleinhandel ausüben, und sich nicht frei niederlassen. Wegen ihrer wirtschaftlichen Tüchtigkeit waren sie einerseits geschätzt und andererseits gefürchtet[3]. Während einzelne jüdische Familien bemerkenswerte Reichtümer erwerben konnten, lebten die meisten in bescheidenen bis ärmlichsten Verhältnissen. Bei der christlichen Mehrheit, wo Vorurteile und Ablehnung, auch aus vermeintlich religiösen Gründen, vorherrschten, waren sie unbeliebt. *„Durch die Vermittlung der Praktiken des Bankwesens ebenso wie durch Geldbeschaffung haben sie zwar wiederum einen unentbehrlichen Beitrag für den wirtschaftlichen und kulturellen Fortschritt (Kathedralenbau) der europäischen Zivilisation geleistet, andererseits sich jedoch in weiten Kreisen ihrer Schuldner, besonders beim niederen Adel und den städtischen Mittelschichten, verhaßt gemacht. Das Bild des Wucherers konkretisierte die zunehmende Verteufelung der Juden"*[4]. Seit dem 13. Jahrhundert verstärkte sich der Antisemitismus deutlich. *„Die Typisierung der Juden als Diener des Satans und des Antichrist erfolgte vor allem mit dem Aufkommen und der zunehmenden Verbreitung der Mordlegenden in Wort, Schrift und Malerei. Da die Juden in diesen Darstellungen den angeblichen ‚Gottesmord' symbolisch nachvollzogen, wurden sie tief im religiösen Bewußtsein des einfachen Volkes verankert"*[5]. Als besonders

Jüdische Hochzeit, Kupferstich 1748

schwerwiegend erwiesen sich der Ritualmordvorwurf oder die Anschuldigung der Hostienschändung. Die Folge waren, verstärkt in Kriegs- und Krisenzeiten (etwa während der Kreuzzüge oder bei Pestepidemien), Vertreibungen und Pogrome, die die gemeinsame Entwicklung in den Städten und Gemeinden immer wieder unterbrachen oder ganz auslöschten. Ingesamt ist ihre Geschichte auch in Erlangen *„voller Brüche und Widersprüche. Ablehnung bis zur Vertreibung und Vernichtung stehen neben Toleranz, Gemeinsinn und Heimatliebe. Kennzeichnendes Merkmal dieser Geschichte ist ihre Gebrochenheit"*[6].

Erste jüdische Gemeinden in der Region Erlangen

Die Quellen und Hinweise zur frühen Geschichte der Juden im Bereich der heutigen Großstadt Erlangen sind außerordentlich dürftig, da sich hier, anders als etwa in Baiersdorf oder Fürth, niemals große Gemeinden herausbilden und über längere Zeit halten konnten. In Bruck, Büchenbach und auch in Erlangen lebten am Ende des Mittelalters stets nur wenige Familien, die unter den gegebenen Beschränkungen gerade ihr Auskommen fanden, was die Orte für den weiteren Zuzug, soweit dieser überhaupt von der Obrigkeit erlaubt wurde, nicht attraktiv machte. Ihre Ansiedlung dürfte durch die Zerschlagung der bis dahin mit weitem Abstand größten Gemeinde Frankens in Nürnberg wesentlich gefördert worden sein. Nachdem dort bei den Pogromen 1298 insgesamt 628 und 1349 nochmals 562 Juden ermordet worden waren, kam es 1498/99 nach weiteren gewaltsamen Übergriffen zur endgültigen Vertreibung[7].

Die Anfänge der Juden in Erlangen, Bruck und Frauenaurach

Jedoch hatten sich bereits vorher in den burggräflichen, später markgräflichen Orten des Umlandes Juden niedergelassen, nachdem Kaiser Karl IV. 1351 den Hohenzollern das Recht verliehen hatte, in ihren Territorien Juden anzusiedeln. Allerdings genossen sie nirgends auch nur annähernd die Freizügigkeiten der ortsansässigen Bevölkerung.

In Erlangen sind Juden zum ersten Mal 1408 bezeugt, als in einem Protokoll des kaiserlichen Landgerichts des Burggraftums Nürnberg von einem *„Feybel Juden von Erlang"* die Rede ist[8]. 1432, 1458 und 1490 siedelten Baruch, Smohel und Abraham von hier nach Wöhrd bei Nürnberg bzw. Nürnberg über; vermutlich 1470 erhielt ein Jude namens Hirsch für sich und seine Familie einen markgräflichen Schutzbrief für Bayreuth[9]. Am 11. August 1472 erwarb der wegen seiner talmudischen Kenntnisse weithin hochgeschätzte Erlanger Rabbiner Vögelein einen Acker im sog. Tal, vielleicht den 1530 bezeugten Judenacker[10]. 1509 wohnte ein Jakob (genannt Koppelmann) ben Salomo ha-Levi in Erlangen, vielleicht der damalige Rabbiner[11]. In Bruck bildete sich seit 1431 auf markgräflichen Gütern eine Gemeinde[12].

Keine Juden scheint es dagegen im ebenfalls markgräflichen Frauenaurach gegeben zu haben. Dass der Flurname *„Judenkirchhof"* in Alterlangen (hier gab es auch ein *„Judenwäldchen"*[13]), tatsächlich auf einen jüdischen Friedhof deutet, ist unwahrscheinlich. Denn bis 1607 bestatteten auch die in Fürth, bis ins 19. Jahrhundert die in Bruck, Büchenbach, Erlangen sowie vielen Orten der Fränkischen Schweiz ansässigen Juden ihre Toten auf dem Friedhof in Baiersdorf, wo vermutlich schon Ende des 14. Jahrhunderts eine Gemeinde existierte[14].

Eine Zäsur bedeutete 1515 der Beschluss eines in Baiersdorf abgehaltenen Landtages, sämtliche Juden aus den hohenzollernschen Markgraftümern Kulmbach und Ansbach zu vertreiben. Möglicherweise war dies nur eine taktische Maßnahme des Landesherrn zum Erlass seiner Schulden. Denn bereits 1540 ist in Bruck ein von Juden bewohntes Haus nachgewiesen und es begann dort eine langfristige Entwicklung. 1554 erhielt die

Ehemalige jüdische Synagoge in Bruck, 1988

Ehemalige Brucker Mikwe im Haus Fürther Str. 36, 1988

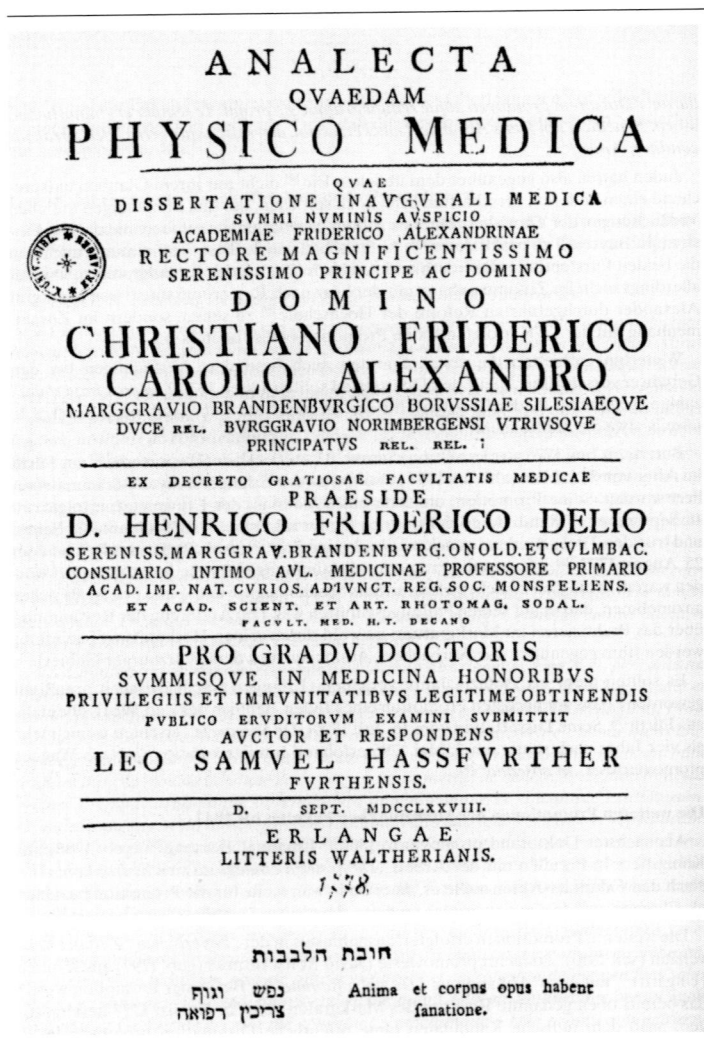

```
ANALECTA
QVAEDAM
PHYSICO MEDICA
QVAE
DISSERTATIONE INAVGVRALI MEDICA
SVMMI NVMINIS AVSPICIO
ACADEMIAE FRIDERICO ALEXANDRINAE
RECTORE MAGNIFICENTISSIMO
SERENISSIMO PRINCIPE AC DOMINO
DOMINO
CHRISTIANO FRIDERICO
CAROLO ALEXANDRO
MARGGRAVIO BRANDENBVRGICO BORVSSIAE SILESIAEQVE
DVCE REL. BVRGGRAVIO NORIMBERGENSI VTRIVSQVE
PRINCIPATVS REL. REL.

EX DECRETO GRATIOSAE FACVLTATIS MEDICAE
PRAESIDE
D. HENRICO FRIDERICO DELIO
SERENISS. MARGGRAV. BRANDENBVRG. ONOLD. ET CVLMBAC.
CONSILIARIO INTIMO AVL. MEDICINAE PROFESSORE PRIMARIO
ACAD. IMP. NAT. CVRIOS. ADIVNCT. REG. SOC. MONSPELIENS.
ET ACAD. SCIENT. ET ART. RHOTOMAG. SODAL.
FACVLT. MED. H. T. DECANO.

PRO GRADV DOCTORIS
SVMMISQVE IN MEDICINA HONORIBVS
PRIVILEGIIS ET IMMVNITATIBVS LEGITIME OBTINENDIS
PVBLICO ERVDITORVM EXAMINI SVBMITTIT
AVCTOR ET RESPONDENS
LEO SAMVEL HASSFVRTHER
FVRTHENSIS.
D.      SEPT. MDCCLXXVIII.
ERLANGAE
LITTERIS WALTHERIANIS.
1778.
```

חובת הלבבות

| נפש וגוף | Anima et corpus opus habent |
| צריכן רפואה | sanatione. |

Die erste jüdische Dissertation an der Erlanger Universität, 1778

Jüdische Erlanger Dissertation, 1835

einer nach dem andern entkommen [fortgelaufen] und hätten sich fortgemacht, so daß man nicht gewust, wo sie hinkommen ..."[15]. Trotzdem lebten 1673 bereits wieder vier jüdische Familien am Ort. 1707 konnte eine neue Synagoge errichtet werden. Bis 1819 stieg die Zahl der jüdischen Familien auf 31. Im Jahre 1811 stellte die jüdische Gemeinde mit 184 Personen etwa 15 % der Einwohner[16]. Diese Gemeinde löste sich erst auf, als nach Gewährung der Freizügigkeit 1861 die Juden sich in Erlangen oder anderen Städten frei ansiedeln konnten.

Anders verlief die Entwicklung zunächst in Erlangen. Obwohl bereits am 3. Februar 1537 Salomon Feustel vom Markgrafen die Erlaubnis erhielt, sich dort gegen 15 Gulden Zins jährlich für zehn Jahre niederzulassen, allerdings mit der Einschränkung, hier keine Geldverleihe zu betreiben, kam es hier wegen der sich andeutenden schlechteren Lebensbedingungen nicht mehr zur Ausbildung einer Gemeinde. Wie es Johann Paul Reinhard mit deutlicher Häme ausdrückte, missglückte damit ihr *„Versuch"*, sich in Erlangen *„einzuschleichen"*[17]. Für die Anwesenheit von Juden im Spätmittelalter und in der frühen Neuzeit legt auch der Name Erlanger indirekt Zeugnis ab[18]. Diesen Namen führten im 19. Jahrhundert u.a. zwei bedeutende jüdische Familien aus Weißenburg im Elsaß bzw. Heddernheim bei Frankfurt am Main.

Letztere konvertierte zum christlichen Glauben und wurde 1871 in den österreichischen Freiherrenstand erhoben. Ein Mitglied dieser Familie, Baron Frederic Emile d'Erlanger (1832–1911), exportierte den in dieser Form *„einmaligen"* Ortsnamen Erlangen leicht abgewandelt in die neue Welt. Nach ihm wurde die Kleinstadt Erlanger in Kentucky (USA) benannt[19].

Nachdem der Bamberger Dompropst fahrenden jüdischen Händlern aus Herzogenaurach 1681 die Niederlassung in Büchenbach gestattet hatte, entstand hier im heutigen Stadtgebiet sogar noch eine dritte Gemeinde, die bis 1811 auf 74 Personen anwuchs[20] und sich ähnlich entwickelte wie die in Bruck.

Juden in Erlangen nach Ansiedlung der Hugenotten

Markgraf Christian Ernst hatte noch 1694 versucht, die erst acht Jahre vorher gegründete Neustadt Erlangen, die sich zu diesem Zeitpunkt in einer fundamentalen Existenzkrise befand, mit Hilfe eines Jahrmarktes, zu dem vor allem jüdische Viehhändler aus ganz Franken eingeladen wurden[21], zu befördern. Wenig später wurde ihnen – in Einschränkung des 1695 erlassenen Schutz- und Freiheitsbriefes für die in seinem Fürstentum ansässigen Juden[22] – zwar nicht der kurzfristige Aufenthalt, jedoch die Ansiedlung verboten. Offenkundig fürchteten die wenige Jahre zuvor als Flüchtlinge aufgenommenen Hugenotten ihre wirtschaftliche Konkurrenz. Bezeichnenderweise nicht bei den kirchlichen Angelegenheiten, die in dem Dokument an erster Stelle standen, sondern unter den Paragraphen, die die Verhältnisse der Wirtschaft regelten, bestimmte Markgraf Christian Ernst in seinem am 4. Mai 1711 erlassenen Dekret unter Artikel XVII: *„Gleich Anfangs / bey Fundation der Stadt und Aufnahm derer Frantzösischen Refugiés, die gnädigste Versicherung ausgestellet / nicht zu verstatten / daß ein oder mehr Juden sich jemals in Christian-Erlang niederlassen dörffen: Es auch an dem / daß dergleichen Jüdische / in loco stabilirte Handlungen der Colonie, Commercien und Manufacturen höchst-nachtheilig fallen würden. Als wollen Wir der Stadt Christian-Erlangen auch darinnen Unsere Gnade erweisen ... daß von nun an / zu ewigen Zeiten / in Christian- und Alt-Erlangen / oder deren Vor-Städte / kein Jud / es geschehe unter was Namen und Praetext es wolle / sich niederlassen / einkauffen oder anbauen soll"*[23].

Im selben Jahr wurde den Juden in der Neustadt sogar das Hausieren verboten. Weil es jedoch in der benachbarten Altstadt erlaubt blieb, kauften zum Ärger der Obrigkeit viele Bürger der Neustadt die Waren der jüdischen Händler in der Nachbarstadt[24]. Wie lange diese Verordnung in der Neustadt galt, ist nicht bekannt. Denn als im Siebenjährigen Krieg eine große Menge geringwertiger Münzsorten nach Erlangen gelangte, wurde dies 1763 besonders den Juden zur Last gelegt, *„und es richtete sich deshalb die öffentliche Stimmung so drohend gegen dieselben,*

Jakob Herz, um 1850

Auf gleicher Höhe: Markgrafen- und Herz-Denkmal, um 1890

249

Herz-Denkmal, um 1910

Emmy Noether, 1907

daß sie sich mehrere Wochen nicht mehr in der Stadt blicken lassen durften"[25].

In dieser Zeit mehren sich in den Quellen die Beispiele für erfolgreiche Versuche der christlichen Gesellschaft zur *„Juden- und Heidenmission"*[26]. Ob der Grund hierfür religiöse Indifferenz dem angestammten Glauben gegenüber war, oder die Hoffnung, damit ihre wirtschaftliche Notlage zu verbessern, ist nicht bekannt. Der Übertritt zum Christentum bedeutete in der Regel den Ausschluss aus der angestammten Gemeinde. Für Christen dagegen blieben die Konvertierten oft trotzdem Juden. 1720 ließen sich David und Veit Löw aus Bruck in Erlangen auf die Namen Georg Wilhelm August und Christoph Wilhelm Hieronymus Leberecht taufen. *„Im Monath September 1727 ist der eine von solchen dahier durchgegangen, hat 10.000 fl Schulden hinterlassen ..."*[27]. Die Rudelsche Chronik berichtet noch über einen anderen Vorfall; als der *„getaufte Jud Casimir Bacheracher"* am 1. April 1766 auf dem Büchenbacher Anger eine neuartige Kanone vorführen wollte, wurde sie ihm *„durch eine doppelte Ladung ... aus Bosheit gesprengt"*[28].

Jüdische Studenten, Professoren und Gymnasiasten in Erlangen

Wie auch in anderen Fällen war die Realität vielfältiger, als es Dekrete und Verordnungen scheinen lassen. Das 1711 von Markgraf Christian Ernst verhängte Zuzugsverbot für Juden, das bis 1861 in Kraft blieb, wurde spätestens durch die Gründung der Universität 1743 aufgeweicht. Vermutlich weil studierende Juden keine Konkurrenten in Handel und Gewerbe darstellten, durften sie sich in Erlangen von Anfang an immatrikulieren und – für 1778 erstmals bezeugt – promovieren[29].

Gedenkstein für Lothar Hopfenmaier auf dem Israelitischen Friedhof in Erlangen

Justin Fränkel als Soldat

Der jüdische Friedhof in Erlangen, Juli 1948

Justin Fränkel als Vorbeter im Betsaal Dreikönigstr. 1–3

Die männlichen Mitglieder der Israelitischen Kultusgemeinde, 1938

Seit 1815 war jüdischen Schülern auch der Besuch des Gymnasium Fridericianum erlaubt. Allerdings mussten sie täglich den weiten Weg zu Fuß von Baiersdorf, Büchenbach oder Bruck in die Stadt und wieder zurück auf sich nehmen, bevor ihnen ab 1821/22 stillschweigend die Möglichkeit eingeräumt wurde, innerhalb der Stadt zu wohnen. Auch für die Einhaltung der religiösen Vorschriften, die im Prinzip die Teilnahme am Samstagsunterricht unmöglich machten, fand man Kompromisse; 1834 legten die ersten vier *„israelitischen"* Schüler eine reguläre Abschlussprüfung ab, darunter der aus Büchenbach gebürtige David Morgenstern, der 1848 als erster jüdischer Abgeordneter in den bayerischen Landtag einzog[30].

Besonders deutlich wird der für die Betroffenen außerordentlich mühsame Wandel am Beispiel des Jakob Koppel (d.h. Jakob, Sohn des Jakob = Koppel), der entsprechend des zu Beginn des 19. Jahrhunderts eingeführten gesetzlichen Zwangs, feste bürgerliche Namen anzunehmen[31], seit 1839 Jakob Herz (1816–1871) hieß. Nach seinem Medizinstudium an der Friedrich-Alexander-Universität und Promotion 1839 über *„Beiträge zur Lehre von den Verkrümmungen des Fußes"* arbeitete er ab 1840 als Privatassistent bei einem Chirurgen, seit 1841 als Assistent im Universitätskrankenhaus in der chirurgisch-augenärztlichen Abteilung und schließlich seit 1847 als Prosektor am Anatomischen Institut Erlangen. Obwohl 1854 sein Habilitationsgesuch wegen seines mosaischen Glaubens abgelehnt worden war, durfte er jedoch selbständig unterrichten. Als die Universität 1861 für den inzwischen wegen seines Lehrtalents und seiner ärztlichen Fähigkeiten äußerst beliebten und bekannten Jakob Herz die Ernennung zum außerordentlichen Professor beantragte, erhielt er zunächst nur eine Honorarprofessur, das Extraordinariat erst 1863. Zwei Jahre vor seinem Tod wurde er 1869 als erster Jude in Bayern zum ordentlichen Professor für Anatomie ernannt.

Mehr als auf dem Gebiet der Forschung liegt die Bedeutung von Herz in der Lehre und besonders auf dem Gebiet der Versorgung auch unbemittelter Patienten. Er galt deshalb den Zeitgenossen als *„Fanatiker der Wohltätigkeit"*. Besondere Verdienste erwarb sich Herz, der auch aktives Mitglied in der

Termine für israelitische Gottesdienste im Erlanger Tagblatt, 1933

Verbot des Röthelheimbads für Juden

Hochzeit von Gottliebe Katz mit Jakob Bénesi am 22.1.1933

Die Bénesis mit ihren Kindern Erich und Hildegard Weihnachten 1933

Deutschen Fortschrittspartei war, im innerdeutschen Krieg 1866 und im deutsch-französischen Krieg 1870/71 bei der Betreuung der Verwundeten. Bereits 1867 verlieh ihm die Stadt Erlangen – als erstem Juden – in Anerkennung seiner tätigen Nächstenliebe ihr Ehrenbürgerrecht. 1875 dann gründete sich in Erlangen die Herzsche Stiftung zur Förderung von Medizinstudenten und im gleichen Jahr errichtete ihm die Stadt auf dem damals noch Holzmarkt genannten Hugenottenplatz ein Denkmal. Es zeigt Herz auf hohem Sockel als überlebensgroße Bronzestatue, stehend im schlichtem Gehrock, mit gesenktem Blick und übereinandergelegten Händen[32]. Die plastische Darstellung einer Person ist die in der christlichen Kunst höchste Form der Ehrung. Die Größe der Figur und ihr Standort am besten noch vorhandenen Platz Erlangens – gegenüber der Hugenottenkirche, parallel zum Denkmal des Universitätsgründers auf dem Schlossplatz – zeigt mehr als das Prädikat „*erstes Denkmal für einen Juden in Bayern*" die Beliebtheit des Geehrten und die vorurteilsfreie Gesinnung der Ehrenden.

Die jüdischen Gemeinden in Bruck und Büchenbach im 19. Jahrhundert

Während der Zugehörigkeit zum nachrevolutionären Kaiserreich Frankreich verminderten sich die Rechte der jüdischen Bevölkerung, während sich ihre Belastung noch verstärkte; lediglich der diskriminierende Leibzoll wurde abgeschafft[33]. Auch

Abbruch des Herz-Denkmals am 15.9.1933, früh um 6.30 Uhr

Posthume Verhöhnung von Jakob Herz durch einen angeklebten Wattebart

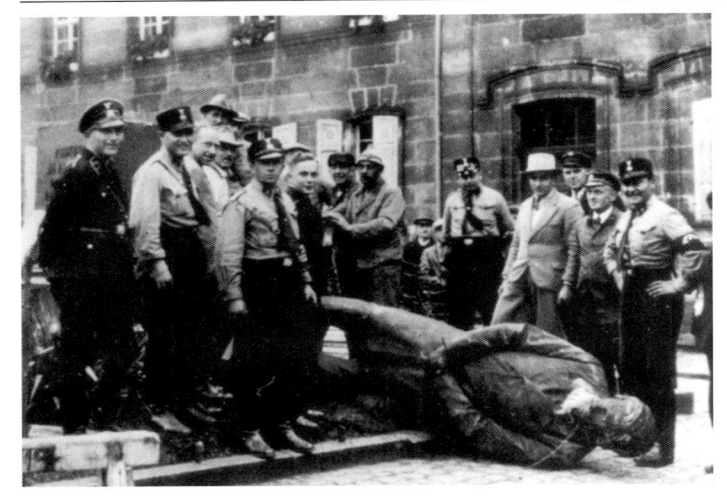

Triumphierende Antisemiten

das 1813 erlassene „*Judenedikt*" König Max I. Joseph, das ihre Emanzipation in Bayern einleitete, hatte im Rahmen des sog. Matrikelzwangs im Umkreis von Erlangen freie Niederlassung nur in Baiersdorf, Bruck und Büchenbach, daneben vor allem in Fürth, dann in Dormitz, Ermreuth, Forth, Adelsdorf, Kairlin-

dach und Zeckern gewährt[34]. Die katastrophale Situation in den Landgemeinden spiegelt sich in der Auswanderung zahlreicher Büchenbacher und anderer Juden nach Nordamerika[35].

Nach der Gewährung der Freizügigkeit 1861 entlud sich die bedrängte Situation in den Landgemeinden fast explosionsartig. Binnen kürzester Zeit – ähnlich wie bei den Ausweisungen Jahrhunderte vorher, nur diesmal mit umgekehrtem Vorzeichen – kehrten die Juden in die größeren Städte zurück, wo sich bessere Erwerbsmöglichkeiten, Wohnverhältnisse und Bildungschancen boten und auch wegen der, hier aus eben genannten Gründen, im Allgemeinen höheren Zahl an Gemeindemitgliedern, die die Befolgung religiöser Vorschriften sicherte bzw. erleichterte. In Bruck führte der Wegzug zahlreicher Mitglieder bald nach 1900 zum vollständigen Erlöschen der Gemeinde, die 1859 noch 108 Köpfe gezählt hatte[36]. Ähnliches geschah in Büchenbach, wo 1833 in 18 Familien 103 Juden gelebt hatten; 1873 wurde das letzte jüdische Privathaus verkauft, 1874 die israelitische Kultusgemeinde aufgelöst[37].

Die neue Entstehung der jüdischen Gemeinde in Erlangen

Jakob Herz hatte 1861 noch miterlebt, dass der Bayerische Landtag den Juden nach Jahrhunderten (übrigens unter Beteiligung des 1838 in Erlangen promovierten jüdischen Juristen

Die Reichspogromnacht in Erlangen, 10.11.1938

Durchsuchung der Gefangenen im Hof des Rathauses

und seit 1849 Hofer Landtagsabgeordneten Fischel Arnheim, der als *„einer der ausgezeichnetsten Juristen der bayerischen Abgeordnetenkammer"* galt[38]) endlich die uneingeschränkte Niederlassungsfreiheit gewährte. Während viele daraufhin vor allem nach Fürth, Nürnberg und Bamberg, aber auch nach Amsterdam oder in die USA abwanderten, profitierte Erlangen vom Wandel der Verhältnisse. Bereits 1867 lebten 64 Juden in der Stadt, die damals 11.564 Einwohner zählte. Am 15. März 1873 bildete sich mit Genehmigung der Regierung von Mittelfranken aus den in Erlangen wohnenden und den in Bruck verbliebenen jüdischen Familien eine eigenständige Israelitische Kultusgemeinde. Bis 1878 unterhielt sie im Haus Friedrichstr. 6 und danach in der Dreikönigstr. 1 einen Betsaal. Am 30. September 1891 wurde im entlegendsten Winkel der Stadt, am Westhang des Burgbergs oberhalb des Eisenbahntunnels der ca. 1300 qm große Israelitische Friedhof an der Rudelsweiherstraße eingeweiht[39].

Zu den bedeutendsten Juden dieser Zeit gehörten der Politiker und Unternehmer David Morgenstern (1814–82), der Physiker und Erlanger Ehrenbürger Isidor Rosenthal (1836–1915; isr., dann konfessionslos) sowie Professor Max Noether (1844–1921) und seine Tochter Emmy (1882–1935), die bis heute als die bedeutendste Mathematikerin überhaupt gilt[40]. Ihre Biographien zeugen von dem Wandel, dem die jüdischen Gemeinden auf vielfältige Weise unterzogen waren. Vielleicht war es gesellschaftliche Anpassung, die Prof. Rosenthal aus der Gemeinde austreten und sich für konfessionslos erklären ließ, während die Professoren (Friedrich) Wilhelm und Friedrich Julius Stahl[41], Prof. Noether und seine Tochter zum evangelischen Glauben übertraten. Auch Beispiele jüdisch-christlicher Hochzeiten sind bekannt. So heiratete die Tochter des bekannten Fotografen Simon Katz (1869–1927) den katholischen Bankbeamten Paul Kornelius Johannes Laink genannt Vißing[42]. Von einem gesellschaftlichen Wandel zeugen auch die in deutscher Sprache beschrifteten Grabsteine auf dem Friedhof. Am eindrucksvollsten zeigt sich der Integrationswille jedoch an der Zuwendung zu Gesellschaft und Nation, mit der man sich identifizieren konnte. 1914 zogen 31 jüdische Bürger Erlangen – zwei als Kriegsfreiwillige – in den Ersten Weltkrieg. Mindestens drei sind gefallen, einige wurden ehrenvoll ausgezeichnet[43].

Die Anfänge des Antisemitismus in Erlangen

Wie die Kommentare Johann Paul Reinhards und anderer zeigen, gab es bei den Angehörigen der gebildeten Stände schon im 18. Jahrhundert einen latenten Antisemitismus, der sich nach der den Juden gewährten Freizügigkeit, trotz deren Anstrengungen zur Anpassung, noch verstärkte. Er kam etwa in dem absurden Vorwurf zum Ausdruck, der Physiologe Prof. Rosenthal habe

Frieda Wassermann (mit Blick zur Kamera) und die jüdischen Frauen

Zufriedene Schergen

Kommunion in St. Bonifaz; hinter dem Pfarrer Erich Bénesi, 1941

Statistik nach der Deportation der letzten Erlanger Jüdin ins KZ

einen zur Sektion fixierten Frosch mit dem gekreuzigten Christus verglichen. Und er trat deutlich hervor, nachdem der Berliner Theologe und Antisemit Adolf Stöcker im Sommer 1880 vor Theologiestudenten einen Vortrag gehalten hatte, und daraufhin am 1., 2. und 3. August in dem jüdischen Haus Dreikönigstr. 1, in dem sich auch der Betsaal befand, die Scheiben eingeworfen wurden[44].

Unmittelbar nach dem Ende des Ersten Weltkrieges begann auch in Erlangen eine gezielte antisemitische Hetze. Am 31. Juli 1919 veröffentlichten die Erlanger Mitglieder des *„Deutschen Schutz- und Trutzbundes"* eine Anzeige, in der sie gegen die *„fremdländische Rasse"* mit ihrem *„deutschen Volksempfinden"* argumentierten und dazu aufrufen, *„jüdisches Übergewicht in unserem Vaterlande zu beseitigen"*[45]. Bereits um 1920 beklebte der auch später als glühender Antisemit auftretende Universitäts- und Stadthistoriker Ernst Deuerlein seine Briefe mit der Marke *„Kauft nicht bei Juden!"* Antijüdische Reaktionen zeigten auch viele Studenten der Universität, deren AStA als einer der ersten in Deutschland bereits 1929 mehrheitlich *„braun"* besetzt war. Bald danach machte Erlangen Schlagzeilen, als im Mai 1932 die Erlanger Klinikerschaft, ein Zusammenschluss der älteren Medizinstudenten, *„für den rassisch-völkischen Aufbau unseres Volkes"* eintrat und – gegen den Willen der Medizinischen Fakultät – den *„Ausschluß der Juden, Judenstämmigen und nichtdeutschen Ausländer"* forderte[46].

Der Untergang der jüdischen Gemeinde in Erlangen

Bereits am 1. April 1933 kam es zum Boykott jüdischer Geschäfte[47]. Am 29. Juni veranstaltete Julius Streicher im Kolosseum eine Massenkundgebung unter dem Motto *„Der Jude, der Totengräber des Mittelstandes"*[48]. Am 14. September 1933 wurde das Herz-Denkmal geschändet und auf Beschluss des Stadtrats abgebrochen. Vorauseilend bereitete die Stadtverwaltung bereits 1933 den Ausschluss von jüdischen oder mit Juden verwandten Schaustellern von der Bergkirchweih vor[49]. Seit Sommer 1935 verkündete ein großes Schild am Nürnberger Tor *„Juden sind unerwünscht"*. In den meisten Studentenverbindungen traten die jüdischen Mitglieder unter Druck *„freiwillig"* aus. Allerdings gab es auch Ausnahmen. Als sich die Burschenschaft Bubenruthia 1934 dagegen wehrte, auch *„jüdisch Versippte"* auszuschließen, wurde sie ihrerseits aus der Deutschen Burschenschaft und dem Allgemeinen Deutschen Waffenring ausgeschlossen[50]. Eine besonders unrühmliche Rolle als Wegbereiterin der nationalsozialistischen Ideologie spielte die protestantische theologische Fakultät durch den *„Ansbacher Ratschlag"* vom 11. Juni 1933 und ihr *„Arierparagraph-Gutachten"* vom 25. September 1933. In der Reichspogromnacht vom 10./11. November 1938 wurden sämtliche jüdischen Männer, Frauen und Kinder in *„Schutzhaft"*

Jakob-Herz-Gedenkstein Ecke Universitäts-/Krankenhausstraße, 1983 *Beschmierter Jakob-Herz-Gedenkstein, Oktober 1992*

genommen und ihre Wohn- und Geschäftsräume sowie der Betsaal geplündert[51]. Am 27. Januar 1941 begann der überzeugte Antisemit und auch nach 1945 in der Erlanger Gesellschaft hochgeschätzte Ernst Deuerlein eine geplante Geschichte der hiesigen Juden mit einer für die öffentliche Hetze seiner Zeit charakteristischen verleumderischen Behauptung. Demnach hätten diese *„auch hier wie an anderen Orten durch ihr verderbliches Tun und Treiben in alter und in neuer Zeit vielen Schaden und Unheil angestiftet, stets aber auch abwehrende Kräfte wachgerufen"*. In aller Offenheit rechtfertigte und kommentierte er in einer pseudowissenschaftlichen Darstellung die historischen Judenpogrome als Ausflüsse berechtigter *„Volkswut"* und stellte mit Bedauern fest, dass in den Jahren 1348/49 beim Versuch, *„die Judenfrage zu lösen"* eine einheitliche Leitung gefehlt und sogar Städte wie Regensburg ihre Juden beschützt hätten[52]. Nie war Erlangen seit Beginn der Neuzeit intoleranter und weniger offen, als in diesen Jahren! Beispiele von Zivilcourage sind demgegenüber selten[53]. So ist in den Akten des Universitätsarchivs nachzulesen, dass ein

Gedenktafel auf dem Jüdischen Friedhof von Gerhard Schmidt-Kaler, 1983

Professor sich jahrelang um die Fortbeschäftigung eines jüdisch *„versippten"* Assistenten bemühte und dann, als von den NS-Behörden nach dessen Aufenthalt gefragt wurde, dessen Adresse – angeblich – nicht kannte.

Zwischen 1933 und 1938 sank die Zahl der jüdischen Bürger in Erlangen durch Emigration, Tod oder Freitod von 120 auf 44 Personen. Von den 19 Juden, die hier damals noch lebten, fielen am 27. November 1941 sieben der ersten großen Deportationswelle in Franken zum Opfer. Am 20. Oktober 1943 kam die letzte jüdische Einwohnerin Erlangens ins KZ Auschwitz. Insgesamt wurden 77 Erlanger Juden in Konzentrations- und Vernichtungslagern ermordet, davon 27 Patientinnen und Patienten der hiesigen Heil- und Pflegeanstalt, drei entzogen sich diesem Schicksal durch Freitod[54].

Die neue Thorarolle der jüdischen Gemeinde Erlangen, 2.4.2000

Trauerarbeit und der Versuch eines Neuanfangs

Nach 1945 bemühte sich die Stadt Erlangen, durch Gedenktafeln, Denkmäler sowie mit Straßen- und Gebäudenamen ihrer ehemaligen jüdischen Mitbürgerinnen und Mitbürger zu gedenken. Seit 1971 pflegt Ilse Sponsel, die hierfür 1980 eigens zur ehrenamtlichen Beauftragten der Stadt ernannt wurde, Brief- und Besuchskontakte zu den Überlebenden oder ihren Familien.

Nach dem Ende des Dritten Reiches kehrte nur eine Angehörige der ehemaligen jüdischen Gemeinde dauerhaft nach Erlangen zurück. *„An der Universität lehrte seit 1947 der jüdische Religionswissenschaftler Hans-Joachim Schoeps (1909–1980). 1961 lebten nur sechs jüdische Personen in Erlangen, die zur jüdischen Gemeinde in Nürnberg gehörten"*[55].

Die Schatten der Vergangenheit

Zum ersten Mal im Nachkriegsdeutschland kam es in Erlangen zu einem rassisch motivierten Mord an einem Juden. Am 19. Dezember 1980 wurden der jüdische Verleger und ehemalige Vorsitzende der israelitischen Kultusgemeinde Nürnberg, Shlomo Lewin und seine Lebensgefährtin Frieda Poeschke in ihrer Erlanger Wohnung erschossen. Lewin hatte angesichts steigender Zahlen jüdischer Bürger die Neugründung einer Gemeinde in Erlangen geplant. Das Verbrechen, das Mitgliedern der sog. *„Wehrsportgruppe Hoffmann"* angelastet wurde, konnte nie aufgeklärt werden[56].

Auf Initiative von Alex Bauer, der 1904 in Erlangen geboren und 1937 in die USA emigriert war[57], und vermutlich auch als Reaktion auf den Mord an Lewin wurde am 5. Mai 1983 an der Ecke Universitätsstraße/Krankenhausstraße zur Erinnerung an das von den Nationalsozialisten zerstörte Herz-Denkmal ein rechteckiger Granitblock mit einer von Helmut Lederer gestalteten Inschrift aufgestellt. Aber auch dieses Denkmal wurde wiederholt das Ziel antisemitischer Übergriffe. Am 31. Januar 1988 und #. Oktober 1992 wurde die Stele mit Farbe übergossen und mit einem Davidstern bzw. mit Hakenkreuzen beschmiert. Am 21. März 2000 erhielt der Erschließungsweg zwischen Henkestraße und Hartmannstraße den Namen Jakob-Herz-Weg[58]. Im Rahmen einer von Isi Kunath konzipierten Kunstaktion, historische Stätten im Stadtgebiet deutlich zu machen, wurde am 12. April 2002 am Hugenottenplatz der ehemalige Standort des Herz-Denkmals, an das seit 15. September 2000 eine in den Boden eingelassene Bronzeplatte erinnert, mit einer überdimensionalen Pin-Nadel markiert.

Ein schwieriger Neuanfang in Erlangen

Keine Fortsetzung, sondern ein neues Kapitel jüdischer Geschichte begann in den 1990er Jahren durch den Zuzug jüdischer Kontingentflüchtlinge und ihrer Familien aus den Staaten der ehemaligen Sowjetunion[59]. Das zahlenmäßige Verhältnis zwischen den Nachkommen der in Deutschland verbliebenen Juden aus Osteuropa, die die religiöse Tradition fortführen, und den aus Rußland eingewanderten jüdischstämmigen Gemeindemitgliedern, deren Brauchtum und Glaubensinhalte im kommunistischen System über mehr als zwei Generationen kaum hatten weitergegeben werden können, beträgt in Erlangen etwa 15 : 85. Diese Zahl zeigt die von der aktiven Gemeinde zu erbringende, durch sprachliche und kulturelle Unterschiede noch verstärkte gewaltige Integrationsleistung.

Von Seiten der christlichen Kirchen kümmerten sich zunächst vor allem der evangelisch-lutherische Pfarrer Gottfried Lindenberg aus Spardorf um die Kontingentflüchtlinge. Auf dem schwirigen Weg zur Gründung einer neuen Gemeinde, bei der Beschaffung einer neuen Torarolle und von Räumlichkeiten halfen die Stadt Erlangen, der Ausländerbeirat, die lokale Presse, viele engagierte Einzelpersonen, die Kirchen und Freikirchen, die Gesellschaft für Christlich-Jüdische Zusammenarbeit und der am 19. September 2004 gegründete Freundeskreis der Jüdischen Kultusgemeinde. In einem „Lorenzer Kommentargottesdienst" in Nürnberg erbrachte die Kollekte zugunsten der jüdischen Gemeinde in Erlangen 1560 DM, die Erlanger Kirchengemeinden sammelten 10.500 DM. Auf dem von der Stadt Erlangen eingerichteten Spendenkonto gingen über 4000 DM ein. 5000 DM steuerte der Verein „Begegnung von Christen und Juden – Verein zur Förderung des christlich-jüdischen Gesprächs in der Evang.-Luth. Kirche in Bayern e.V." bei[60].

Am 1. Dezember 1997 konstituierte sich die „Israelitische Kultusgemeinde Erlangen e.V.", die im Haus Hauptstr. 34 geeignete Räume fand. Ihr Mitbegründer, Josef Jakubowicz, ein Freund Shlomo Lewins, macht als Überlebender mehrerer Konzentrationslager der Nationalsozialisten, zuletzt von Auschwitz, in besonderer Weise Schicksal und Bereitschaft der Juden gegenwärtig zu einem Neuanfang in Deutschland nach der NS-Zeit.

Bei der Gründung am 2. April 2000 zählte die neue Israelitische Kultusgemeinde 180 Mitglieder, einschließlich der Familienangehörigen insgesamt ca. 300 Personen[61]. Da nur eine von den in der Reichspogromnacht vom 10./11. November 1938 verschwundenen Tora-Rollen gefunden wurde, für den Gottesdienst aber wenigstens zwei benötigt werden, war die Stadt Erlangen bei der Beschaffung einer neuen Tora-Rolle finanziell behilflich, diese wurde in Israel gefertigt. Die alte Tora-Rolle war vom letzten Vorbeter, Lehrer und Schochet der alten Gemeinde, Herrn Schwarz, gerettet und nach Amerika mitgenommen worden. Die neue Gemeinde erhielt sie dann von Max Fleischmann, einem Bekannten der Familie Schwarz, zurück[62]. Seit 2002 wird auch der alte jüdische Friedhof an der Rudelsweiher Straße wieder genutzt.

Wenngleich die Mitglieder der Gemeinde sich nach eigenem Bekunden in Erlangen wohl fühlen und sich zu Deutschland bekennen, verstehen sie sich als Juden in Deutschland, nicht aber als deutsche Juden.

Gedenken an die Reichspogromnacht im jüdischen Friedhof, 2003

Aufstellung einer Pin-Nadel am ehemaligen Standort des Herz-Denkmals, 12.4.2002

Entzündung des Chanukka-Leuchters auf dem Hugenottenplatz, 21.12.2006

Anmerkungen

1. Friedrich Battenberg, Judengesetzgebung, in: Julius H. Schoeps (Hrsg.), Neues Lexikon des Judentums, überarb. Aufl. Gütersloh 2000, S. 423–427, hier S. 423. – Die Vorstellung der Juden als einer religiös-kulturell hervorgehobenen Volksgruppe entspricht durchaus heutigem jüdischen Empfinden.
2. Vgl. die Artikel Judenregal (RD) und Judenschutz (FL) im Lexikon des Judentums (wie Anm. 1), S. 429.
3. Vgl. den Artikel Geldhandel (FL) im Lexikon des Judentums (wie Anm. 1), S. 289.
4. Friedrich Lotter, Geschichte der Juden im Mittelalter, in: Lexikon des Judentums (wie Anm. 1), S. 573–576, hier S. 575.
5. Ders., S. 576.
6. Leibl Rosenberg, Juden in Nürnberg, in: Michael Diefenbacher/Rudolf Endres (Hrsg.), Stadtlexikon Nürnberg, Nürnberg 1999, S. 502.
7. Bernhard Purin, Art. Judenpogrome, in: Stadtlexikon Nürnberg (wie Anm. 6), S. 501.
8. Ilse Sponsel, Juden in Erlangen, in: Christoph Friederich/Bertold Frhr. von Haller/Andreas Jakob (Hrsg.), Erlanger Stadtlexikon, Nürnberg 2006, S. 396.
9. Ernst Deuerlein, Die Juden in Erlangen vor der Gründung der Neustadt. Teil 2 und 3, in: EH 24/1941, S. 5f.
10. Ders., Die Juden in Erlangen vor der Gründung der Neustadt. Teil 5, in: EH 24/1941, S. 14f.
11. Ders., Die Juden in Erlangen vor der Gründung der Neustadt, Teil 6, in: EH 24/1941, S. 19. In der preußischen Staatsbibliothek Berlin existiert demzufolge eine hebräische Pergamenthandschrift aus dem 14. und 15. Jahrhundert mit Notizen über ihren Verkauf 1509 an Jakob Koppelmann.
12. Bertold Frhr. von Haller, Art. Juden in Bruck, in: Erlanger Stadtlexikon (wie Anm. 8), S. 395f.
13. Theodor Krische, Die Erlanger Flurnamen, ungedruckte Dissertation Erlangen 1937, S. 171 und S. 180.
14. Bertold Frhr. von Haller, Art. Juden in Baiersdorf, in: Erlanger Stadtlexikon (wie Anm. 8), S. 395.
15. Andreas Jakob/Ralf Rossmeissl, Zur Geschichte der jüdischen Gemeinde von Bruck, in: EB 36 (1988), S. 173–196, S. 181.
16. Ebenda.
17. Johann Paul Reinhard, Chronik der Stadt Erlangen. Manuskript um 1774–1778, Abschrift StadtAE, R.41.a.7/30, S. 71. – Ilse Sponsel, Art. Juden in Erlangen, in: Erlanger Stadtlexikon (wie Anm. 9), S. 396f.
18. Vgl. dazu auch Ernst Deuerlein, Die Juden in Erlangen vor der Gründung der Neustadt, Teil 7, in: EH 25/1942, S. 1f.
19. Andreas Jakob, Art. Erlanger (Familienname), in: Erlanger Stadtlexikon (wie Anm. 8), S. 235.
20. Brunhilde Scholze, Juden in Büchenbach von 1681 bis 1803, in: EB 40/1992, S. 173–217. – Dies., Juden in Büchenbach von 1803 bis 1810, in: EB 42/1994, S. 233–246. – Dies., Juden in Büchenbach 1810

bis 1873, in: EB 44/1996, S. 89–172. – Michaela Meyer, Art. Juden in Büchenbach, in: Erlanger Stadtlexikon (wie Anm. 8), S. 396.
21 StadtAN, B 18 Nr. 667.
22 Sponsel, Juden in Erlangen (wie Anm. 17).
23 Andreas Jakob, Die Neustadt Erlangen. Planung und Entstehung (EB 33/1986, Sonderband), S. 84f.
24 StadtAE, 1.B.1, pag.265f.
25 Ferdinand Lammers, Geschichte der Stadt Erlangen von ihrem Ursprunge unter den fränkischen Königen bis zur Abtretung an die Krone Bayern, Erlangen 1834, S. 131f.
26 Walther von Loewenich, Die „Erlanger Theologie", in: Alfred Wendehorst (Hrsg.), Erlangen. Die Geschichte der Stadt in Darstellung und Bilddokumenten, München 1984, S. 119–125, hier S. 120.
27 Friedrich Christian Rudel, Chronik der Stadt Erlangen, Manuskript, 1790/95, S. 225.
28 Der., S. 235.
29 Herbert Hirschfelder, Jüdische Promovenden an der Universität Erlangen bis 1843. Eine Skizze, in: EB 41/1993, S. 299–316.
30 Ursula Münchhoff, Bildung in Armut. Schule und Schulzucht in der ersten Hälfte des 19. Jahrhunderts, in: Jürgen Sandweg (Hrsg.), Erlangen. Von der Strumpfer- zur Siemensstadt, Erlangen 1982, S. 127-, 174, hier S. 155f. – Dies., Jüdische Schüler des Gymnasiums Fridericianum Erlangen 1815–1861, in: EB 37 (19899, S. 65–92.
31 ##LH, Artikel Namen, in: Lexikon des Judentums, S. 593f.
32 Biographische Daten nach Renate Wittern-Sterzel, Art. Herz, Jakob, in: Erlanger Stadtlexikon (wie Anm. 8), S. 362. – Zum Denkmal Alya Bohnsack, Art. Herz-Denkmal, in: ebenda, S. 363f.
33 Scholze, Büchenbach von 1803 bis 1810 (wie Anm. 20), S. 235f.
34 Sponsel, Juden in Erlangen (wie Anm. 17).
35 Brunhilde Scholze, Die Auswanderung von bayerischen Juden nach Nordamerika bis 1852. Aufgezeigt am Beispiel des Hajum Fleischmann aus Büchenbach, in: EB 38/1990, S. 147–172.
36 Bertold Frhr. von Haller, Art. Juden in Bruck, in: Erlanger Stadtlexikon (wie Anm. 8), S. 395f.
37 Michaela Meyer, Art. Juden in Büchenbach, in: ebenda, S. 396.
38 Hirschfelder, Jüdische Promovenden (wie Anm. 29) S. 310.
39 Sponsel, Juden in Erlangen (wie Anm. 17).
40 Wulf-Dieter Geyer, Art. Noether, Emmy, in: Erlanger Stadtlexikon (wie Anm. 8), S. 524f..
41 Hirschfelder, Jüdische Promovenden (wie Anm. 29), S. 310. Vgl. dort auch zu weiteren getauften Juden, die an der Universität promovierten.
42 Ilse Sponsel, Hildegard Laink Vißing, geb. Katz. Zur Biographie der letzten Erlanger Jüdin, in: EB 46 (1998), S. 287–294.
43 Ilse Sponsel, „Für das Vaterland starb auf dem Felde der Ehre ..." Der vaterländische Beitrag der Erlanger Juden im Ersten Weltkrieg, in: EB 43 (1995), S. 117–144.
44 Erlangen (Mittelfranken/Bayern). Jüdische Geschichte/Synagoge, in: http://www.alemannia-judaica.de/erlangen_synagoge.htm (12.03.2007).
45 Manfred Hanisch/Michael Stürmer, Aufstieg und Niedergang des Bismarckstaates in der Provinz: Sozialstruktur, Wahlverhalten und politische Ereignisse in Erlangen 1848/49–1918/19, in: Wendehorst (Hrsg.), Erlangen (wie Anm. 26), S. 107–112, hier S. 112.
46 Siegfried Ziegler, Nationalsozialismus in Erlangen. Jahre der Entscheidung und Anpassung 1932–1934, in: Jürgen Sandweg (Hrsg.), Erlangen. Von der Strumpfer zur Siemens-Stadt, Erlangen 1982, S. 541–632, hier S. 570. – Heinrich Hirschfelder/Sigrid Albrecht, Politische Ereignisse und kommunale Gestaltung seit 1919, in: Wendehorst (Hrsg.), Erlangen (wie Anm. 26), S. 175–178, hier S. 177.
47 Sponsel, Für das Vaterland (wie Anm. 42), S. 125.
48 Ziegler (wie Anm. 46), S. 588.
49 Andreas Jakob, Bierfest, Volksfest, Kultereignis. Die Entwicklung der Bergkirchweih von 1755 bis 2005, in: Andreas Jakob (Hrsg.), Die Erlanger Bergkirchweih. Deutschlandsa ältestes und schönstes Bierfest. Geschichte, Bierkeller, Rummelplatz, Nürnberg 2005, S. 21–193, hier S. 94.
50 Ziegler (wie Anm. 46), S. 570.
51 Ilse Sponsel, Art. Reichspogromnacht, in: Erlanger Stadtlexikon (wie Anm. 8), S. 580f.
52 Ernst G. Deuerlein, Die Juden in Erlangen vor der Gründung der Neustadt, in: EH 24 (1941), S. 41f.
53 Vgl. dazu Helmut Anzeneder, Nachtrag zum Aufsatz „Die christlichen Gemeinden in Erlangen in der Auseinandersetzung mit dem Nationalsozialismus", in: EB 46 (1998), S. 295–298, bes. S. 296ff. „Ein Versuch, der jüdischen Familie Bénesi zu helfen.
54 Sponsel, Juden in Erlangen (wie Anm. 17).
55 Erlangen (Mittelfranken/Bayern). Jüdische Geschichte/Synagoge, in: http://www.alemannia-judaica.de/erlangen_synagoge.htm (12.03.2007).
56 Wolfgang Most, Wehrsportgruppe Hoffmann: Vereinigung der Einzeltäter. Vor 25 Jahren: Mord an Shlomo Lewin und Frieda Poeschke in Erlangen. 23.12.2005, in: http:/www.raumzeit-online.de/?mode=show_article&article=772&pub=122&cat=14 (12.03.2007).
57 Erlanger Nachrichten vom 16. Juni 1996, Namen im Gespräch (zum Tod von Alex Bauer).
58 Erlanger Nachrichten 21. März 2000.
59 Vgl. Dazu Gottfried Lindenberg, Der Neuanfang der jüdischen Gemeinde in Erlangen seit 1997, in: Christoph Friederich (Hrsg.), Erinnerung, Gedenken, Neuanfang. Reden zum 27. Januar 2004 (Veröffentlichungen des Stadtarchivs Erlangen, Nr. 2), Nürnberg 2005, S. 37–43.
60 Lindenberg (wie Anm. 59), S. 39ff.
61 Rose Wanninger, Art. Israelitische Kultusgemeinde, neue, in: Erlanger Stadtlexikon (wie Anm. 8), S. 389.
62 Die neue jüdische Gemeinde, in: http://www.lo-net.de/home/d.weier/neue%20gemeinde.htm (12.03.2007).

Holger Forssman

„Vom Nebeneinander zum Miteinander"

Christen und Muslime in Erlangen[1]

Ein Prüfstein für die Frage, wie die Tradition der Offenheit in Erlangen fortlebt, ist das Verhältnis zwischen Christen und Muslimen in der Stadt.

Die Anfänge der Muslime in Erlangen

Gegenwärtig zählt die Stadt etwa 5000 muslimische Mitbürgerinnen und Mitbürger, also rund 5% der Bevölkerung[2]. Die Zahl lässt sich freilich nur aus den Herkunftsländern ableiten, also aus den Zuzugsadressen oder aus der Staatsangehörigkeit. Die muslimische Religionszugehörigkeit wird von der städtischen Meldestelle nicht eigens erfasst. Das bedeutet zugleich: Die Zahl wird mit zunehmender Einbürgerung und Aufenthaltsdauer in Deutschland immer unschärfer. Kaum aussagekräftig sind auch die Mitgliederzahlen der beiden Erlanger Moscheevereine. Hier engagieren sich die wenigen Hochmotivierten. Beide Vereine haben zusammengenommen weniger als 500 zahlende Mitglieder. Und nachweisbare Unterlagen, die einem christlichen Taufschein oder einem Eintrag in ein Kirchenbuch entsprechen, gibt es auf muslimischer Seite nicht.

Anfangs fehlte es den Muslimen in Erlangen überhaupt an einer Vertretung in der Öffentlichkeit. Den seit den 1960er Jahren zugewanderten Muslimen ermangelte es zudem an Sprachkenntnissen, um über ihren Glauben im fremden Umfeld Rechenschaft abzulegen. Und sie hatten sich, entsprechend ihrer Stellung als „*Gastarbeiter*", nicht auf einen dauerhaften Aufenthalt eingerichtet.

Vom Gastarbeiter zum Mitbürger

So vergingen etwa 15 Jahre, in denen der Islam in der städtischen Gesellschaft kaum in Erscheinung trat. Erst am Ende der 70er und Anfang der 80er-Jahre änderte sich das Bild. Aus den „*Gastarbeitern*" begannen Mitbürger zu werden, die im Stadtbild immer deutlicher wahrnehmbar wurden. Dazu gehörte auch die Gründung von Vereinen und die Bildung von Interessensverbän-

Studenten aus islamischen Staaten beim Festzug zum Erlanger Stadtjubiläum 1967

den. Der Türkisch-Islamische Kulturverein Erlangen wurde 1980 von Türkischen Muslimen gegründet, um Glaubensgeschwistern in der Stadt und Umgebung die Ausübung ihrer Religion zu ermöglichen. Dazu wurden Vereinsräume in der Westlichen Stadtmauerstraße 3 angemietet, die nur sehr bescheidenen Anforderungen genügten: Ein Gruppenraum im Erdgeschoss diente der Geselligkeit und den Vereinstreffen. Der Gebetsraum im ersten Stock war nur über eine enge Treppe erreichbar und über einen einzelnen Ofen beheizbar. 1989 schloss sich der Verein dem Dachverband DITIB an (Türkisch-Islamische Union der Anstalt für Religion), der selbst wiederum ein Ableger des staatlichen Türkischen Präsidiums für religiöse Angelegenheiten ist. Der Türkische Staat stellt und finanziert seither Männer, die in der Gemeinde jeweils für fünf Jahre sowohl als Hodscha (Lehrer) wie als Imam (Vorbeter) arbeiten.

1984 wurde der Islamische Studentenverein Erlangen gegründet, zuerst noch in einer studentischen Mietswohnung. Bald darauf bezog er sein erstes Quartier in der Waldstraße 9. In der ehemaligen Bäckerei gab es nur einen größeren Raum im Erdgeschoss, der zur Straße hin gegen die Blicke der Passanten geschützt werden musste und je nach Bedarf abwechselnd als Versammlungsraum und Gebetsraum genutzt wurde.

Während sich im Türkisch-Islamischen Kulturverein überwiegend türkischsprachige *„Gastarbeiter"* zusammengeschlossen hatten, bot der Islamische Studentenverein ein sehr buntes Bild. Studierende aus der Arabischen Welt, aus Asien und aus Afrika trafen hier auf Akademiker, die teils an der Universität, teils bei internationalen Firmen beschäftigt waren und zeitweilig oder auf Dauer eine Heimat in Erlangen gefunden hatten. Hier sprach man Arabisch und Französisch miteinander, von Anfang an aber auch Deutsch, weil die Sprache des Gastlandes vielfach auch die einzige gemeinsame Sprache war. So nimmt es nicht Wunder, dass der Islamische Studentenverein schon im Jahr seiner Gründung mit den Christlichen Studentengemeinden (ESG und KHG) in Kontakt trat.

Erste Begegnungen zwischen Christen und Muslimen

Der Impuls zur Begegnung zwischen Christen und Muslimen ging jedenfalls in Erlangen von den Muslimen aus. Mit wachsender Sprachkenntnis und Integration in die Gesellschaft nahm auch das Bedürfnis zu, als gläubige Muslime wahrgenommen zu werden.

In der ersten Phase des Dialogs waren die Rollen ziemlich klar verteilt. Die Muslime wollten mit ihrem Glauben in Erscheinung treten und von seiner Bedeutung für ihr Leben erzählen. Das war nicht nur in Erlangen so. 1993 wurde in Nürnberg die *„Brücke-Köprü"* gegründet, eine christlich-muslimische Begegnungsstube. 1994 wurde der Zentralrat der Muslime in Deutschland ins Leben

Türkisches Geschäft in der Kammererstraße

Türkische Folklore in der Begegnungsstätte Pestalozzistraße, um 1990

gerufen. Es war eine Zeit angebrochen, in welcher der deutsche Islam zu einem eigenen Selbstbewusstsein fand. Er suchte dazu Foren und Räume, um sich darzustellen. Er kam aus seinen verborgenen Winkeln hervor, in denen sich bislang sein religiöses Leben abgespielt hatte.

Die christlichen Gesprächspartner waren in dieser Phase des Gesprächs vor allem als Zuhörer gefragt, als Stichwortgeber und als Mutmacher. Auf das, was sie inhaltlich zu sagen hatten, wurde weniger Wert gelegt. Das hat uns christlichen Dialogpartnern den Vorwurf eingebracht: *„Ihr lasst euch instrumentalisieren! Warum seid ihr so naiv und gebt den Muslimen immerzu Gelegenheit zur Selbstdarstellung?"*

Ganz einfach, weil wir froh waren, dass die deutschen Muslime mündig wurden. Es war eine Freude und ein Gewinn, endlich Gesprächspartner zu haben. Es war eine Bereicherung, von Muslimen aus erster Hand über ihren Glauben zu erfahren.

Dabei gab es unvermeidliche Schieflagen. Die Muslime, die hier als Lehrende auftraten, waren in der Regel viel weniger gebildet als ihre christlichen Gesprächspartner, die oftmals studierte Theologen waren. Aber man kann doch sagen, dass wir gemeinsam in diesen ersten Jahren viel über den Islam gelernt haben: wir interessierten Christen als Zuhörer und Frager, und die Muslime selber als solche, die ihren praktisch gelebten Glauben nun auch in Worten ausdrücken mussten und zwar in deutschen Worten, so dass Nicht-Muslime sie verstehen konnten. Und im Gegenüber zum Islam haben wir Christen unseren eigenen Glauben besser und tiefer verstanden und Sprache gewonnen, um Selbstverständliches zu erklären.

Die Etablierung der Muslime in Erlangen

In Erlangen geht diese Phase derzeit zu Ende. Der Drang in die Öffentlichkeit ist nicht mehr so groß. Denn die Öffentlichkeit hat die Muslime enttäuscht. Die Darstellung des Islams in den Medien wird als einseitig erfahren. Und auf der Seite derjenigen Nichtmuslime, die man als Publikum bei Vorträgen, Führungen, Tagen der offnen Tür usw. erlebt, scheint kein Erkenntnisfortschritt stattzufinden. Die Muslime haben häufig den Eindruck, in einem Kreislauf der immer gleichen Fragen und Verdächtigungen festzustecken. Ihnen wird beispielsweise immer wieder die Unterdrückung der Frauen und die Bereitschaft zur Gewalt unterstellt. Die Widerlegungen aber werden kaum zur Kenntnis genommen.

Diese Enttäuschung von der Öffentlichkeit könnte zugleich den Beginn einer neuen Phase des Dialogs ankündigen. Einer Phase, in der nun die langjährigen christlichen Dialogpartner nicht mehr als Teil der deutschen Öffentlichkeit von Bedeutung sind, sondern als eigenständige Personen mit interessanten und lehrreichen Ansichten. In dieser Phase wird das Lehren und Lernen, das Geben und Nehmen ein echter gegenseitiger Austausch.

Einen wichtigen Wendepunkt markiert der Beginn des neuen Jahrtausends. Einerseits wird der Islam seit den Anschlägen von New York, Madrid und London öffentlich fast ausschließlich unter dem Vorzeichen der Bedrohung wahrgenommen. Andererseits ist gerade in Erlangen (und vergleichbar in anderen Städten Deutschlands) seither Entscheidendes passiert. Die Moscheegemeinden haben ihre provisorischen Quartiere verlassen und sich sichtbar und dauerhaft in der Stadt eingerichtet. Der Türkisch-Islamische Kulturverein hat ein ehemaliges Fabrikgebäude in der Michael-Vogel-Straße 24B auf bewundernswerte Weise zu einem repräsentativen Vereinslokal mit großzügigem Gebetsraum umgebaut und 2002 bezogen. Im selben Jahr änderte der Islamische Studentenverein aufgrund seiner Mitgliederentwicklung den Vereinsnamen in *„Islamische Gemeinde Erlangen e.V."* und zog nur ein knappes Jahr später in ein schönes Anwesen am Erlanger Weg 2 um. Die Erlanger Muslime machten also deutlich, dass sie auf Dauer in Deutschland angekommen sind, dass sie hier eine Heimat gefunden haben und einen Platz in der Stadt und in der Mitte der Gesellschaft beanspruchen.

„Christentum und Islam im Gespräch"

Ein wichtiges Datum in der Erlanger Geschichte christlich-muslimischer Begegnungen ist der 26. März 1996. Im Lesesaal der Stadtbücherei fand eine öffentliche Veranstaltung *„Christentum und Islam im Gespräch"* statt. Noch im selben Jahr 1996 wurde die Erlanger Christlich-Islamische Arbeitsgemeinschaft ins Leben gerufen. Im Gründungstext heißt es: *„Willkommen ist jeder, der/jede, die die nachfolgend genannten Ziele unterstützt: Die Christlich-Islamische Arbeitsgemeinschaft Erlangen will das Verhältnis zwischen Christen und Muslimen verbessern. An die Stelle des Redens übereinander setzt sie das Gespräch miteinander und die Bereitschaft, den jeweils anderen in seiner Religion und Kultur besser zu verstehen und zu akzeptieren. Dabei soll das Gemeinsame betont, das Unterschiedliche nach Möglichkeit so erklärt werden, dass es nicht länger als trennend empfunden wird. Interreligiöser Dialog führt nicht zur Verwischung von Unterschieden, sondern zur Vertiefung des jeweils eigenen Glaubens.*

Türkischer Sportverein, 1996

Gerufen, gekommen – wir bleiben!
Çağrıldık, geldik – biz kalıyoruz!

Programm:

Freitag, 11. November, 19.30 Uhr
Eröffnung der türkischen Kulturwochen und der Ausstellung mit Werken des türkischen Malers İsmail Çoban.
Musik: Ali Çelikkaya, Brigitte Wagner
İsmail Çoban'ın Resim sergisinin açılışı – sanatçı da açılışta bulunacak –
"İnsan Resimleri"
Müzik: Ali Çelikkaya, Brigitte Wagner

Samstag, 12. November, 15.00 Uhr
"Wuppis Märchenkiste"
Ein Theaterstück für Kinder von Vedat Erincin
Vedat Erincin'den "Wuppis Märchenkiste"
Çocuklarında katılabileceği Çocuk Oyunu
– 3 ile 8 yaş arasındaki çocuklar için –

Montag, 14. November, 20.00 Uhr
"Istanbul – die ungeplante Stadt am Bosporus"
Vortrag von Dr. Harald Standl, Universität Bamberg
"İstanbul, Boğaz'daki plansız şehir"
Konferans Dr. Harald Standl – Coğrafya –
Bamberg Üniversitesi

Dienstag, 15. November, 20.00 Uhr
"Als die Gäste blieben..."
Türkisches Leben in Forchheim – Heimatgeschichten
Ein Film von Gülseren Suzan und Jochen Menzel,
57 min., 1994
"Als die Gäste blieben – Konuklar Gitmeyince"
Forchheim'daki Türk yaşamı, Memleket hikayeleri
Gülseren Suzan ve Jochen Menzel'den bir film

Freitag, 18. November, 20.00 Uhr
Klassische türkische Instrumentalmusik mit dem Instrumental-Ensemble des Türkischen Chores Nürnberg
Müzik Gecesi
Nürnberg Türk Korosu Saz Heyetinden
"Klasik Türk Saz Müziği"

Montag, 21. November, 19.00 Uhr
"Muslime, Christen und Juden. Ihr Zusammenleben im Osmanischen Reich"
Vortrag von Prof. Dr. Hans Georg Majer,
Universität München
"Osmanlı İmparatorluğunda Yahudi, Hıristiyan ve Müslüman Beraberliği"
Konferans Prof. Dr. Hans Georg Majer, Münih Üniversitesi

Dienstag, 22. November, 20.00 Uhr
"Die EU-Türkei-Beziehungen im Spannungsfeld zwischen Assoziation und Vollmitgliedschaft
– Werdegang einer ungleichen Partnerschaft –
Vortrag von Dr. Harun Gümrükçü, Universität Hamburg
"Asosyasyon ve tam üyelik arasındaki gerilim alanında AB-Türkiye İlişkileri"
Konferans Dr. Harun Gümrükçü, Hamburg Üniversitesi

Freitag, 25. November, ab 19.30 Uhr
Großer Kabarettabend – Doppelprogramm:
"Mohren köpfen, Neger küssen"
Rainer Wolf's politisch-satirisches Kabarett über Rassismus
"Die Bodenkosmetikerinnen"
Ausländisches Frauenkabarett aus Münster
Büyük Kabare Gecesi
"Mohren köpfen, Neger küssen"
Rainer Wolf'ten ırkçılık üzerine politik kabare
"Die Bodenkosmetikerinnen"
Yabancı Kadınlar Kabaresi

Beiträge zur türkischen Kultur
Türk kültürüne katkılar

Veranstalter:
Kulturamt der Stadt Erlangen und
Türkisch-Deutscher Solidaritätsverein
Düzenleyen: Erlangen Kültür Dairesi
Erlangen Türk-Alman Dayanışma Derneği

11.–25. November 1994
Kulturtreff, Helmstraße 1, Erlangen

Türkisches Selbstverständnis 1994

Er schafft auch eine Vertrauensbasis für die Erörterung wichtiger Aufgaben des öffentlichen Lebens in unserer Stadt"³.

Zu den Mitgliedern der Arbeitsgemeinschaft, die von Altoberbürgermeister Dr. Dietmar Hahlweg moderiert wird, gehören Vertreter/innen der beiden Moscheegemeinden und der großen christlichen Kirchen, der Stadt Erlangen und ihres Ausländerbeirats, der Schulen sowie der Universität. Entscheidende Impulse kamen immer wieder gerade von den Letztgenannten, die auf glückliche Weise wissenschaftliche Fachkenntnis und Objektivität mit gesellschaftlichem Weitblick und Engagement verbanden. So konnte Erlangen zum Vorreiter für ein Bayerisches Modell „*Islamischer Religionsunterricht*" werden, das sich nach Jahren der Planung und Vorbereitung ausgezeichnet in der Praxis bewährt.

Die Arbeitsgemeinschaft konzentrierte sich bei ihren Treffen von Anbeginn bewusst auf Fragen und Probleme des täglichen Zusammenlebens, um so gemeinsam konkrete Fortschritte zu erzielen und sich dabei kennen und vertrauen zu lernen. Grundsatzfragen und kritische oder kontroverse Themen werden in Sonderveranstaltungen oder in Veranstaltungen einzelner Mitgliedspartner behandelt. Die Arbeitsgemeinschaft agiert dabei auf unterschiedlichste Weise, so unter anderem als Diskussionsforum, als Informationsbörse, als Veranstalter, als Netzwerk verschiedener Einrichtungen, als Anstoßgeber und Vermittler.

Drei gute Gründe, sich nicht abzugrenzen

Immer wieder werden die Dialogpartner nach ihren Motiven gefragt. Drei gute Gründe gibt es, sich nicht abzugrenzen, sondern bewusst und offen aufeinander zuzugehen.

Wir führen den Dialog erstens aus persönlichen Gründen, um unser Wissen zu vertiefen, unseren Glauben zu stärken und unser gegenseitiges Verständnis zu festigen.

Wir führen zweitens den Dialog aus Gründen der guten Nachbarschaft, um vor Ort in unserer Stadt und unserem Land besser gemeinsam leben zu können. Und wir führen drittens den Dialog im Blick auf den Weltfrieden. Denn der große Friede fängt vor jeder einzelnen Haustür an und braucht viele kleine Schritte einzelner Menschen.

Der persönliche Gewinn aller in Erlangen am Dialog und den Begegnungen Beteiligten ist beträchtlich. Christen und Muslime haben viel übereinander und über die eigene Religion gelernt. Es sind Freundschaften geschlossen worden und es ist ein belastbares Vertrauen gewachsen. Das zeigt sich vor allem bei gemeinsamen Veranstaltungen wie dem jährlichen Friedensweg der Religionen oder Kundgebungen zu aktuellen Themen wie dem „*Karikaturenstreit*", der im Jahr 2006 die Gemüter erregte. Hier zeigt sich, dass es in Erlangen inzwischen einen breiten gesellschaftlichen Konsens gibt, der die muslimischen Gemeinden einschließt und als Gleichberechtigte beteiligt.

Theaterplakat, Dezember 2003

Döner auf der Erlanger Bergkirchweih, 2000

Auf dem Feld der guten Nachbarschaft zeigt sich die Erlanger *„Offenheit aus Tradition"* am deutlichsten. Gegen keinen einzigen Schritt, der bisher zurückgelegt wurde, um den Erlanger Muslimen entgegenzukommen, hat es öffentlichen Widerstand oder auch nur Protest gegeben. Dazu gehören der Frauenbadetag im Hallenbad Frankenhof genauso wie das Muslimische Gräberfeld in Steudach oder eben das Pilotprojekt *„Islamischer Religionsunterricht"* an der Grundschule Brucker Lache und der Eichendorffschule. Zugleich beschränkt sich die *„Offenheit"* aber auf eine freundliche Duldung, also auf *„Toleranz"* und ein friedliches Nebeneinander. Weitere Schritte hin zu einem Miteinander werden den wenigen Engagierten beider Seiten überlassen. Diese werden allgemein als Repräsentanten empfunden, die stellvertretend eine Brückenfunktion übernehmen.

Gelegentlich werden natürlich trotzdem Bedenken laut. So kennt der Autor die Frage, warum er als Christ so viel Entgegenkommen zeige. Muss man nicht um den Fortbestand des Christentums in unserem Land fürchten, wenn der Islam einen immer größeren Raum einnimmt und in immer mehr gesellschaftliche Bereiche vordringt?

„Wie ihr wollt, dass euch die Leute tun sollen, so tut ihnen auch!"

Darauf gibt es verschiedene Antworten. Die wichtigste ist kurz und eindeutig die goldene Regel, die Jesus für das menschliche Miteinander aufgestellt hat: *„Wie ihr wollt, dass euch die Leute tun sollen, so tut ihnen auch!"* (LK 6, 31) Zugleich ist das ja eine Grundregel in jedem demokratischen Staat: Rechte, die man

Türkischer Unterricht, 24.9.2001

selber beansprucht, muss man auch anderen zugestehen, sonst untergräbt man sie und arbeitet an ihrer Abschaffung mit.

Ein andere Antwort könnte lauten: Es ist schön, dass es sichtbare Zeichen gelebter Religion in unserem Land gibt, auch wenn sie nicht auf die christliche Religion verweisen. Trotzdem belegen sie, dass der Materialismus, aus dem so viele Menschen den oberflächlichen Sinn ihres Lebens beziehen, eine Grenze hat. Die kritischen oder verärgerten Anfragen an unser Entgegenkommen und unsere Gastfreundschaft werden oft mit Hinweisen auf die Situation von Christen in muslimischen Ländern verbunden. Und damit sind wir beim dritten guten Grund für den Dialog, dem Eintreten für den Frieden auf der Welt. Der Islam in Deutschland wird nämlich nicht als deutsches Phänomen wahrgenommen, sondern als Teil des weltweiten Islams. Das ist natürlich nicht immer fair. Aber auch in dieser Zumutung liegen Chancen.

Es wird immer mehr Menschen deutlich, dass es keinen Frieden auf der Welt ohne einen Frieden der Religionen geben kann. Das Gespräch der Religionen, ihre Verständigung und ihre Friedfertigkeit sind ein wichtiger Schlüssel zum Frieden auf der Welt. Und dieses Gespräch, diese Verständigung kann jedenfalls nicht nur zwischen hohen Repräsentanten, gewissermaßen auf

Deutschsprachiger Islamunterricht in Bruck, 18.9.2003

Fastenbrechen mit der Islamgesellschaft, 13.12.2001

Islamisches Opferfest in der Moschee Michael-Vogel-Str. 24b, 10.1.2006

Regierungsebene stattfinden. Das Gespräch muss vor allem dort geführt werden, wo die Menschen miteinander leben und wo sich der Frieden im Alltag bewähren soll. Und es braucht vor Ort Begegnungen, Straßenfeste, Initiativen wie den Friedensweg der Religionen, um sich ungezwungen die Hände zu reichen, Vertrauen zu bilden und sich kennenzulernen.

Alles was hier an einem Ort, in einer Stadt gelingt, kann in unserer mobilen und globalisierten Welt ein Zeichen werden, dass das Gespräch, die Verständigung und die Versöhnung auch anderswo Wirklichkeit werden können. Wo wir einander als Menschen wahrnehmen und auf Augenhöhe begegnen, da ist der Friede nicht weit.

Anmerkungen

1. In den Beitrag sind Teile eines Vortrags eingeflossen, den der Autor anlässlich des 10jährigen Jubiläums der Christlich-Islamischen Arbeitsgemeinschaft Erlangen am 22.9.2006 in der Hugenottenkirche gehalten hat.
2. Bernhard Schneider, Art. Islamische Vereine, in: Christoph Friederich/Bertold Frhr. von Haller/Andreas Jakob (Hrsg.), Erlanger Stadtlexikon, Nürnberg 2002, S. 388f.
3. Unveröffentlichtes Dokument, über den Autor zu beziehen.

Jeder hat seine Geschichte, überall. Türkische Proteste gegen eine Darstellung der griechischen Geschichte in einer Ausstellung im Stadtmuseum über Fremde und Fremdsein, Februar 2007

Hans Markus Horst

Der Erlanger Friedensweg: Ein Aufruf zum Dialog der Religionen

„In Frieden und Toleranz zu leben ist eine Kunst, diese Kunst müssen wir immer wieder neu lernen."

„Offen aus Tradition"?

Im Jahr 1974 war bei der Such nach einem neuen Slogan für die Stadt Erlangen die Beteiligung der Bürger größer als erwartet: Zu dem Ende Mai ausgeschriebenen Wettbewerb für die *„Erlanger Woche"* gingen 460 Einsendungen mit 1295 verschiedenen Vorschlägen ein. Aus der Vielzahl der Ideen kristallisierte sich bald als 1. Preis für das neue Erlanger Stadtmotto die Devise *„Offen aus Tradition"* heraus[1].

Dieser Leitspruch, der bei allen sich bietenden öffentlichen Anlässen von den Rednern gerne zitiert wird, vermittelt bis heute ein markantes Profil der Stadt nach außen und ein wohlwollend akzeptiertes Identifizierungsangebot an die Erlanger Bürger nach innen[2].

Häufig jedoch wird das Stadtmotto *„Offen aus Tradition"* als Beschreibung einer in der Barockzeit entstandenen toleranten Erlanger Stadtkultur (miss)verstanden. Ausgangspunkt für diese Interpretation ist sicher das am 7. Dezember 1685 erlassene Toleranzedikt des Markgrafen von Brandenburg-Bayreuth Christian Ernst zur Ansiedelung der vor den Katholiken aus Frankreich geflohenen Hugenotten in Erlangen.

Trotz seiner toleranten Einstellung ging es dem Markgrafen Christian Ernst bei der Werbung um die französischen Flüchtlinge vorrangig darum, *„tüchtige Kaufleute und Handwerker in sein noch vom 30jährigen Krieg ausgeblutetes Fürstentum zu bekommen. Ohne diese handfesten wirtschaftlichen Interessen hätte er vermutlich den Ärger mit seinen Untertanen, seinen Beamten und vor allem den Vertretern der lutherischen Kirche nicht in Kauf genommen"*[3]. Neben allem Mitgefühl mit den Flüchtlingen schlug ihnen auch viel Hass, Neid auf ihre Privilegien und Misstrauen gegenüber dem Calvinismus entgegen; die sozialen Spannungen waren groß. Sieht man genau hin, stellt sich heraus, dass die damalige gesellschaftliche Realität keineswegs so eindeutig von genereller Offenheit und Toleranz gekennzeichnet war, wie es die seit den siebziger Jahren des vergangenen Jahrhunderts in der *„Stadterzählung"* transportierten Schlagworte nahe legen.

Auch die Emanzipationsbestrebungen der Katholiken stießen in der protestantischen Bürgerschaft Erlangens trotz des fürstlichen Willens zur Toleranz auf massive Ablehnung. Bis ins letzte Drittel des 18. Jahrhunderts wurde die freie Religionsausübung der römisch-katholischen Mitbürger von Hugenotten und Lutheranern beharrlich verhindert. Als es im April 1784 trotz heftiger Widerstände zur Gründung der Pfarrei Herz Jesu kam, musste das neue Kirchengebäude für die katholische Minderheit aufgrund der Intervention seitens der Protestanten *„außerhalb"* des Stadtgebietes erbaut werden.

Am schlimmsten von allen Religionsgemeinschaften erging es jedoch der jüdischen Gemeinde. Für die ab 1364 in Erlangen angesiedelten Juden erfolgte bereits 1515 auf Anregung des Landtages die Ausweisung aller Juden aus dem Markgrafentum Brandenburg-Kulmbach. 1711 ließen sich sogar die wegen ihres Glaubens aus Frankreich geflohenen Hugenotten von Markgraf Christian Ernst verbriefen, *„dass von nun an zu ewigen Zeiten in Christian- und Alt-Erlang oder deren Vor-Städte kein Jude …*

Eine Anleitung zum Friedensweg. Broschüre der Stiftung Weltethos, Titelblatt, um 2000

Aufruf zum Erlanger Friedensweg, 2001

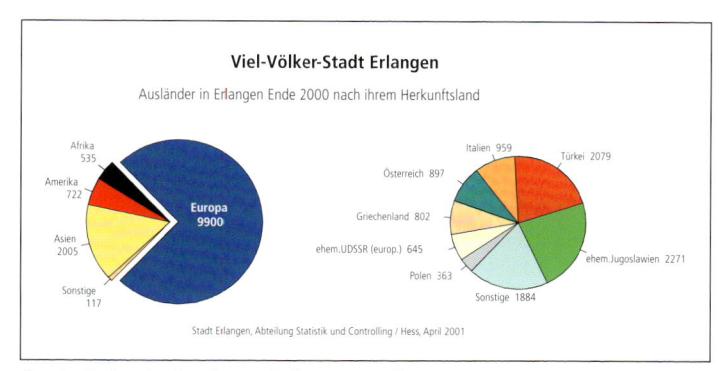

Statistik der Ausländer in Erlangen Ende 2001

sich niederlassen, einkaufen oder anbauen soll"[4]. Erst im 19. Jahrhundert siedelten sich in Erlangen wieder Juden an, so dass 1933 in Erlangen etwa 120 Juden lebten. Doch genauso wie in anderen deutschen Städten wurden auch in Erlangen ab 1. April 1933 die Boykott-Aufrufe gegen alle jüdischen Geschäfte strikt befolgt. Wer von den Erlanger Juden bis zum Kriegsbeginn 1939 nicht emigrieren konnte, wurde ab 1941 in den Osten deportiert und dort ermordet.

Ein ebenso äußerst ambivalentes Verhalten zeigten die Erlanger gegenüber dem am 27. September 1871 verstorbenen Mediziner Prof. Dr. Jakob Herz, der aufgrund seines selbstlosen Einsatzes in den Lazaretten während des Deutsch-Französischen Krieges mit der Ehrenbürgerschaft ausgezeichnet worden war. Sein am 5. März 1875 enthülltes Denkmal auf dem Holzmarkt (heute Hugenottenplatz) wurde am 15. September 1933 auf einstimmigen Beschluss des Erlanger Stadtrates wieder zerstört.

Neben ihrer Tradition der Offenheit und Toleranz muss sich die Stadt Erlangen wie jede andere Stadt auch Tendenzen der Unterdrückung und Verfolgung eingestehen – eine Tatsache, durch die der appellative Charakter des Erlanger Stadtmottos geradezu evident wird.

Weltoffenes Erlangen

Nach 1945 bahnte sich für das im Zweiten Weltkrieg unzerstört gebliebene Erlangen eine ungewöhnliche Erfolgsgeschichte an. Auf Grund der günstigen Verkehrslage und der geschickten, wirtschaftlich ausgerichteten Ansiedelungspolitik der Stadtverwaltung begann für die Stadt eine im Zeichen des Weltkonzerns Siemens stehende Epoche[5] des Aufstiegs zur Großstadt mit über einhunderttausend Einwohnern. Der Zuzug von Flüchtlingen sowie Heimatvertriebenen und ständig steigende Studentenzahlen an der Universität trugen zu einem ungeahnten Wachstum Erlangens bei.

Als Beweis, dass die Stadtpolitik Ernst machte mit dem Slogan *„Offen aus Tradition"*, wurde in Erlangen als einer der ersten Städte in der Bundesrepublik Deutschland bereits 1974 der Ausländer-/innenbeirat gegründet. Bis heute zeugt die erfolgreiche Integration von deutschen und ausländischen Bürgerinnen und Bürgern trotz mancher Schwierigkeiten davon, dass man sich in Erlangen bemüht dem hehren Anspruch des Stadtmottos gerecht zu werden. Derzeit versucht die Stadtverwaltung im sogenannten *„Projekt MIR"* 5000 Aussiedler und Spätaussiedler aus der ehemaligen Sowjetunion mit einer niederschwelligen Anlaufstelle und mit Hilfen bei der Anerkennung von Berufsabschlüssen in Erlangen zu integrieren.

Auch aus religiöser Sicht verkörpert die politische Formel *„Offen aus Tradition"* nicht nur eine Wunschvorstellung: Das ernsthafte Bemühen um die Förderung und Verbesserung der zwischenmenschlichen Beziehungen, das echte Interesse an einer vielfälti-

Hans Markus Horst, Pfarrerin Kaffenberger und Remzy Güneysu im Gespräch, April 2002

gen Kultur und das Anliegen eines friedlichen Zusammenlebens der Religionen bilden in Erlangen günstige Vorraussetzungen für gemeinsame Aktivitäten, wie z.B. den *„Friedensweg der Religionen"*.

Eine Welt voller Gewalt

Die Verbrechen gegen die Menschlichkeit in den USA am 11. September 2001 markieren ohne Zweifel einen tiefen Einschnitt im Bewusstsein der Menschen. Dieses Datum wurde zu einem Synonym für Terror gegen die gesamte westliche Welt und für religiösen Fundamentalismus. Auf dem ganzen Erdball sind viele Menschen aus ihrem Sicherheitsgefühl aufgeschreckt, entsetzt über das Geschehene. Versuche zur Tagesordnung zurückzukehren scheitern immer wieder. Man ist sich der vielfältigen Bedrohungen durch verblendete Fanatiker und der Gefahren, die überall und in jedem Land lauern, aufs Neue bewusst geworden.

Feindbild Islam

Seither besteht die Gefahr, dass sowohl die Weltpolitik als auch das Verhalten des Durchschnittsbürgers in seinen alltäglichen Lebensbereichen unterschwellig vom Feindbild Islam bestimmt wird, während als Reaktion auf muslimischer Seite der Westen als Feindbild aufgebaut und verstärkt wird. Fremd, aber keinesfalls bedrohlich wirken auf uns Europäer östliche Religionen wie Konfuzianismus und Daoismus. Auch der Hinduismus und der Buddhismus, die Religionen indischen Ursprungs, erscheinen vielen weniger fremd, ja zum Teil sogar sympathisch oder friedlich. Der Umgang mit dem Islam dagegen ist derzeit mit vielfältigen Problemen behaftet. Aber auffallend ist, dass auch die Gewaltbereitschaft und -ausübung der Hindu-Fundamentalisten in Indien im 20. Jahrhundert beträchtlich angewachsen ist.

Dennoch ist festzuhalten, dass die Religionen nahöstlichen Ursprungs – Judentum, Christentum und Islam – sich zwar in vielem ähneln und eng miteinander verwandt sind, es aber zwischen keinen anderen Religionen so viel Streit, Aggressivität und Freund-Feind-Denken gibt wie zwischen diesen monotheistischen prophetischen Religionen[6].

Die Hintergründe der Krise

Angesichts dieser weltgeschichtlich schwierigen Situation sehen wir uns vor Fragen gestellt wie: Ist dies allein die Stunde der Polizei, der Militärs, der Sicherheitsberater und Juristen? Oder muss man nicht auch – bei allem Entsetzen – nach den Hintergründen der Krise und des Geschehen fragen? Müsste nicht eine Bekämpfung des Terrorismus einhergehen mit einer Neuorientierung des Denkens und Handelns? Viele Gewalttaten und Destruktionen haben ihre Ursachen im sozialen Bereich, in ungerechten Zuständen, etwa bei der Weltwirtschaftsordnung oder in der Kommunikation von Kulturen und Religionen. Wie sich die Religionen zueinander verhalten und wie sich deren Dialoge, aber auch deren Konfrontationen vollziehen, spielt eine ganz entscheidende Rolle bei der Frage, ob unsere eine Welt ihre Probleme weitgehend in Frieden angehen kann oder ob sie sich selbst ins Chaos stürzt. Die politische und ökonomische Globalisierung wird voranschreiten: Was wir brauchen, sind praktische und lokale Ansätze.

Das Erlanger Modell: Der Friedensweg der Religionen

Anlass für den Erlanger Friedensweg war nicht erst das weltgeschichtlich bedeutsame Datum des 11. September 2001, sondern die gewalttätigen, fremdenfeindlichen Ausschreitungen im wiedervereinigten Deutschland. Ein Auslöser war unter anderem der Brandanschlag vom 23. November 1992 auf zwei von türkischen Familien bewohnte Häuser in der schleswig-holsteinischen Kleinstadt Mölln, bei dem zwei Mädchen und ihre Großmutter ums Leben kamen und neun Menschen zum Teil schwer verletzt wurden. Einen weiteren Höhepunkt rechtsradikaler Gewalt stellte der Brandanschlag von 1993 in Solingen dar, bei dem fünf türkische Frauen und Mädchen getötet wurden.

Als schließlich am 3. Oktober 2000 mehrere Brandsätze gegen die Synagoge in Düsseldorf geworfen wurden, wollten viele Vertreter der verschiedenen Religionsgemeinschaften in Erlangen nicht länger schweigen. Man beschloss ein Zeichen gegen den Hass und die Fremdenfeindlichkeit in unserer Gesellschaft zu setzen.

In diesem Sinne fand am 25. Januar 2001 zum ersten Mal der Friedensweg der Religionen in Erlangen statt. Unter dem Motto *„Frieden zu Hause, in der Stadt und der Welt"* trafen sich Vertreter des Türkisch-Islamischen Kulturvereins, der Jüdischen Kultusgemeinde, der Buddhistischen Gruppe der SGI-D, der Baha'i, Vertreter der Evangelisch-Lutherischen und der Katholischen Kirche sowie der Evangelisch-Reformierten Kirchengemeinde und des Ausländerbeirates der Stadt Erlangen am Schlossplatz. Es wurde zu einer Kundgebung aufgerufen, in der jeder Mensch, gleich welchen Volkes, unabhängig von Hautfarbe, Rasse und Religion, sich auf seine Mitverantwortung für den Frieden besinnen sollte. Mit Liedern, Texten und Gebeten aus den verschiedenen Religionen wurde für Gewaltlosigkeit, Toleranz und Solidarität in unserer Stadt geworben.

Schritt für Schritt aufeinander zu

Noch im selben Jahr wurde unter dem Motto *„Rassismus erkennen – Farbe bekennen"* am 18. Oktober 2001 zum zweiten Friedensweg der Religionen eingeladen. Mit großem Engagement wollten die Religionsgemeinschaften erneut für die Achtung vor dem Leben aller Menschen ein Zeichen setzen und zu einem friedlichen Zusammenleben in Erlangen aufrufen.

Aufgrund der vorangegangenen schrecklichen Ereignisse vom 11. September 2001 war eine große Sehnsucht der Menschen nach Frieden zu spüren. In einem Sternmarsch, ausgehend von vier verschiedenen Plätzen in der Stadt, zogen etwa 200 Teilnehmer zum Schlossplatz, wo der Vorsitzende des Ausländerbeirates, José Luis Ortega Lleras, durch das Programm mit Liedern, Texten

Orientierungspunkt Hugenottenkirche, um 2005

und Gebeten führte. Er betonte, dass die Veranstaltung bereits seit sechs Monaten geplant sei und nicht erst seit dem 11. September. Vom Lauf der Geschichte eingeholt, zeigten die aktuellen politischen Ereignisse, dass die Frage nach dem Zusammenhang von Frieden und Religion aktueller war denn je.

Als Oberbürgermeister Siegfried Balleis in seinem Grußwort zum Gedenken an die unschuldigen Opfer der Terroranschläge in New York und Washington aufrief, forderten einige Zwischenrufer, dass auch der Opfer in Afghanistan gedacht werden solle. Beeindruckend war die Vielfalt der Gebete. Neben einem christlichen, einem buddhistischen und einem Baha'i-Gebet wurde vom Türkisch-Islamischen Kulturverein eine Koransure auf Arabisch vorgetragen und ins Deutsche übersetzt. Die Beiträge in deutscher Sprache wiederum wurden vom Murmeln vieler Teilnehmer begleitet, die die Texte für ihre Landsleute übersetzten. Ein Friedenslied, Posaunenklänge und ein israelischer Kreistanz, bei dem alle mittanzen konnten, intensivierten das Gemeinschaftsgefühl.

Es gelte aufeinander zuzugehen, betonte Luis Ortega zum Abschluss, und äußerte die Hoffnung, dass ungeachtet des Wahrheitsanspruchs, den jede Religion für sich erhebe, in Erlangen ein friedliches Zusammenleben der Religionen und Kulturen möglich sei.

Herausforderungen: Welt ohne Ethik?

Auf ihrer Suche nach interreligiöser Orientierung, nach einer glaubwürdigen und überzeugenden Ethik, verstanden als Hilfe zu einem guten, gelingenden und pflichtbewussten Leben, stellt sich den Verantwortlichen für den Erlanger Friedensweg die Frage: Was gilt noch in einer Welt, in der die Gewalt gegen Menschen und Dinge ständig zunimmt? Angesichts der täglich von einem anderen, neuen Schauplatz sinnloser Gewalt berichtenden Medien scheint die Flut der schrecklichen Bilder und Nachrichten, die einen abstumpfen lassen, alltäglich geworden zu sein.

Eine These besagt, dass nach dem Zusammenbruch des Kommunismus und dem Ende der ideologisch bedingten Blockkonfrontation in der Welt eine Vielzahl neuer, zumeist regionaler Konflikte entstanden sei. Aus der geopolitischen Kontroverse entwickelte sich durch die Globalisierung der Märkte und wegen der kolossalen Umverteilung ökonomischer Macht ein geoökonomischer Konflikt im Ringen um die technologische Vorherrschaft.

Dagegen zeichnet sich für den amerikanischen Politologen Samuel Huntington eine neue globale Konfliktlinie im kulturell-zivilisatorischen Bereich ab. Er vertritt die These vom *„Clash of Civilisation"*, dem *„Zusammenprall der Kulturen"*, zum Beispiel zwischen muslimischer oder konfuzianischer Zivilisation und westlicher Lebensart. Demnach sind wir heute nicht so sehr durch einen neuen Weltkrieg bedroht, wohl aber durch alle möglichen Konflikte zwischen zwei Ländern bzw. in einem Land, in einer Stadt oder in einer Straße bzw. Schule. Deshalb stehen die Weltreligionen heute vor einer großen Herausforderung: Die christlichen Kirchen können, wie alle Religionsgemeinschaften, zu dieser Orientierungsproblematik und gegen den Grundwerteverfall im postmodernen Zeitalter einen wichtigen Beitrag leisten.

Globalisierung braucht ein globales Ethos

Je enger und intensiver wir in einer international vernetzten Welt miteinander kommunizieren, desto dringender wird die Frage nach verbindlichen, gemeinsamen ethischen Leitlinien. Bei

Veranstaltung mit Hans Küng, April 2002

Weltfrieden – Weltethos in der Hugenottenkirche

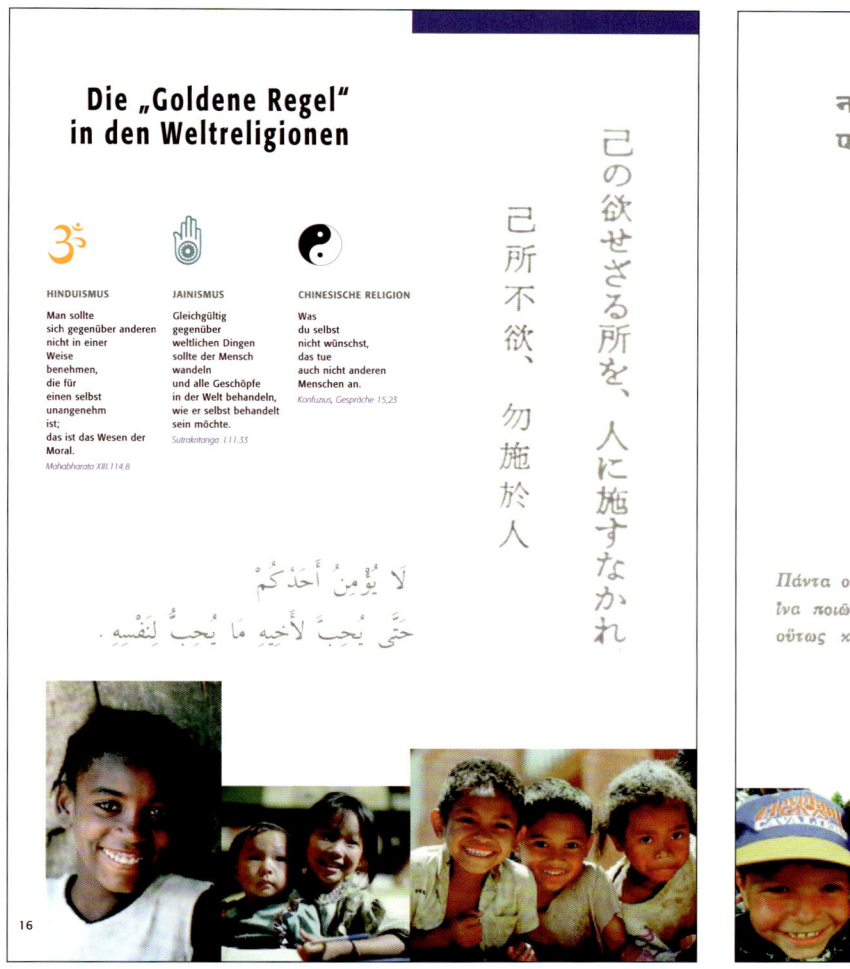

Das Christentum, Broschüre der Stiftung Weltethos

diesem einigenden Band muss es sich um globale Lebensregeln handeln. Welcher Weg ist dabei aber theologisch verantwortbar, der es Christen wie Andersgläubigen gestattet, die Wahrheit der anderen Religionen zu akzeptieren, ohne die Wahrheit der eigenen Religion und damit die eigene Identität preiszugeben?

Wegweisende Ideen dazu fanden sich im Werk des weltbekannten Theologen Hans Küng. In seiner 1990 vorgelegten Programmschrift *„Projekt Weltethos"*[7] vertritt er die Ansicht, dass die Religionen der Welt nur dann einen Beitrag zum Frieden der Menschheit leisten können, wenn sie sich auf das ihnen jetzt schon Gemeinsame in ihren moralischen Prinzipien besinnen. Doch dieses globale Ethos muss nicht erst erfunden werden: Es steht uns in den Weltreligionen schon zur Verfügung.

Angestrebt wird allerdings keineswegs die Einheit der Religionen. Die christlichen Kirchen besitzen ein- und dieselbe Basis in dem einen Jesus Christus. Die großen Religionen dagegen haben unterschiedliche Ansatzpunkte; sie können und sollen nicht eine Einheit bilden. Doch der Welt wäre schon ausreichend geholfen, wenn ein friedliches Miteinander aller Religionen realisierbar wäre. Denn: Es kann keinen Frieden unter den Nationen geben, wenn es keinen Frieden unter den Religionen gibt.

Der angeblich unausweichliche globale Zusammenprall der Kulturen ist bestenfalls ein neues Angstmodell, das von Militärstrategen zur Begründung neuer Aufrüstung benutzt werden kann, aber diese Theorie stellt kein konstruktives Zukunftsmodell dar. Die zukunftsweisende Vision für die Menschheit bildet vielmehr der mit allen Kräften anzustrebende Friede zwischen den Religionen. Dieser Friede kann aber nur durch einen Dialog zwischen den Religionen erreicht werden, der zugleich auch eine Auseinandersetzung mit den Grundlagen der jeweils anderen Religionen beinhalten muss.

Hans Küngs Grundlagenarbeit fand in der *„Erklärung zum Weltethos"* des Parlaments der Weltreligionen 1993 in Chicago ihre erste Ausformulierung. Dieser Appell an die Religionen und nichtreligiösen Menschen für ein Minimum an gemeinsamen Werten, Grundhaltungen und Maßstäben will die hochethischen Forderungen jeder einzelnen Religion nicht etwa durch einen Minimalkonsens ersetzen, sondern versucht bewusst zu machen, was allen Weltreligionen schon jetzt an ethischen Maßstäben gemeinsam ist.

In Erlangen wurden in einer Ausstellung vom 10. bis 29. April 2002 im Foyer des Rathauses diese Zusammenhänge zwischen den Weltreligionen, dem Weltfrieden und dem Weltethos auf zehn großen Schautafeln dokumentiert. Seinen programmatischen Ansatz zum Weltethos erläuterte Hans Küng am 12. April 2002, in einem ausführlichen Vortrag mit dem Titel: *„Weltreligionen, Weltfrieden, Weltethos. Zusammenleben in Deutschland"*, in der Hugenottenkirche. Von der Allgemeinen Erklärung der Menschenrechte im Jahr 1948 leitet er vier unverrückbare Weisungen gleichsam als Menschenpflichten ab, für die jeder einzelne freiwillig eintreten soll:
– eine Kultur der Gewaltlosigkeit und der Ehrfurcht vor allem Leben,
– eine Kultur der Solidarität und eine gerechte Wirtschaftordnung,
– eine Kultur der Toleranz und ein Leben in Wahrhaftigkeit,
– eine Kultur der Gleichberechtigung und die Partnerschaft von Mann und Frau.

Hierfür sind in jeder großen Religion grundlegende Motivationen vorhanden. Es geht darum, über den persönlichen inneren Frieden hinaus zur Überwindung von Aggressionen und Gewalt in der Gesellschaft beizutragen.

Ein Netz des Friedens spannen

Auftakt des dritten Friedenswegs der Religionen am 17. Oktober 2002 war wieder ein Sternmarsch aus den vier Himmelsrichtungen. Vom Martin-Luther-Platz, von der Westlichen Stadtmauerstraße 3, vom Jakob-Herz-Denkmal an der Universitätsstraße und vom Frauenzentrum Oase in der Gerberei bewegten sich vier Züge auf den Schlossplatz zu. Wegen des anhaltenden Regens wurde jedoch die Versammlung kurzentschlossen in die Hugenottenkirche verlegt.

Die Vorsitzende des Ausländerbeirats, Marianne Vittinghof, erinnerte daran, dass Erlangen eine multikulturelle Stadt ist – aus Tradition. Diese Tradition begann mit den Hugenotten und wurde mit der Universität und der Ansiedelung der Firma Siemens fortgesetzt. Das Fremde mache zwar Menschen oft Angst, aber dennoch sei auch heute die Stadt Erlangen für ausländische Mitbürger und Flüchtlinge offen. Die offene und tolerante Stadt Erlangen habe Vorbildcharakter in der Region und so solle es bleiben.

Stadtrat Hermann Gumbmann hob hervor, dass *„Frieden"* letztendlich Inhalt und Ziel jeder Religion sei: Frieden ist mehr als nur *„Abwesenheit von Krieg"*; Frieden ist Hoffnung und Wunsch für alles menschliche Zusammenleben. Aber nur wo Völker und wo gerade auch Religionen dieser Welt sich immer wieder auf den Weg machen Frieden neu zu suchen, Frieden neu zu buchstabieren, Frieden neu mit Leben zu füllen, kann eine von Frieden, gerade auch vom Frieden unter den Religionen geprägte Welt Gestalt gewinnen.

Die dritte Veranstaltung sollte bewusst machen, dass der Friedensweg der Religionen wie ein Netz, ausgespannt über Höhen, aber auch über den Niederungen unseres Alltags, verbinden will, was getrennt erscheint, was nur für sich selbst leben will und was nur an sich selber denkt. Ein Friedensweg der Religionen sieht den anderen und bringt zueinander. Er lebt nicht von Vorurteilen und erst recht nicht von Feindbildern, sondern von der Hoffnung, dass das Netz allen Belastungen standhält.

120 Friedenstauben

Unter dem Motto *„Der Frieden beginnt in uns"* fand am Samstag, dem 27. September 2003, der vierte Friedensweg der Religionen mit einem Sternmarsch zum Schlossplatz statt. Dabei zeigten Kinder ihre Bilder, die sie am Vormittag unter Anleitung von Claudia Bohnsack im Pacelli Haus zum Thema Frieden gemalt hatten. Die Grußworte von Oberbürgermeister Siegfried Balleis und seines Amtskollegen Yusuf Namoglu aus der türkischen Partnerstadt Besiktas machten deutlich, dass der Frieden sowohl bei jedem einzelnen beginnen muss als auch kulturelle Grenzen wie die zwischen Europa und Asien überwinden kann. Als Höhepunkt der Friedensfeier stiegen 120 Tauben als Symbole des Friedens über dem Schlossplatz auf.

Religionen begegnen einander

Der so genannte *„Heilige Krieg"* und das Problem der Gewalt bei einem Teil der Muslime war das Thema des fünften Friedenswegs der Religionen, der durch einen Vortrag des Gemeindeleiters der Arabischen Islamischen Gemeinde, Dr. Habib Lejmi, über den viel zitierten *„Dschihad"* am 10. Oktober 2004 eröffnet wurde. Mit dem Gruß des Islam *„Friede sei mit Euch"* hieß Dr. Lejmi die 150 Besucher in der Moschee Am Erlanger Weg willkommen und verdeutlichte damit sogleich zu Beginn die Friedfertigkeit seiner

Religion. Ein Teil der Anwesenden ließ sich in einem Parallelvortrag über die Frage des Kopftuches und der Stellung der Frau im Islam informieren.

Im Islam, so räumte Dr. Lejmi mit einem weit verbreiteten Vorurteil auf, gebe es den Begriff *„Heiliger Krieg"* überhaupt nicht. Dieser stamme ursprünglich aus dem Mittelalter, als das Abendland zu einer Kriegsfahrt gegen den Orient aufrief um den Islam zu bekämpfen – Kreuzzüge, die, wie wir heute wissen, alles andere als heilig waren. Der Begriff *„Dschihad"* bedeutet eigentlich, sich voll und ganz für eine Sache einzusetzen. *„Alles, was ein Moslem mit vollem Einsatz für den Frieden macht"*, sei Dschihad. Krieg und Gewaltanwendung dagegen seien nach der Darstellung des Korans das Schlimmste, was der Menschheit passieren könne. Dennoch kenne der Islam keinen Pazifismus: Im Kampf gegen Ungerechtigkeit und Unterdrückung oder zur Erhaltung der Religionsfreiheit sei Selbstverteidigung erlaubt. In diesem Sinne sind daher innerhalb des Islam zahlreiche Stimmen zu finden, die entgegen der religiösen Legitimation von Gewalt durch islamistische Gruppen erklären, dass die Anwendung von Gewalt, Selbstmordattentate und Terroranschläge nicht mit dem islamischen Glauben vereinbar sind.

Allerdings gibt es im Koran selbst sowohl Gewalt begrenzende (unter anderem Sure 4,90; 5,34; 8,61 und 9,6) als auch Gewalt legitimierende (wie Sure 2,190–194; 4,76; 4,89; 9,5; 9,14–15 und andere) Textstellen. Die Ursache der gegenwärtigen Problematik liegt vor allem darin, dass auch die aktuelle Rezeption und Interpretation des Korans und die Auffassungen der islamischen Rechtsschulen sehr vielfältig sind[8].

Anschließend führte der Friedensweg von der Moschee zur Evangelisch-Reformierten Kirche am Hugenottenplatz, wo Pfarrer Johannes Mann über die Geschichte und Gemeindestruktur der reformierten Kirche informierte. Nach dem Friedensgebet *„Herr, mache mich zu einem Werkzeug deines Friedens"* fand eine offene und fröhliche Begegnung der verschiedenen Religionsgemeinschaften im Gemeindezentrum statt.

Böses hassen, Gutes lieben

Nach einjähriger Pause wurde am 25. September 2006 der 6. Friedensweg der Religionen mit einer Kundgebung von fünf Religionsgemeinschaften auf dem Hugenottenplatz wieder aufgenommen. Über 100 Bürger, darunter etliche Stadträte, hatten sich zu gemeinsamem Gebet und Tanz versammelt.

Gründe für eine Friedenskundgebung gab es viele. Bei der Begrüßung bezeichnete es Dr. Hans Markus Horst, Leiter der Katholischen Erwachsenenbildung, als besorgniserregend, dass Fremdenfeindlichkeit und Antisemitismus in Deutschland nach wie vor auf der Tagesordnung stünden. Als Beispiele nannte er die Verbrennung des *„Tagebuchs der Anne Frank"* bei einer Sonnwendfeier am 24. Juni 2006 in dem Ort Pretzien in Sachsen-Anhalt sowie die 6000 rechtsextremen Gewalttaten im vorangegangenen Jahr in der Bundesrepublik Deutschland. Aber auch die Missverständnisse bei der Interpretation der *„Regensburger Rede"* von Papst Benedikt XVI. und die darauf folgenden Gewaltausbrüche seien Anlass innezuhalten und nachzudenken. Wie sich Religionen zueinander verhalten, ist entscheidend für den Umgang mit Problemen in der Welt: Letztendlich kann es ohne Frieden unter den Religionen keinen Frieden unter den Nationen geben.

Anschließend las für die Islamische Gemeinde deren zweite Vorsitzende, Frau Dr. Faouz Allali, Sure 2, Vers 256 aus dem Koran vor, wonach aus islamischer Sicht Kriegsführung nur im

Weltoffenes Erlangen, 2002

Fall der Selbstverteidigung und für die Wahrung der Glaubensfreiheit und unter strengen Auflagen erlaubt sei. Die jüdische Kultusgemeinde wurde von Leo van Rooijen vertreten, der mit den Worten des Propheten Amos, mahnte, das Böse zu hassen und das Gute zu lieben. Ökumenisch traten die Erlanger Christen mit Dr. Hans Markus Horst und Pfarrer Elmar Hüsam von der evangelisch-lutherischen Markuskirche auf und baten gemeinsam um Frieden. Bereichert wurde die Veranstaltung durch „Nam-myo-ho-renge-kyo"-Gesänge der achtköpfigen Gruppe von der Buddhistischen Laienorganisation SGI-D um Ahmed Bohnsack. Auch Adam Amon, Mitglied der Bahai'a-Gemeinde, sprach ein Gebet für Frieden und Einheit. Zum Schluss tanzten die Teilnehmer unter Anleitung des Erlanger Tanzhauses zu Musik der Klezmer-Gruppe „Fialke".

Ein Schweigemarsch führte anschließend zur Synagoge der Jüdischen Kultusgemeinde Erlangen an die Hauptstraße 34. Dort informierte Rabbiner Elieser Chitrik über die Bedeutung des jüdischen Versöhnungstages Jom Kippur. Der Besucherandrang war so groß, dass die Räume der jüdischen Gemeinde nicht alle interessierten Gäste aufnehmen konnten. Eine Episode am Rande machte die Verwandtschaft von Juden und Muslimen deutlich: Mit von den Muslimen in die Synagoge mitgebrachten Datteln beendeten Rabbiner Chitrik und der Islamgelehrte Ali Türkmenoglu ihr Fasten an diesem Tag nach Einbruch der Dunkelheit gemeinsam.

Probleme sehen und Visionen wahr machen

Zieht man Bilanz unter den Gesprächen und den gemeinsamen Bildungsveranstaltungen zwischen Christen und den anderen Erlanger Religionsgemeinschaften während der vergangenen Jahre und Jahrzehnte, zeigt sich, dass ein Dialog über zentrale theologische Inhalte im engeren Sinne schwierig bleibt. Die Ehrlichkeit verlangt von allen Beteiligten unbedingt loyal gegenüber den eigenen religiösen Traditionen und Glaubensaussagen zu bleiben. Ebenfalls besteht Einigkeit darüber, dass jegliche Form von Synkretismus einen Rückschritt sowohl in der eigenen als auch in der gemeinsamen Entwicklung darstellen würde. Dennoch verspüren die verschiedenen Religionsgemeinschaften nach wie vor den Wunsch, sich über ihren Glauben auszutauschen, sich gegenseitigen Respekt entgegenzubringen und ein besseres Verstehen des Gegenübers zu entwickeln.

Bei allen Unterschieden und Trennendem zwischen den Religionen zeigt sich, dass es auch sehr viel Verbindendes – gerade zwischen den Monotheisten – gibt. So wächst derzeit das Interesse, sich untereinander zu verständigen und als Glieder des säkularen Rechtsstaates in Deutschland, der prinzipiell rechtliche Gleichheit religionsverschiedener Bürger gewährleistet, friedlich zusammenzuleben.

Auch wenn die Bedeutung der verschiedenen islamischen Menschenrechtserklärungen mit dem Text der Deklaration der Menschenrechte der Vereinten Nationen von 1948 nicht immer deckungsgleich ist, so gilt dennoch, dass sich auf der Werteebene alle Religionen von ihrer jeweiligen Glaubensauffassung her zu gemeinsamem Zeugnis und solidarischem Dienst in der Gesellschaft verpflichtet sehen.

Der Würde des Menschen, verstanden als Geschenk Gottes, kommt in allen Begegnungen von Christen mit Angehörigen anderer Religionen eine zentrale Bedeutung zu. Doch die Erkenntnis, dass es im Dialog der Werte – wie im Aufbau einer wirklich pluralen Gesellschaft, im gemeinsamen Eintreten für soziale Gerechtigkeit, für Schutz und Förderung der Rechte von Kindern, Minderjährigen und Frauen und nicht zuletzt im Engagement für Frieden und Freiheit für alle Menschen über die Grenzen der jeweiligen religiösen Gemeinschaft hinweg – voranzuschreiten gilt, hat sich noch kaum allgemein durchgesetzt[9].

Partnerschaft der Religionen

Unbeirrt von allen Irritationen wie dem Karikaturenstreit in Dänemark um die Darstellung des Propheten Mohammed, der Regensburger Rede von Papst Benedikt XVI. und allen religiös verbrämten Gewaltausschreitungen bringen wir Erlanger Religionsgemeinschaften seit 2001 im Friedensweg unsere Offenheit und Toleranz sowie unsere feste Verbundenheit auf Stadtebene zum Ausdruck.

Auch in Zukunft fühlen wir uns verpflichtet, gemeinsam jeglichem Missbrauch von Religion durch Extremisten zum Anheizen von Hass und Gewalt entgegenzutreten sowie Intoleranz in

Friedensweg der Religionen, 2006

Eröffnung des renovierten Rathauses mit Vertretern der christlichen Kirchen, der jüdischen und der islamischen Religionsgemeinschaften in Erlangen, 24.9.2006. Von links: Dekan Münderlein, Pfarrer Mann, Ester Klaus, Remzy Güneysu, Dekan Dobeneck

all ihren Formen in Erlangen zu verhindern und zu bekämpfen. Wir treten dafür ein, unsere Religionsgemeinschaften zu stärken, zusammen mit allen gesellschaftlichen Kräften darauf hinzuwirken Kriege zu beenden, am Aufbau gerechter Strukturen zu arbeiten und die Erziehung zu Gerechtigkeit und Frieden zu fördern.

Überzeugt von der Kraft multireligiöser Partnerschaft arbeiten wir weiter an der Verwirklichung unserer Vision von Frieden in der Stadt Erlangen und in der Welt.

Anmerkungen

1. Amtsblatt der Stadt Erlangen, 31. Jg., 1. August 1974, Nr. 30, S. 1.
2. Vgl. Adelheid von Saldern (Hrsg.), Inszenierter Stolz. Stadtrepräsentation in drei deutschen Gesellschaften (1935–1975), Beiträge zur Urbanisierungsforschung, Stuttgart 2005, Bd. 2.
3. Hahlweg, Dietmar, in: Friederich, Christoph (Hg.), 300 Jahre Hugenottenstadt Erlangen. Vom Nutzen der Toleranz. Katalog zur Ausstellung im Stadtmuseum Erlangen vom 1.6.–23.11.1986, S. 9.
4. Zit. nach Sponsel, Ilse, Gedenkbuch für die Opfer der Shoa, Bürgermeister- und Presseamt der Stadt Erlangen (Hg.), Erlangen 2001, S. 95.
5. Vgl. Jürgen Schneider/Fritz Bauerreiß, Die wirtschaftliche Entwicklung seit 1945, in: Alfred Wendehorst (Hrsg.), Erlangen. Geschichte der Stadt in Darstellung und Bilddokumenten, München 1984, S. 182–186, S. 182.
6. Vgl. Hans Küng, Der Islam. Geschichte, Gegenwart, Zukunft, München 2006, S. 29f.
7. Vgl. Hans Küng, Projekt Weltethos, München 1990
8. Die Handreichung des Rates der EKD fordert dennoch eine weitere „Klärung, wie der Islam zu Krieg und Gewalt sowie Frieden und Versöhnung steht." In: Kirchenamt der Evangelischen Kirche in Deutschland (Hrsg.), Klarheit und gute Nachbarschaft. Christen und Muslime in Deutschland. EKD-Texte Nr. 86, Hannover 2006, S. 43.
9. Vgl. Sekretariat der Deutschen Bischofskonferenz (Hrsg.), Christen und Muslime in Deutschland (Arbeitshilfen 172), Bonn 2003, S. 159ff.

Autoren und Herausgeber

Bauernfeind, Martina, Dr. phil., Historikerin, geb. 1965 in Nürnberg. 1985–1992 Studium der Neueren Geschichte, Politischen Wissenschaften und Mittleren Geschichte an der Friedrich-Alexander-Universität Erlangen-Nürnberg, 1993–1996 wiss. Mitarbeiterin an der Universität Bayreuth am Lehrstuhl für Bayerische und Fränkische Landesgeschichte, 1999 Promotion über den Erlanger und Nürnberger Bürgermeister Georg Ritter von Schuh. Zahlreiche Veröffentlichungen zur fränkischen Landesgeschichte, Erlanger Stadtgeschichte und Nürnberger Industriegeschichte, u.a. Mitarbeit am Stadtlexikon Nürnberg und am Erlanger Stadtlexikon.

Forssman, Holger, Dr. theol., geb. 1964 in Nürnberg. Studium der Evangelischen Theologie in Erlangen und Münster, seit 1996 Gemeindepfarrer in Erlangen-Bruck, St. Peter und Paul. Seit 2001 ehrenamtlich Geschäftsführer der christlich-islamischen Arbeitsgemeinschaft Erlangen.

Horst, Hans Markus, Dr. theol., geb. 1958 in Hersbruck. Studium der Diplompädagogik und Diplomtheologie an der Otto-Friedrich-Universität Bamberg. 1997 Promotion zum Dr. theol. und Friedrich-Brenner-Preis für die Dissertation „*Kreuz und Christus – die religiöse Botschaft im Werk von Joseph Beuys*". Seit 1999 Geschäftsführer und pädagogischer Leiter der Katholischen Erwachsenenbildung Erlangen sowie seit 2006 Beauftragter für Weltanschauungsfragen in der Erzdiözese Bamberg.

Jakob, Andreas, Dr. phil., Archivoberrat, geb. 1955 in Würzburg. In Erlangen Studium der Kunstgeschichte, Landesgeschichte und Klassischen Archäologie an der Friedrich-Alexander-Universität, 1983 Magister Artium, 1993 Promotion. Seit 1984 wiss. Mitarbeiter an Stadtarchiv und –museum, 1999 Leiter des Stadtarchivs. Zahlreiche Publikationen zur Erlanger Architektur-, Stadt-, Universitätsgeschichte, den deutschen Idealstädten und zur fränkischen Regional- und Kirchengeschichte. U.a. Mitherausgeber des Erlanger Stadtlexikons (2002).

Koolman, Claudia, geb. 1953 in Treuchtlingen. Nach Ausbildung als Diplomübersetzerin und langjähriger Beschäftigung bei Siemens in Erlangen tätig als Stadtführerin sowie wiss. Mitarbeiterin beim Erlanger Stadtlexikon und verschiedenen Projekten des Stadtarchivs.

Nürmberger, Bernd, geb. 1940 in Erlangen. Studium der Pharmazie in seiner Heimatstadt, 1965 Staatsexamen, Eigentümer der Adler-Apotheke, Kunst- und Kulturmäzen. Seit über 30 Jahren im Bereich der Denkmal- und Stadtbildpflege engagiert, Verfasser zahlreicher Aufsätze zur Erlanger Stadtgeschichte, u.a. Vorsitzender des Vereins Kunstmuseum e.V. und zweiter Vorsitzender des Heimat- und Geschichtsvereins Erlangen.

Ostertag-Henning, Sylvia, geb. 1947 in Bamberg. Ausbildung zur Bibliotheksassistentin in Erlangen. Während der Familienzeit mit fünf Kindern Beschäftigung mit der Erlanger Stadtgeschichte. Seit 2001 Erarbeitung und Durchführung von historischen Themen-Rundgängen als Mitarbeiterin von Geschichte für Alle e.V. Ehrenamtliche Referentin in der Katholischen Erwachsenenbildung der Erzdiözese Bamberg. 2004 Veröffentlichung zur Bergkirchweih und dem Platenhäuschen

Schieber, Martin, Historiker M.A., Jahrgang 1966. Studium der Bayerischen und Fränkischen Landesgeschichte, Buch- und Bibliothekskunde und Lateinischen Philologie des Mittelalters an der Friedrich-Alexander-Universität Erlangen-Nürnberg. Seit 1997 hauptamtlicher Mitarbeiter bei Geschichte Für Alle e.V. – Institut für Regionalgeschichte, Nürnberg. Zahlreiche Veröffentlichungen zur Regionalgeschichte in Mittelfranken.

Schmitt, Helmut, geb. 1947 in Erlangen. Seit 1964 Mitarbeiter der Stadtverwaltung, ab 1986 Leiter des Bürgermeister- und Presseamtes. Aufgabenbereiche u.a. Stadtratsangelegenheiten, Städtepartnerschaften, Jubiläumsprojekte und Öffentlichkeitsarbeit der Stadt.

Schuler, Euchar, Pater Dr. theol., Ocarm, geb. 1933 in Trier. 1959 unter dem Namen „*Eucharius*", kurz „*Euchar*", Eintritt in den Orden der Karmeliten. Nach philosophisch-theologischem Studium 1967 in Bamberg Priesterweihe durch Erzbischof Dr. Josef Schneider. 1979 in Freiburg i.Br. Promotion zum Doktor der Theologie, zwischenzeitlich seit 1974 im Konvent Erlangen Prior und Klerikermagister, gleichzeitig bis 1991 beauftragt mit dem Aufbau der Offenen Tür Erlangen (OTE) mit Beratungsseelsorge, Telefonseelsorge, Krisenhilfe und Lebensberatung. Seit 1993 Direktor der damals gegründeten „*Johannes-vom-Kreuz-Akademie für christliche Spiritualität und Lebensgestaltung*". 1996-2001 Spiritual im Erzbischöflichen Priesterseminar Bamberg. Seit 2006 Prior im Karmelkonvent Hl. Kreuz, Erlangen, seit 1. März 2007 Pfarrer der Gemeinde Hl. Kreuz in Erlangen.

Urban, Josef, Dr. theol., Archivdirektor i. K., geb. 1951 in Kleinziegenfeld. Studium der Kath. Theologie und der Geschichte an der Gesamthochschule Bamberg und der Universität Würzburg, 1977 Dipl. Theol., 1981 Promotion, 1981 Archiv des Erzbistums Bamberg, seit 1992 Leiter des Archivs des Erzbistums Bamberg, Publikationen zur Fränkischen Kirchen- und Theologiegeschichte und zum Archivwesen, 2006 Herausgeber der Festschrift zum 1000jährigen Jubiläum des Bistums Bamberg.

Fotografen und Künstler

Angabe jeweils nach Seite, ggf. zusätzlich mit l (links), r (rechts), o (oben), u (unten) und m (Mitte); sind alle Bilder auf einer Seite vom selben Künstler, Fotografen oder Eigentümer, ist nur diese genannt.

Albert: 186l
Allanson: 154u
Bach, F.L.: 102or1
Back, C.W.: 102or2
Bergmann, Leonhard: 46, 51, 52l, 250l
Bernigeroth, J.M.: 102ol2
Böhner, Bernd: 2, 12, 33r, 34l, 34r, 36, 61l, 65o, 74r, 82l, 104, 105, 120, 150, 171r, 219o, 220, 259, 260, 267, 268, 269, 272, 273, 274, 279
Bösel, W.: 244lu, 254r, 255
Braun, Helmut: 62, 68, 143l
Deckart, Karl: 222, 231, 232
Daßler, George: 142lu
DeGaere, Andre: 221u
Deuerlein, Ernst: 23lo, 243l, 256o
Doppelmayr, Friedrich Wilhelm: 84, 86r
Dorsch, Axel: 219u, 257ro, 263l, 265
Eichler, Gottfried: 154o
Erlanger Tagblatt: 29l
Fleischmann, A.C.: 153l
Foederreuther, H.: 116r
Frey, J.M.: 165
Gattineau, G.: 166
Geißler, Peter Carl: 19u
Géry-Bichard, Adolphe Alphonse: 188l2
Glaeser, Martin Simon: 42r, 76
Glasow, Gertrud: 137l, 157lu
Haunstein, Helmut: 193o
Hausmann, E.G.: 102ol2
Heitland, L.: 188l1
Hippe, Hans Jürgen: 16l
Homann, Johann Baptist: 113ro
Hörndl, Peter: 49l, 52r, 57, 89, 97r, 164r
Irminger: 116r
Iwann, Helmut: 221o
Jacoby, Mario: 251o
Jakob, Andreas: 33l, 35, 41r, 60r, 83r, 103, 106l, 106r, 107o, 107u, 108l, 108r, 132r, 206, 207, 208, 209, 210, 211, 212, 213, 247o
Junge, Johannes: 10o, 235, 244
Katz, Simon: 157lo, 162
Keller, Johann Christoph: 18u
Keller, Josef: 60lo, 60lu, 64l, 98r, 125u, 167, 189o, 199o, 225r, 226, 228, 230
Kirchner, Heinrich: 17o, 35
Klein, Hildegard s. Stümpel, Hilde
Lederer, Helmut: 121, 158, 214l, 217l
Lederer, Lutz: 216ur

Malter, Erich: 17o, 247u
Marrek, Walter.: 82r, 83l
Mayr., J.F. v.: 165
Mettingh, Moritz Frhr. von: 99
Metz (Verlag): 38, 54l
Meyer, Friedrich: 22r, 23ru
Morgenroth, Friedrich: 119, 123, 157r
Neumann, Heinz: 41l
Nöttelein, Jörg: 90
Nusbiegel, G.: 246
Panneck, Wilhelm: 228, 229, 253lu, 253ru, 254lo
Paul, Otto: 24, 25lo, 25ro, 26o, 26u, 27lo, 27lu, 27r, 28, 32, 147l, 159l, 159r, 170lo, 197lu, 215r
Penzoldt, Ernst: 16r
Piehlmann, Johann Adam: 143l
Pfinzing, Paul: 93l, 93r
Polizei Erlangen: 251lu
Polster, Leonhard: 102ul
Rau, G.: 223
Renner, Rudolf: 63l, 65u, 73l, 96l, 98l, 101l
Reus, N.: 102ol
Rigal, J. 186l
Röckelein: 114l, 133l
Rühl, Eduard: 20r, 21ro, 21ru, 22l, 23r, 25lu, 47l, 47r, 61lo, 61lu, 63ro, 73r, 78, 85l, 85ro, 85ru, 86l, 102ru, 103l, 125o, 132l, 145lo, 169ro, 178, 179, 180, 181, 182, 183, 184, 185, 189u, 192, 194o, 196lu, 200, 214r, 234
Saher: 153r
Schmidt, Helmut: 128
Scholz, Rüdiger: 67
Schreiber: 195lu, 195ru
Schreiter, Klaus-Dieter: 278
Schwemmer, Fr.: 224ol
Stiftung Weltethos: 270, 275
Stoer, Lorenz: 91
Stümpel, Hilde: 20l, 145lu, 240r, 263r
Stümpel, Rudi: 25ru, 29r, 30l, 30r, 59l, 59r, 64r, 72, 75, 114r, 117, 133r, 141lo, 145ro, 145ru, 147r, 149, 156r, 170lu, 170r, 171l, 194u, 195lo, 195ro, 199u, 201, 202, 204, 215, 218lo, 218lu, 218ro, 257l,
Unbekannt: 21l, 39o, 39u, 40o, 40u, 43, 54r, 74l, 77, 80, 88, 113ru, 115r, 118, 124l, 124r, 126l, 126r, 127, 129l, 129r, 135ro, 135u, 136l, 136r, 137r, 142r, 146, 152l, 152r, 155, 156l, 168, 169lo, 169lu, 169ru, 172, 173, 174, 175, 176, 177, 186r, 187, 188r, 196o, 196ur, 197lo, 197r, 203, 216lu, 224l, 236, 237l, 240m, 241, 242, 243r, 249, 250r, 251lo, 251lo, 252, 257ru, 258, 262, 264, 266, 271, 277
Volckamer, Guido von: 66
Wanderer, Friedrich: 116l
Weigel, Jacob: 110
Ziehr, G.C.: 79

Bildnachweis

Altkatholischer Volkskalender: 190
Archiv des Erzbistums Bamberg: 186, 188l2
Bayerisches Landesvermessungsamt München: 53
Brückner, Felicitas, Die Geschichte von Herz Jesu: 216o, 218ru
Bürgermeister- und Presseamt Erlangen: 145lu
Evangelisch-Reformierte Gemeinde Erlangen: 112r, 115l, 127
Hauptstaatsarchiv München: 48, 58, 70
Historischer Verein für Oberfranken, Bayreuth: 63ru, 164lo, 164lu
Hülskamp, Franz, Piusbuch: 188l1
Jüdische Gemeinde Erlangen: 258
Kriminalpolizei Erlangen: 710
Kunstmuseum e.V. Erlangen: 158, 214l
Münchner Punsch, Ein humoristisches Wochenblatt: 188ro
Museen der Stadt Nürnberg: 66
Pfarrarchiv Herz Jesu: 187l
Pfarrei Erlangen-Altstadt: 44, 80, 100, 101lo, 238
Sponsel, Ilse: 251ru
Staatsarchiv Bamberg: 96r, 97l
Staatsarchiv Nürnberg: 91, 93l, 93r, 153r, 239, 240m, 242
Staatsarchiv Würzburg: 50
Stadtarchiv Bamberg: 49r, 122
Stadtarchiv Erlangen: 16r, 18u, 19, 20, 21, 22, 23, 24, 25l, 26, 27, 28, 29, 30, 31, 32, 38, 39, 40, 42, 43, 46, 47, 49l, 51, 52, 54, 57, 59, 60lo, 60lu, 63ro, 64, 71u, 72, 73r, 74l, 75, 76, 77, 78, 79, 85, 86l, 88, 89, 97r, 98r, 99, 101lu, 102, 103l, 110, 111, 112lo, 113, 114, 115r, 116r, 117, 118, 119, 121, 123, 124, 125, 126, 128, 130, 132l, 133, 135lo, 136, 140, 141lo, 141lu, 141r, 142, 143ol2, 143ru, 144, 145lo, 145ro, 145ru, 146, 147, 149, 153l, 154, 155, 156, 157lo, 157r, 159, 162, 164r, 165, 166, 167, 168, 169lo, 169ro, 169ru, 170, 171l, 173, 174, 175, 176, 177, 178, 179, 180, 181, 182, 183, 184, 185, 187r, 188ru2, 189, 192, 193, 194, 195, 196, 197, 198, 199, 200, 201, 202, 203, 204, 214r, 215, 216u, 217, 219u, 223, 224, 225, 226, 227, 228, 229, 230, 234, 236, 237, 242, 243, 244, 246, 249, 250l, 251lu, 244, 255, 256, 257, 262, 263, 264, 265, 266, 271, 277
Stadtarchiv Nördlingen: 84, 86r (beide verschollen)
Stadtbibliothek Nürnberg: 90
Stadt Erlangen: 17u
Stadtmuseum Erlangen: 112lu, 116l, 152r
Universitätsbibliothek Erlangen: 18o, 143ro1, 152l, 163, 248
Unbekannt/Privat: 16l, 129l, 129r, 135ro, 135u, 169lu, 172, 188ru1, 235, 240l, 250r, 251ro, 252, 253ol, 253or
Verlag Schnell & Steiner GmbH: 134u

Sollten Bildrechte unbeabsichtigt nicht richtig wiedergegeben oder vollständig abgegolten sein, bitten wir die Inhaber der Rechte, sich mit den Herausgebern in Verbindung zu setzen.

Spuren des Glaubens

Kirchenschätze im Erlanger Raum

Herausgeber: Helmut Braun, Rüdiger Scholz

Ausstellungskatalog
Nürnberg 2004

Erhältlich beim Kirchengemeindeamt Erlangen,
Fichtestraße 1, 2. Stock, 91054 Erlangen

€ 10,00

Erlanger Stadtansichten

In diesem stadtgeschichtlichen Werk wird Erlangen auf Karten und Ansichten aus sieben Jahrhunderten in vielfältiger Weise wirkungsvoll ins Bild gesetzt. Beim Betrachten der Ansichten eröffnet sich ein eindrucksvolles Panorama der Schönheiten Erlangens und man kann ohne weiteres die Meinung des Baron von Pöllnitz aus dem 18. Jahrhundert nachvollziehen, der Erlangen für „einen der schönsten Orte Deutschlands" hielt.

Erlanger Stadtansichten

Zeichnungen, Gemälde und Graphiken aus sieben Jahrhunderten

Herausgeber: Stadtarchiv Erlangen

348 Seiten, 680 Abbildungen in Farbe und Schwarzweiß, Format 23,5 x 22,5 cm, Broschur

€ 14,80
ISBN 3-921590-31-0

Über 200 Fachautoren haben in 1513 Sachartikeln und 439 Biographien das wichtigste, oft nur Spezialisten bekannte Wissen über Erlangen, seine Entwicklung und heutige Situation zusammengetragen. Rund 450 Verweise vernetzen die Informationen miteinander. Die Stichwörter enthalten jeweils weiterführende Quellen- und Literaturhinweise. So bietet das Erlanger Stadtlexikon einen umfassenden Überblick über die Geschichte und Gegenwart der Stadt Erlangen aus Politik, Gesellschaft, Wirtschaft, Recht, Verwaltung, Topographie, Umwelt, Kirchen, Kultur und Bildung.

Erlanger Stadtlexikon
Herausgeber: Stadtarchiv Erlangen
Format 21 x 27 cm, Hardcover
€ 50,–
ISBN 3-921590-89-2

Erhältlich im Buchhandel

TÜMMEL

W. Tümmels Buchdruckerei und Verlag GmbH & Co. KG
Postfach 61 01 03 · 90221 Nürnberg
Telefon 09 11/6 41 97-0 · Telefax 09 11/6 41 97-50
E-Mail: info@tuemmel.de · Internet: www.tuemmel.de

Am Beginn beschreiben ausgewiesene Fachwissenschaftler und prominente Autoren aus dem öffentlichen Leben in essayistischer Form die wichtigsten historischen Entwicklungsstränge, Besonderheiten und Zukunftsperspektiven der Stadt Erlangen von der Vorgeschichte über die Entstehung der Altstadt, die Hugenotten- und Planstadt, die Universitäts- und Flüchtlingsstadt, die Industrie- und Siemensstadt bis hin zur gegenwärtigen Situation im Städtegroßraum und der Medizinstadt Erlangen.

Mehr als 1000, vielfach noch unveröffentlichte Abbildungen (davon etwa die Hälfte farbig) aus den reichen Beständen des Stadtarchivs und Stadtmuseums, der Universitätsbibliothek, des Heimat- und Geschichtsvereins Erlangen und weiterer Institutionen sowie aus dem Besitz von Erlanger Fotografen und Privatpersonen ergänzen und veranschaulichen die in den Stichwörtern gebotenen Informationen.

Ein Anhang mit 18 Tabellen und 6 Grafiken enthält die wichtigsten Daten zu Erlanger Bürgermeistern, Ehrenträgern, Wahlergebnissen, Einwohnern oder zur Verkehrsentwicklung etc., aber auch ein Verzeichnis der jüdischen Opfer des NS-Regimes in Erlangen.

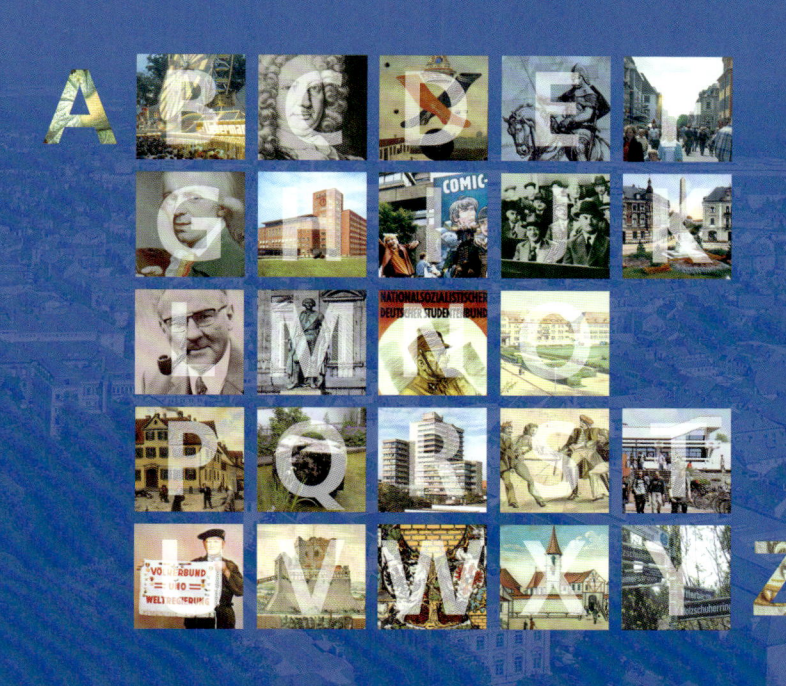

ERLANGER STADTLEXIKON

Mit 2400 Stichwörtern, 20 Essays, 18 Tabellen und
6 Grafiken, über 1000 Abbildungen in Farbe und
Schwarzweiß bietet das Erlanger Stadtlexikon
auf 784 Seiten einen informativen und vielseitigen
Überblick über 1000 Jahre Stadtgeschichte,
von den Anfängen bis zur Gegenwart.

Adler-Apotheke

Allopathie
Homöopathie

seit 1762
seit 1919 in Familienbesitz

seit 1976
auch in der Altstadtmarktpassage

Bernd Nürmberger

Hauptstraße 61 · Telefon 2 12 82

Keine Zukunft ohne Vergangenheit!
Geschichte braucht starke Partner!

HEIMAT- UND GESCHICHTSVEREIN ERLANGEN e.V.